예수 그리스도 2

예수 그리스도 2

2010년 11월 16일 초판 1쇄 발행
2014년 8월 30일 초판 3쇄 발행

지은이 허호익 펴낸이 김영호
펴낸곳 도서출판 동연
편 집 조영균 디자인 이선희 관 리 이영주
등 록 제1-1383호(1992. 6. 12)
주 소 서울시 마포구 월드컵로 163-3
전 화 (02)335-2630
전 송 (02)335-2640
이메일 yh4321@gmail.com

ISBN 978-89-6447-126-5 93200
ISBN 978-89-6447-124-1 93200(전2권 세트)

예수 그리스도 2

역사적 예수와
신앙의 그리스도
바로보기

허호익 지음

동연

머리말

최근에는 '예수 거꾸로 보기', '예수 뒤집어 보기', 그리고 '예수 새로 보기' 같은 "예수 삐딱하게 보기"가 유행인 것 같다.

예수가 살던 시대에도 예외는 아니었다. 예수의 실생활을 목격할 수 있었던 유대인들도 예수를 '먹보요 술꾼'(마 11:19), '거짓말쟁이'(마 27:63), '바알세불[귀신의 왕]에 사로잡힌 사람'(막 3:22, 요 8:48), '신성모독자'(막 14:64)로 여겼다.

인터넷의 등장으로 우리나라에서도 반기독교적인 사이트들이 무수히 생겨나 '예수 삐딱하게 보기'를 무슨 경쟁하듯 하고 있는 실정이다. 저자가 운영하고 있는 홈페이지(www.theologia.kr)의 '신학상담 마당'에 스스로 기독교인이라 밝힌 어떤 분이 한꺼번에 다음과 같은 6가지 삐딱한 질문을 올린 적이 있다.

1. 예수는 로마 군인의 사생아가 아닌가?
2. 예수는 결혼했으며 창녀 막달라 마리아는 예수의 아내가 아닌가?
3. 예수는 십자가에서 죽지 않고 가사상태에서 소생한 것이 아닌가?
4. 예수는 십자가에서 죽지 않고 살아나서 프랑스로 간 것이 아닌가?
5. 예수의 십자가 처형은 빌라도의 사기극이며, 다른 사람이 대신 처형된 것이 아닌가?
6. 12살 이후 예수는 인도로 가서 부처의 제자가 된 것이 아닌가?

이 질문에 대하여 하나하나 반박하는 자세한 답변을 올렸더니, 며칠 후 질문자가 자신의 6가지 질문을 모두 삭제한 적이 있다. 예수에 대해서 바로 알지 못하기 때문에 이런 반기독교적인 주장에 흔들리는 기독교인들이 없지 않은 것 같다.

그래서 이 땅의 신학도로서 사명감을 가지고 이 왜곡된 주장에 변증하려는 의도에서 예수 그리스도 교훈과 생애에 관련된 모든 주제들을 망라하되 성경을 한 번도 읽지 않은 독자라도 예수와 관련된 성서 기록의 기본 내용과 그 깊고도 앞선 의미를 쉽게 밝혀 '예수 그리스도 바로 보기'에 작은 도움이 되기를 희망하며 이 책을 서술하였다.

무엇보다도 한국교회언론회의 청탁으로 "오강남 교수의 『예수는 없다』를 반박한다"는 글과 "디모시 프리크의 『예수는 신화다』를 반박한다", 그리고 "루벤슈타인의 『예수는 어떻게 하나님이 되셨는가』의 예수 신성 부정론 반박한다"는 글을 쓰면서 본서와 같은 책을 저술할 필요성을 더욱 절감하게 되었다.

예수에 관한 왜곡된 정보가 그럴듯하게 포장되고 상업성에 편승하여 무분별하게 유통되는 시대이므로, 예수를 어떻게 볼 것인가 하는 문제가 새롭게 제기된다. 거꾸로 보고, 뒤집어 보고, 새로 보는 것보다 중요한 것은 "바로 보기"인 것이다. 디모시 프리크와 피터 갠디가 쓴 『예수는 신화다』는 예수의 인성을 부정하고 예수를 신화적인 인물로 묘사한다.

그 반대로 리차드 루벤슈타인이 쓴 『예수는 어떻게 하나님이 되셨는가』는 "인간 예수가 4세기 가톨릭교회에 의해 신성을 지닌 그리스도로 변형되었다."는 논지를 펴고 있다. 전자는 현대판 가현설이고 후자는 현대판 양자론이라 할 수 있다.

성서의 가르침과 기독교의 정통적인 교리에 의하면 예수는 그리스도로 고백되었다. 그러므로 예수에 관한 무수한 칭호(title) 가운데 '그리스도'라는 칭호가 대표적인 것으로 수용되어 예수를 따르는 자들이 '그리스도인'(행 6:5)으로 불렸으며, 그리스도교라는 명칭이 여기서 유래한 것이다. 그리고 성서는 이미 "예수가 그리스도이심을 부인하는 자"(요일 2:22)는 거짓말하는 자라고 규정하였다는 사실을 상기할 필요가 있다. 그리스도는 기름 부음을 받은 자라는 뜻의 히브리어 '메시아'를 희랍어로 번역한 말이지만 '구세주'라는 의미로 통용된다. 베드로의 저 유명한 고백에 따르면 예수는 그리스도이며 동시에 하나님의 아들(마 16:16)로 고백되었다. 그러므로 예수가 그리스도라는 명제 속에는 세 가지 의미가 함축되어 있다. 첫째는 역사적 예수로서 그리스도이다. 둘째는 구세주로서 그리스도이다. 셋째는 하나님의 아들로서 그리스도이다. 그래서 역사적 예수가 어떤 의미에서 구세주이고 하나님의 아들인가 하는 주제를 여러 측면에서 다루었다.

이 책의 제목을 『예수 그리스도 - 역사적 예수와 신앙의 그리스도 바로 보기』라고 정한 이유이다. 현대에 와서 역사적 예수에 관한 관심이 증폭되고 많은 연구들이 쏟아졌다. 따라서 우선은 역사적 예수에 대한 여러 주제와 쟁점에 대한 현대의 여러 신학적 연구들을 종합하여 목회자들이나 신학생들이 쉽게 읽을 수 있는 책이 필요하다고 생각하였다. 그리고 역사적 예수에 관한 연구를 통해 역사적 예수가 어떤 의미에서 그리스도인가 하는 질문에 대답할 과제도 중요하게 여겨진다. 몰트만이 잘 지적한 것처럼 '역사적 예수 연구'가 단지 예수론(Jesulogia)로 끝나면 역사적 예수가 곧 그리스도라는 성서적 가르침과 기독교적 교리의 근간이 훼손된다. 예수론은 그리스도론으로 이어져야 하기 때문이다.

그리고 현대에 와서 동정녀 탄생과 부활에 대해서도 회의와 의심의 시선을 보내는 이들이 많아졌기 때문에 지난 2000년 동안 동정녀 탄생과 부활에 대해 제기된 여러 비판들을 조목조목 반박하고 동정녀 탄생과 부활에 대한 성서적, 신학적 의미를 새롭게 밝히려고 시도하였다.

무엇보다도 역점을 둔 것은 역사적 예수의 가르침과 삶의 행태(Life Style)이다. 역사적 예수가 세례와 시험을 받은 후, 하나님의 나라의 복음을 선포하고 제자들을 모아 양육하고 파송한 일, 병자를 치유하고 귀신을 쫓아낸 일, 죄인들과 더불어 먹고 마신 일, 성전의 멸망을 예언한 일, 그리고 십자가에서 정치범으로 처형된 일 등이 당시 식민지 유대 사회에서는 어떤 의미가 있었고 지금 우리에게는 무엇을 의미하는지에 대하여 자세히 서술함으로써 오늘날 우리가 예수를 따르는 구체적 삶의 자세를 어떻게 정립할 것인지 그 지침을 제시하려고 하였다.

그러므로 이 책을 저술함에 있어 세 가지 방법론을 적용하였다.

첫째, 2000년 전 팔레스타인에 살았던 목수의 아들인 나사렛 예수라는 한 인간의 역사적인 면모만을 가지고는 예수를 바로 이해할 수 없다는 전제이다. 기독교 신앙의 핵심은 "한 역사적 인물인 나사렛 예수, 십자가에 달려 죽은 예수가 바로 우리의 구세주인 그리스도라고 믿는 것"이기 때문이다. 역사적 예수를 신앙의 그리스도로 바로 보기 전에는 예수를 바로 볼 수 없다는 것이 이 책의 기본 논지이다.

둘째, 해석학적 방법론이다. 성서신학은 여타의 학문보다 해석학이 발달했다. 해석은 크게 두 가지 차원에서 이루어진다. 먼저, "본문은 기록될 당시에 독자들에게 무엇을 의미하였는가?"(What it meant?)를 이해하는 것이고, 다음으로 "그 본문이 지금 우리에게는 무엇을 의미하는가?"(What it means?)를 이해하는 것이다.

따라서 이러한 해석의 두 차원을 예수 그리스도 바로 보기의 방법론으로 적용하려고 한다. 예수의 역사성에 대한 여러 비판적인 학자들의 주장을 진지하게 받아들여 그 반박을 제시하고 예수의 역사적 언행을 가능한 한 역사적으로 재구성하려고 한다. 그러한 예수의 언행이 당시의 종교적인 상황뿐 아니라 정치·경제적인 상황에 비추어 보았을 때 무엇을 의미한 것이며 그리고 지금 우리에게 무엇을 의미하는지 그 의미를 캐묻고 밝히려고 시도하였다.

셋째, 예수는 유대교의 유산 속에서 등장하였음에도 불구하고 기독교는 유대교의 모태에서 벗어나 그 공통점보다 차이점을 강조하여 새로운 종교의 창시를 선언하였다. 따라서 기독교와 유대교의 연속성과 불연속성의 문제가 제기된다.

이 문제를 해결할 수 있는 논리적 방법으로서 켄 윌버(Ken Wilber)가 인간의 의식을 시간의 축으로 나누어 제시한 평균적 의식(average consciousness)과 전향적 의식(advanced consciousness)이라는 개념[1]과 칼 마르크스가 제시한 상부구조의 부정적 이데올로기로서의 전도된 허위의식(distorted consciousness)을 종합하여 인간 의식의 세 가지 차원으로 설명하려고 한다.

프로이드는 인간의 의식을 공간의 축으로 구분하여 현재의식, 잠재의식, 무의식으로 나누었으나, 윌버는 인간의 의식을 시간의 축으로 나누어 시대에 앞선 생각으로서의 전향적 의식과 시대에 편승하는 평균적 의식으로 나누었다. 그러나 나는 여기에 하나를 더 첨가하여 시대에 뒤진 전도된 의식을 포함하려고 한다. 전도된 의식이라는 개념은 마르크스에 의해 제시된 것으로서 지배의식, 적대의식, 허위의식으로 규정되는 부정적 의미의 이데올로기로서의 상부구조를 지칭하는 말이다. 따라서 시간을 축으로 삼아 인간의 의식을 셋으로 나누고 이를 방법론으로 하여 예수의 율법 이해에 적용하면 다음과 같은 설명이 가능할 것이다.

1) 구약성서의 가르침과 초기 이스라엘 계약공동체의 이상은 그 당시의 고대 근동 종교의 '평균적인 의식'(보통 생각)과 비교해 볼 때 '전향적인 의식'(앞선 생각)이었다.

2) 그러나 예수 시대의 후기 유대교에 와서는 이러한 전향적인 의식이 지배적이고 적대적이며 허위적인 율법주의라는 이데올로기로서 본말이 뒤바뀐 '전도된 의식'(거짓 생각)으로 전락한 것이다.

3) 따라서 예수는 구약성서의 앞선 생각을 회복하여 그 본래적인 의미의 전향적 의식을 재발견하고 후기 유대교에 의해 전도된 의식을 재해석하여 그 본래의 전향적 의식(앞선 생각)으로 재진술한 것이다.

분명히 예수는 그의 언행을 통해 종교적으로나 정치적으로나 경제적으로 갈등이 극에 달한 당시의 상황에서 전향적인 의식을 새로운 대안으로 제시한 것이다.

그러므로 예수의 언행은 당시의 유대 종교의 배경에서 보아도 가장 앞선 생각이었으며, 2000년이 지난 지금 우리에게도 여전히 앞선 생각임을 펼쳐 보임으로써 "예수의 그리스도 되심의 지금 우리에게 의미하는 전향적 면모"를 밝히려고 하였다.

마지막으로 성경을 한 번도 읽어 본 적이 없는 독자라도 성경 본문을 확인하지 않고 그 내용과 줄거리를 파악할 수 있도록, 다루는 주제에 대해 가능한 한 성경 본문 전체나 이를 요약하여 간략하게 제시하였음을 밝혀둔다.

이 책은 이전에 저술한 바 있는 『예수 그리스도 바로 보기』를 바탕으로 출판하지만 많은 부분을 개정 증보했다. 분량도 배 가까이 많아져서 편의상 두 권으로 나누어 『예수 그리스도 - 역사적 예수와 신앙의 그리스도 바로 보기 1, 2』라는 제목으로 출판하게 되었다.

아무쪼록 예수를 바로 알고자 하는 진지한 사람들에게 예수를 바로 보게 하는 이정표가 되었으면 하는 바람이 간절하다.

이 책을 품위 있게 편집하고 꼼꼼히 교정을 보고 아름답게 디자인하여 이렇게 보기 좋은 책으로 출판해 준 동연의 김영호 사장님과 직원 여러분께 깊이 감사드린다.

2010년 11월

허호익

차 례

#『예수 그리스도 1』 차례

제3장 예수의 초기 생애와 가족 사항

제4장 예수 탄생의 삼위일체론적 이해

제5장 예수의 세례와 시험과 성령의 임재

제6장 하나님 아버지 나라에 대한 가르침

제7장 하나님 나라 복음과 유대교의 성전체제

제8장 하나님 나라와 로마의 식민지 정치제도

제9장

하나님 나라와 대안적 경제제도

_01

예수 시대의 토지제도

1) 예수 시대의 토지제도

기원전 330년경부터 팔레스타인 지역을 지배한 희랍의 톨레미(Ptolemy) 왕가는 '모든 땅은 왕의 소유'라는 원칙에 따라 큰 분할지는 왕족들에게 양도하고 나머지는 세습영지로 공로가 있는 협력자에게 넘기고 비옥한 땅은 돈을 받고 부유한 사람들에게 팔았다.[1] 이를 더욱 세분하면 성전토지(성전에 필요한 생산물을 제공하는 토지), 이주자토지(직업 군인들을 위한 토지), 하사토지(관리들에게 주어지는 광범위한 토지), 개인토지(농민들이 경작하는 집이나 정원을 만들 수 있는 개인의 토지) 등이다.[2]

예수 시대의 헤롯왕 역시 헤스모니안 왕족들과 고위 관리들을 살해하고 그들의 땅과 재산을 몰수하여 굉장히 많은 토지를 손에 넣었다. 그리고 그 일부는 자신의 가족과 고위 관리들에게 나누어 주었다.[3] 로마의 식민지 통치 기간에도 사정은 마찬가지였다.

예수 시대의 유다 인구는 디아스포라 유대인을 포함하여 대략 650만 명으로 추산된다. 그 가운데 20%인 125만 정도가 팔레스타인에 거주하였다. 이 중에서 70% 정도는 농촌에, 30% 정도가 도시에 거주하였다. 농업생산이 국민 총생산에 70% 이상을 차지하였고, 나머지가 목축업, 어업, 수공업이었다. 팔레스타인(유대아, 갈릴래아, 이두매아, 페레아, 사마리아 제외)의 면적은 1만 550평방킬로미터이며, 경작 가능한 면적은 66-70% 정도였다.[4]

예수 시대의 이스라엘 사회구성체의 성격은 준아시아적 생산양식에 해당한다.[5] 소수의 대지주와 다수의 영세 소농 혹은 소작농 사이의 빈부 격차가 날로 극심하였다. 유대의 경제는 투자한 자본이 이윤을 확보할 수 있는 충분한 사업이 없었다.

부유한 귀족들이 새로운 제조업이나 장거리 무역에 돈을 투자했다는 증거는 거의 없다. 그래서 그들은 재산을 토지나 대부(貸付)에 투자했다. 부자들이 재산을 토지에 투자함으로써 결국 농민들은 토지에 대한 소유권을 잃고 소작농으로 전락하거나 일일 노동자가 되거나, 아니면 노예가 되었다.

2) 예수 시대의 사회 계층

특히 예수의 고향 갈릴리 경우 전체 인구의 1-2%는 대토지 소유자인 지주와 대상인과 같은 부유한 지배계층이고, 5%는 이들 지배계층의 외피를 형성하는 수공업자, 소상인, 소농, 어부 등의 중간계층이며, 나머지 90% 이상이 가난한 계층으로 소작인, 일용품꾼, 노예 등이었다.[6]

뵈젠은 예수시대의 갈릴리 지역의 경제 계층을 세 단계의 피라미드로 다음과 같이 분류하고 자세히 설명하였다.[7]

■ 예수 시대의 경제 계층

자산 계층	중간 계층	하층
대상인	수공업자	소작인(임차인)
지주(토지 소유자)	소상인	일일품꾼
세리장(납세청부업자)	소농	무직자
대부업자	어부	노예
고위직	사제	거지, 병자

자산 계층(부유층)

예수 당시 대상인, 지주, 대부업자, 세리장 그리고 고위직 사제는 모두 부자(plousia)로 통칭되었다. 토지와 노예나 채권과 권력을 모두 가졌거나 그 중 어느 하나라도 많이 가진 경우는 이러한 자산계층에 속하였다.

어리석은 부자의 비유(눅 12:16-21)를 보면 그는 기존 곡간을 헐고 새 곡간을 지을 만큼 부유하여 "여러 해 쓸 물건을 많이 쌓아 두었으니 평안히 먹고 마시고 즐거워하자."고 다짐할 만큼 사치와 향락을 누리기에 족한 사람이었다.

부자들은 영주들이 입는 '자색 옷'과 이집트에서 수입한 '고운 베옷' 입고 날마다 호화로이 즐기며 살았다(눅 16:19). 때로 호화로운 만찬을 열어 사람들을 초대할 수 있었던 자들은 모두 부자이고 그가 초대한 사람들도 한결같이 대단한 부자들이었다.

그들의 부의 정도를 불의한 청지기의 비유(눅 16:1-8)를 통해 살펴볼 수 있는데, 이 부자는 기름 1백 말(3,650리터)과 밀 1백 섬(3,650리터)을 빌려준 사람이다. 이 정도의 기름과 밀을 생산하려면 146그루의 올리브나무를 경작할 수 있는 큰 농장과 42헥타르 넓이의 어마어마한 밀밭을 소유하는 부자이어야 한다.[8]

(1) **대상인**: 값비싼 진주를 구하는 대상인(emporos)은 소상인(kapelos)과 구별되는 대상인을 의미한다. 랍비문서에는 산헤드린 의원이었던 곡물 대상인, 포도주 대상인, 기름 대상인, 목재 대상인이 언급되어 있다. 요세푸스는 69년경 겨울에 민중들이 곡물상인 니고데모의 밀과 보리로 가득 찬 창고를 불태운 사건을 기록하고 있다.[9] 이들은 오늘날의 총판상인이나 수입상과 비교할 수 있는 고소득 계층이다.

(2) **지주**(토지 소유자): 성서에는 토지 소유자로서 지주 또는 주인이 등장한다. '집주인'으로 번역된 지주(oikodespotes)는 넓은 토지를 소유한 자를 칭한다. 그 당시에는 땅이 주된 재원이었기 때문에 사회적인 계층도 땅의 소유 여부와 밀접한 관련이 있었다.

주인(kurios)이라는 단어가 종교적으로 하나님과 예수를 지칭할 때는 주님으로 번역되지만 세속적으로는 주인, 지배자, 소유자라는 뜻이다. 그들은 권력을 가진 관리이거나 대단한 재력가로서 자신의 재산을 토지에 투자하여 소작인에게 임대해 주거나 청지기에게 맡겨 관리하는 부호이다.[10] 또한 많은 종들을 거느리고 지배하기 때문에 주인으로 행세하였다.[11]

고고학적 연구 결과 이스르엘(므깃도) 평야에서 대토지 소유의 확실한 흔적이 발견되었다. 그리고 이 지역의 대토지를 소유한 이들의 역사적 기록도 발견된다.[12] 그들의 땅은 아주 넓어 소작인들에게 임대해 주기도 하고(막 12:1), 또 관리인에게 맡겨(마 20:8, 눅 16:1) 종이나 농장일꾼이나 일일 노동자들(마 13:24-30, 20:1-60 눅 15:17)로 경작하게 한다.

추수할 때에 충분한 노동력을 구하기 힘들 정도이지만(마 20:1-16), 지주들은 스스로 일하지 않고 추수꾼을 고용한다(마 13:24-30). 이따금 자신의 땅을 시찰하거나(마 25:19, 눅 16:2), 이익금을 받기 위해 방문한다(마 12:2, 마 25:20, 28).

그들은 자신이 투자한 곳을 떠나 먼 곳에 있거나 먼 곳으로 여행 다니는 부재지주(不在地主)이기도 하다(막 12:10, 13:34, 마 25:14). 지주는 대부분 당시의 왕족과 고위 관리들이었다. 그들은 대규모의 토지와 막대한 노동력을 가진 재력가이며, 대상인이기도 하였다. 산헤드린의 의원이었던 니고데모도 토지를 소유하고 있었고(요 19:39), 아리마대 요셉도 부유한 대지주로서 예루살렘의 토지를 소유하고 있었다.[13]

(3) 세리장(세금청부업자): 세리장 삭개오(눅 19:2)는 로마의 세금청부업자(publicani)을 지칭한다. 요세푸스가 언급한 '피콜라 출신의 요셉'[14]이나 '가이샤라 요한'[15] 역시 세금청부업자였으며 이들은 당대의 부유한 계층이었다.

팔레스타인에서는 기원전 300년대부터 납세임차제도가 시행되었다. 납세임차인은 조세권과 관세권을 임차 위탁받아 임의로 세금을 부과하였기 때문에 일종의 세금청부업자였다. 톨레미 에피파네스(BC. 204-181 재위)는 이러한 세금징수권을 유력자들에게 경매를 붙이기도 하였는데 '피꼴라 출신의 요셉'은 자신이 입찰되기 위해 동업자들의 담합을 폭로하기도 하였다.

> 각 도시에서의 세금징수권을 매입하는 날이 되자, 여러 지역에서 온 유력 인사들은 입찰을 실시하였다. 코엘레 수리아와 베니게, 유대지방과 사마리아로부터의 세금 합계가 8,000달란트에 이르자, 요셉은 앞으로 나아가 입찰자들이 낮은 세금 액수를 왕에게 제시하기로 담합하였다고 비난하였다. 그는 그 두 배를 주겠다고 선언하였으며, 당시 입찰에서는 세금징수권과 함께 이와 같은 권한도 매매되었다.[16]

징세 금액은 매우 유동적이었기 때문에 이처럼 높은 값으로 입찰을 받은 다음에는 토색(눅 19:8)과 속임수가 판을 쳤다.[17] 이들은 고리대금업을 겸하기도 하였다. 곤경에 처한 농부들이 소출과 토지를 이들에게 저당 잡힐 수밖에 없었다.[18] 그래서 세리들은 회개가 불가능한 자로 비난받았다. 왜냐하면 그가 피해를 준 사람이 너무 많아 일일이 기억할 수 없기 때문이었다.[19] 이들은 자신의 재산 축적을 위해 적극적으로 로마 식민 통치의 경제적 착취의 도구가 되었기 때문에 친외세분자들로 취급되었고, 분노와 경멸의 대상인 죄인들과 동일시되었다(막 2:16. 눅 19:7).

(4) 대부업자: 대부업자는 오늘날의 직업적인 돈놀이꾼으로서 '빚 주는 사람'(눅 7:41) 또는 '취리하는 자'(마 25:27)로 불렸다. 전자는 두 사람에게 각각 500데나리온과 50데나리온을 빌려준 사례가 있고(눅 7:41-43), 후자는 달란트 비유에서 예수가 언급한 바 있다. 직업적인 고리대금업자 외에도 높은 이자로 돈놀이를 하는 것은 흔한 일이었다.

(5) 고위직 사제: 전, 현직 대제사장들도 자산가 계층에 속한다. 대제사장 아나니아는 넓은 뜰이 있는 집에서 문지기를 비롯한 많은 하인을 거느리고 사치스럽게 살았다. 대제사장의 화려한 제복을 마련하고 속죄일마다 제물을 바치려면 많은 재산이 있어야 했다. 그들은 성전 금고에서 정규적인 수입을 확보하였을 것으로 추측된다. 일부 가문은 토지를 소유하였고, 자신의 아들을 성전경비대장으로 임명하는 등 이권에 개입하였다.[20]

사제 중에서 고위직과 하위직의 경제적 차별이 극심하였다. 랍비문헌에도 실제로 하급 사제들이 10분의 1조세를 받으려고 농민의 타작마당에 쭈그리고 앉아서 기다리다 그것을 받지 못할 때는 스스로 농민에게 고용되어 양치기 등의 노동을 제공하고 그것을 10분의 1조세로 바꾼 예가 기록되어 있다.[21]

중간 계층

중간 계층에 대한 명시적인 기록은 드물지만 수공업자, 소임차인들, 어부와 소농들이 여기에 속한다. 성서에 등장하는 청지기, 세리(세금수금원)도 여기에 속한다.

(1) **소농**: 인구의 대다수는 소농(小農)이었다. 소농들은 보통 6~9명의 식구로 살았고 평균 8~10헥타르(10000m^2)의 토지를 경작하였다. 당시 일인당 연간 최저 생계비가 31데나리온 정도였다면 일곱 가족의 소농 한 가정은 연간 217데나리온을 필요로 하였다. 그러나 그들의 연간 수확량은 200데나리온을 밑돌았다. 밀을 재배하는 소농은 연평균 150데나리온 어치를 생산하였는데 가족들에게는 하루 열량의 2,322칼로리 미만을 보장할 뿐이다.[22]

그럼에도 불구하고 여러 가지의 중복 과세를 통해 수확량의 35~40%가량을 징수당했으므로, 남은 식량으로 다음 수확기까지 연명하는 것 자체가 불가능하였다. 그래서 소농들은 곡식과 기름을 꾸거나 돈을 빌려 부족한 식량을 구할 수밖에 없었다. 일단 빚을 지면 곡식의 경우 25%이었고, 기름의 경우는 100%라는 엄청난 이자를 물어야 했다. 고금리 채무는 해가 갈수록 이자가 눈덩이처럼 불어나 결국에는 그나마 재산이라고 지니고 있던 보잘것없는 토지를 넘겨주거나 팔아서 부채를 청산해야 했다.

(2) **청지기**(oikonomos): 청지기도 그 권한의 범위에 따라 몇 가지로 구분된다. 감독관인 청지기(epitropos)는 포도원의 품꾼들을 감독하고 노동시간에 따라 일당을 지급하는 일(마 20:8)을 담당하였다. 재산 관리인인 청지기는 "주인이 그의 모든 소유를 그에게 맡길"(마 24:45-47) 정도로 주인의 신임이 두터우며, 주인을 대신하여 농장의 남녀 종들을 부리며(눅 12:42-48), 주인의 재산을 위임 받아 중요한 채권 증서를 스

스로 작성하고 관리할(눅 16:1-8) 만큼 절대적인 재량권을 가지고 있었다.

이들에게 공통적인 것은 그들이 관리하는 재산이 자신의 것이 아니라 따로 주인이 있는 남의 것(눅 16:12)이며, 관리의 잘못에 대한 평가와 보상이 따른다는 것이다(눅 12:43-45). 그리고 노비를 때리거나 주인의 재산을 허비하거나 불성실하게 일하여 주인에게 손해를 끼치면 책벌과 함께 즉시 해고된다(눅 12:46, 16:2-3). 그들의 임기는 한시적인 임시직이었다.

(3) 세리(세금 수금원): 앞서 언급한 것처럼 삭개오와 같은 세리장(architelones)은 세금청부업자로서 약자들의 재산을 토색하여 비교적 부유하게 사는 당대의 재산가이었다(눅 19:2). 그러나 그들에게 고용된 세리(telones)는 악명 높은 수금원으로 고용된 것이었다(막 2:13-15 병행).[23] 그래서 세리는 죄인으로 취급되었다. 그중에는 일일품꾼이나 노예 출신들도 있었다.

가난한 계층

하류계층에 속하는 이들로서는 소작농, 품꾼(일용노동자), 종 등이 있었다. 경제적인 곤궁 때문에 각종 세금과 특히 십일조를 정확하게 내지 못하였으므로 율법학자들은 이들을 경멸하여 '땅의 사람들'('am ha'a rets)이라고 불렀다.

가진 것이 없는 최하층인 이들은 떼강도(lestai)에 가담하거나 정처 없이 떠도는 유랑민이 되거나 외국으로 이주하는 이도 많았다. 그래서 예수가 태어났을 무렵 유대인 전체 인구 650만 명 중 500만 명이 고향 땅을 등지고 떠나 생활하는 디아스포라 유대인이었을 것으로 추정한다.

(1) 소작농(georgos): 파산한 소농들은 자기 땅을 팔고 채권자나 대지주의 소작인으로 전락하는 것이 다반사였다. 소작농(마 21: 33 등)[24]으로 전락한 자들은 연간 수확의 50% 내지 75%의 소작료를 내고 나머지 소출 중에서 다시 35% 내지 40%의 각종 세금을 지불했다.

실례로 10헥타르를 임대한 소농이 밀을 재배해서 150데나리온 어치의 수확을 보았다면 소작료와 세금을 모두 떼고 나면 수확의 15% 내지 30% 즉 30데나리온이나 45데나리온으로 온 가족이 한 해를 연명하여야 하였다. 그 돈으로는 하루에 1,600 내지 1,800칼로리 정도만 섭취할 수밖에 없었다. 완전히 파산하여 구제빵으로 연명하는 사람의 하루 섭취량이 1,400칼로리인 것을 생각하면, 10헥타르를 임대한 소작농은 파산한 인생과 다름없었다.[25]

포도원을 만들고 농부들에게 세를 주고 타국에 간 사람에 관한 예수의 비유(막 12:1-12 병행)에 등장하는 농부는 자기 땅에 농사를 짓는 소농이 아니라, 남의 땅을 임차하여 농사를 짓고 소득의 일부를 포도원 주인에게 주는 소작농이다. 본문의 의도와는 별도로 소작농들이 부재지주가 소작료를 받기 위해 보낸 청지기와 그의 아들을 차례로 살해하는 상황을 제시함으로써 당시의 소작인들의 절박한 상황을 반영하고 있다.

(2) 품꾼(misthius): 품꾼은 노예들과 달리 자유롭기는 하지만 자신의 노동력 외에는 아무 것도 가진 것이 없는 사람들이다. 하루하루를 품팔이를 하면서 살아가야 했다. 이른 새벽 해뜨기 전에 품꾼들이 거래되는 시장터로 가서 일을 구해야 했다. 추수기에는 일자리가 많았지만, 평상시에는 특별한 수요가 없는 한 공치는 날이 많았다. 국가 자체도 성전과 궁전 건축을 위하여 수많은 노동자를 고용하곤 하였다. 헤롯 시대에는 성전 재건 공사를 위해 약 1만 8천 명의 노동자를 고용했

던 것으로 추정된다. 그리고 성전 공사가 완공된 다음에는 대규모의 실업자가 발생하였다.[26]

복음서는 이러한 품꾼들의 사정을 잘 반영하고 있다. 예수의 포도원 품꾼의 비유(마 20:1-16)는 오후 늦게 겨우 일자리를 얻은 일용노동자에게 노동 시간과 관계없이 하루의 일당을 지급하는 전향적(轉向的)인 가르침을 담고 있다. 잃어버린 아들의 비유를 보면 탕자는 외국에서 재산을 탕진하고 극심한 고통을 당하는 중 고향 땅 아버지 집의 일용노동자를 부러워하였다.[27]

(3) 종(dulos): 예수 시대에도 노예제도가 결코 폐지되지 않았다. 물론 동족인 히브리 노예와 이방인인 가나안 노예는 엄격히 구별되었다. 성서는 이들을 종으로 표현한다. 유대인들이 노예로 전락하는 데는 네 가지 상황이 전제되었다.

- 도둑은 벌로써 노예로 팔렸다.
- 소농들은 경제적 압박으로 자진하여 자신과 가족들을 노예로 팔기도 하였다.
- 채권자는 채무자뿐만 아니라 그와 그의 가족을 노예로 팔아 그것으로 자신이 투자한 것을 찾을 수 있었다.(마 18:22-35)
- 전쟁포로들은 살해되거나 노예로 팔렸다.[28]

로마 제국 지방 집정관들은 지역 서민들의 땅을 끊임없이 강탈했고, 그 넓은 농지와 대소유지를 관리하기 위해서 엄청난 수의 노예들이 필요했다.

유대인 출신의 종은 채무로 인한 머슴이었으므로 날품팔이나 일용노동자보다는 상황이 나았다. 그들은 율법에 따라 안식년이 되면 풀려

날 수 있기 때문이다. 그러나 가나안 원주민 출신의 종은 문자 그대로 노예였다. 그들은 법적으로 주인의 재산이었다. 인간적인 대접을 받지 못했으며, 짐승처럼 취급되었다.

이러한 노예는 예수의 비유에 여러 번 등장할 만큼 보편적인 현상이었다. 악한 포도원 지기의 비유에서는 포도원의 임차료를 징수하기 위해 '종들'을 보낸다. 그러나 이들은 욕을 먹고 매를 맞고 심지어 마침내 살해된다(막 12:1-12 병행). 이외에도 종들에 관한 여러 언급들을 찾아볼 수 있다.[29] 예수는 이들의 곤궁을 이해하고 호의를 표한 것이 분명하다. 가난한 사람들과 부자들 사이의 사회-경제적 긴장 관계는 예수의 비유에도 자주 등장한다. 예수는 분명히 가난한 사람들과 굶주린 사람들을 축복하고, 부요한 사람들과 배부른 사람들을 저주하였다(눅 6:20 이하 공동번역).

3) 예수 시대의 세금제도

로마 식민지의 조세제도

로마 식민지 지배하의 경제적 착취는 세금을 통해 조직적으로 이루어졌다. 다른 나라의 영토를 정복하고 지배하는 주요한 목적이 바로 경제적 약탈에 있기 때문이다. 따라서 "지배하는 것은 세금을 거두는 것"(To rule is to tax)이었다. 이스라엘 백성에게는 세금 납부는 노예생활의 시작이었고, 로마의 통치자에게는 세금 거부가 모반의 시작으로 이해되었다.

이방 통치자들은 세금 수금을 위해 예루살렘을 제외한 유대 전 지역을 11관구로 나누고 정기적인 인구조사를 시행하였다. 그리고 백성들과 직접 접촉하지 않고 효과적으로 세금을 거두기 위해 세금청부제도를 만들었다. 세금청부제도는 특정 지역이나 단체, 또는 상품이나 인력에 대한 조세권과 관세권을 통치자로부터 위탁받는 일종의 임차제도이다. 납세청부업자는 일 년간의 납세총액을 약정하고 그 이상을 거두면 자신의 소유로 삼고 세수가 모자라면 자신이 물어야 했다. 그래서 임의로 세금을 높이 부과하여 원성을 듣게 된 것이다.

셀류커스(Seleucus) 시대의 조세제도에 대해서는 안티오쿠스 III세와 데메트라스에 의해 쓰인 편지들에서 인두세, 소금세, 영토세가 존재한 것을 알 수 있다.[30] 때때로 셀류커스 왕조는 모든 곡식 생산량의 3분의 1, 과일 생산의 2분의 1을 성전 유지를 위한 십일조로 유대인들에게 강제로 징수했다. 폼페이우스가 기원전 63년에 예루살렘을 점령했을 때 1만 달란트 이상의 금액이 유대인들에게 세금으로 부과된 바 있었다.[31]

로마가 식민지에서 통치를 위해 도입한 세금청부업자(tax farmer)는 '프블리카니'(publicani)로 불렸으며, 그가 고용한 수금원(tax collector)은 '포티토레스'(potitores)라 하였다. 전자는 기사 계급 출신으로 로마제국의 재정관리가 되어왔었다. 후자는 이와 대조적으로 로마에 바치는 세금을 걷을 수 있도록 해당 시나 지역과 계약을 맺은 지역 유지였다. 누가는 이를 세리장(architelones)과 세리(telones)로 구분하였다.[32] 따라서 세리장은 세금 착취로 부유층에 속하였지만 수금원인 세리는 먹고 살기 위해 비난을 감수하고 세금을 거두러 다니는 하류층에 속하였다. 그래서 세리는 죄인으로 취급되는 가장 비난받는 계급에 속했고 예수가 이들과 먹고 마시는 것을 본 많은 유대인들이 충격과 분노를 표시한 것이다(마 19:10-11 등).

로마의 식민지 지배 동안 유대는 해마다 로마에 6백 달란트의 세금을 지불해야 했다. 이는 농장 노동자 6백만 명의 하루 임금에 해당하는 것이었다.[33] 무엇보다도 세금은 헤롯 대왕의 통치기에 무자비하게 정수되었다. 헤롯은 자신의 막대한 비용을 충당하기 위해 늘 새로운 수단을 강구하였다. "헤롯은 자신의 재산을 모두 탕진해 버렸기 때문에 중세를 부과하지 않으면 안 되었다."고 한다.[34]

요세푸스는 70년의 로마 식민지 지배에 항거하여 도발된 유대 전쟁의 유일한 이유가 납세 거부였다고 한다.[35] 로마인들이 거두어들인 세금의 종류는 다음과 같다.[36]

(1) **토지세**(tributum soli): 직접적인 공물(tributum)의 가장 많은 부분은 토지세로 징수되었다. 줄리어스 시저(가이사)는 안식년을 제외하고 매 2년마다 토지 수확의 25%를 공물로 바치도록 법령화하였다. 여기에 추가하여 토지가의 1%의 세금을 거두었다. 토지를 가진 자는 대략 연간 수확의 12.5% 이상을 세금으로 납부하여야 했다.

(2) **인두세**(tributum capitis): 인두세 역시 직접세로서 인구조사에 의해 결정되었다. 아구스투스 황제는 이집트에서 14세부터 60세까지의 모든 남자들에게 인두세를 부과하였는데, 물론 특권층에는 예외였다.[37] 유대에서도 예외는 아니었다. 로마는 인두세로 매년마다 1데나리온을 요구하였다. 이름과 나이를 모두 조사하는 정기적인 인구조사의 목적은 인두세 징수에 있었다(눅 2:1-5). 인구조사 때에는 이에 대한 저항이 봉기로 나타나곤 하였다(행 5:37). 헤롯 시대(기원 전 37-4년)에는 왕실에서 직접세를 거두었다. 그 실례로 헤롯 안티파스가 갈릴리의 통수권자로 있을 때 카시우스(Cassius)를 통하여 특별세를 과도하게 부과하여 1백만 데나리온을 징수한 기록이 등장한다.[38] 그 후 유대가 기원 후 6년부터 로마의 식민지 통치하에 들어가서는 로마의 총독이 직접세를 징수하였다.

(3) **연례소출세**(annona): 로마 식민지 주둔군의 경비를 충당하기 위

한 직접세이다. 미군 주둔 분담금처럼 주둔군이 요청하는 식량 보급과 그들이 필요로 하는 노역을 제공하는 형식을 취한 세금이 연례소출이다.[39]

(4) **공공세**(publicum): 공공세금의 대표적인 것은 관세이다. 물건을 운송하는 경우 대략 물건 값의 2% 내지 5%를 징수하였다. 물론 먼 거리로 이동할 경우 특정 지역을 통과할 때마다 여러 차례에 걸쳐 관세를 납부하여야 했다.

(5) **종교세**: 헤스모니안 왕조 이후 유대인들은 "유대인들의 율법"에 따라 예루살렘 성전과 그곳에서 일하는 사제들을 위한 성전세와 십일조를 종교세로 내야 했다. 성전세는 두 데나리온에 해당하는 반 세겔을 거두었고, 가버나움에서 성전세를 거두는 자를 만난 예수의 일행도 이 세금을 지불하였다(마 17:24).

(6) **시장세**: 예루살렘에는 곡물시장, 과일시장, 목재사장 외에 일반용 가축시장과 제사용 가축시장이 있었으며, 노예를 전시하여 사고파는 경매석도 있었다. 예루살렘 시장에서 사고팔 때는 시장세를 납부하여야 했다.[40]

예수 시대의 유대인들은 이중 삼중으로 세금 부담을 져야했고, 부채가 전혀 없는 소농들이라도 유대교의 종교세와 각종 로마 세금의 중복과세로 인하여 연간 약 35%를 세금으로 빼앗겨야 했다.[41] 예수도 이러한 세금제도를 잘 알고 있었으며 반 세겔의 성전세 외에도 "세상 임금들이 관세와 정세를 받는 것"(마 17:25)을 분명히 언급하였다.

세금은 당시 피지배민들에게 가장 큰 고통을 주었던 경제적 부담이었다. 세금의 종류도 위에서 살펴본 것처럼 여러 가지였으며 중과세되는 경우도 많았다. 더군다나 이러한 납세 의무를 이행하지 못할 경우에는 '투옥되거나, 노예로 팔리거나, 사형을 당해야' 했다.[42]

많은 유대 농부들은 자기 토지를 잃어버릴 위험을 무릅쓰지 않고서는 모든 세금을 꼬박꼬박 납부할 수 없었다. 실제로 일부 소작농들은 로마의 세금조차 낼 수 없는 형편이었고 결국은 날품팔이나 떠돌이 거지가 될 수밖에 없었다.

_02

하나님의 나라와 가난한 사람들

가난한 자들을 위한 나라

하나님의 나라에 관한 예수의 가르침 중에 가장 놀라운 것은 그 나라가 임박하였다는 것뿐만 아니라, 그 나라가 '가난한 자들을 위한 나라'가 되리라는 것이다.[43]

> 가난한(ptochoi) 사람들아, 너희는 행복하다. 하느님[44] 나라가 너희의 것이다.(눅 6:20 공동번역)

예수가 공생애를 시작할 때 처음으로 갈릴리 나사렛 회당에서 낭독한 것은 이사야의 말씀을 통해 자신의 사명을 선포하였다. 예수는 하나님께서 "가난한 자에게 복음을 전하게 하시려고 내게 기름을 부으시고 나를 보낸"(눅 4:18) 것이라고 선언하였다. 하나님의 기름 부음을 받은 예수의 사명은 '가난한 자에게 전한 복음'은 포로된 자와 눌린 자를 자유롭게 하고 '주의 은혜의 해를 선포하는 것'(눅 4:19)이었다.

주의 은혜의 해는 초기 이스라엘 계약공동체의 가장 전향적(轉向的)

인 사회적 율법에 해당하는 희년을 의미한다. 희년(레 25:8 이하)은 50년을 주기로 가난한 자들에게 그들이 팔아 버렸거나 잃어버린 땅과 가옥을 되돌려 주고, 그들의 부채를 모두 탕감하여 주며, 채무를 감당하지 못해 종살이하는 이들을 해방시킴으로 가난한 자들의 삶을 회복시키는 하나님의 은혜가 베풀어지는 해이다. 희년법은 이스라엘에서 땅 없는 계층을 없애고 가난한 자를 없게 하려는 의도(신 15:4)에서 제정된 것이다. 희년은 실제로 가난한 자에게는 기쁜 소식이었고, 반면에 남의 땅을 많이 사들이고 채권이 많은 부자에게는 슬픈 소식이었다.

예수가 문자 그대로 땅의 재분배와 부채탕감을 시도했는지, 아니면 그 당위성을 선포한 것인지는 분명치 않다. 그러나 예수와 희년과의 관계를 어떻게 이해하든지 간에 분명한 것은 포로 후기의 느헤미야가 희년정신에 따라 토지 재분배와 부채 탕감 조치(느 5:10-11)를 취한 이후 처음으로 희년을 선언했다는 사실이다.

예수가 가난한 자를 선호한 것은 그 자신이 가난한 자이였기 때문일까? 실제로 예수 자신의 삶은 부유하지 않았다. "여우도 굴이 있고 공중의 새도 거처가 있으되 인자는 머리 둘 곳이 없다."(마 8: 20)는 고백을 통해 볼 때 예수는 무주택자였음을 알 수 있다. 그리고 사후에 아리마대 요셉이라는 유대인의 장지에 묻힌 것으로 보아 묻힐 땅도 없었던 것이 분명하다(마 27:60). 그러나 예수 자신은 소작농이나 품꾼처럼 아주 가난한 사람은 아니었다. 그는 부친의 직업을 이어받은 목수(tekton, 막 6:3)였는데, 이는 석공, 수레공, 가구공을 통칭하는 기능공으로서 갈릴리의 중산층에 속하는 숙련 노동자 출신이었으므로 부자라고는 할 수 없다. 분명한 것은 예수 자신의 빈부와 상관없이 자신의 소명이 가난한 자에게 복음을 전하고 주린 자를 배부르게 하는 것이라고 선언한 것이었다. 누가는 마리아의 입을 빌려 예수 그리스도를 "주리는 자를 좋은 것으로 배불리셨으며 부자는 빈손으로 보내"(눅 1:53)는 자로 이 땅에 보냄을 받은 것이라고 고백한다.

그러나 마태는 가난한 자를 '심령이 가난한 자'(마 5:3)[45]로, 주린 자를 '의에 주린 자'(마 5:6)로 이해했다.[46] 반면에 누가는 아주 단순하게 '가난한 자'와 '지금 주린 자'가 복이 있다(눅 6:20-21)고 했을 뿐만 아니라, 부자에게는 화가 있을 것이라고 선언하였다.[47]

> 화 있을 진저 너희 부요한 자여 너희는 너희의 위로를 이미 받았도다
> 화 있을 진저 지금 배부른 자여 너희는 주리라라.(눅 6:24-25)

특히 누가복음은 가난한 자에 대한 축복과 부자에 대한 저주를 많이 기록하고 있다.[48] 그것은 하나님의 나라에서는 부자와 가난한 자의 위상 변화가 일어날 것임을 분명히 한 것이다. 왜냐하면 하나님의 나라는 종말론적 하나님의 통치이며, 여기서는 부자와 가난한 자의 종말론적 반전이 일어나기 때문이다. 부자와 거지 나사로의 비유(눅 16:19-31)는 이러한 반전의 의미를 명시한다. 이 둘이 동시에 죽었을 때 가난한 거지에게 몰인정하였던 부자는 지옥에 떨어져 고통을 당하고, 가난한 거지 나사로는 아브라함의 품에 안긴 것이다. 부자는 이름조차 명시되지 않지만 가난한 거지 나사로는 그 이름이 기억되고 있다.

예수가 한 부자청년에게 "재물이 있는 자는 하나님의 나라에 들어가기가 심히 어렵도다."(막 11:23, 마 19:24, 눅 18:25)고 한 것은 부자는 부자로 머물러 있고 가난한 자는 여전히 가난한 채로 있는 한 하나님의 나라의 공동체를 이룰 수 없음을 선언한 것이다.

예수는 잔치의 비유에서는 "무릇 하나님의 나라에서 떡을 먹는 자는 복되도다."(눅 14:15)고 전제하고, 천국 잔치에 초청을 받고 응한 사

람들이 밭을 사고 소 다섯 겨리를 산 부자가 아니라 "가난한 자들과 불구자들과 맹인들과 저는 자들"(눅 14:21)이었음을 강조하였다.[49]

가난한 자들이 하나님 나라의 잔치에 참여할 우선권이 있다는 것이다. 예수의 선포에 있어서 하나님 나라의 기쁜 소식의 일차적인 수신자들은 가난한 사람인 것이 분명하다. 가난한 자가 복이 있으며 하나님 나라의 공동체에 먼저 들어간다는 것은 가난한 자를 저주받은 자로 여기는 당시의 가난에 대한 평균적인 의식으로는 낯선 생각이며 앞선 생각이었다.

가난한 자가 복된 자인가?

예수 당시 가난한 사람들은 대체로 무지하여 율법을 제대로 알지 못하였다. 가난하기 때문에 제물을 마련하기 어렵고 성전 순례를 할 수 없었으며 십일조나 성전세도 내지 못하였으니 율법을 제대로 지킬 수 없는 처지였다. 예나 지금이나 가난한 사람들의 직업은 더럽고, 어렵고, 위험한 3D 직종이기 때문에 율법적으로는 부정하고 불결하게 여겨졌다. 당시의 유대인들의 인습적인 지혜에 의하면 가난한 자들은 옳게 살지 못한 자들이고 '아브라함의 쓸모없는 자녀'로 여겼다. 한마디로 부유한 것을 축복으로, 가난한 것을 저주로 여겼다.

빈부에 대한 이러한 의식은 랍비들의 주장과 일치한다. 당시의 묵시문학에서 불의한 부자에 대한 영원한 저주와 착취당하는 가난한 자에 대한 영원한 보상을 역설했지만,[50] 랍비들은 가난한 자를 멸시하고 부자를 칭송하는 전통을 더욱 존중하였다.[51] 후기 유대교의 지혜의 교사 벤 시라(Ben Sira)는 부자들은 정직하게 일하여 재산을 모았기에 하나님은 그들의 생명을 안전과 축복으로 보증하나, 게으르고 나태한 결과 자업자득으로 가난하게 된 자의 구걸은 미워한다고 하였다.[52] 주후 3

세기의 유명한 랍비 요하난(Jahanan)은 "하나님은 그의 보좌를 다만 강한 자, '부자', 현자 그리고 겸손한 자만을 위하여 마련한다."고 하였다. 그 근거로 모든 예언자들 특히 모세, 사무엘, 아모스, 요나 등이 부자들이었다고 주장하였다.[53]

그러나 예수는 달랐다. 예수는 가난한 자와 주리는 자가 하나님의 나라에서는 복이 있는 자라고 선포하였다. 경제적으로 가난한 자를 염두에 두고 물질적으로 부유한 자들과 분명히 대조시켜 가난을 저주로 여기고, 부를 축복으로 여기는 당시의 평균적인 의식을 거부하였다. 가난을 축복으로, 부유함을 저주로 여기는 단순한 역설을 가르친 것이 아니다. 광야에서 이스라엘 백성들에게 만나를 공급하여 "많이 거둔 자도 남지 않고 적게 거둔 자도 부족하지"(출 16:18) 않았듯이, 부자와 가난한 자의 빈익빈 부익부가 존재하지 않기 위해서는 가난한 자가 우대받는 그런 하나님 나라의 공동체의 실현을 열망한 것이다. 예수는 이처럼 가난과 부에 대한 당시의 인습적인 지혜를 전복시킨 새로운 대안적 지혜를 가르친 것이다.[54]

제자도와 재산의 포기

한 걸음 더 나아가서 예수는 계약공동체 희년법의 제도적인 조치보다 더 강력하고 자발적인 하나님 나라 공동체의 경제적인 조치를 요구하였다. 예수는 제자들에게는 "너희 중에 누구든지 자기의 모든 소유를 버리지 아니하면 능히 내 제자가 되지 못하리라."(눅 14:33)고 하였다. 부르심을 받은 제자들은 그 즉시 "그물을 버리고"(막 1:18, 마 4:20), "배를 버리고"(마 4:22), "모든 것(panta)을 버려두고"(눅 5:11, 28) 예수를 따랐음이 강조되고 있다. 그래서 예수는 그의 제자직의 자격 요건으로 소유의 포기를 선언하였다.

예수의 이러한 전향적(轉向的) 소유관은 제자들을 둘씩 짝지어 선교 사역을 위해 파송할 때 제자들이 지켜야 할 준칙과 소지해야 할 물품 목록을 통해 새삼 강조되고 있다.

> 여행을 위하여 지팡이 외에는 양식이나 배낭이나 전대나 돈이나 아무 것도 가지지 말며 신만 신고 두 벌 옷도 입지 말라.(막 6:8-9 병행)

재물의 포기가 제자직의 전제조건으로 요청되었다.[55] 제자들은 모든 것을 버리고 예수를 따랐으므로 "복음을 위하여 집이나 형제나 자매나 어머니나 아버지나 전토를 버린 자"(막 10:28-30)들에 대해서는 영생의 축복을 약속받았다. 그러나 영생의 비결을 물으러 왔던 부자 청년에게 예수는 율법의 모든 계명을 어려서부터 다 지켰다 해도 한 가지 부족한 것이 있다고 전제하고 "네가 가진 것을 다 팔아 가난한 자에게 주라. … 그리고 와서 나를 따르라."(막 10:21)고 하였다.[56] 부자 청년은 이 말씀을 듣고 재물이 많으므로 근심하며 돌아갔다. 예수의 의도는 부자들이 자신의 재물을 나눠주는 일은 영원히 가치 있는 일로서 영생에 이르는 지름길이라고 가르친 것이다.

이러한 철저한 재산 포기 요구는 하나님 나라의 중심에 놓여 있는 예수를 추종하는 제자들에게 요구되는 그를 본받는 삶의 범례적인 성격을 지닌다. 금욕적인 동기나 종말론적 보상을 위한 소유의 포기가 아니라, 예수를 섬기고 추종하는 제자들에게 우선적으로 요청되는 신앙의 자세인 것이다.

하나님 나라의 공동체 일원이 되려면 부와 소유에 대한 전향적인 결단이 요청된다. 이처럼 자신의 전 재산을 포기하거나 전 재산을 나눠주는 것은 원소유자나 그 상속자에게 토지를 상환하고 부채를 탕감한 희년의 제도적인 조치를 뛰어넘는 혁명적인 요청이다. 재물과 소유의 포기는 예수를 따르는 제자들의 전적인 헌신의 증거이다. 가난한 자를 없게 하기 위해 "저마다 자기 소유지로 돌아가게 한"(레 25:13) 원상회복의 희년법 실천을 주장한 것이 아니라, 자발적인 전 재산의 포기와 원칙적인 전 재산의 나눔이라는 전향적인 하나님의 나라 공동체의 제자도(弟子道)로 새롭게 선포한 것이다.

_03

하나님의 나라와 재물

하나님이냐 재물이냐

하나님의 나라는 하나님의 뜻과 하나님의 의가 실현되는 것이라고 하였다. 하나님의 뜻과 하나님의 의를 실현하려면 전적으로 하나님만을 의지하려는 전향적인 삶의 자세가 요청된다. 이것이 바로 삶의 방향전환을 가르치는 회개이다.

사람들의 삶의 방향이 무엇인가? 예나 지금이나 사람들의 관심을 제일 많이 끌 수 있는 것은 물질이다. 에리히 프롬이 『존재와 소유』에서 잘 분석한 것처럼 돈과 재물의 소유가 삶의 최우선 순위가 되어 있는 것이 부인할 수 없는 현실이다. 예수의 하나님의 나라의 선포는 삶의 우선순위 재조정의 요청이다.

> 무엇을 먹을까 무엇을 마실까 무엇을 입을까 하지 말라 이는 다 이방인들이 구하는 것이라… 그런즉 너희는 먼저 그의 나라와 그의 의를 구하라 그리하면 이 모든 것을 너희에게 더 하시리라.(마 6:31-33 병행)

먼저 구할 것과 나중 구할 것의 우선순위를 새롭게 설정한 것이다. 먹고 마시고 먹는 일은 소유의 문제이지만 하나님의 뜻과 하나님의 의를 구하는 것은 존재의 문제이다.

예수가 돈과 재물에 대해 부정적인 태도를 취하는 이유는 우선적으로 돈이나 재물을 가진 사람들이 가난한 자들에 대한 관심이 결여되어 있기 때문이 아니라, 하나님을 섬기려 하기보다는 오히려 부와 재력을 의지하려는 유혹을 받기 때문이라고 보았다.[57] 실제로 재물의 소유는 자신의 안정성을 위해 하나님을 의존하기보다는 오히려 세상의 재물을 의지하려는 위험을 내포하고 있다. 부자들은 천하보다 귀한 생명보다 재산을 더 귀히 여기는 경우가 많기 때문에 예수는 "사람의 생명이 그 소유의 넉넉함에 있지 않다."(눅 12:15)고 하였다. 예수는 나아가서 이것이 단지 우선순위의 문제가 아니라, 더욱 강경하게 하나님과 재물(mammonas) 사이의 양자택일의 문제임을 분명히 하였다.

> 너희가 하나님과 재물을 겸하여 섬기지 못하느니라.(눅 16:13)

실제로 부자들은 하나님보다 재물에 더 집착하게 된다. 만찬의 비유(눅 14:15-24)에 의하면 처음에 초청된 땅을 산 사람과 소 10마리(다섯 겨리)를 산 사람은 자신의 재산에 대한 집착 때문에 하나님의 나라의 잔치에 초청을 거부하였다. 씨 뿌리는 자의 비유에서도 복음의 씨가 가시떨기에 떨어진 경우는 복음을 받은 자들이 부자들처럼 "이생의 염려와 재물과 향락"(눅 8:14) 빠진 것에 해당하는 것으로 해석된다.

영생의 비결을 물으려 왔던 부자 청년 역시 예수를 따를 것인가, 재물을 지킬 것인가의 기로에서 재물이 많으므로 근심하며 돌아간 것이다. 그래서 예수는 "낙타가 바늘귀로 나가는 것이 부자가 하나님의 나라에 들어가는 것보다 쉬우니라."(막 10:25)고 하였다. 제자들은 이 말씀이 부자들은 하나님의 나라에 들어갈 수 없다는 뜻으로 이해하고 크게 놀랐다. 그러나 예수는 부자가 하나님과 재물 사이에서 재물을 포기하고 하나님을 택하는 일이 "사람으로는 할 수 없으나 하나님으로는 할 수 있다."(마 10:27)고 설명함으로써 하나님의 나라 공동체를 위해 자신의 모든 재물을 포기하는 일은 인간의 뜻을 포기하고 전적으로 하나님의 뜻에 헌신할 때만 가능한 일이라고 설득하였다. 부자들이 하나님 나라의 공동체에 들어가려면 자기 재산을 모두 포기하는 그런 비범한 결단이 요청된다는 것이다. 따라서 재산의 포기는 하나님의 뜻에 대한 전적인 복종이므로 그것이 바로 영생에 이르는 비결이 되는 것이다.

맘몬은 돈을 갖지 않은 사람들도 공격한다. 돈의 권세는 부자들뿐 아니라 가난한 자들도 강하게 억압한다. 돈은 돈을 쌓아 두고 돈에 만족하며 돈을 의지하는 자들을 예속한다. 부자들이 자신이 가진 재물에 예속되는 것이라면, 가난한 자들은 재물에 대한 염려와 걱정으로 역시 자기가 갖고 있지 않은 것에 대해 예속된다.[58] 그래서 예수는 먹을 것과 마실 것과 입을 것이 충분치 못한 자들에게 이런 것으로 인해 염려하지 말라고 하신 것이다(마 6:31). 가난한 자의 '**재물에 대한 지나친 염려**'는 부자의 '**재물에 대한 지나친 집착**'과 마찬가지로 불신앙적인 태도인 것이다.

부자들은 재물에 집착할 뿐 아니라 재물을 자신의 사치와 향락을 위하여 낭비하게 된다. 부자들의 관심은 쉬고 먹고 마시고 즐기는 것뿐이다. 탕자의 비유에서도 부모의 뜻을 거역하고 재산의 조기 상속을 요구하여 부모 곁을 떠난 아들의 죄 가운데는 '허랑방탕하여 그 재산을 허비한 것'(눅 15:13)이 포함된다. 불의한 청지기의 잘못도 주인의 소유를 낭비한 것에 있었다(눅 16:1). 거지 나사로에게 무관심하였던 부자는 왕족들이 입는 자색 옷과 이집트에서 수입한 고운 베옷(세마포)을 입고 '날마다 호화롭게 즐기기'만 하였다.(눅 16:19) 어리석은 부자는 새 곡간을 지을 만큼 부유하여 "여러 해 쓸 물건을 많이 쌓아 두었으니 평안히 쉬고 먹고 마시고 즐거워하자."(눅 12:19)고 외친다. 이들은 재물을 자신의 사치와 향락을 위하여 쓰는 것 밖에는 모르는 자로 등장한다. 예수는 이러한 태도야말로 재물을 땅에 쌓아 두는 것이며, 자기 자신을 위하여서는 부유하지만 '하나님에 대하여 가난한 자'의 짓이라고 규정하였다.

> 자기를 위하여 재물을 쌓아 두고 하나님께 대하여 부요하지 못한 자가 이와 같으니라.(눅 12:21)

재물의 바른 사용

예수는 돈과 재물에 대한 부정적인 태도를 취하지만 돈과 재물 그 자체를 악으로 보지 않는다. 예수가 가르친 기도 중에는 "우리에게 일용할 양식을 주옵시며"(마 6:11, 눅 11:3)라는 간청이 있다. 일용할 양식은 만나의 경제신학에서 드러난 "많이 거둔 자도 남지 않고 적게 거둔 자도 모자라지 않는" 하나님이 주시는 먹거리의 평등한 분배의 신앙적 이상을 반영한다고 볼 수 있다.

"사람이 빵만으로 사는 것이 아니라 하나님의 입에서 나오는 모든 말씀으로 산다."(마 4:4, 눅 4:4)는 것이 사실이지만, "빵만으로 사는 것이 아니라"는 말씀은 빵 없이도 산다는 뜻이 아니다. 빵 없이도 살 수 없지만 빵만으로도 살 수 없다는 인간의 실존적인 역설을 선포한 것이다.

복음서에는 재산에 대한 비판적 진술과 함께 예수가 부자와 재물에 대해 자유로운 태도를 보여 준 것도 기록하고 있다. 따라서 타이쎈은 재산 소유와 부자들에 대한 예수 운동의 태도는 양면적이었다고 한다. 한편으로는 부자에 대한 비판하면서도,[59] 다른 한편으로는 그들의 덕을 칭찬하기도 하였다.[60]

예수는 부유한 세리 레위와 삼백 데나리온의 옥합을 깨트려 예수의 발에 부은 부유한 여인과 부유한 한 바리새인과 함께 식사한 적이 있다.[61] 헤롯의 청지기 구사의 아내 요한나와 다른 여러 여자들이 자기들의 소유로 예수의 일행을 섬겼으며(눅 8:3), 그리고 마르다와 부유한 제사장 삭개오도 재정적인 도움을 준 것이 분명하다(눅 10:38f, 19:2).

그리고 부자 청년이나 착한 사마리아인처럼 자신의 재물로 이웃을 돕거나(막 10:21, 눅 10:35), 주리고 목마르고 나그네 되고 헐벗은 자를 도와야 하며(마 25:35), 손님 접대나 식사 시 가난한 자를 우선 초대해야 한다(눅 14:12)고 가르쳤다.

누가복음은 부자를 저주하였지만 예수의 장지를 마련한 아리마대 요셉을 부한 자로 소개하면서도 "선하고도 의로운 사람"(눅 23:50)이라 하였다. 위탁받은 달란트의 비유(마 25:14-30)와 포도원 지기의 비유(막 12:1-12)의 공동된 사상은 물질을 매개로 한 주인과 종의 관계를 하나님과 인간의 관계로 설정하고 주인이신 하나님이 주신 물질을 위탁받은 관리자인 인간은 그것을 효율적으로 활용하여 늘려야 할 책임과 의무가 있다는 것이다. 달란트의 비유는 은행에 돈을 맡겨 이자를 받아 재산을 증식하는 것을 장려하였고(마 25:27, 눅 19:23), 씨 뿌리는 자의 비유(막 4:1-9)는 창조주 하나님의 뜻은 그가 창조하신 좋은 땅에서 30배 60배 100배의 결실을 맺는 생산의 효율성을 긍정한 것으로 볼 수 있다. 재물을 정당하게 활용하여 이윤을 남기고 이러한 재물을 바른 일에 사용하는 것을 긍정적으로 본 것이다.

그래서 베르자예프가 빵을 나 혼자 먹으면 물질이지만 남들과 나눠 먹으면 영적이 것이라고 했듯이, 예수는 물질을 나 혼자 소유하고 소비하면 땅의 것이지만, 그것을 구제하는 일에 쓰면 하늘의 것이라고 하였다. 물질 자체보다 물질을 어떻게 사용하느냐 하는 것에 더 큰 가치를 둔 것이다. 자기 자신을 위하여 재물을 쌓아 두는 자는 자신에 대해서는 부유한 자이겠지만 "하나님께 대하여 부요하지 못한 자"(눅 12:21)라고 하였다. 하나님에 대하여 부유한 자가 되려면 재산을 포기하고 나눠주는 적극적인 자세가 요청된다.

전적으로 은밀한 구제

구제에 대해서도 예수는 전향적인 가르침을 제시하였다. 먼저 거절하지 말고 구제하고 빌려주라고 가르쳤다. 구제하고 빌려주고 도로 받을 생각을 하지 말라고 하였다.

> 네게 구하는 자에게 주며 네 것을 가져가는 자에게 다시 달라하지 말며. (눅 6:30, 참조 마 5:41)

예레미아스는 예수의 설교에서 자선이 차지하는 역할을 과소평가해서는 안 된다고 하였다.[62] 모든 소유와 재물을 다 포기한 채 가난과 청빈만을 종교적 이상으로 삼으라는 것이 아니다. 재산은 무엇보다도 이웃을 섬기고 가난한 자들에게 나눠주는 일에 사용되어야 하는 것이다(눅 8:3, 19:8).

재산을 팔아 이웃에게 나눠주고 구제하는 일은 하늘에 보물을 쌓는 일이며, 하나님께 대하여 부유한 자가 되는 것이다. 그러므로 땅의 재물과 하늘의 재물을 구분하여, 땅에서 구제하는 자에게 하늘에 계신 아버지가 다 갚아 주신다(마 6:4)고 하였다.

> 너희를 위하여 보물을 땅에 쌓아 두지 말라… 오직 너희를 위하여 보물을 하늘에 쌓아 두라… 네 보물이 있는 그곳엔 네 마음도 있느니라.(마 6:19-21, 눅 12:33)

> 너희 소유를 팔아 구제하여 낡아지지 않는 배낭을 만들라 곧 하늘에 둔 바 다함없는 보물이니.(눅 12:33-34)

그뿐만 아니라 부자 청년의 비유에서 '네가 온전해지기 원하거나'(마 19:21 병행) '네가 생명에 들어가려면'(마 19:17 병행) 가진 것을 나눠주라고 하였다.

유대인들도 구제를 강조하였다. 구약성서에도 매 3년의 십일조는 가난한 자들을 위하여 사용할 것을 명하였다(신 14:26, 26:12). 그러나 후기 유대교의 랍비들은 부자들을 과격하게 비판하는 것과 자기 재산을 포기하는 것을 금기시하였다. 스스로 돈을 벌지 않고 무위도식(無爲徒食)하는 사람을 방지하기 위하여 가난한 자에게 베풀어야 할 구제의 액수를 제한하였다. 미쉬나는 자신의 재산의 일부만을 성전에 바치도록 했다는 구전에 근거하여 자선에도 한계를 그어야 한다는 결론에 도달하였다. 재산의 5분의 1 이상을 자선에 사용해서는 안 된다는 규정이 이미 주후 1세기에 통용되었다.[63] 유대인은 누구나 자기 수입의 최소한 2-3%를 구제에 사용하도록 하였지만, 자기 수입의 20% 이상을 나눠주거나 그것을 받는 것을 지혜롭지 못한 것으로 전승되었다.[64]

그러나 예수는 달랐다. 부자 청년에게 '네가 가진 것을 다 팔아 가난한 자에게 주라'(막 10:21)고 하였고, 제자들에게는 "너희 중에 누구든지 자기의 모든 소유를 버리지 아니하면 능히 내 제자가 되지 못하리라."(눅 14:33)고 하였다. 세리장 삭개오가 토색한 것에 대해 네 배나 갚고 재산의 절반을 나눠주겠다고 결단을 하자 예수는 "오늘날 구원이 이 집에 이르니라."(눅 19:8)고 선언하였다. 예수는 놀랍게도 부의 정당한 취득과 가난한 자를 위한 재산의 분배를 구원과 관련된 결정적인 사안으로 선포한 것이다.

부자와 과부의 헌금에 관한 비유에서 "부자는 쓰고 남은 것으로 헌금하였으나 한 과부는 동전 두 푼 전 재산을 헌금"(막 12:41-44, 눅 21:1-4) 한 것을 칭찬하였다. 하나님은 헌금의 양보다 질을 중시하고 그 액수를 보는 것이 아니라 그들이 헌금한 다음에 남은 주머니를 보신다는 것이다. 부자가 비록 액수로는 많은 헌금을 하였으나 그의 주머니에는 아직도 엄청난 돈이 남아 있었고, 한 과부는 적은 헌금을 했으나 그의 주머니를 텅텅 비운 헌금이기 때문에 칭찬받은 것이다. 구제의 정도에 관해서는 자신이 부자로 살면서 적당히 나눠주고 구제하라는 것이 아니라, 자신의 전 재산을 다 팔아 가난한 자와 공유하라고 하였다.

1세기의 대부분의 도시는 1%에 해당하는 소수의 부자들이 전 도시의 재산을 대부분 소유하고 있었다. 고대 사회에서는 도시건 지방이건 그 지역의 행정 및 운영을 위해서는 부자들을 의지하지 않을 수 없었다. 특히 기근이나 흉작, 전염병이나 전쟁 등에 처했을 경우 부자들의 도움 없이는 그러한 재난으로 인한 참사를 어느 정도라도 완화할 방법이 없었다. 그래서 부자들의 구제는 흔한 일로 여겨졌다.

통치자들은 부자들의 물질적 도움을 요청하고 부자들은 자신의 엄청난 재산 중에서 지극히 적은 것을 구제하고 생색을 냈다. 그리고 그들의 구제에 대한 감사의 표시로 기념비를 세워 그 명예를 기리는 것으로 필히 보상하여야 했다. 부자들의 구제 동기는 자신들의 명예욕을 충족하는 것이었으며, 자선가가 보상을 기대하는 것은 고대의 문화적 관습이었을 뿐만 아니라 '하나의 법칙'이었다.

헬라 시대의 군주들처럼 엄청난 착취와 토색을 자행하면서도 공개적인 자선을 배품으로써 자선가로 알려지는 것을 대단히 중히 여겨졌다. 따라서 예수 당시 세계에서 순수한 인간애나 동정심에서 비롯된 자선이나 구제는 거의 없었다고 보아도 무방하다.[65]

그러나 구제의 동기와 방식에 대해서도 예수의 가르침은 전향적이었다. 예수는 외식하는 자가 사람에게서 자신의 의를 드러내고 영광을 받기 위해 회당과 거리에서 하는 것같이 하지 말고 은밀하게 구제하라고 가르쳤다. 구제의 구체적인 방식은 "오른손이 하는 것을 왼손이 모르게 하는 것"(마 6:3)이며 이 땅의 보상을 기대하지 말라고 가르쳤다.

포도원 품꾼의 비유와 임금 지급

예수의 천국 비유 중에 임금 체계의 전향적 태도를 다룬 것이 포도원 품꾼의 비유(마 20:1-16)이다. 포도원 주인이 품꾼을 얻으려고 장터에 나가 놀고 있는 사람을 데려왔는데 품꾼 중에는 제 삼시(오전 9시), 제 육시(정오 12시), 제 구시(오후 3시), 그리고 제 십일시(오후 5시)에 온 사람들이 있었다. 그들의 노동 시간은 최대 8시간이나 차이가 났다. 그럼에도 불구하고 포도원 주인은 모든 품꾼에게 똑같이 하루의 품삯에 해당하는 한 데나리온씩을 주었다. 나중 온 사람들은 한 시간밖에 일하지 않았으므로, 먼저 온 자들이 우리는 종일 수고했다고 불평하는 것이 당연하였다. 그러나 주인은 "나중 온 이 사람에게 너와 같이 주는 것이 내 뜻이니라."(마 20:14)고 하였다.

예루살렘 탈무드에는 포도원 품꾼에 관한 비슷한 비유에서 단 두 시간 일한 일꾼은 온종일 일한 일꾼보다 더 많은 일을 했다고 칭찬하고 더 많은 임금을 지불하였다. 이로서 노동의 질에 따른 분배의 정의가 실현된 것으로 해석하였다.[66] 구약성서에도 임금 지불에 관하여 품삯을 당일에 주고 해가 진후까지 끌지 말 것(신 24:15)과 이웃을 고용하고 그 품삯을 주지 않는 자에게 화가 있을 것이라고 하였다(렘 22:13). 이것은 임금 체불과 임금 착복을 금지한 가르침이지, 적게 일한 자나 많이 일한 자나 동일한 일당을 주라는 것은 아니다.

예수의 뜻은 전향적이었다. 진정한 분배의 정의는 노동의 양과 질에 비례하는 것인가? 그렇다면 노동력이 없는 이들은 굶어 죽어도 좋단 말인가? 이러한 문제에 대해서 예수는 노동의 양과 질에 따른 '소득의 분배'보다, 빈부의 격차를 해소하기 위한 '소유의 분배'라는 전향적인 대안을 제시한다. 노동 시간이나 노동의 양과 관계없이 생계에 필요한 임금을 모든 노동자에게 지불하라는 것은 당시의 통상적인 임금체계를 혁명적으로 뒤바꾼 것임에 틀림없다.

예수는 노동 시간과 관계없이 생존에 필요한 품삯을 주라고 가르쳤을 뿐 아니라, 포도원 주인이 장터에 나가 놀고 있는 사람을 데려와 일자리를 주었다는 사실을 강조한다. 일할 수 있는 모든 사람에게 일자리를 나누어 주어야 한다는 가르침이 담겨 있다. 신자유주의가 추구하는 무한 경쟁하에서 정규직과 비정규직의 임금 격차가 날로 심해지고 그나마 일자리가 점점 줄어드는 세계적인 추세이다. 4대 보험의 혜택도 제대로 받지 못하고 고용 보장도 안 되며 정규직 노동자에 비해 적은 보수로 살아가는 비정규직 노동자야 말로 우리 시대의 가난한 자요, 약자들이다. 비정규직으로 인한 고용 불안과 경제적 양극화가 사회적 문제가 된 상황이므로 포도원 주인과 품꾼에 관한 예수 비유에 함축된 앞선 생각을 새롭게 주목할 필요가 있다.

임금을 통한 분배의 정의 실현은 현대 자본주의 국가가 당면한 심각한 문제 중 하나이다. 마르크스는 자본가가 노동자에게 돌아갈 잉여이익을 착취함으로써 자본주의가 형성되었다고 비판하였다. 실제로 이윤의 분배는 공정한 객관적인 기준에 의해서가 아니라 기득권자들의 조직적인 힘에 의해 결정된다. 그 결과 한 국가의 실질적인 소득 분배는 불공정하게 이뤄진다. 미국의 상위 1%의 부자들은 미국 전체 부(富)의 3분의 1을 소유한다. 상위 부자 10%의 가정이 미국 전체 부의 71%를 소유한다.[67] 마이클 샌델은『정의란 무엇인가?』에서 2007년 미국 주요기업 CEO들은 직원들보다 무려 344배의 보수를 받았다고 한다. 이는 1980년의 42배 차이보다 8배가 증가한 것이다. 이처럼 자본주의가 발달할수록 빈부 격차가 심해지는 것은 자본가나 기득권자들이 자기들에게 유리하도록 소득 분배 결정을 축적하여 왔기 때문이다. 따라서 클라크(J. B. Clark)는 이처럼 소득의 분배와 각자가 자기 노동으로 생산에 기여한 부가가치가 일치하지 않아 분배의 불평등이 이뤄지는 것을 제도적인 약탈(institutional robbery)이라고 하였다.[68] 다수의 경제학자들은 근로자가 자유의사에 따라 고용 계약을 체결하고 임금 수준을 받아들인 것이기에 이러한 임금제도가 불의가 아니라고 함으로써 그들의 양심을 달래고 있긴 하지만 말이다.

가이사의 것과 하나님의 것

로마의 식민지 지배를 받게 된 유대인들에게 있어서 경제제도와 관련된 최대의 논쟁은 납세 문제였다. 예수가 출생하던 해에 대규모 인구조사(눅 2:1-2)가 있었고 이는 토지세와 인두세를 비롯한 각종 납세를 위한 세무조사였다. 이 인구조사로 인하여 유대인들의 조직적인 항쟁이 시작되었다. 특히 갈릴리의 유다의 항쟁이 대표적인 사건으로 기록되어 있다(행 5:37). 당시의 민족주의자들에게는 인구조사에 응하는 것 자체가 노예적인 굴욕으로 여겨졌던 것이다.

예수와 베드로도 세상 임금에게 관세와 국세를 낸다는 것을 알았다. 성전세 납부를 독촉하는 가버나움의 성전세 징수자에게 일인당 반 세겔 즉 두 데나리온의 성전세를 고기를 잡아 납부하기도 하였다(마 17:24-27).

바리새인과 헤롯당이 예수를 책잡으려고 당시 유대민족주의자들에게는 가장 현안적인 문제였던 로마에 대한 납세문제를 들고 나왔다.

> 예수께서 이르시되 이 형상과 이 글이 누구의 것이냐 이르시되 가이사의 것이니이다. 이에 예수께서 이르시되 가이사의 것은 가이사에게 하나님의 것은 하나님께 바치라 하시니.(막 12:16-17 병행)

성서학자들은 이 논쟁 설화는 로마 당국과 민족주의자들 사이에 세금에 관한 첨예한 쟁점이 있었던 당시의 상황을 반영한다는 점을 인정한다. 당시에 통용된 유대의 동전(세겔)은 십일조를 헌금에 사용되었고, 로마의 동전(데나리온)은 세금 납부에 사용되었고, 그리스나 페니키아의 동전(드라크마 또는 므나)은 상거래에 사용되었다.[69] 그런데 데나리온에는 티베리우스 황제의 형상과 함께 "티베리우스, 황제, 숭고한 신의 아들, 대제사장"[70]이라는 글이 새겨져 있었다. 이 주화들은 로마의 평화와 번영에 대한 감사로 세금을 내야 한다는 것을 매일 일깨워주는 수단이 되기도 했다[71]

그러나 유대인들에게는 신의 형상 제작을 금지한 제2계명에 비추어 볼 때 이 은전은 신성모독의 상징이었다. 당시의 주화는 그것을 발행한 통치자의 개인 재산이었으므로, 모든 화폐는 실제로 지배와 착취의 상징이었다. 그래서 66년 열심당들이 로마 정권을 타도하기 위하여 맨 처음으로 한 일 중의 하나는 그들만의 주화를 새로 발행하는 것이었다.[72] 따라서 대부분의 유대인들에게는 로마 황제에게 세금을 바치는 것은 종교적 신성모독일 뿐 아니라 정치적 압제와 경제적 착취에 굴종하는 행위였다. 그럼에도 불구하고 예수가 이 본문을 통해 마치 정치 일반에 대해 중립적인 정교분리의 원칙을 가르친 것으로 해석되어 왔다. 이는 당시의 역사적 상황을 고려하지 않은 해석학적 오류라고 할 수 있다.

타이쎈은 "가이사의 것은 가이사에게"라는 이 구절은 "하나님을 모독하는 이 황제에게 하나님을 모독하는 이 화폐를 돌려주어라. 하나님은 황제보다 크신 분이시다."는 뜻으로 주석하였다. 이 말씀의 배후에는 "한 사람이 두 주인을 겸하여 섬기지 못한다."(마 6:24)는 예수의 말씀이 들어 있는 것으로 보았다.[73] 보른캄은 "가이사의 초상이 새겨져 있는 은화는 가이사에게 돌려져야 할 것이지만, 하나님의 형상을 가진 인간으로서 너희 자신은 하나님께 돌려야 한다."는 뜻이라고 해석하였다.[74] 그리고 가이사의 지배는 쇠퇴하나 하나님의 지배는 쇠퇴하지 않기 때문에, 가이사에 대한 의무는 일시적이며 잠정적인 것이지만 하나님에 대한 의무는 영속적이고 절대적인 것임을 드러낸다고 해석하였다.

유대인들은 로마의 식민지 통치로 인해 하나님에게 속하는 모든 것이 가이사에게 빼앗기는 것으로 생각하였다. 참으로 문제가 되는 것은 유대인이 로마인에게 바치는 세금을 통한 착취만이 아니었다. 땅이 하나님의 것이듯이(레 25:3) 모든 것은 하나님의 것이므로 하나님께 돌려드려야 한다. 그런데 로마에 대한 강제적 세금으로 인해 유대인의 것이든 로마인의 것이든 모든 재산은 하나님의 것이므로 함께 나누어 가져야 한다는 계약공동체의 대원칙을 더 이상 지킬 수 없게 되었기 때문이다.

불의한 재물과 이웃 돕기

부와 관련된 난해한 구절 중의 하나는 '불의한 청지기의 비유'(눅 16:1-13)에서 "불의한 재물로 친구를 사귀라"(눅 16:9)고 하신 말씀이다. 바리새인들도 이 비유를 듣고 비웃었다(눅 16:14)는 말씀처럼 이 본문은 크게 두 가지로 논란이 되어 왔다. 예수의 모든 가르침에 비추어 모순이 되는 문제인데, 불의한 재물이 도대체 무엇이고, 불의한 청지기가 왜 칭찬을 받았는가 하는 것이다.

첫째로 본문의 '불의한 재물'을 공동번역에는 '세속재물'로 현대인의 성경은 '세상재물'로 번역했다. 이는 영어성경 NIV 등의 'worldly wealth'의 전례를 따른 것으로 보인다. 불의한 재물에 대해서는 다음과 같은 해석이 가능하다.

(1) 재물 자체는 불의하므로 그 불의한 재물로 이웃을 섬기는 데 사용하라는 뜻으로 해석할 수 있다. 특히 제롬의 주석은 이 점을 명확히 하고 있다.

> 그리고 모든 부는 불의에서 근원하는 것이기에 그가 '불의한 돈'이라고 말한 것은 참으로 적절하였다. 한 사람이 잃어버림이 없는 경우 다른 한 사람이 찾을 수 없다. 따라서 나는 흔히 쓰이는 격언이 참으로 옳은 말이라고 믿는다. 부유한 사람은 불의한 사람이거나 불의한 사람의 상속자이다.[75]

(2) 불의한 재물이란 나쁜 방법으로 획득한 부당한 부로 해석할 수 있다. 세리장 삭개오가 토색한 것이 있으면 4배로 갚겠다고 한 것처럼

불의하게 취득한 재물을 선한 일에 사용하라는 가르침으로 볼 수 있다. 구약성서에는 남의 것을 훔치면 배로 보상하게 했으나 삭개오는 배의 배로 갚겠다고 한 것이다.

(3) 부의 독점은 그 자체가 불의한 일이라는 해석이다. 부의 근원적인 문제는 정당한 축적의 문제가 아니라 극심한 빈부 격차의 문제이다. '불의한 재물로 친구를 사귀라'는 말씀을 암브로스는 "당신은 당신의 것을 가난한 사람에게 선사하는 것이 아니다. 당신은 그에게 속한 것을 그에게 건네주고 있는 것이다."고 해석하였다.[76] 호세 미란다는 불의한 재물이란 근원적으로 빈익빈 부익부의 차별적인 소유(differentiating ownership) 자체가 불의하다는 뜻이라고 해석한다.[77] 정당한 노동이나 합법적인 상속에 의해 부를 축적할 수 있다. 이러한 부를 불의한 재물이라고 할 수 없다. 그럼에도 불구하고 '많이 거둔 자도 남지 않고 적게 거둔 자도 부족하지 않은' 만나의 평등한 경제 질서에 비추어 볼 때 빈부의 격차가 너무나 현저할 경우 많은 재물을 소유하는 것 그 자체가 불의일 수 있다는 주장이다.

둘째, 주인이 불의한 청지기를 칭찬한 이유가 무엇일까? 청지기는 맡겨진 주인의 재산을 허비함으로써(눅 16:1) 불의를 저질렀고, 자기 임의대로 주인에게 빚진 채무자들의 빚을 탕감해 줌으로써 또한 불의를 저질렀다. 그런데 이러한 이중 허물에도 불구하고 주인은 그를 칭찬했다. 어찌하여 예수가 빚을 탕감해 주고 친구를 사귀는 긍정적 교훈을 하기 위하여 제시한 인물이 하필 불의한 청지기이냐는 것이다. 왜 도덕적인 선행을 교훈하기 위해 부도덕한 사례를 사용하고 있는가? 하는 질문이 제기된다.

그러나 주목해야 할 것은 주인으로부터 칭찬을 이끌어낸 것은 불의한 청지기 자신이 아니라, 그의 지혜로운 처신 방법이라는 사실이다.

"옳지 않은 청지기가 일은 지혜 있게 하였다."(눅 16:8)고 칭찬받은 것은 비록 그가 불의한 자이지만 지혜롭게 처신하여 미래의 위기를 대비했기 때문이다. 주인은 청지기가 자신의 위기를 극복하는 지혜로운 방식에 대해 칭찬하였던 것이다. 왜냐하면 그 청지기가 여전히 자기 관리하에 있는 재물 중 일부를 가난한 사람들(즉, 채무자들)에게 나눠줌으로써 그의 불확실한 미래를 위하여 친구를 사귀었기 때문이라는 것이다.

이런 점에서 이 비유는 바로 다음에 이어지는 '부자와 나사로의 비유'와 관련하여 볼 때 그 의미가 더욱 분명해진다. 부자는 살아생전에 자신의 재물로 가난한 나사로를 구제하지 않음으로써 친구를 사귀지 못하게 되었고, 그것이 그가 음부에 떨어지게 된 요인 중 하나가 되었던 것이다. 그래서 예수는 "불의의 재물(세속 재물)로 친구를 사귀라 그리하면 없어질 때에 저희가 영원한 처소로 너희를 영접하리라."고 한 것이다. 불의한 청지기는 그의 주인인 부자가 하지 못한 일, 즉 재물을 가지고 가난한 이웃에게 나눠줌으로써(비록 이기적 동기이기는 하지만), 그의 미래를 준비하였다는 것을 드러내 보여 주려는 것이다.

예수는 이 불의한 청지기가 주인으로부터 칭찬을 받은 것은 "이 세대의 아들들이 자기 시대에 있어서는 빛의 아들들보다 더 지혜롭기"(눅 16:8) 때문이라고 하였다. 이 비유 끝에 순결하지 못한 세상의 아들이 순결한 빛의 아들들보다 자신의 위기를 깨닫고 미래를 예비하는 일에는 더 지혜롭다는 말씀을 통해 순결한 제자들에게 불의한 청지기보다 더 지혜롭게 영원한 하나님의 나라의 미래를 예비하라고 가르친 것이라고 볼 수 있다.

_04

하나님의 나라와 대안적 경제제도

가난한 자에게 복음을

누가복음에 의하면 예수는 공생애를 시작하면서 가버나움 회당에서 자신의 사명을 이사야서의 낭독을 통해 선언하였다고 한다.

> 주의 성령이 내게 임하셨으니 이는 가난한 자에게 복음을 전하게 하시려고 내게 기름을 부으시고.(눅 4:18)

그리고 제자들에게 가르친 기도에 "일용할 양식을 주옵소서"라는 청원을 포함시켰다. 하나님의 나라가 총체적인 사회 프로그램이라고 할 때, 가난한 자들에게 일용할 양식을 골고루 공급하는 것이 우선적으로 요청된다. 그러기 위해 경제적 재화의 집중화를 해체하고 모든 재화를 재분배함으로써 지배적인 정치경제적 제도의 와해와 재편을 주장한 것이라 할 수 있다.[78]

가난한 자를 지칭하는 희랍어 단어로는 페니아(penia)와 프토코스(ptochos)가 있다. 페니아는 힘들게 일해야 살 수 있는 사람을 가리키지만, 전혀 자산이 없는 빈민은 보통 프토코스, 즉 거지라 불렸다. 하나님의 나라는 이처럼 거지와 같은 극빈자들의 나라인 것이다.

아리스토파네스는 열심히 일하는 가난한 사람들을 신격화하여 '가난'이라는 여신을 창작함으로써, 게으른 부자들의 여유 있는 태만에 대해 매우 적절하게 반대하였다. 예수는 거지라는 여신을 창작하지는 않았으며, 극빈에 대해 이상적인 명칭을 붙이지도 않았다. 예수는 "**가난한 사람들의 하나님 나라**"(Kingdom of the Poor)에 관해서 말한 것이 아니라, "**극빈자들의 하나님 나라**"(Kingdom of the Destitute)를 선포하였던 것이다.

하나님은 초기 이스라엘 계약공동체 내에서는 이집트나 가나안에서처럼 빈부 격차가 없기를 원하셨다. 가난한 자가 하나도 없도록 하라고 명하였다. 그리고 가난한 자들의 권리를 보호하고 강화하기 위한 다양한 율법들이 제정된다.[79]

> 너희 하느님 야웨께서 너희에게 유산으로 주시어 상속받게 하신 땅에 틀림없이 복을 내려 주실 것이다. 그러니 너희 가운데 가난한 사람이 없도록 하여라.(신 15:4, 공동번역)

이스라엘 백성이 가나안 정착 이후 특히 왕정 시대에는 경제적인 빈부 격차가 극심하여졌다. 부자들은 가난한 자를 착취하고 억압하고 무시하였다. 예언자들은 그러한 부자들을 책망하고 가난한 자들을 대변하였다.[80]

이러한 구약성서의 계약공동체와 예언자들의 전통에 따라 예수가 선포한 하나님의 나라 공동체 역시 가난한 자들을 위한 것이며, 그들이 복을 누리는 나라이다. 또한 이러한 가르침은 초대 오순절 교회 공동체의 대안적 경제 제도와도 일치한다.

그 중에 가난한 사람이 없었으니 이는 밭과 집 있는 자는 팔아 그 판 것의 값을 가져다가 사도들의 발 앞에 두매 그들이 각 사람의 필요에 따라 나눠 줌이라.(행 4:34-35)

예수는 부자 청년에게 가진 것은 가난한 자에게 나누어 주고 나를 따르라고 하였다(눅 18:22). 마가 다락방 공동체는 "모든 것을 공동소유로 내어놓고 재산과 물건을 팔아서 모든 사람에게 필요한 만큼 나누어 주었다."(행 2:44-45, 공동번역) 사도 바울도 고린도교회 교우들에게 이 '만나의 경제신학'을 인용하면서 남지도 모자라지도 않는 경제적 평등을 구현하라고 가르쳤다.

지금 여러분이 넉넉하게 살면서 궁핍한 사람들을 도와준다면 그들이 넉넉하게 살게 될 때에는 또한 여러분의 궁핍을 덜어 줄 것입니다. 그러면 결국 공평하게 되지 않겠습니까?(고후 8:14 공동번역)

우리에게 일용할 양식을

예수가 가르친 저 유명한 기도문에는 일용할 양식에 대한 간구가 포함되어 있다.

우리에게 일용할 양식을 주옵시며(마 6:11)

이 간구는 몇 가지 중요한 의미를 담고 있다. 첫째는 모든 일용할 양식은 하나님이 주시는 것이라는 믿음이다. 인간이 농사를 지어 양식을 만드는 것 같지만, 그 씨앗과 땅과 비와 바람은 모두 하나님이 주신 것이다. 따라서 우리가 가진 모든 양식은 결국은 하나님께로부터 왔음을 고백하는 믿음이 요청되는 것이다.

둘째, 일용할 양식은 생존을 위한 최소한의 소유를 의미한다. 부자가 평생 먹고 남은 부를 축적하고도 더 많은 부를 바라는 것과는 그 차원이 다르다. 그래서 일용할 양식이 없을 만큼 가난한 사람들만이 기도를 드릴 자격이 있다는 주장까지 나오게 된 것이다.

셋째, 일용할 양식을 나에게만 달라는 간구가 아니라, 이 땅의 모든 사람 즉 우리 모두에게 달라는 의미를 담고 있다. 이 '일용할 양식'의 의미는 이스라엘 백성들이 출애굽 후 광야에서 공급받은 '만나의 정신'을 반영한다. 탈출공동체가 하나님이 주신 일용할 양식을 40년간 많이 거둔 자도 남지 않고 적게 거둔 자도 부족하지 않게 온 백성이 골고루 나눠 먹었다는 사실이 중요하다. 만나를 통해 그들이 깨우친 분배의 정의에 대한 신앙에 주목하여야 한다.

모든 백성에게 일용할 양식이 골고루 공급된다면 누가 누구를 부릴 수 있겠는가? 경제적으로 평등한 질서가 유지되면 다시는 사람이 사람을 부리는 노예제도가 들어설 자리가 없을 것이다. 인간 사이에 진정한 자유와 평화가 이루어지려면 먼저 이러한 식량의 평등한 분배가 이루어져야 한다. 만나 이야기 배후에는 이처럼 놀랍고 전향적인 '만나'의 평등한 경제신학이 자리하고 있다.

평화를 뜻하는 한자인 화(和)는 곡식 낟알을 뜻하는 화(禾)와 입을 뜻하는 구(口)로 이루어졌다. 따라서 평화(平和)는 백성〔食口〕들에게 먹거리〔食糧〕를 저울추가 평평(平平)하듯 골고루 공평(公平)하게 나누어 줄 때 이루어지는 것이다. 이 세상에 살고 있는 모든 이들의 입에 일용할 양식이 골고루 채워질 때 비로소 우리는 이 땅에서 온전한 평화를 맛볼 수 있는 것이다.

이러한 '만나의 사상'을 시인 김지하는 그의 생명사상에서 현대적으로 표현하여 "밥은 하늘입니다. 하늘은 혼자 못 가지듯이 밥은 서로 나눠 먹는 것"이라고 하였다.[81]

인류의 가장 큰 문제는 식량의 문제이고, 식량의 문제는 분배의 문제이다. 지금도 북한을 비롯하여 특히 제3세계 지역에서 수많은 사람들이 일용할 양식이 없어 굶어 죽고 있다. 반면에 제1세계에서는 엄청난 음식물들이 쓰레기통에 버려진다. 전국에서 하루에 버려지는 음식물 쓰레기의 양은 8톤 차로 1880대 분에 달해 1년에 자그마치 68만여 트럭 분이나 된다고 한다.[82] 우리나라에서도 전체 쓰레기의 3분의 1이 음식물 쓰레기이며, 돈으로 환산하면 나라 전체의 1년 예산의 15%에 해당하는 10조 원이라고 한다.

그리고 한쪽에서는 영양 결핍으로 굶어 죽어 가고 있는데, 다른 쪽에서는 영양 과다로 비만한 체중을 조절하기 위해 엄청난 비용을 지출하고 있다. 경제적 불평등이 빚어내는 이러한 식량과 영양의 불균형이 세계사의 영원한 모순이며 분단 조국의 현실적 모순이기도 하다.

가나안 정착 후 도시화와 군주제의 도입으로 빈부 격차가 심해지고 부자는 먹을 것이 남아돌아 나고 가난한 자는 먹을 것이 없어 굶어 죽는 기근의 비참한 현실을 보고 아모스는 이렇게 규탄하였다.

> 내가 기근을 땅에 보내리니, 양식이 없어 주림이 아니며 물이 없어 갈함이 아니요. 여호와의 말씀을 듣지 못한(데서 오는) 기갈이라.(암 8:11)

하나님은 온 땅에의 우리 모두가 먹을 만큼 양식을 주고 골고루 나눠 먹으라고 말씀하였으나 몇몇 인간들이 하나님의 말씀을 듣지 않고 빵을 독식(獨食)함으로써 세상에 기근이 생겼다는 탄식인 것이다. 오늘의 현실도 그때와 다를 바가 없다. 그런 의미에서 '우리에게 일용할 양식'을 달라는 간청은 '우리가 모두에게 일용할 양식을 함께 나누게 해달라는 간구'이기도 하다.

부채를 탕감하라

유대 사회는 구조적으로 채무관계에 의하여 지배되어 왔다. 따라서 가난의 문제를 해결하는 시급한 방책은 부채를 해결하는 것이었다.

특히 소농들은 여러 가지의 중복 과세를 통해 수확량의 35-40% 가량을 징수당해야 했으므로 남은 식량으로 다음 수확기까지 연명하는 것 자체가 불가능하였다. 그래서 소농들은 곡식과 기름을 꾸거나 돈을 빌려 부족한 식량을 구할 수밖에 없었다.

일단 빚을 지면 엄청난 이자를 물어야 했다. 예수의 한 비유(눅 16:1-8)를 보면 기름 100말과 밀 100석을 빌려준 청지기가 채무자의 차용증서에 이자를 삭감하여 기름 50말과 밀 80석으로 고치게 한 대목이 나온다. 여기에서 그 당시의 이자가 곡식의 경우 25%였고, 기름의 경우는 100%였던 것을 알 수 있다. 고금리 채무는 해가 갈수록 이자가 눈덩이처럼 불어나 결국은 그나마 재산이라고 지니고 있던 보잘 것 없는 토지마저 넘겨주거나 팔아서 부채를 청산해야 했다.[83]

예수는 무익한 종의 비유(마 18:23-33)를 통해 임금이 돈 일만 달란트(일억 데나리온)를 고위 신하인 종에게 빌려주고, 그 신하는 이를 다른 동료 관리(同官)에게 100데나리온씩 빌려주었다고 한다.

왕족과 고위 관리들은 이처럼 권력과 자본을 활용하여 고금리 부채를 부추겨서 더 많은 부를 축적하는 발판으로 삼았다. 임금, 신하, 동료 또는 하급관리 사이에는 채권자와 채무자의 채무관계가 사슬처럼 형성되어 있었다.

하나님의 나라에 관한 두 개의 비유가 이러한 빚의 문제를 전제하고 있다(마태 5:25 이하; 18:23 이하). 원래 유대법에는 채무관계라는 것이 없고 다만 일정 기간 동안 채무 노예로 일하는 것으로 되어 있음을 감안할 때 비유에 나타난 상황은 팔레스타인 지역이 이방 법체계의 영향을 받고 있었다는 증거가 된다.

그러나 유대인들이 유대인들에게 돈을 빌려주는 데에는 크게 두 가지 문제가 있었다. 우선 첫째로 동족 유대인으로부터는 이자를 받지 못한다는 성서적 금지조항이 있었다.[84] 물론 사람들이 이 조항을 무시할 수는 있었지만, 율법을 준수하고 싶다면, 율법을 준수하면서도 여전히 상당한 투자이익을 얻을 수 있는 방법이 있었다. 실제로 무이자 대출이 대개 단기간의 대출이며, 그 약정한 기간 내에 갚지 못할 경우에는 무거운 벌금을 물어야만 했기 때문이다.[85] 그리고 당시의 채권자들은 율법 준수의 알리바이를 조작하기 위해 계약서 작성 시 높은 이자를 원금에 포함시키는 편법을 사용하였다. 그래서 기름 50말을 빌려주고는 계약서에는 이자를 포함하여 기름 100말을 빌려준 것으로 작성한 것이다.[86]

둘째, 유대인들 사이의 모든 빚은 일곱째 해(안식년)가 되면 면제시키도록 되어 있으며(신 15: 1-8), 일곱째 해가 가까이 왔다고 해서 채권자가 대출을 거부하지 않도록 경고하고 있다(신 15:9-11). 그러나 일곱째 해가 다가올수록 채권자들은 돈을 빌려주기를 더욱 꺼려하였기 때문에, 돈을 빌리려는 사람은 더욱 돈을 구하기가 어려워졌던 것이 분명하다. 그래서 해결책으로 차압 동의서(prosbul)를 써 주었다. 일곱째 해가 되었을 때 아직 갚지 않은 채무가 있을 경우 율법의 규정과 무관하게 상환하도록 허락하는 문서였다.[87]

이러한 대부업은 사악한 것이었다. 요세푸스에 의하면 서기 66년 여름 로마 식민지 종식을 위한 유대독립전쟁 초기에 예루살렘을 점령한 유대의 반란군들이 제일 먼저 불태운 것은 빚 문서와 토지대장이 들어있는 기록보관소였다.[88] 이처럼 만성적인 부채로 인한 백성들의 원성이 극에 달한 것을 알 수 있다.

그래서 예수는 제자들에게 가르친 주기도문에 일용할 양식과 부채(죄)의 탕감을 청원하는 내용을 포함시킨 것이다.

> 우리에게 일용할 양식을 주옵시며, 우리가 우리에게 죄지은 자(=빚 진자)를 사하여 준 것같이 우리의 죄(=빚)를 사하여 주옵소서.(마 6:11-12)

여기서 죄지은 자는 빚진 자와 동의어로 사용된다. 그래서 클로펜보그의 의하면 '양식과 부채'는 갈릴리의 농민들과 일용 노동자들과 서민들이 당면하고 있던 가장 시급한 문제였다고 한다. 예수는 이 두 가지 경제적 문제를 하나님께 간구하라고 가르쳤고, 이에 대한 염려를 경감시키는 것은 하나님의 통치의 가장 분명한 혜택이었다.[89]

1만 달란트 빚진 자가 그 빚을 탕감받은 후 자기에게 1백 달란트 빚진 자가 그 빚을 갚을 것이 없게 되자 그를 옥에 가둔 비유(마 18:23 이하)를 통해 예수는 하나님의 나라에서는 모든 부채가 무조건적으로 탕감되어야 한다는 놀라운 사실을 선포한다.

> 악한 종아 네가 빌기에 내가 네 빚을 전부 탕감하여 주었거늘 내가 너를 불쌍히 여김 같이 네 동관(同官)을 불쌍히 여김이 마땅치 아니하냐?(마 12:32)

하나님의 자비하심을 본받아 빚을 진자를 불쌍히 여기고, 누구든지 스스로 큰 빚을 탕감받은 자로 여기고 작은 빚을 탕감해 주라고 가르치신 것이다.

_05

자본주의와 공산주의를 넘어서

자본주의와 공산주의의 등장

자본주의와 공산주의가 생겨난 역사적 배경을 거시적으로 고찰할 필요가 있다. 인류가 오랜 농경사회를 거쳐 산업사회에 접어들면서 새로운 경제제도가 생겨났으니 자본주의와 공산주의이다.[90]

산업사회 직전 농경사회의 말기에 와서 가장 큰 문제는 인구의 증가에 따르는 식량 수급이었다. 멜더스는 그의 저서 『인구론』(1798)에서 "인구는 기하(등비)급수로 느는데 식량의 증가는 산술(등차)급수적으로 늘어나는 것"으로 인해 기아와 온갖 약탈전쟁의 악순환이 계속될 것이라고 하였다. 그는 당시를 기점으로 300년 후에는 식량은 13배 증가하고 인구는 4,096배 증가할 것으로 예측하였다. 그리고 그 대안으로 부국강병으로 전쟁을 막을 것과 각종 인구 억제 방안을 제시하였다.

그러나 동시대의 아담 스미스는 『국부론』(1776)을 통해 부의 원천은 노동이며, 부의 증진은 노동생산력의 개선으로 이루어진다고 주장하고, 생산의 기초를 분업(分業)에 두었다. 그는 생산 과정에서의 분업은 기능을 개선하고, 시간을 절약하고, 기계화의 응용을 가져와서 '노동

생산성을 증진시키는 원인'이 된다고 하였다.[91] 그리고 기계의 채용을 위해서는 자본의 축적이 필요하며, 자유경쟁에 의해서 자본 축적을 꾀하는 것이 국부 증진의 정도(正道)라고 역설하였다. 이런 이론적 배경하에서 결국 와트(J. Watt)의 증기기관 발명으로 '동력의 기계화'가 가능해지면서 산업혁명이 확산되었다. 산업혁명은 대량생산을 가능하게 하였으며, 대량의 잉여이익을 통한 자본 축적의 중요한 계기가 되어 자본주의 경제체제를 탄생시킨 것이다.

자본주의는 생산의 극대화를 가져왔지만 자본주의가 발전할수록 분배의 정당성이 새로운 문제로 제기되었다. "인구는 기하급수적으로 늘고 식량은 산술급수적으로 느는 악순환"을 해결하게 위해 등장한 자본주의는 결국 "생산은 기하급수로 늘어나지만 분배는 산술급수로 늘어나는 새로운 악순환"을 야기한 것이다.

이러한 분배의 모순을 해결하기 위한 대안으로 생겨난 것이 공산주의이다. 마르크스는『공산당 선언』(1882)에서 자본주의는 사유재산의 양극화를 가져오고 이로 인한 자본가와 무산자의 계급사회를 만들기 때문에 자본주의는 그 자체가 폭력이라고 보았다. 자본주의 사회의 사적 소유와 사회적 계급 그 자체를 폭력으로 규정하고 폭력 없는 공산주의 사회를 지향한다고 선언하였다. 그리하여 이제까지의 인류의 역사는 계급투쟁의 역사였으므로 "만국의 노동자여, 연결하라, 총궐기하라."고 선언한 것이다.

그리고 폭력 없는 사회인 공산주의를 건립하기 위해서는 마지막 폭력 혁명이 불가피하다고 보았다. 특히 레닌과 스탈린은 직업적인 혁명가에 의한 무장 혁명의 필요성을 주장했다. 그 결과 러시아 혁명(1917)이 일어나 사유재산제를 폐지하고 주요 자산과 생산 수단의 공동 소유를 통한 분배의 정의를 실현하려는 공산국가가 건립된 것이다.

생산의 효율성과 분배의 정의

자본주의와 공산주의의 이념과 행태를 서로 비교하는 것이 단순하지는 않지만 각각의 장단점이 있는 것은 분명하다.

(1) 자본주의는 생산의 효율성의 극대화가 목표이고, 공산주의는 분배의 정당성을 지향한다. 결국 자본주의는 발전하면 할수록 빈익빈 부익부의 양극화를 심화시켜 "잘 사는 사람은 잘 살고 못 사는 사람은 못 사는 사회"가 될 것이고, 공산주의는 생산의 효율이 떨어져 결국 "모두가 못 사는 사회"로 하향 평준화되고 마는 것이다.

(2) 자본주의는 기본적으로 인간의 이기심을 인정하는 인간관에 기초한 제도이다. 따라서 생산의 효율성을 위하여 이윤동기에 호소한다. 그래서 돈 되는 일이라면 무엇이든지 하는 황금만능주의를 부추기게 된다. 반면에 공산주의는 '당과 인민을 위하여'라는 구호가 말하듯이 개인의 이윤동기보다 당과 인민 전체를 위해 헌신하게 하는 이타적인 가치를 강조한다. 그러나 이기적인 인간에게 이타적인 당성(黨性)을 강요하기 때문에 선동과 선전과 학습과 자아비판이 불가피하게 되는 것이다. 공산주의의 이타주의는 자발적인 것이 아니라 강요된 이타주의라는 문제가 드러나게 된다.

(3) 자본주의는 자연발생적으로 형성된 것이지만, 공산주의는 유혈혁명을 통해 쟁취된 것이다. 따라서 자본주의는 자유시장체제에 수요와 공급을 맡겨도 '보이지 않는 손'에 의해 통제될 것으로 보았다. 그러나 공산주의는 인간의 이기심은 '보이는 손'으로 통제하지 않으면 근절시킬 수 없다고 본다. 그래서 모든 생산과 수요를 국가가 통제하고 관리하는 통제경제체제를 형성한 것이다.

(4) 자본주의의 자유시장경제는 자연스럽게 개방적이고 민주적인 경쟁체제를 보장해야 한다. 그래서 자본주의는 개방적이고 민주적인

사회 구조를 만들어 왔고, 반면에 공산주의 통제경제는 감시와 감독의 위계를 만들어 가는 폐쇄적이고 독제적인 사회구조가 불가피하였다. 따라서 자본주의와 공산주의의 주요한 특징들을 비교해 보면 다음과 같다.

■ **자본주의와 공산주의의 특징 비교**

자본주의	**공산주의**
생산의 효율성	분배의 정당성
빈익빈 부익부	하향평준화
이윤동기: 이기주의	강요된 이타주의
자연발생적 구조	혁명을 통해 쟁취한 구조
자유시장경제	중앙통제경제
개방적 민주적 구조	폐쇄적 독재적 구조

이데올로기 수렴

자본주의나 공산주의가 각각 장단점이 있었지만 양 체제가 경쟁을 벌여온 지 80여 년 만에 자본주의의 판정승으로 결판이 났다. 자본주의의 명목상의 승리는 근본적으로는 자본주의 자체에 내재한 개방적 구조 때문이다. 자본주의는 그 개방적 구조와 자유 경쟁의 원리로 인해 보다 효율적인 제도를 도입하는 데에 능동적이었다.

자본주의는 불가피하게 공산주의적 요소 중에 분배의 정당성에 기여하는 요소들을 수용할 수밖에 없었다. 노동자들의 분배의 요구가 점점 거세지고 1920년대에 조직적인 노동조합운동이 일어났을 때 이를 주장하는 자들을 공산주의자로 매도하였지만, 결국은 자본주의의 모순을 보완하는 제도로 수용되고 말았다. 그리하여 자본주의는 점차적으로 사회주의적 요소 즉 노동조합, 교육보험, 의료보험, 가족수당,

최저생계비 보장, 실업수당, 노인수당 등 각종 분배와 복지의 정책을 마련한 것이다. 현대 서구의 기독교가 사회 구원이나 사회 복음을 주장한 것은 성서적 배경이 컸지만 마르크스주의의 사회사상의 영향도 없지 않았다. 그리고 1960년대 독일에서는 기독교와 마르크스주의자들 사이의 대화가 활발하게 전개되기도 하였다.

그러나 공산주의는 그 폐쇄성 때문에 교조주의에 머물러 시대의 변화에 따라 드러나기 시작한 공산주의 자체의 약점을 보완하려는 적극적인 조치를 적시에 취하지 못하였다. 폴란드를 비롯한 동구(東歐)의 자유화 물결로 공산주의 체제의 약점이 드러나기 시작하였다. 이어서 공산주의의 종주국인 소련에서도 공산주의의 단점을 보완하기 위한 대변혁이 1985년 고르바초프의 등장과 함께 시작되었다. 그는 경제침체와 외교적 고립이라는 난제를 해결하기 위해, 대내적으로 페레스트로이카(개혁), 대외적으로는 글라스노스트(개방)라는 실용적인 정책을 펼치고 자본주의적 요소를 도입하는 일에 앞장섰다.

그리하여 1989년 공산당의 일당독재를 규정하였던 헌법 6조가 삭제되고 최초로 다당제 선거가 실시되었다. 1990년 3월 초 소련의 최고회의는 생산수단의 사유화를 허용하는 획기적인 법안을 통과시켰다.[92] 경제 침체와 공산주의 통제경제의 문제점인 비능률적이고 지나치게 방대한 행정으로 인한 물자 부족 등을 해결하기 위해서 시장경제 원리를 받아들였다. 아울러 사유재산제도를 허용하였으며, 모스크바에 최초의 시장을 세우기도 하였다. 명목상으로는 소련의 공산주의 체제가 붕괴된 것이다.

중국의 경우는 소련 붕괴 이전에 이미 자본주의적 요소를 도입하는 데에 더욱 적극적인 자세를 취하게 되었다. 1978년 당시 중국의 권력 실세 덩샤오핑(鄧小平)은 공산주의든 자본주의든 인민이 잘살면 된다는 '흑묘백묘론'(黑猫白猫論)을 모토로 과감한 개혁 개방을 추진하여 전향적인 사회주의 경제론을 주장하였다. 이어서 선부론(先富論)을 통해 먼저 부를 축적한 다음에 이를 분배하자는 자본주의의 논리 도입을 주장하여 마오쩌둥 생전에는 수난을 당했으나 마오쩌둥 사후 덩샤오핑의 주장이 중국공산당에 의해 수용되기 시작하였다.

1982년 중국은 제12차 전국대표대회에서 "계획경제를 위주로 시장경제를 보조 수단으로 한다."는 입장이 채택됐고, 1987년 제13차 전대를 통해 계획과 시장이 내재적으로 통일된 체제라는 입장이 정리됐다. 1990년과 1991년에는 자본주의의 꽃이라고 할 수 있는 증권거래소가 상하이와 선전(深圳)에 각각 설립되었다.

1999년 중국은 헌법 개정을 통해 4대 경제개혁을 강력히 추진하여 왔다. 공산주의의 핵심 이론인 역사유물론과 계급투쟁론이 사실상 포기되었고 '개혁개방론'과 '3개 대표론'이 새로운 통치이념으로 자리 잡았다.[93] 중국은 WTO(2001) 가입으로 시장의 개방이 가속화되고 있는 과정에서 마오쩌둥의 후계자인 장쩌민(江澤民) 공산당 총서기는 2001년 11월 8일에서 14일까지 인민대회당에서 열린 '제 16차 당대회'를 통해 "중국의 공산당은 무산계급을 대표한다."는 종래의 당 강령을 "중국 공산당이 선진 생산력, 선진 문화, 광범위한 인민의 이익을 대표한다."는 삼개대표론(三介代表論)으로 개정하였다. 이어서 2004년 3월 14일 제10기 전인대 2차 전체회의에서 사유재산권 보호조항이 헌법에 삽입됨으로써 사유재산을 보호하는 법적 기반이 마련됐다.[94]

개정된 헌법에서 눈길을 끄는 것은 자본주의 기업정신인 사유재산권 불가침 조항을 새롭게 넣어 법적 보호를 제대로 받지 못해 불안해하던 민간기업과 민간기업인에 대해 확실한 보장을 마련해 준 것이다. 그리고 중국공산당은 노동자와 농민을 대표한다는 종래의 '2자대표론'에 따라 노동자 농민만이 공산당원이 될 수 있었으나 이제는 자본가도 공산당원이 될 수 있는 혁명적인 조치를 취한 것이다.

4세대 지도자인 후진타오(胡錦濤)는 덩샤오핑의 선부론(先富論, 능력이 되는 사람부터 부자가 되라)과 장쩌민의 자본주의적 시장경제의 도입으로 인해 중국의 경제가 크게 성장하였지만 이로 인해 빈부 격차가 더욱 심하여진 것을 고려하여 다시 균부론(均富論)을 주장하게 되었다.[95] 후진타오는 이른바 '조화사회'를 정책의 최우선 순위로 올려놓았다. 3농(농민, 농촌, 농업)을 중시하는 정책과 서부대개발 등을 통해 동부 연안과 서부 내륙, 도시와 농촌의 소득 격차를 줄이는 데 총력을 기울였다. 지금까지의 불균형적 선부론(先富論)의 개발전략을 전방위적인 균형적 개발전략으로 수정하고 있다.[96]

예수는 공산주의자일까 자본주의자일까?

기독교는 공산주의에 가까울까? 자본주의에 가까울까? 실제로 이 문제는 저자가 3차에 걸쳐 모스크바 장신대의 교환교수로 강의를 하면서 제기한 질문이다. 한국에서 러시아로 온 교수나 목사들 중에서 어떤 이는 기독교는 자본주의라고 가르치고, 어떤 이는 기독교는 원래 공산주의 전통이 강하므로 천민자본주의는 배격하여야 한다고 가르치기 때문에 러시아 신학생들이 정체성의 위기를 느낀다며 이에 대한 특강을 요청받은 적이 있기 때문이다.

자본주의는 자율성과 개방성을 강조하는 장점이 있지만 이윤동기의 이기심을 부추겨 생산의 효율성만을 극대화하고 분배의 정당성을 무시하였기 때문에 빈익빈 부익부 현상을 가중시켜 왔다. 그래서 국민소득이 늘어날수록 빈부 격차가 심해지고, 빈부 격차가 심해질수록 경제적인 만족도와 이에 따르는 행복지수는 낮아지고 아울러 사회적

갈등과 전 세계적인 전쟁과 테러의 악순환이 증폭되는 근본적인 자기 모순을 드러낸다.[97]

반면에 공산주의는 돈이 돈을 버는, 그래서 빈부와 계급 격차를 강화하는 자본주의와 계급사회 자체를 폭력으로 보고 자본과 계급이 없는 사회, 즉 폭력 없는 사회의 이상을 제시하였다. 이기적인 인간이 자발적으로 분배하지 않으므로, 자본주의라는 선제폭력을 제거하기 위해 마지막 폭력이 불가피하다는 영구혁명론을 실행으로 옮긴 것이다. 그러나 공산주의가 주장한 분배는 자발적인 것이 아니라 강요된 이타주의이므로 계속적인 학습과 통제가 불가피하였고, 분배의 정당성만을 강조하다 보니 생산의 효율성이 떨어져 결국은 모두가 못사는 사회가 되었고 100년이 못 되어 자본주의에 판정패하고 만 것이다.

앞에서 살펴본 자본주의와 공산주의의 기본 특징들을 중심으로 예수의 삶의 행태를 살펴보자. 예수가 생산의 효율성을 강조하였다는 점에서 자본주의자라고 할 수도 있다. 달란트의 비유(마 25:14-30)와 포도원 지기의 비유(막 12:1-12)의 공통된 사상은 물질을 매개로 한 주인과 종의 관계를 하나님과 인간의 관계로 설정하고 주인이신 하나님이 주신 물질을 위탁받은 관리자인 인간은 그것을 효율적으로 활용하여 늘려야 할 책임과 의무가 있다고 가르친 것이다. 씨 뿌리는 자의 비유(막 4:1-9)에서 창조주 하나님의 뜻은 그가 창조하신 좋은 땅에서 30배, 60배, 100배의 결실을 맺는 것이고 이처럼 말씀과 전도의 열매를 맺기를 원하는 분으로 비유한다. 달란트의 비유나 씨 뿌리는 자의 비유를 통해 보다 많은 이윤을 남기라고 하였으므로 생산의 효율성과 재산의 증식과 부의 창출과 경제성장을 강조한 자본주의자라 할 수 있다.

그러나 예수는 '가난한 자에게 복음'(눅 4:19)을 전하기 위해 오셨다고 하였으며 부자 청년에게는 "네 소유를 팔아 가난한 자들에게 주라. 그리고 와서 나를 따르라."(막 10:21)고 하였으니 분배를 역설한 공산주의자이기도 하다. 예수가 사람들로 하여금 가진 것을 나누어 가지도록 가르치려 한 가장 좋은 사례는 빵과 물고기 이야기이다(막 6:35, 44). 빵의 문제를 해결하는 여러 방법이 있겠지만, 현재 네가 가진 것을 자발적으로 나눠 주라는 것이 예수의 대안이다.

오병이어의 이야기(막 6:30-44)에서 예수가 자본주의자였다면 각자의 먹거리는 각자가 해결하고, 있는 사람은 먹고 없는 사람은 굶어야지 별 수 있느냐고 했을 것이다. 예수가 공산주의자였다면 그곳에 모인 사람들의 가진 것을 강탈하여 공평하게 나눠먹자고 했을 것이다. 그러나 예수는 "너희가 먹을 것을 주라"(6:37)고 함으로써 각자가 가진 것이 있으면 자발적으로 내어 놓아 함께 나누어 먹자고 하였다. 자본주의의 '자발적 이기주의'와 공산주의의 '강요된 이타주의'에 대한 새로운 대안으로 '자발적 이타주의'를 제시한 것이다. 이것이 좌우를 아우르는 기독교의 경제적 이상인 것이다. 각자가 현재 가진 것을 자발적으로 나누어 주는 데에서 모두가 잘사는 하나님 나라의 기적이 일어난다고 가르친 것이다.

자발적 이타주의는 자본주의 체제에서 빈부 격차를 줄이는 한 가지 대안이다. 이를 위해서는 '유산 남기지 않기 운동'이나 기부를 통한 사유재산의 사회 환원이 더욱 활발하게 일어나야 한다. 예를 들면 빌 게이츠는 400억 달러의 재산 중에 아들에게는 1천만 달러만 유산으로 주고 나머지는 사회로 환원한다고 발표한 바 있다. 그리고 최근에는 미국의 최고 부자들을 상대로 '전 재산 절반 기부운동'을 벌이고 있다. 따라서 자본주의 국가에서는 세금 외에 기부금은 전액 세금 공제하는 제도를 통해 자발적 이타주의를 제도화하고 있는 것이다.

일찍이 칼 바르트는 자본주의든 공산주의든 절대선이라고 볼 수 없다고 하였다. 자본은 인간의 이기심에 호소하여 서로 투쟁하게 만들며, 고용자나 피고용자나 모두가 자본을 섬김으로써 인간성은 위협받고 조롱당하며 모두를 소외시키고 물화한다. 그러므로 교회는 자본주의의 극복을 통해 자본의 억압과 착취가 없이 모든 사람들이 연대감을 가지고 더불어 살아가는 하나님의 나라를 이 땅에서 이루어야 한다. 이런 의미에서 바르트는 만약 공산주의 국가가 복음 선포를 허락하고 교회의 모임을 허용하기만 한다면 자본주의 국가보다 나을 수 있다고 하였다.[98]

빈부 격차와 가난한 사람들

자본주의는 이제까지 인류가 만들어 낸 최상의 제도라고 하겠지만 이상적인 제도는 아니다. 자본주의의 가장 큰 모순은 경제가 발전할수록 국민소득이 늘어날수록 빈부 격차가 늘어나는 자기모순을 지니고 있다는 점이다. 세계 경제가 점점 발전하여 왔지만 이와 비례하여 경제적인 양극화도 더욱 심하여졌다.

우리나라의 경우 땅 부자 상위 1%가 전체 토지의 51.5%를 차지하고 있으며, 땅 부자 상위 5%의 토지보유비율은 1986년의 65.2%에서 거의 20년 만에 17.5%나 급등하여 2004년 말 현재 82.7%로 편중된 것으로 조사됐다.[99] 토지 소유 편중 현상이 80년대 중반보다 더 심화된 것으로 나타났다. 그리고 판교 신도시 개발지구 내의 사유지에 대한 토지 보상 결과 전체보상비의 58%인 1조 4567억 원을 서울 강남이나 분당에 사는 사람들의 차지였다고 한다.

특히 IMF 체제 이후 신자유주의 경제논리가 무한경쟁을 부추겨서 빈부 격차가 더 심하여졌다는 구체적인 통계들이 제시되고 있다. 최근의 국세청 통계에 의하면 상위 10%의 평균 소득이 9398만 원인데 하위 10%의 평균 소득은 590만 원으로 16배 차이가 난다. 상위 20%와 하위 20%의 평균 소득차도 7배 정도이다.[100]

이러한 양극화는 전 세계적인 현상으로 드러나고 있다. 10년 전보다 1인당 평균소득이 줄어든 국가가 80개 이상에 달한다. 세계 부호 2백 명의 자산은 1998년 현재 약 1천 2백 4조 원으로 4년 전에 비해 배나 불어났다. 미국 사람은 컴퓨터 한 대를 사는 데 한 달의 월급으로 충분하지만 방글라데시인은 8년간의 월급이 든다. 인터넷 이용도 부유한 국가에서만 확산되고 있으며 이들 국가에서도 주로 백인 남성 중 상위 계층에서만 확산되고 있다.[101]

유엔식량농업기구(FAO)의 보고서에 따르면 2005년 기준으로 10세 미만의 아동이 5초에 한 명씩 굶어 죽는다. 비타민A 부족으로 3분에 한 명꼴로 시력을 상실하고 있으며 세계 인구의 7분의 1에 달하는 8억 5000만 명이 심각한 영양실조 상태에 있다.[102] 2008년에는 전 세계적으로 기아로 고통받는 인구가 1억 1천 명이 더 추가되어 모두 9억 6천 300만 명으로 증가했다고 밝혔다.[103] 2007년도 통계를 기준으로 한 이 보고서에 따르면, 전 세계 기아 인구의 대부분인 9억 700만 명은 개발도상국에 살고 있으며, 인도와 중국, 콩고민주공화국, 방글라데시, 인도네시아, 파키스탄, 에티오피아 7개국이 이들의 65%를 차지했다. 또한 세계 기아 인구의 약 3분의 2가 아시아에 살고 있으나 태국과 베트남과 같은 일부 아시아 국가들은 최근 들어 기아 인구를 줄이는 데 상당한 진전을 거둔 것으로 드러났다고 FAO는 전했다. 사하라 사막 이남의 아프리카 지역의 경우 주민 3명 중 1명꼴인 2억 3천 600만 명이 만성적 기아에 시달리고 있다. 이 지역의 자체 인구와 비교한 기아 비율은 세계에서 최고이다.

전 세계에서 생산되는 옥수수의 4분의 1을 부유한 나라의 소들이 먹어치운다. 그렇게 해서 선진국에선 고기를 너무 많이 먹거나 영양과잉 질병으로 인한 사망자가 늘고 있는데 다른 쪽에선 영양실조로 수많은 사람들이 죽어 가고 있는 것이다. 아프리카에선 굶어 죽는 사람이 속출하는 반면 선진국에선 농산물 가격을 유지하기 위해 경작과 우유 생산을 제한하는 모순이 벌어진다.

그래서 브라질 포르투 알레그레에서 열린 세계교회협의회(WCC) 제9차 총회(2006)에서 "현재 세계 교회들의 가장 큰 관심사는 '경제의 양극화'"에 따르는 빈곤의 문제라고 주장한 것이다.[104] 다시금 전 세계적인 분배의 정의를 심각하게 생각하여 "가난한 자를 돌보라"는 예수의 가르침을 새롭게 강조하여야 할 때인 것이다.

신현우 교수는 국민의 약 1%가 민간소유지의 반 이상을 차지하고 전체 가구의 반가량이 한 조각의 땅도 가지고 있지 않은 있는 한국 사회의 상황은 전 인구의 1%에 해당하는 소수의 부자들이 전 국토의 대부분을 소유하고 있었던 1세기 로마 제국의 상황과 유사하며, 사람들이 부유해지면 토지를 많이 구입하여 소작시킨 주후 1세기 팔레스타인 상황과 유사하다고 지적하고 다음과 같이 반문한다.

> 그렇다면 예수께서 21세기의 대한민국 사회에 오시면 무어라 말씀하실까? 토지와 부동산을 많이 가진 자들이 세금을 피하려고 하는 모습을 보시면 무어라 하실까? 예수를 따른다고 하면서 부동산 투기에 열심인 자들을 보면 무어라 하실까? 토지를 팔아 가난한 자들에게 주라고 말씀하시지 않겠는가? 토지가 필요하여 보유하려거든 세금을 내고 그 세금으로 가난한 자들을 위한 복지재원으로 사용하도록 하라고 하시지 않겠는가?[105]

제10장

예수의 선교와 삶의 형태

_01

예수의
초기 선교 활동

역사 예수를 바로 아는 데에 있어서 중요한 것은 그의 생애 동안의 중요한 사건들과 그의 가르침뿐 아니라 그의 삶의 방식이다.[1] 3년 정도의 짧은 공생애 동안 예수의 선교 활동의 성격과 독특한 삶의 행태를 살펴보려고 한다. 최초의 복음서인 마가복음에 의하면 예수의 공생애의 선교 활동은 크게 3단계로 나뉜다.[2]

1단계: 갈릴리 선교

하나님의 나라 선포(1:14)

제자 훈련(1:16-20, 3:13-19, 6:7-13)

제자 파송(1:23-28, 1:32-34)

2단계: 가이사랴 빌립보 선교

베드로의 고백(8:9-30)

수난 예고(8:30-33, 9:31-32, 10:32-34)

제자도(8:34 이하, 9:33 이하, 10:35 이하)

3단계: 예루살렘 선교

수난 설화(14-15장)

재판(유대 재판 14:53-65, 로마 재판 15:1-15)

죽음(15:16-41)

3년 동안의 공생애의 선교 활동을 통해 예수는 어떤 삶의 모습을 보여 주었을까? 19세기 이후부터 소위『예수전』운동을 통해 전통적인 기독론 교리에 근거한 신앙적 그리스도와 1세기 인물인 역사적 예수에 관한 연구에 매진하여 왔다. 그리하여 보른캄은 '역사적 예수와 설교의 그리스도'를 대립시켰고, 푹스는 '예수의 말씀과 예수의 행태'를 대립시켰다. 그러나 아라이 사사구(荒井獻)는 입장을 달리하여 예수의 '라이프스타일'(life style)을 중심으로 하여 역사적 예수를 재구성하여『예수의 行態』라는 저서를 출판하였다.[3]

역사적 예수의 일상적인 삶에 나타나는 모습은 전적으로 새롭고 전향적인 것이었다. 카스퍼는 "예수의 메시지에서 의외의 새로움은 무엇보다도 먼저 그의 처신과 행태에서 드러난다."[4]고 하였다. 타이쎈과 메르츠도 예수의 삶의 스타일이 "구약성서의 예언자적 상징적 행동"에 상응하는 것으로 표현하였다.

> 예수의 상징적 행동에는 열두 제자의 선별과 파송, 세리나 죄인들과의 밥상공동체, 예루살렘 입성, 성전 정화가 있다. 우리는 구약의 예언자들 또한 그런 상징적 행위를 통해 메시지를 전했다는 사실을 알고 있다.[5]

이 장에서는 복음서를 전체를 통하여 예수의 초기 선교 과정에서 나타는 전향적인 삶의 행태를 다음 세 가지 중심으로 살펴보려고 한다.

- 제자들을 선택하고 양육하고 파송하기 위해 제자 공동체를 결성하였다.
- 백성들의 온갖 질병을 치유하고 귀신을 쫓아내었다.
- 죄인들로 취급되는 세리와 창녀와 더불어 먹고 마셨다.

이 세 가지 예수의 삶의 행태 또는 상징적 행동은 대부분의 비판적인 성서학자들도 그 역사적 진정성을 인정하고 있는 예수의 독특한 삶의 모습인 것이다. 따라서 이 세 가지 주제에 대한 복음서의 기록을 살펴보고 그 의미를 고찰함으로써 예수 그리스도의 역사적 삶의 행태를 새롭고 바르게 조명해 보려고 한다. 예루살렘의 입성과 성전 정화는 제7장에서 다룰 것이다.

_02

예수의 제자 공동체 형성

1) 예수와 제자들

마가복음에 의하면 예수가 세례를 받고 광야의 시험을 겪은 후 공적 활동을 시작하면서 처음 한 것은 제자를 불러 모은 일이다.[6] 그리고 그의 공생애 기간 동안 예수는 이들 제자 공동체와 유랑하는 공동생활이라는 독특한 삶의 스타일을 보여 주었다.

예수는 먼저 첫 제자 그룹인 시몬과 안드레, 야고보와 요한을 불러 자신을 따르는 제자의 삶을 살 것을 요청한다.

> 갈릴리 해변으로 지나가시다가 시몬과 그 형제 안드레가 바다에 그물 던지는 것을 보시니 저희는 어부라 예수께서 가라사대 나를 따라 오너라 내가 너희로 사람을 낚는 어부가 되게 하리라 하시니 곧 그물을 버려두고 좇으니라. 조금 더 가시다가 세베대의 아들 야고보와 그 형제 요한을 보시니 저희도 배에 있어 그물을 깁는데 곧 부르시니 그 아비 세베대를 삯군들과 함께 배에 버려두고 예수를 따라 가니라.(막 1:16-20)

이렇게 하여 예수는 모두 열두 제자를 불러 모은 것이다. 예수의 '열두 제자'[7]는 때로는 '열두 사도'[8]로도 불렸다. 사도를 지칭하는 헬라어 아포스텔로스(apostelos), 즉 "사명을 주어 보낸다."는 동사에서 온 단어이며, 그냥 '보낸다'는 뜻을 가진 펨포(pempo)와는 구별된다. 예수는 이 사도들을 여느 추종자들과 달리 특별히 대우하였다. 열둘이란 수는 이스라엘의 열두 부족을 상징한다(마 19:28, 눅 22:30). 이들은 "[열두] 왕좌에 앉아 이스라엘 열두 지파를 다스리게" 될 것이다(마 19:8, 눅 22:30). 열두 제자 집단에 대한 강조(막 3:13-19 병행)는 예수 자신이 이스라엘 열두 지파에 보냄을 받았다는 메시아적 소명에 기초를 두고 있다. 이러한 종말론적 메시아적 권한이 열두 제자에게 그대로 약속된 것이다.[9] 그리하여 이 열두 제자 집단이 종말론적으로 새로운 하나님의 백성을 대표하게 되는 것이다.

타이쎈은 예수의 열두 제자 공동체의 종말론적 성격과 관련하여 예수에게 와서 전통적인 메시아 사상이 '집단적인 메시아 사상'으로 모습을 바꾼 것이라고 평가하였다. 예수의 열두 제자는 이스라엘의 열두 지파를 대신하여 하나님의 뜻을 이 땅에 이루게 될 하나님의 새 이스라엘로 표상되었다. 열두 제자의 명단과 이 열두 제자 공동체는 예수의 사역과 직접적인 관계를 맺고 있어 아주 중요한 역할을 한 것이다.

그러나 일부 비판적인 학자들은 예수의 열두 제자 선택이 예수 사후 초대 교회의 신학적 작업이라 하여 그 역사성에 대해 의문을 제기하기도 하였다. 그러나 이에 대해서는 다음과 같은 반박이 가능하다.

(1) 열두 제자는 이미 가장 옛 신앙고백문(고전 15:5)에 나타난다는 점이다. 바울이 전해 받은 이 전승은 부활하신 예수를 열두 제자가 목격하였다는 것인데, 가롯 유다가 배반하고 자살한 이후임에도 불구

하고 "예수가 열한 제자에게 나타났다"고 말하지 않는다. 왜냐하면 "열두 제자"라는 용어는 순전히 수적으로 열두 명의 개체 인물을 표시한 것이 아니라 마지막 때의 열두 지파 민족의 대표자 그룹을 표상하였기 때문이다.

(2) 세 공관복음서의 열두 제자 명단에는 빠짐없이 배반자로 일컫는 가룟 유다의 이름을 포함하고 있다는 사실도 열두 제자 그룹의 전승이 부활절 이전의 것임을 명확하게 보여 준다.[10]

이 전승은 초대 교회 교인들에게는 "유다를 선택한 것은 예수의 실수이며 따라서 예수의 판단력에 대한 불신"이라는 어려운 문제를 불러일으킨다. 이에 대해 사람들은 예수는 유다가 그를 배반하리라는 것을 알았으며,[11] 아주 시초부터(요 6:64) 알았다고 설명할 수 있을 것이다.

그러나 예수는 생전에 열두 제자에게 "영광의 옥좌에 앉아 이스라엘의 열두 지파를 심판하리라."(마 19:28, 눅 22:28-30)는 약속을 하였다. 그렇다면 배반자 유다에게도 이 약속이 주어지게 되는데, 유다가 배반한 후 초대 교회가 그런 터무니없는 발상을 하였다고 보는 것은 불가능하다.

(3) 열두 제자는 이스라엘 지파의 열두 숫자에 상응한다(마 19:28 평행 눅 22:29-30). 그리고 이 열두 사도는 이스라엘의 종말론적인 구원의 공동체를 대표한다.[12] 예수는 이 열두 제자에게 이방인들에게도 사마리아인들에게도 향하지 말고 이스라엘에 국한하라고 분명한 말로 지시했다(마 10:5-6). 초기 선교를 이스라엘에 초점을 맞추는 것은 언어상으로나 내용상으로 옛 전승과 일치한다. 아마도 예수는 로마의 식민지 통치의 종식을 염원하는 당시의 기대를 외면하지 않고 적극적으로 열두 제자 집단을 "이스라엘의 회복"을 위한 전위대와 같은 모종의 사명을 부여했을 개연성이 없지 않다. 이를테면 예수가 영광스러운

자리에 앉게 되는 날 그 좌우편에 앉게 해달라고 한 야고보와 요한의 청탁은 이스라엘의 회복을 단순히 종말론적인 의미로 이해하지 않았다는 것을 의미한다.[13]

제자 집단의 내적 구조

예수의 제자들이 많았지만 열두 제자를 특별히 강조하였다. 예수가 택하여 세운 이들은 사도 또는 제자라고 불린 그룹이다. 예수는 그의 제자들 중에서 열두 명을 사도로 택하여 소그룹을 구성하였다. 열두 제자 외에도 많은 제자들이 있었음이 분명하다.[14]

누가가 특히 열두 제자와 나머지 제자들(눅 6:13, 행 6:2)과 수가 더 많은 무리들(행 12:26)을 구분하였다. 신약에서는 바리새인의 제자(막 2:18), 세례 요한의 제자(마 9:14), 모세의 제자(요 9:28)라는 표현이 등장하지만 제자는 주로 예수의 열두 제자를 지칭하며, 예수를 믿고 따르는 자의 총칭으로 쓰이고 있다(눅 14:25). 사도행전에서는 예수를 메시아로 고백하는 모든 사람을 제자로 지칭하고 있다(행 1:7, 9:19, 11:26 기타). 드물긴 하지만 여제자(mathetria)라는 표현도 등장한다(행 9:36).

이런 배경에서 타이쎈은 "예수 운동의 내적 구조는 세 가지 역할의 상호 작용에 의해 결정되었다."고 주장한다.[15] '방랑하는 카리스마적 지도자'와 '지역 공동체에서 결정적인 정신적 권위자들'과 지역 공동체에 거주하는 '그들의 동조자들'이라고 하였다.[16] 따라서 예수를 스승으로 알고 따랐던 사람들이 크게 세 종류로 나뉘어져 등장하는 것을 발견하게 된다.

(1) **순회 제자**(the itinerant disciples)이다. 하나님 나라와 복음의 선포를 위하여 가진 바 모든 재산과 가정 그리고 직업을 포기하고 문자적으로 근거지도 없이 방랑하는 예수를 좇아 동행한 사람들이다. 이들은

3년 동안 예수와 동고동락하였던 열두 제자로서 사도라고 불리는 핵심 제자이다.

(2) **정착 제자**(the sedentary disciples)이다. 이들은 모든 재산과 가정 그리고 직업을 포기하지는 않은 채, 자기의 속한 환경과 조건 속에서 주님의 제자로서 살아가는 사람들을 가리킨다.

헤롯의 청지기 구사의 아내 요안나와 수산나와 막달라 마리아(눅 8:1-3, 23:49), 마르다와 마리아(눅 10:38-42) 그리고 여리고의 세리장 삭개오(눅 19:1-10)나 아리마대 요셉(마 27:57-61)도 이런 제자의 범주에 속한다. 정착 제자들은, 비록 가진 바 모든 소유를 실제적으로 포기하지는 않았지만, 하나님 나라와 복음을 위하여 자발적으로 소유를 포기한[17] 예수와 그 제자들 일행을 포함하여 가난한 자들을 돕기 위하여 기꺼이 자신들의 재물을 사용하였다.[18]

(3) **무수한 동조자**들이다. 예수가 가는 곳마다 무수한 무리가 그를 따랐다. 예수 운동에 우호적이었던 무수한 익명의 민중도 이 범주에 속한다고 보아야 할 것이다.

예수는 자신의 메시아 사역을 보다 효과적으로 수행하기 위하여 열두 제자를 불러 모으고 이들과 함께 생활하면서 이들을 가르치고 양육하고 이들에 특별한 영적 능력을 부여한 다음 그들로 하여금 예수처럼 또 다른 사람을 택하여 가르치고 천국복음을 전하고 병자를 치유하는 일을 할 수 있도록 파송하였다. 마가는 예수와 열두 제자 사이의 특별한 관계를 이렇게 묘사하였다.

> 또 산에 오르사 자기가 원하시는 자들을 부르시니 나아온지라 이에 열둘을 세우셨으니 이는 자기와 함께 있게 하시고 또 보내사 전도도하며 귀신을 내어 쫓는 권세도 있게 하려 하심이라.(막 3:13-15)

본문을 분석해 보면 예수가 열두 제자를 어떻게 부르시어 선택하였는지, 그들을 어떻게 세우기 위해 동행하면서 양육하셨는지, 그리고 그들을 전도와 치유를 위해 파송하였는지를 요약하고 있다. 따라서 예수가 열두 제자를 부르시고 양육하고 파송한 구체적인 과정들을 통해 예수의 제자 공동체의 의미와 과제를 조망해 보려고 한다.[19]

2) 예수의 제자 선택과 소명 공동체

예수의 경우 그의 제자는 그가 불러 모은 사람들이다. 따라서 예수의 제자 공동체는 '소명 공동체'였다. 유대교에서는 랍비가 되려는 학생은 선생을 찾아가서 제자가 될 것을 자원하였지만, 예수는 자신이 원하는 이들을 택하여 불러 모아 제자로 임명하였다.[20] 예수는 생업에 종사하던 어부와 세리를 권능에 찬 말로 직접 불러 제자로 삼는다.[21]

예수를 따르던 사람들이 스스로 결심하여 예수에게 나아온 경우도 있었지만 예수는 이들의 제자의 도리를 시험하여 제자 여부를 결정한다(마 8:19-20, 눅 9:59-62). 다른 사람의 소개로 예수를 따르게 되는 경우도 있다. 안드레는 베드로를 데려오고, 빌립은 나다나엘을 데려온다(요 1:35). 그러나 제자 됨의 우선권은 다른 제자들의 추천이 아니라 예수 자신의 선택과 부르심에 있는 것이다.

복음서들은 예수의 제자가 되기 위해서는 예수의 전권적인 선택이 유일한 선결 조건이었으며, 예수에게 매혹된 개인의 자유로운 결단에 달려 있지 않음을 명백히 말하고 있다. 제자들의 소명 이야기들은 모두 이것을 말해 준다.[22] 그래서 보른캄은 예수의 제자들이 스승에 대하여 가지는 독특한 관계는 제자들이 자유로운 결심으로 예수의 제자가 되는 것이 아니라, 예수의 '부름'을 통해서 된다는 사실이며 이는 랍비

들의 사제관계와 결정적으로 다른 점이라고 하였다.[23]

제자들의 결단

예수의 전권적인 선택과 부르심에 응답하여 '예수를 따르기' 위해서는 '일체를 버리는' 결단이 요청된다. 예수는 제자들을 선택하고 그들에게 먼저 회개하고 복음을 믿고 예수를 따를 것을 결단하도록 요청하였다. 제자들에게는 예수에 대한 철저한 믿음이 요구된다(마 8:10, 9:2 등). 회개(metanoia)는 삶의 방향전환을 의미하는데 우선 제자들은 주님을 따르기 위해서 가정(막 1:20)과 재산(막 1:18, 20)을 포함하여 모든 것(눅 5:11, 막 10:28)의 포기가 요구되었다.

예수의 제자가 된 사람은 예수의 일행과 함께 집 없이 떠도는 유랑생활을 할 뿐 아니라(마 8:19), 가족에 대한 책임보다도 예수의 부르심을 우선시해야 했다. 재산과 가족의 포기뿐 아니라 가족과 자기 목숨을 미워하고 "자기 십자가를 지고 예수를 따르는 것"(눅 14:26)이 예수의 제자들이 취해야 할 제자의 도리라고 가르쳤다.[24] 그래서 타이쎈과 메르츠는 가족과도 결별하고, 부모 공경 계명의 위반까지도 감수한 이러한 행동은 일종의 예언자적 상징 행위였다고 이해한다.[25]

이러한 결단의 요청 때문에 부르심은 받은 모든 사람들이 다 제자가 된 것은 아니다. 부름을 받았지만 많은 재물 때문에 슬픈 기색을 띠며 제자 되기를 포기하고 돌아가 버린 부자 청년도 있고(마 19:16-26 병행), 예수를 따르기로 자원하면서도 아버지의 장례와 가족과 작별인사를 선결 조건으로 요구하면서 가정에 대한 인연을 끊지 못한 자는 "쟁기를 잡고 뒤를 돌아보는 자"로 여겨 제자에의 허입이 거부당한 경우도 없지 않았다.[26]

선택받아 예수를 따르기로 결단한 제자들도 늘 예수를 이해한 것은 아니었다. 예수에게 데리고 오는 아이들(막 10:13 이하)을 막거나, 길가에서 예수의 이름을 부르짖는 눈먼 거지들(막 10:48)을 꾸짖어서 선생 예수의 책망을 자초한다. 심지어는 가장 친근한 제자의 무리인 세 사람도 겟세마네 동산에서 스승과 같이 기도하다가 끝내 깨어 있지를 못하고 잠들어 버린다. 베드로는 스승을 부인하고 유다는 스승을 배반하고, 다른 제자들은 예수가 잡히자 모두 도망을 친다.

그럼에도 불구하고 이들은 예수에게 '선택'을 받았다는 사실로 인해 "보십시오, 저희는 모든 것을 버리고 주님을 따라 왔습니다."(막 10:28 공동번역)라고 말할 수가 있었던 것이다.[27]

3) 예수의 제자 양육과 양육 공동체

예수가 제자들을 선택한 것을 그들을 가르치고 파송하기 위함이었다. 제자는 배우는 사람이다. 제자는 뜻하는 희랍어 '마데테스'는 '배운다.'는 의미를 갖고 있는 단어의 명사형으로 학습자, 지지자, 학파의 학생을 뜻한다.[28] 따라서 예수의 제자 공동체는 스승 예수의 삶과 가르침을 배우는 '양육 공동체'였던 것이다.

복음서는 한결 같이 제자들은 많은 것을 예수에게서 배워야 할 불완전한 존재였다는 사실을 증언한다. 예수가 어떻게 그의 제자들을 가르쳤고(막 4:10-12), 바로잡았으며(마 16:5-12), 훈계했고(마 17:19-20), 후원했고(눅 22:31-34), 위로했으며(요 20:19-22), 그리고 회복시켰는지(요 21:15-19)를 보여 준다.

제자란 파송받기 전까지 부단히 배워서 제대로 준비를 갖추어야 할 존재들인 것이다. 예수가 제자들을 선택하여 파송하기 전에 철저히 제자들을 가르친 것으로 전하고 있다.

> 예수께서 열두 제자에게 명하시기를 마치시고 이에 저희 여러 동네에 서 가르치시며 전도하시려고 거기를 떠나가시니라.(마 11:1)

예수가 제자들을 가르친 목적은 제자들로 하여금 또 다른 사람들을 가르치도록 하기 위해서이다. 그리고 하나님 나라의 확장을 위해 지극히 작은 계명이라도 행하고 가르치는 것이 가장 중요하다는 사실을 강조하였다.

> 그러므로 누구든지 이 계명 중에 지극히 작은 것 하나라도 버리고 또 그같이 사람을 가르치는 자는 천국에서 지극히 작다 일컬음을 받을 것이요 누구든지 이를 행하며 가르치는 자는 천국에서 크다 일컬음을 받으리라. (마 5:19)

가르치기 위해서는 먼저 배워야 하는 것이 우선 과제이다. 배움으로 준비하지 않은 이들은 자신의 주제를 넘어선 교만한 자들일 수밖에 없으며, 따라서 주의 사역에 적합지 못하므로 쓰임받기에 적절치 못하게 될 것이다(cf. 딤후 2:20-21).

양육 방식의 특징

예수가 제자들을 가르친 내용과 마찬가지로 그 방식도 새롭고 전향적이었기 때문에 당시의 랍비나 헬라의 교사들과는 판이하였다.

(1) 우선 예수가 가르치는 내용도 당시의 유대교 교사와 달리 특이하고 새로운 것이었다. 그래서 새롭고 권위 있는 가르침(막 1:22 이하)으로 인식되었다. 보른캄은 "예수는 유대교 교사가 하는 식으로 제자들에게 특별한 율법 교육을 시키거나 이들을 자기의 율법 해석의 전승

자"[29]로 삼기 위해 전통적인 율법을 답습하게 하는 교사가 아니었다. 율법을 대체하는 복음이라는 새로운 패러다임을 새로운 방식으로 일깨우는 전적으로 새로운 교사였다. 제6장 "예수의 하나님 아버지 나라 복음의 가르침"에서 살펴본 것처럼 예수의 가르침은 그 구체적인 내용과 특징이 새롭고 대안적 지혜이었다.

(2) 예수의 제자들은 고정된 장소에서 일정한 시간을 정해 놓고 가르친 것이 아니다. 공동생활을 통해 가르치는 방식이었다. 예수가 가는 곳이라면 어느 곳이든 유랑하면서 예수의 모든 언행을 통해 본을 보이면서 가르친 것이다.[30] 그래서 스타인은 "오직 그분과 함께함으로써만 그들은 그분이 누구인지를 관찰할 수 있었고, 그분이 앞으로 그들에게 맡길 복음의 가르침을 습득할 수 있었다."고 한다.[31]

그러나 유대인들의 교육은 성전과 회당이라는 고정된 장소에서 주로 이루어졌다. 성전의 여러 방은 교실로 사용되었으며, '교훈의 집'이라 불리는 곳에서 교육을 받았다.[32]

(3) 복음서에는 소위 불트만이 사제 대화라 분류한 예수와 제자 사이에 여러 대화들이 전승되어 있다.[33] 이 모든 사제 간의 대화는 제자들이 질문하고 예수가 답변하는 형식으로 구성되어 있다. 예수가 제자들을 가르치기 위한 대화의 교육 방식으로 이해된다. 상호소통을 통한 교육 방식이었던 것이다.

그러나 랍비의 제자들은 암기하는 방식으로 배웠다. 제자는 그가 배운 것을 반복(mishna)하여 암기함으로써 완전히 자신 것으로 내면화하였다.[34] 서기관의 경우 교재를 암기하고 일정한 수준에 이르면 서기관으로 안수하여 서기관 집단에 소속하게 하였다.

(4) 예수가 제자들에게 가르친 내용은 한 마디로 "나를 따르라"는 것이다. 더욱 분명하게 "자기 십자가를 지고 나를 따르라."(마 10:38)는

것이었다.[35] 그러나 예수는 제자들에게 일방적으로 복종과 희생과 고난의 제자도만을 강요하지 않았다. 하나님의 나라를 위하여 자발적으로 집이나 아내나 형제나 부모나 자녀를 버린 사람은 이 세상에서 여러 갑절의 상급을 받을 것이요 오는 세상에서는 영원한 생명을 얻을 것이라고 약속하였다(눅 18:28-30 병행).[36]

4) 예수의 제자 파송과 파송 공동체

예수의 열두 제자 공동체는 또한 '사도 공동체'로도 불린다. 사도(apostolos)라는 말은 '파송하다, 내보내다'라는 말에서 유래한 것으로서 "임무를 위임받은 사자(使者) 또는 대사(大使)를 지칭하는 말"로서 신약성서에 79회 정도 사용된 용어이다.[37] 사도 공동체는 '파송 공동체'인 것이다.

예수가 열두 제자를 선택하신 궁극적인 이유는 예수에게서 배운 바를 나가서 전하게 하기 위함이다. 심지어 예수의 공생애 동안의 사역 기간 도중에도 예수는 제자들을 파송하여 자신을 대신하여 천국 복음을 전하게 하셨다. 복음서에는 예수가 제자들을 공식적으로 파송한 기록이 두 번 나온다. 열두 제자를 둘씩 파송한 것(막 6:7-13, 마 10:6-8)과 70인(또는 72인)을 파송한 것(눅 10:1)이다.[38]

예수가 자신의 인격과 사역에 대해 지니고 있던 근본적인 의식은 자신이 '하나님으로부터 보냄 받았다'는 사실이다.[39] 예수는 자신의 이러한 사명을 계승시키고 확산하기 위해 자신의 권위로 제자들을 파송하였다.

(1) 예수는 "열두 제자를 부르사 둘씩 둘씩 보내시며 더러운 귀신을 제어하는 권세를 주시고"(막 6:7) 이들에게 이렇게 명하였다.

차라리 이스라엘 집의 잃어버린 양에게로 가라. 가면서 전파하여 말하되 천국이 가까웠다 하고 병든 자를 고치며 죽은 자를 살리며 문둥이를 깨끗이 하며 귀신을 쫓아내되 너희가 거저 받았으니 거저 주라.(마 10:6-8, 막 6:7-13)

예레미아스는 예수가 제자들을 둘씩 파견한 것은 역사적 사실이며, 사자(使者)들을 둘씩 짝지어 파견하는 것은 고대 유대교의 확고한 관습이었다고 한다.[40] 이러한 둘씩 짝지어 보내는 파견은 두 가지의 의미를 지니고 있었다. 한편으로 사자(使者)들을 보호하려는 것이었다. 외지고 위험한 길을 갈 경우 동반자가 아주 중요하기 때문이다. 다른 한편으로는 신명기 법조문(17:6, 19:15)에 따르면 두 증인의 일치된 발언이 있어야만 비로소 신빙성을 부여받게 된다. 따라서 둘씩 파견하는 것이 효과적인 선교 방식으로 널리 통용된 것으로 볼 수 있다.

(2) 예수가 제자들을 파송하면서 요구한 것은 자신의 메시아 사역의 연장선상에서 제자들도 가르치고 천국 복음을 선포하고 또한 모든 병자와 약자를 고치는 임무를 수행하라는 것이었다. 예수는 "두세 사람이 내 이름으로 모인 곳에 나도 그들 중에 있느니라."(마 18:20)는 말씀을 통해 제자들의 활동이 곧 예수 활동의 대리요 연장임을 확인시켰다. 누가는 그들이 돌아와 선교 활동의 결과를 보고하였을 때 예수는 성령의 기쁨이 충만하여 하나님께 감사를 드렸다고 한다(눅 10:21-22).

(3) 예수는 그가 택한 제자들에게 특별한 영적 권능을 은사로 부여하였다는 것이 복음서의 한결같은 주장이다.

예수께서 열두 제자를 부르사 더러운 귀신을 쫓아내며 모든 병과 모든 약한 것을 고치는 권능을 주시니라.(마 10:1, 막 3:14)

예수로부터 보냄을 받은 제자들은 예수와 같은 권능을 가지고 복음을 전하였으며, 자신들을 환영하는 집에는 축복을 하고 거절하는 동네는 최후 심판 때 큰 벌을 받게 되리라고 경고하였다(눅 10:10). 이처럼 제자들에게는 축복의 권한도 부여된 것이다.

(4) 예수가 제자를 파송할 때 봇짐, 가방, 외투도 없이 떠나라고 가르쳤다. 당시의 사회적 기준으로 볼 때 매우 파격적인 모습이었을 것이다.

> 봇짐이나 가방이나 신발을 갖고 다니지 말고 옷도 두 벌을 지니지 말아라. 어느 집에 들어가든 너희 앞에 놓인 것을 먹어라. 그 집의 병든 자를 고쳐 주고 그들에게 '하느님의 나라가 너희에게 임하였다' 하고 말하라.(눅 10:8-9 공동번역)

제자들이 예수와 함께 궁핍한 방랑생활(눅 9:57-58)을 하였고 이러한 특별한 전도규정을 제시한 것을 견유학파의 유랑 철학자나, 에센파의 여행 규칙과 비교하기도 한다.[41] 그러나 예수의 제자들 경우는 그 목적이 전적으로 달랐다. 희랍의 견유학파처럼 육체노동으로부터 자유하려는 반문화적인 행태가 아니었으며, 유대교의 에센파처럼 자급자족이나 고행을 위한 것이 아니었다. 고향 포기, 가정 포기, 소유 포기, 보호 포기의 에토스를 타이쎈을 '사회적 무근성'(無根性, rootlessness)이라고 하였다.[42] 이는 임박한 하나님의 나라의 도래에 대한 확신과 하나님의 전적 은혜와 직접적인 돌보심에 대한 철저한 신뢰에서 비롯된 것이다.[43]

(5) 예수의 제자들의 외양이 당시의 견유학파와 유사성이 있지만 양자는 여러 면에서 매우 달랐다. 견유학파(Cynics)는 욕망, 공포, 분

노, 비탄과 기타 감정들로부터의 자유, 종교적 혹은 도덕적 통제로부터의 자유, 도시나 국가 혹은 관리들의 공적 권위로부터의 자유, 대중적 여론에 대한 관심으로부터의 자유, 재물에 대한 근심으로부터의 자유, 그리고 처자식을 돌보는 의무감으로부터의 자유를 위해 방랑을 시도하였다. 이러한 자유가 행복을 가져다준다고 믿었기 때문이다.[44] 그래서 하층 계급의 견유학파 중에는 견유철학이라는 미명하에 "개떼처럼" 일터를 버리고 구걸과 방탕으로 세월을 보내는 자들이 있어 비난의 대상이 되기도 하였다. 상층 출신의 견유학파는 이들 하층 계급의 견유학파를 방치할 경우 "모든 일꾼들이 일터를 버리게 될 것"이라고 경고한다.

그러나 예수의 제자들은 스스로 자유를 찾아 떠난 것이 아니라, 예수의 부름과 양육을 받고 예수에 의해 영적 권능을 부여받아 귀신을 쫓아내고, 병자를 고치고 '하나님의 나라'를 선포하기 위해 파송을 받은 것이다. 하나님의 나라의 추수하는 일꾼으로 파송된 것이다(마 9:37-38). 따라서 '사회적 무근거성'의 일탈과 자유를 추구하는 정처 없는 방랑이 아니라 목적이 있는 파송이었다.

이러한 제자들의 파송과 방랑성은 치유의 은사와 기적이 결합되어 더욱 급진적인 성격을 띠게 된다. 예수는 단순히 방랑하는 급진적 개인주의자가 아니라, 서로의 빚을 탕감하여 주고 일용할 양식을 나눠주며 병자와 약자를 치유하고 가정을 회복하며 지역공동체의 갱신과 재활성화를 통해 위협받는 상황을 극복하도록 은총을 베풂으로써 하나님의 나라를 확장한 것이다.[45]

예수 자신이 항상 옮겨 다녔으며, 나사렛이나 가버나움에 정착하지 않았던 것이다. 하나님의 나라 운동은 특정한 장소에 이루어지는 경직되고 정태적인 것이 아니었다. 예수의 파송 명령에 따라 하나님의 나라의 영적인 은사와 물질적 은사를 서로 나누는 무차별적 사랑의 실천은 한 장소에 머물러 안주하는 것이 아니다. 만일 한 장소에 머물러 그곳에 진을 치게 되면 또 다른 경직된 제도와 체제로 고착될 수밖에 없기 때문이다. 온 유대와 사마리아와 땅 끝까지 끊임없이 이동하여야 하기 때문이다. 예수가 부활하신 후 제자들에게 분부한 지상 명령 역시 '모든 족속'에게 가서 그들을 제자 삼아 분부한 모든 것을 가르쳐 지키게 하라는 것이었다.

> 그러므로 너희는 가서 모든 족속으로 제자를 삼아 아버지와 아들과 성령의 이름으로 세례를 주고, 내가 너희에게 분부한 모든 것을 가르쳐 지키게 하라.(마 28:19-20)

그리하여 이 명령에 따라 예수의 제자들은 전 세계로 흩어져 복음을 가르치고 지키게 한 것이다.

5) 교회의 모형으로서 예수의 제자 공동체의 특징과 영향력

제자들의 다양성

제자들은 다양한 정치적 종교적 사회적 배경을 가지고 있었다. 복음서에는 어부인 안드레와 베드로 형제 및 야고보와 요한 형제(막 1:16-20 병행), 세리 마태(막 2:13-17 병행), 빌립(막 3:18 병행)을 불러 모은 과정을 기록하고 있다. 그리고 제자들의 명단(막 3:13-19 병행)이 중요하게 취급되고 있다. 이 명단은 그들 가운데에 상반되고 이질적이고 다양한 문화적 요소가 혼합되어 있음을 보여 준다. 이 그룹에는 갈릴리 어부(세속적이고 변덕스러운), 세리(정부기관의 하수인), 열성적인 민족주의자(압박받는 계층의 변절자), 요지부동의 신앙인(안드레), 사려 깊은 기도의 사람(요한), 의심 많은 사람(도마)과 결국에는 예수를 배반한 사람(유다)들이 포함되어 있었다.[46]

제자들은 그들의 정치적 · 종교적 소신이 다르고 성격도 천차만별이며 지적 · 경제적 수준도 상이하였지만 그들은 성령 안에서 한 가지로 부름받고 한 가지로 양육받고 한 가지로 파송된 것이다. 예수는 이들 다양한 성격의 열두 제자를 파송할 때에도 그들에게 성령의 권세를 은사로 베풀어 주셨다."(막 6:7) 제자 공동체의 다양성에도 불구하고 일치성을 유지할 수 있었던 것은 예수 안에서 성령이 하나 되게 하는 역사 때문이었다. 성령에 충만한 예수는 일류 역사상 가장 영향력이 있는 성령 공동체인 제자 공동체를 형성하고 그들을 통해 그 위대한 메시아 사역을 계승하게 한 것이다.

이러한 다양한 집단을 하나로 결속한 것은 예수 자신의 영적 카리스마인 동시에 예수가 제자들에게 부여한 영적인 권능 때문이었다. 이 열두 명을 이어주는 유일한 공통의 끈은 오직 예수 그 자신뿐이었다. 서로 다양한 정치적 신념, 감정 상태, 삶의 목표를 가진 이질적인 사람들로 이루어진 이 소그룹은 오로지 카리스마적인 지도자 예수에 의해 결속된 것이다.[47] 존 멜리슨은 예수 안에서 일체감을 발견한 이 열두 제자의 다양성이야 말로 "형성 중에 있는 교회의 여러 다양한 특성을 보여 주는 소우주"라고 주장한다.

예수와 제자들의 사제관계

역사적으로 여러 형태의 사제관계가 존재한다. 제자란 학습자 또는 도제로서 주어진 공식적 교훈과 교시를 받아들이고 따르는 자를 칭한다.[48] 제자들은 예수의 사역에 동참하였고 그의 생활 방식을 본받았

다.[49]

구약성서에도 엘리야와 엘리사처럼 예언자들 사이의 사제관계가 묘사되어 있다(왕상 19:19-21). 그러나 예수의 제자 공동체는 여러 면에서 당시 유대의 일반적인 회당 공동체나, 귀족적 사두개파 공동체나, 율법적인 바리새파 공동체나, 은둔 금욕적 에센파나, 반외세 민주주의자인 열심당 공동체와 매우 다른 성격을 지닌 것이다.[50] 무엇보다도 예수 당시의 랍비들의 사제관계도 아주 특별한 것이었다. 그러나 타이센과 메르츠에 의하면 랍비들의 사제관계와 예수의 제자들과의 관계에는 명료한 차이가 드러난다.[51]

랍비들의 사제관계	**예수와 제자들의 관계**
배움터가 일정함	배움터가 일정하지 않음
일시적 사제관계(스승 교체 가능)	지속적인 사제관계(유일한 스승)
기억을 통한 의식적인 전승 형성	자유로운 전승 형성
남자만이 제자가 됨	여성 제자도 있음

예수는 제자들을 자신의 형제와 자매로서 "하나님의 새로운 가족"으로 여겼다. 예수의 모친 마리아와 그의 동생들이 예수를 방문하였을 때 예수는 "누가 내 모친이요 동생이냐?"고 반문하고 둘러앉은 자들을 보고 "누구든지 하나님의 뜻대로 사는 자" 즉 자신의 부모와 형제와 자매를 버리고 예수를 따른 그의 제자들이 "내 형제요 자매요 모친"(막 3:31-35)이라고 하였다. 바톤(Stephen C. Barton)은 이러한 예수의 선언 배경에는 '새롭게 선택 된 열 둘'이 예수의 많은 다른 추종자들과 함께 중앙에 위치하는 반면, 서기관들과 예수 가족은 밖에 있게 되는 종말론적 '사회적 재배치'(Social Displacement)를 의미하는 것이라고 하였

다.[52]

제자 공동체로서 교회의 3중 구조

예수의 죽음으로 열두 제자에게는 공동의 관심사도, 함께 지내야 할 명분도 사라졌다. 제자 공동체가 재결속된 것은 예수의 부활과 오순절의 성령 강림 사건을 통해서이다. 게이스 아니스노글(G. W. Icenogle)은 그 상황을 이렇게 묘사한다.

> 오순절에 예수의 성령이 강림하신 것뿐 아니라, 그분께서 다시 그룹을 찾아오신 것이다. 이는 예수의 부활 이후 그룹이 다시 모이는 가장 중요한 사건이었다. 부활과 오순절 이후에야 열두(열한) 제자의 그룹은 자신들의 정체성을 찾을 수 있었다.[53]

부활과 오순절을 경험하고 다시 모여 구성된 제자 공동체는 비로소 공통적인 가치관과 목표와 관계 정립이 가능하게 된 것이다. 이러한 제자 공동체의 이상을 이어받은 것이 교회 공동체이다. 마태에 의하면 예수는 베드로에게 "내가 이 반석 위에 내 교회를 세우겠다."(마 16:16)고 약속함으로써 이러한 제자 공동체의 이상을 교회 공동체로 계승할 것을 가르쳤다고 한다. 복음서 여러 곳에 암시되고 명시된 것처럼 예수가 자신뿐 아니라 그의 제자들이 고난과 박해를 받을 것으로 예상하였다면, 예수는 자신의 제자들이 회당에서 나와 그들만의 공동체를 이룰 것을 당연히 예상하였을 것이다.

교회의 어원인 에클레시아(Ekklesia)란 "부름을 받은 무리들"이라는 뜻이다. 칼 바르트는 그의 『교회교의학』에서 교회의 어원인 에클레시아를 세 가지 의미 즉, 불러 모음(calling out, gathering), 불러 세움(calling up, upbuilding), 그리고 불러 보냄(calling into, sending)으로 개념화하여 설명하였다. 따라서 교회는 화해의 삼중적 사건 즉 소명과 양육과 파송의 사건 자체이다. 교회는 단지 모여서 흩어지는 2중적 구조가 아니라 ① 모이는 교회 ② 양육하는 교회 ③ 흩어지는 교회라는 3중적 구조를 가져야 한다는 것이다. 이것은 예수의 제자 공동체의 부르심과 양육과 파송에 상응하는 것이다. 예수의 제자 공동체야 말로 교회의 원형(archy-type)이요, 모범(example)이요, 이상(ideal)인 것이다.

한국 교회의 가장 큰 문제로 제기되는 것이 신학적 양극화이다. 복음주의자들의 교회의 모이는 구조를 강조하여 개인 구원과 기복신앙의 성장제일주의로 기울어졌고, 반면에 에큐메니칼 노선을 따르는 교회는 흩어지는 교회를 강조하기 사회 구원과 인간화의 사회 변혁에 기울어지게 되었다. 모이는 교회와 흩어지는 교회의 양극화를 극복하기 위한 교회론적 대안은 양육하는 교회에서 찾아볼 수 있다.

일찍이 칼빈은 교회를 '성도들의 어머니'라고 하였다. 칼빈은 '신자들은 하나님을 아버지로 교회를 어머니'로 모셔야 한다고 하였다. 교회는 신자들을 잉태하고 양육하고 성장케 하며 보호하고 인도한다고 하였다. 훈련받은 병사가 전투를 잘하듯, 양육받은 성도만이 진실한 봉사와 힘찬 선교 사역을 잘 감당할 수 있는 것이다.

모이는 구조로 편향된 교회가 흩어져 선교와 구제의 사역을 잘 감당하지 못하는 것은 교회를 통한 신앙의 양육의 기능이 약화되어 있기 때문이다. 교회에 모여든 신자들을 바르게 양육하여 그들이 믿음의 장성한 분량에 이르고 교회 안에게 겸손하고 진실하게 봉사하게 되면, 흩어져 나아가 선교와 구제의 사명을 감당하면서 세상에서의 빛과 소금을 직분을 수행하게 되는 것이다.

흩어지는 교회들이 사회개혁의 세력으로 기독교의 자기 동일성을 상실할 위기에 처한 것은 그들이 제대로 복음으로 양육받아 장성하기도 전에 성급히 흩어지기 때문이라 할 수 있다.

따라서 참된 교회는 모이는 구조와 양육받는 구조와 흩어지는 구조의 삼중적 조화를 이루어야 하는 것이다.

_03

예수의 병자 치유와 귀신 축출

1) 예수 시대의 병자와 귀신 들린 자의 다중적 고통

질병과 질고

예나 지금이나 가난하고 무지하고 억눌림을 당해 온 한(恨) 많은 사람들이 질병이나 악령에 더 잘 걸릴 수밖에 없으며, 이런 사정은 예수 당시에는 더욱 두드러진 현상이었다.[54] 그리고 귀신(악령)들림을 포함하여 각종 병자들은 사중적인 고통을 당하였다. 머독(J. P. Murdock)은 질병(disease)과 질고(illness)를 구분한다.[55] 그래서 비교민속의학은 **질병을 치료하는 것**(curing a disease)과 **질고를 치유하는 것**(healing a illness)의 근본적인 차이를 제시한다.[56] 전자는 바이러스 등에 의한 자연적인 신체적 질병이라면 후자는 초자연적이고 비신체적인 원인에 의한 고통이라고 하였다.

아서 클라인만과 릴리아스성은 질병은 생물학적 심리적 과정에서 나타나는 일차적인 기능 고장이며, 질고는 질병에 대한 이차적인 심리 사회적 또는 문화적 대응에서 비롯된 고통이라고 하였다.[57] 이들에 의하면 현대의 의사들은 질병의 치유에만 관심을 가졌고 질고는 치유하지 않는다고 하였다. 반면에 토착적인 치유자들은 질고만 치유하고 질병을 치유하지 못하였다고 한다. 예수의 관심은 바로 질병뿐 아니라 질병이 빚어내는 질고를 포함한 인간의 고통(pain) 그 자체를 치유하였다는 점을 주목하여야 할 것이다.

신체적 · 육체적 고통

병은 아픈 것이다. 아프지 않으면 병이 아니다. 현대인은 병이 걸려도 큰 고통을 당하지는 않는다. 치료약 외에도 진통제나 통증클리닉이 발달하였기 때문이다. 그러나 고대의 사정은 달랐다. 아프면 아파야 했다. 다른 도리가 없었다. 병은 고통 그 자체였다. 골절상을 당했다고 생각해 보자. 다른 치료 방법이 없었으므로 아무런 대책 없이 저절로 낫거나 죽을 때까지 고통을 견뎌야 했다. 사소한 질병과 상처도 이에 수반하는 고통 때문에 살기가 힘들었고 죽기를 바랐던 것이다.

정신적 고통

질병에 걸리면 육체적 고통과 더불어 정신적인 고통을 겪게 된다. 몸이 아프면 마음이 아프고, 마음이 아프면 또한 몸이 아픈 것이다. 그러나 당시의 병자들은 심인성(心因性) 정신적 고통뿐만 아니라, 몸이 아파도 치료의 길이 별로 없으며 치유의 희망이 없다는 절망에 시달려야 했다. 예를 들면 나무를 하러 산에 갔다가 골절을 당해 뼈가 툭 튀어나왔다면 오늘날과 같은 정형외과의 수술을 기대할 수 없었다. 뼈가 튀어나온 그대로 고통을 당하다가 죽어야만 하였다. 질병과 같은 재난의 근원을 해결하는 방도도 미약했다. 의원은 극소수였고, 의학지식도 태부족했으며, 전문 구마자(exorcist)의 주술적 처방의 효과도 아주 미미했다. 중한 병에 걸리면 더 이상 치료할 수 있는 방도가 없다는 절망 가운데 죽을 날을 기다리며 정신적 고통을 당하여야 하였다.

사회적 소외의 고통

병자들은 치유의 희망이 없었기 때문에 가족으로부터 버림을 받게 되었다. 그래서 가족의 짐이 되지 않기 위해서 가출하는 행려병자들이 부지기수였다. 또한 부정하고 불결하다는 이유로 사회로부터도 배척 받았다. 유대인은 눈이 멀거나 발을 절거나 귀먹거나 벙어리가 되는 등 신체적 결함을 지닌 자는 온전한 이스라엘 사람이 될 수 없었다. 따라서 그들은 자연스럽게 유대 공동체에서 배제되었다. 예수 시대의 유대 사회는 현재보다는 훨씬 공동체적인 성격이 강하였기 때문에 유대 공동체에서 배제된다는 것은 엄청난 실존적 고통이 아닐 수 없다. 그러므로 병자들은 가족과 사회로부터 소외되거나 스스로 자신을 소외시켰다. "이들은 제의적으로 제외되었을 뿐 아니라 사회적으로도 추방되었다."[58]

예루살렘 성전 미문이나 베데스다 연못가에는 이런 행려병자들로 가득 차 있었다. 타이쎈은 병들거나 귀신 들린 사람은 대부분 구걸로 삶을 영위했다고 하였다.[59] 예수가 치유한 사람들은 이처럼 공동체에서 사회적으로 추방된 사람들이었다.

종교적 죄의식의 고통

병자는 신체적으로나 정신적으로 부정하고 불결한 자라는 종교적인 이유로 죄인으로 취급되었다. 유대인은 육신을 영의 거처로 보았다. 거룩한 영에 사로잡힌 예언자들이 비범한 통찰력과 이례적인 행동을 보여 주지만, 신체적으로나 정신적으로 비정상적인 병자는 모두

더러운 영에 사로잡힌 자로 여겼다.[60]

근대에 와서 병리학이 발전하기 이전에는 병과 병마(病魔)는 동의어로 사용되었기 때문에 정신신체적(psycho-somatic) 병고와 질환에 시달리는 사람은 모두 병마에 사로잡힌 죄인으로 취급되었다.[61] 예수 당시에는 병환은 모두 자신의 죄이든 가족의 죄이든 또는 조상의 죄이든 간에 죄에 대한 벌로써 하나님이 보낸 재난으로 여겨졌던 것이다(요 9:2, 눅 13:2-4).[62]

나병환자들은 예루살렘을 비롯하여 성벽으로 둘러 싸여 있는 도시에는 들어갈 수 없도록 격리되었다. 대부분의 병자들은 부정하고 불결하다는 종교적인 이유로 성전 뜰도 밟지 못한 채 체념과 절망 속에서 고통의 나날을 보내야 했다. 더군다나 이들 부정한 죄인들은 그들의 죄과인 질병으로부터 구원받기 전에는 제의에 참석할 수 없었다. 나병에서 완쾌된 사람은 사제로부터 확증을 받아야 한다(마 8:4). 여기에 재물이 결부되므로 확증을 받는 장소는 예루살렘의 성전 외에는 없었다.[63]

이러한 정황을 놀란은 "속수무책의 개인들은 사방으로부터 적의에 찬 악령들과 적의에 찬 인간들의 위협"을 받고 있는 것으로 묘사했다.[64] 그리하여 가난하고 무지하여 억눌리고 병든 자들은 온갖 육체적 · 정신적 고통을 겪어야 했으며 불치의 병자들은 가족으로부터 버림을 받고 유대교의 제의 공동체에서 죄인으로 취급되고 배척받는 종교적 죄의식과 사회적 소외감이라는 다중고(多重苦)에 시달려야 했다.

2) 예수의 병자 치유와 치유 방식의 특이성

예수의 병자 치유

마가에 의하면 예수는 제자들을 선택한 다음 가버나움에서 병든 많은 사람들을 치유하는 일로서 공생애를 시작하였다고 한다. 가버나움에서의 많은 병 고침들 가운데서 마가가 선택한 두 가지 사례 즉 회당에서의 귀신 들린 사람과 시몬의 장모의 치유는 고통당하는 남성과 고통당하는 여성과 관계된다는 점에서 주목할 만하다.[65]

복음서는 예수가 두루 다니며 "백성 중에서 모든 병과 모든 약한 것을 고치시니" 사람들이 "갖가지 병에 걸려 신음하는 환자들과 마귀 들린 사람들과 간질병자들과 중풍병자들은 예수에게 데려오니 모든 앓는 자, 곧 각색 병과 고통에 걸린 자를 데려왔다. 예수께서는 그들을 모두 고쳐 주셨다."고 한다(마 4:24).

예수의 병자 치유는 네 복음서 각 전승마다 또 모든 문학 유형마다 찾아볼 수 있는 역사적인 사실이며 예수의 주요한 사역임이 널리 인정되고 있다.[66] 치유사화는 모두 29회로, 마가복음 12회, Q 4회, 누가복음 3회, 마태복음 10회[67] 기록되어 있는데, 등장하는 병명은 대체로 16종류로서 다음과 같다.

- 간질병(마 4:24 병행, 아이 마 17:18)
- 중풍병(마 4:24 병행, 가버나움 백부장의 하인 마 8:8 병행, 9:2 병행, 막 2:3)
- 나병(문둥병 8:1, 두 명 막 1:41, 열 명 눅 17:12)
- 열병(베드로 장인 마 8:14-16 병행)
- 혈루증(9:20 병행)
- 소경(마 9:27-31, 마 15:30, 마 20:30 병행, 막 22, 요 5:3, 나면서부터 9:1)

– 벙어리(마 9:32, 마 15:30)

– 손 마른 병(마 12:13 병행)

– 절둑발이(마 15:30, 요 5:3)

– 눈멀고 벙어리 된 병(마 12:22)

– 귀먹고 어눌한 병(막 7:32)

– 18년 된 등굽은 병(눅 13:11)

– 고창병(눅 14:2)

– 혈기 마른 병(요 5:3)

– 38년 된 익명의 병(요 5:5)

병자 치유의 동기로서 연민

불트만은 예수의 치유의 동기가 메시아적 권능 내지 신적 권능을 증거하기 위한 것으로 전승되고 편집되었다고 하였다.[68] 그러나 놀란(A. Nolan)은 불트만이 예수의 역사적 사역을 전적으로 오해한 것으로 비판했다.[69]

인간의 질병에 대한 응답으로서 예수는 두 가지 태도를 보여 준다. 인간을 억압하며 괴롭히는 질병과 귀신 그리고 자연 환경의 위협에 대해서는 분노(막 1:43, 요 11:33)이며, 다른 한편으로 고통받으며 신음하는 사람에 대한 긍휼과 불쌍히 여김이다.[70] 전자는 인간이 지닌 존엄성과 특권을 위협하고 상실케 하는 적대적 세력에 대한 예수의 태도이다. 그러기에 예수는 귀신과 질병, 그리고 자연의 위협을 향해서 통분히 여기며 꾸짖는다(눅 4:38-39, 막 1:25, 막 4:39). 그러나 이와 반대로 귀신들린 자, 병자, 고난의 자리에 든 자를 향해서는 사랑과 긍휼히 여김을 보여 준다.

놀란에 의하면 예수의 치유 동기는 그가 병자들을 "불쌍히 여겼다."[71]

거나 "민망히 여겼다."[72]는 여러 병행구에서 나타난다고 한다. 여기에 사용된 희랍어 원어의 '스프랑크니조마이'(splangchnizomai)라는 동사는 '스플랑크논'(splangchnon)이라는 명사에서 파생한 것인데, 이 말은 애, 창자, 내장을 뜻한다. 예수는 병자들의 고통을 자신의 고통처럼 여기는 '애간장이 타는 듯한 사랑의 심정'에서 병자들에게 가까이 가고 그들을 치유한 것이다.[73]

이는 단순히 인도주의적인 동정과 같은 개념을 넘어서는 하나님의 긍휼과 자비다. 그런 점에서 이 말은 예수의 진정한 목자 됨을 잘 표현해 주고 있다.[74] 그래서 예수의 치유사역은 구약의 약속의 성취로 이해되었다. "선지자 이사야로 하신 말씀에 우리 연약한 것을 친히 담당하시고 병을 짊어 지셨도다 함을 이루려 하심"(마 8:17)이라고 하였다.

말씀을 통한 치유의 특이성

예수는 주로 말씀으로 치유하였다. 성서는 하나님께서 하나님의 말씀을 통해 치유하신다고 가르치고 있다. 그래서 "저가 그 말씀을 보내어 저희를 고치시고 위험한 지경에서 건지시는 도다."(시 107:20)라고 하였다. 마태는 예수의 치유 사역이 전적으로 말씀을 통한 사역이라 설명한다. "예수께서 말씀으로 귀신들을 쫓아내시고 병든 자를 다 고치시니"(마 8:16)라고 하였다.

예수가 치유 사역 중 신체적인 질환에 대해서는 구체적으로 한 말씀으로 '일어나 걸으라'고 명하거나 '네 손을 펴라'(막 3:5)거나 손 마른 자의 '손을 내밀라' 하였다(마 12:13 병행). 때로는 문둥병 환자에게 손을 대거나(막 1:40-42), 열병환자의 손을 만지거나(마 8:16 병행), 소경의 눈을 만지거나(마 9:29), 아주 예외적으로 소경에게 침을 바른 후 안수하거나(막 8:25), 침과 진흙을 이겨 바르기도 하였다(요 9:6). 치유는 때로는 장소적인 거리를 뛰어넘기도 한다. 병자가 예수와는 멀리 떨어져 있음에도 불구하고 치유가 이루어지는 것이다. 이는 예수의 치유가 의학적으로나, 심리적, 정신적으로 설명이 불가능한 기적임을 의미한다.[75]

예수의 병자 치유 과정에서 치유 방식과 무관하게 별도로 하신 말씀들이 아주 특이하다. 예수의 말씀은 태초의 말씀처럼 하나님이 새창조의 구원의 능력으로 나타난다. 이러한 말씀이 능력이 되어 병자의 치유가 일어났는데 예수의 치유 사역에 등장하는 선언적 말씀을 종합해 보면 다음과 같다.

(1) 네 죄가 사해졌다

예수는 병자들에게 "네 죄가 사해졌다."(막 2:5, 마 9:2, 눅 5:20)고 선언한다. 예수에게 있어서 치유는 죄의 용서와도 아주 밀접히 관련되어 있다. "병고가 죄의 결과이듯이 치유는 용서의 결과라고 여겨졌다."[76] 병마와 죄과는 불가분의 관계를 맺고 있다고 굳게 믿는 이들에게는 죄의 용서와 치유는 동시에 이루어져야 했다. 예수는 자신이 **치유의 권능**(dunamis)과 **죄사함의 권세**(exousia)를 모두 지닌 것으로 주장했다(막 2:10). 예수의 진정한 정체에 관한 "땅에서 죄를 사하는 권세"(막 2:10)가 있고 "죄인을 부르러 왔다."(막 2:17)는 선언 속에 잘 드러난다.[77] 그러나 예수가 치유와 함께 죄사함과 구원을 선포함으로서 민중을 경악시켰고 서기관과 제사장들을 분노케 했다.

예수에게 있어서도 죄 용서와 질병 치유의 관계(막 2:1-12 참조)는 매우 밀접하다. 죄 용서라는 내적인 치유와 질병 치료라는 외적인 치유가 결합되어 있음을 말해 준다. 정신적이고 영적인 죄의 억압에서 해방되는 자리가 곧 그의 육체적인 치유를 경험하는 자리임을 가르쳐 준다. 그때 비로소 한 인간의 전인적인 구원이 이루어진다는 것이다. 구속신학적인 치유가 죄의 용서라고 한다면 창조신학적인 치유는 질병의 치유라고 할 수 있다. 죄의 용서와 질병의 치유란 서로를 제한하거나 배타할 수 없는 인간의 전체성의 회복이라는 점에서 이해되어야 한다.[78]

따라서 예수는 특히 질병을 개인적인 차원에서 율법주의적인 인과응보적 도식으로 축소 내지 집약시키는 것을 거절할 뿐만 아니라, 그 인과응보의 엄격한 구조를 지닌 생각으로부터 인간을 해방시킨다. 인간이 겪고 있는 고난은 하나님의 능력을 베푸시고 영광을 보여 주는 은혜의 자리가 될 수도 있기 때문이다(요 9:3, 11:4).

(2) 네 믿음에 너를 낫게 했다

예수는 혈루증 앓는 여인과 소경 바디메오와 열두 문둥이에게 "네 믿음이 너를 낫게 했다."[79]고 하였다. 그리고 여러 병자들에게 "네가 낫기를 원하느냐"고 묻고 "네 믿음대로 되리라."[80]고 선언한다. 병고는 절망 그 자체이므로 치유될 수 있다는 희망의 표적(Sign)이 요청된다. 사죄에 대한 확신과 더불어 치유에 대한 희망이 병을 낫게 하는 원동력이 되는 것이다. 예수의 치유는 치유에 대한에 확고한 믿음에 바탕을 두고 있다. 예수는 요한처럼 먼저 회개에 요청하지 않았으며, 단지 "네 믿음이 너를 구원하였느니라."고 선언했다.

믿음은 선한 확신이며 참된 확신이다. 참된 것은 그 자체가 선이기에 악을 이길 있다는 확신이다. 선하시고 참되신 하나님께서 선하시고 참된 길로 인도하신다는 희망이요 확신이다. 그러므로 믿음과 반대되는 것은 현실적인 상황을 불가피한 운명으로 여기는 숙명론이 되는 것이다.[81] 예수는 "하나님에게는 무슨 일이나 가능하다."(막 10:27 공동번역)는 것을 인정하였으며, 이를 "믿음을 가진 사람에게는 무슨 일이나 가능하다."(막 9:23 공동번역)는 뜻으로 이해하고 있었다는 점에서 동시대인들과 달랐다. 믿음을 가진 사람은 하나님의 능력을 힘입게 된다는 의미이다.[82] 따라서 믿음이 없는 곳에서는 예수도 기적을 행할 수 없었다(막 6:5 이하, 마 13:58). 하나님의 능력으로 이루어지는 치유는 믿음 안에서만 가능한 일이기 때문이다.[83] 그렇다고 해서 치유의 기적이 믿음을 강요하는 것은 아니다. 다만 치유의 기적은 믿음을 자극하고 자기 근거를 확인해 준다.[84] 따라서 믿음이란 치유의 전제 조건으로 요구되는 것이라기보다는 치유의 수행에 있어서 결론적으로 확인되는 자리라 할 수 있다.[85]

예수를 만난 행려병자들은 이미 치유의 희망을 포기한 자들이었으나 마지막으로 예수에게서 치유의 유일한 희망을 발견하게 된 것이다. 그러므로 예수는 이들에게 치유에 대한 믿음을 일깨우고 믿음만이 병마의 숙명적 죄의식과 병고의 체념적 고통에서 벗어나게 할 수 있는 유일한 소망의 힘인 것을 선언한 것이다. 그래서 제자들이 간질병 아이를 데려왔을 때 제자들의 믿음이 적은 연고로 치유가 이루어지지 않은 것으로 책망하였다(마 17:20). 예수와 그의 추종자들이 실천한 신유는 의료적 매개 없이 예수가 선포한 하나님의 말씀에 대한 직접적인 순종의 체험에서 비롯된 것이었기 때문이다.

믿음이란 따라서 단순히 치유가 일어날 것이라는 심리학적 기대 이상을 말한다. 왜냐하면 치유가 당사자가 아닌, 아버지와 어머니의 믿음에 의해서도 나타나기 때문이다(막 9:14-29, 마 15:21-28). 말하자면 치유 당사자의 믿음과는 상관없이도 치유 당사자를 위한 중재적인 간구를 통해서 치유가 일어나는 것이기 때문이다.

(3) 네 집으로 돌아가라

중풍병자를 치유하시고 그들에게 "일어나 네 침상을 가지고 집으로 가라 하시니 그가 일어나 집으로 돌아갔다."(마 9:6)고 한다. 군대귀신 들린 자를 치유하신 후에도 치유받은 자가 함께 동행하기를 간구하였으나 허락지 아니하였다. 그리고 그에게 "집으로 돌아가 주께서 네게 어떻게 큰일을 행하사 너를 불쌍히 여기신 것을 네 친속에게 고하라."(막 5:19, 눅 8:39)고 하였다. 이들 병자들은 가족으로부터 버림받거나 가족의 짐이 되기 싫어 가족으로부터 도피하여 행려병자가 된 경우이므로 치유는 가정으로 돌아가 가족의 일원으로 원상복귀하는 것이 포함된다. 예수의 치유 목표는 치유받은 자가 다시 자기 삶의 일상성을 회복하도록 하는 데 있다. 육체가 치유되고 정신이 온전하여져서 자기 정체성을 깨닫고, 그가 버림받은 가정으로 돌아가 가족의 일원으로 용납되는 것이며, 온 가족이 치유되고 회복되는 것이다.

(4) 제사장에게 보이라

한 촌에서 문둥병자 열 명을 치유한 다음 예수는 그들에게 "가서 제사장들에게 너희 몸을 보이라." 하셨다(눅 17:4). 그런데 그중에 하나가 자기의 나은 것을 보고 큰 소리로 하나님께 영광을 돌리며 돌아왔다고 한다. 또 다른 문둥병자에게도 "제사장에게 네 몸을 보이고 또 네 깨끗케 됨을 인하여 모세의 명한 대로 예물을 드려 저희에게 증거하라."(눅 5:14)고 하셨다.

앞에서 살펴본 것처럼 병자는 신체적으로나 정신적으로 부정한 자라는 종교적인 이유로 죄인으로 취급되었다. 유대인은 육신이란 영의 거처라고 보았다. 따라서 치유는 궁극적으로 병자를 죄인으로 여기는 종교적 편견을 깨뜨리고 그가 더 이상 부정하고 불결한 죄인이 아님을 제사장에게 확인하게 함으로써 종교적 차별과 적대와 소외에서 온전히 벗어나 하나님의 거룩한 백성으로서의 원상회복을 완수하는 것이 치유의 마지막 목표였기 때문이다.

구약의 제사장은 공동체 밖에서 즉 진 밖에서(레 14:2-3) 환자를 진찰하고, 병자가 스스로 나았을 때 그것을 확인해 주는 소극적인 역할을 하였다. 그러나 예수는 적극적으로 애간장이 타는 마음으로 병자들을 치유하고 그들의 죄의 용서를 선언하고 제사장의 확인으로 받아 정상적인 삶을 회복하도록 하였다.

(5) 아무에게도 이르지 말라

예수께서는 많은 병자를 고친 후에 "저를 경계하시되 아무에게도 이르지 말라."(막 1:43-44, 3:12, 5:43, 7:36)고 하였다. 이 경계의 말씀은 주로 마가복음서에 집중적으로 등장한다.

일찍이 브레데는 마가복음의 『메시아 비밀』(1901)의 주제를 다루면서 예수가 자신의 지상 생애 기간에 메시아임을 비밀로 했다는 것은 역사적 사실이 아니라고 했다. 역사적 예수는 지상 생애 동안은 자신이 메시아라고 주장하지 않았으며 실제로 메시아가 아니었는데, 부활 이후 초대 교회가 예수를 메시아로 고백하면서 예수의 메시아 됨을 지상 생애로 확대하여 설명하기 위해 예수가 지상 생애 동안에는 자신이 메시아임을 비밀로 하라고 하였다는 전승을 만들었고 그것이 마가에 의해 기록된 것이고 주장하였다.[86]

브레데의 주장은 슈바이처를 비롯한 많은 학자들의 비판을 받게 되었다. 예수 당시에도 구약의 전통에 따라 기름 부음을 받은 자로 여겨지는 자칭 예언자적, 왕적, 제사장적 메시아들이 실제로 등장하였고 예수 역시 메시아적 사역으로 여겨지는 여러 활동을 분명히 행하였

기 때문에 역사적 예수의 메시아 됨을 부정하는 주장은 더 이상 설득력을 잃게 되었다.[87]

최근 많은 학자들은 예수가 자신의 활동을 비밀에 붙이라고 한 것은 역사적 사실로 받아들인다. 예수의 침묵 명령은 예수의 사역에 대한 적의에 찬 오해나 무관심한 불신앙과 관련되어 있다는 것이다. 바리새인들과 서기관들은 예수를 송사할 증거를 잡으려고 엿보며 따라다녔다(막 11:27-33). 따라서 믿는 자와 추종자에게는 드러내고, 믿지 않는 자와 반대자에게는 숨겨야 하는 상황에 처한 예수의 선택이 침묵 명령이었다. 그러므로 예수의 침묵 명령은 예수의 가르침의 드러남과 감추임의 변증법으로 이해된다.

예수가 천국 비유를 통해 천국의 비밀은 믿는 자들에게 허락되었으나 믿지 않는 자에게는 허락되지 않았다는 뜻으로 설명한 적이 있다.(마 13:11-13) 따라서 예수는 모든 치유 기적을 비밀로 하라고 명한 것은 아니다. 오히려 공개한 경우도 적지 않다. 소경 거지 바디메오(막 10:46 이하)와 중풍병자(막 2:1-12)와 혈루증 앓는 여인의 경우(막 5:25)는 공개적으로 치유하였다.

치유의 이적은 특히 믿음과 관련되어 있다. 예수는 믿음이 없는 곳에서는 치유의 이적을 거부하기도 하였다. 믿음이 없는 바깥사람들에게 이를 숨기려고 한 것은 그들이 '보아도 보지 못하고 들어도 듣지 못하기' 때문이다. 그러나 역설적으로 믿음이 있는 사람들에게 이를 드러내는 것은 그들이 믿음을 얻고 풍성히 얻어 믿음의 증언자들이 되도록 하기 위함이다. 이처럼 하나님의 능력의 신비는 숨기면서 드러내는 것이고, 드러내면서 숨기는 것이기 때문이다.

적의와 오해와 불신앙이 있는 곳에서 자신을 감추는 침묵 명령은 후대에 마가공동체가 처한 상황에 적용되는 교훈이기도 하다. 마가공동체는 드러내 놓고 신앙생활을 할 수 없는 박해와 고난 속에서 은밀히 신앙을 지켜 가야 했기 때문에 예수의 침묵 명령이 아주 귀한 교훈이 될 수 있었던 것이다.

3) 예수의 귀신 축출과 축출 방식의 특이성

예수의 귀신 축출의 사례

고대 사회에서는 귀신 들림과 질병은 깊은 관계가 있는 것으로 여겨졌다. 복음서에는 예수가 귀신(악령) 들린 자를 치유하고 귀신을 쫓아낸 기록이 20번[88]쯤 등장하는데, 귀신과 질병의 상관관계를 명백하게 보이는 구절들도 여러 번 나타난다.

- 회당에서 더러운 영에 사로잡힌 자(막 1:21-28, 눅 4:31-37)
- 군대 귀신 들린 거라사인(마 8:28-34, 막 5:1-20, 눅 8:26-39)
- 귀신 들려 시각이나 청각에 장애가 있는 사람(마 12:22-29, 막 3:22-27, 눅 11:14-22)
- 경련을 일으킨 귀신 들린 소년(마 17:14-21, 막 9:14-29, 눅 9:37-43)
- 수로보니게 여인의 딸(마 15:21-28, 막 7:24-30)
- 허리가 꼬부라져 펴지 못하는 여인(눅 13:10-17)
- 벙어리 귀신(마 9:32)

개역 성경에서 귀신으로 번역된 희랍어 다이몬(daimon)은 마귀(devil), 악한 영, 또는 부정한 영을 뜻한다.[89] 개역성경에서 귀신으로 번역되어 죽은 조상신으로서의 귀신과 혼동을 일으키기 때문에 공동번역에서는 모두 마귀나 악령으로 번역하였다. 귀신의 왕인 바알세불이나 벨리알은 사탄과 동일시되기도 한다.[90] 때로는 이방신(행 17:18, 고전 10:20, 계 9:20)을 귀신으로 묘사하기도 한다. 또한 육체적 질병이나 병마를 가져오는 '더러운 영'[91]이나 '악한 영'[92]에 사로잡힌 자를 귀신 들린 자로 묘사한다.[93]

이 더러운 영은 사람 속에 들어와서(눅 8:30) 그를 괴롭히거나(행 5:16) 또는 사로잡는 것(막 9:18)으로 묘사된다. 또한 인간이 이 더러운 영을 지님으로써(눅 4:33) 인간 속에 육체적[94] 또는 정신적[95] 질병을 일으킨다. 몇몇 구절에서는 귀신 들림과 일반적인 질병을 구분하지만 실제로는 귀신 들린 자와 병자는 분명하게 구분되지 않는다.[96] 벙어리와 소경도 귀신 들림과 관계된 것으로 묘사한다(마 9:32, 12:22). 심지어 바울은 교만하지 않게 하려고 주신 육체의 가시를 사탄의 사자로 묘사(고후 12:7)하기도 한다. 병은 병마의 결과로 여겼기 때문에 병자 중 일부는 귀신 들린 자로 여겨진 것이다. 18년 동안 병마에 억매이게 하는 자(눅 13:36)는 사탄이라고 한다. 이는 병과 병마(病魔)가 미(未)분화된 당시의 세계관을 반영한다.

예수의 시대에는 오늘날의 이슬람권 팔레스타인에서 여전히 그러하듯이 귀신에 대한 두려움이 대단히 강하게 지배하고 있었다. 온갖 종류의 질병들이 귀신들에게 소급되었다. 특히 여러 형태의 정신질환들의 경우 겉으로 나타나는 징후로 보면 환자가 더 이상 자신의 주인이 아님을 폭로하기 때문에 귀신들의 탓으로 여겼다. 현대인들과 달리 귀신의 존재에 대한 존재론적 회의나 질문이 제기되지 않았다. 사방에서 귀신의 존재로부터 위협을 받고 있는 것으로 생각하였다. 그래서 요세푸스는 어떤 귀신이 사람을 사로잡아 아프게 하거나 광포하게 하거나 생명을 위협할 때 그 귀신을 반듯이 쫓아내어야 한다고 하였다. 그리고 당시에 바아라스(Baaras)라는 식물 뿌리로 갖다 대기만 하여도

소위 귀신(demon)이라고 부르는 사악 영들을 즉시 쫓아낼 수 있었다고 기록하였다 [97]

치유자로서 예수는 온갖 질병 치유와 더불어 귀신을 축출하신 축사자(Exorcist)로 등장하였다. 무엇보다도 예수의 귀신 쫓음이 바알세불과 결탁하여 이루어졌다는 비난을 받기도 하였다.[98] 그닐카에 의하면 예수의 귀신 축출에 대한 적대자들의 비난이야 말로 예수의 귀신 축출과 병자 치유의 역사적 진정성에 대한 분명한 증거라고 하였다.[99] 그리고 예수의 이름으로 귀신을 쫓아내는 익명의 귀신 축출자나 제자들과 바울이 예수의 이름으로 귀신을 쫓아낸 사실(눅 10:17, 행 16:18)과 이러한 전승이 예수 사후 유대인들에게도 알려져서 소위 '마술 파피루스'에도 예수의 이름으로 귀신을 쫓아낸 기록이 남아 있다.[100] 이런 증거를 보아 예수는 귀신 축출이 유능한 사람으로 알려진 것이 분명하다.

귀신 들림과 사회적 억압

귀신 들림이란 무엇인가? 그것은 인간을 억압하여 고통과 죽음으로 몰아가고 억압하는 사탄의 세력이 작용하는 것으로 보아야 한다. 귀신 들림은 한 인간에게서 하나님과의 관계뿐만 아니라, 그가 속해 있어야 할 가정 안에서의 교제를 상실케 하고, 사회의 공동체 안에서 누려야 할 모든 관계를 단절시키고 파괴하기 때문이다.

무엇보다도 귀신 들림이 사회적 억압과 밀접한 관련이 있음에 주목할 필요가 있다. 베리 레이놀즈는 교차문화적 연구를 통해 북로데지아의 룬다-루발레 부족에게는 마함바(mahamba)라는 '조상들의 영에 사로잡혀 생긴 질병'과 빈델레(bindele)라는 '다른 영에 사로잡힌 질병'을 보고한 적이 있는 데, 후자의 경우는 "그 병에 걸린 사람이 살고 있는 사회와 그 영을 대표하는 집단 사이의 긴장상태를 반영하는 질병이라고 하였다.[101] 아이오안 루이스도 주변부 사람들이 귀신 들리는 것은 중심부로부터의 억압에 대한 도피적 산물이며, 이런 상황에서 귀신 축출은 중심부에 대한 저항적 제의로서 제의적 반란의 성격을 띠고 있다고 분석하였다.[102]

대표적인 귀신 축출 기사 중 하나인 거라사의 군대귀신 들린 자의 경우 갈릴리 당시의 인근 주민들의 경험이 반영되어 있다고 한다. '군대'(legion)라는 이름의 귀신에 들린 자가 묘지와 산을 돌아다니며 소리를 지르고 제 몸을 짓찧곤 하다가 예수를 보자 "지극히 높으신 하느님의 아들 예수님, 왜 저를 간섭하십니까? 제발 저를 괴롭히지 마십시오."라고 외친다. 예수는 악령 들린 자의 '더러운 악령'을 돼지 떼에 들어가게 하자 2000마리나 되는 돼지 떼가 바다 속에 빠져 죽었다(막 5:1-17 병행). 이 기사에서 귀신의 정체를 '군대'라고 했을 때 청중들은 로마 군단(병역규모 6000명)을 가리키는 이름임을 알아차렸을 것이다. 당시 로마 군단은 막달라와 세포리스 인근 마을을 불태우고 그들의 부모나 조부모 수천 명을 학살하거나 포로로 잡아갔던 기억이 새롭기 때문이다. 예수의 축사 과정에서 귀신 들린 자에게서 쫓겨난 군대귀신들이 산비탈을 '돌격'하여 '바다 속에 빠져죽었다.'는 이야기는 이스라엘을 점령하기 위해 쳐들어왔던 로마 군대도 마치 애굽 군대가 이스라엘을 뒤쫓다가 홍해 '바다에 빠져 죽은' 것과 같은 운명을 당한 것이라는 사실을 연상시켰을 것이다.[103]

그래서 크로산은 거라사 귀신 이야기는 제국주의라는 억압적인 악령에 사로잡힌 것이며, 예수의 귀신 축출은 즉각적인 개인화된 상징적 혁명이라고 설명하였다.[104] 예수가 그러한 이적들을 행하였다는 사실 자체는 엄청난 사회적 의미를 함축하고 지니고 있다는 것이다. 귀신 축출 사건은 식민지 지배의 억압적인 구조에서 파탄된 인격이 치유되는 것을 통해 악한 세력들이 축출되고 하나님의 의로운 통치가 실현되는 혁명적인 현실을 드라마틱하게 보여 주고 있는 것이다.

예수의 귀신 축출 방식의 특이성

고대 유대교에서 귀신들은 주로 개체적인 존재로서 여겨진다. 수많은 귀신들의 이름이 보여 주는 바와 같이 잡다한 귀신들이 개별적으로 존재하는 것으로 믿고 있었다. 이와 달리 예수는 귀신의 현상들과 사탄의 세력과의 연관성을 강조한다.[105]

따라서 예수의 귀신 축출 방식도 전적으로 다른 특이성이 드러난다. 귀신 축출의 전형적인 도식(막 1:23-28)을 살펴보면 다음과 같은 특징을 알 수 있다.

- 예수가 귀신 들린 자를 극적으로 대면한다.
- 귀신 들린 자는 방어의 말을 하면서 예수에게로 접근한다.[106]
- 귀신 들린 자의 방어에 이어 귀신 측에서 예수를 공격한다.
- 잠잠하고 떠나가라고 예수의 명령한다.
- 귀신은 복종하기 전에 마지막 저항을 한다.[107]
- 결국 귀신은 쫓겨나고 귀신 들린 자는 정상적인 생활로 복귀한다.

예수가 귀신을 쫓아낸 방식을 당시의 구마자들과는 달랐다.[108] 예수는 귀신을 쫓아낼 때 흔히 사용되어 온 기계적인 도구를 전혀 사용하지 않았다. 향을 피우거나(토빗 3:8), 다윗처럼 음악을 사용하거나(삼상 16:13),[109] 나무뿌리를 사용하거나,[110] 약품을 사용하거나,[111] 그리고 주문을 사용하지 않았다.[112] 스미스(M. Smith)는 예수의 경우 이집트의 마술사처럼 주문이나 연금술이나 약물을 사용하지 않았다는 점에서 그들과 전적으로 다르다고 하였다.[113] 투엘프트리(G. H. Twelftree)는 이외에도 예수는 귀신을 쫓아낼 때 기도를 하거나 어떤 권세나 능력을 염원하지 않았다는 사실도 유대교의 다른 귀신 축출자와는 비교되는 차이점이라고 한다.[114]

쿰란 사본의 아브라함이나 몇몇 랍비들은 공격적인 귀신을 물리치기 위한 간곡한 기도를 한 기록이 등장한다. 예수는 자신의 능력을 믿고 단지 간단하고 짧은 '명령'(horkizo) 한 마디로 귀신을 잠잠케 하고 그들을 쫓아내었다.[115] 하나님의 말씀으로 사탄의 시험을 이긴 것 같이 그의 말씀 한 마디로 귀신이 쫓겨 간 것이다.

4) 예수의 병자 치유와 귀신 축출의 구원론적 의미

유대 공동체와 병자 배제

하나님의 나라 공동체와는 달리 유대의 성전 공동체나 은둔파인 쿰란 공동체는 병자들을 철저히 소외시켰다. 병자들은 불결하고 부정하다는 이유로 성전제의는 고사하고 성전 출입도 배제 되었다. 구약성서에서는 성전 제사에 배제된 질병의 목록이 나올 정도이다.

> 너의 후손 대대로 몸이 성하지 않은 사람은 그의 하느님께 양식을 바치러 가까이 나오지 못한다. 소경이든지 절름발이든지 얼굴이 일그러졌든지 사지가 제대로 생기지 않았든지 하여 몸이 성하지 않는 사람은 아무도 가까이 나오지 못한다. 다리가 부러졌거나 팔이 부러진 사람, 곱추, 난장이, 눈에 백태 낀 자, 옴장이, 종기가 많이 난 사람, 고자는 성소에 가까이 나오지 못한다.(레 21:17-20 공동번역)

유대교의 전승을 담고 있는 탄나임은 병자들을 심지어 죽은 자와 동일시한다.

> 네 종류의 사람들이 죽은 자와 동렬에 세워진다. 곧 절름발이, 소경, 문둥병자, 자녀 없는 사람이다.[116]

미쉬나에는 성전 출입이 배제된 병자들의 목록을 제시하고 있다.

> 귀머거리들이나 백치들이나 미성년자들이나 고자들이나 혼혈인들이나 여자들이나 해방되지 않은 노예들이나 절름발이나 소경들이나 병자들이나 노인들이나 자기 발로 (성전이 세워진 산에) 올라갈 수 없는 사람들을 제외한 모든 사람들은 세 번의 주요한 축제 때에 성전에 헌신해야 한다.[117]

쿰란 공동체는 선천적으로 결함이 있는 사람을 공동체에 들어오지 못하게 규례로 정했다.

> 육체가 더럽혀진 자들, 곧 발이나 손이 마비된 자들, 지체 장애인들, 시각 장애인들, 청각 장애인들, 농아자들 또는 자신의 신체에 눈에 보일 정도의 흠을 가진 자들이나, 회중 가운데에 네 몸을 똑바로 가누지 못하는 노인들 등이 그렇다. 이들은 명망 있는 자들의 모임에 참여하지 못한다. 왜냐하면 거룩한 천사들이 그 모임 안에 있기 때문이다.[118]

이처럼 유대 공동체는 한결같이 병자들을 자신들의 종교적 제의에서 배제시켰다. 그러나 예수는 달랐다. 예수의 주요한 사역 중 하나는 성전 출입조차 금지된 병자와 약자를 우선적으로 치유하는 것이었다.

희랍 철학자들의 병자 적대

희랍 철학자들은 병자를 적대하는 일에 있어서는 더욱 과격하였다. 플라톤은『이상국가』에서 건강한 아이만 양육하고 결함이 있는 아이는 버려져야 한다고 주장하였다. 나면서부터 장애자가 없는 나라를 이상적인 국가로 여겨 장애자 차별을 합리화한 것이다. 그의 제자 아리스토텔레스도『정치론』에서 불구의 아이들은 절대로 양육될 수 없다고 하였다고 한다.[119]

네로 시대의 현자 세네카 역시『분노론』에서 이성의 이름으로 약하고 비정상적인 아이들을 제거할 것을 가르쳤다.

> 미친개는 머리를 부순다. 미쳐 날뛰는 소는 죽인다. 병든 양을 칼로 찔러 다른 양들에게 감염시키지 못하도록 한다. 자연스럽지 못한 자손은 없앤다. 약하고 비정상적인 것은 아이일지라도 물에 빠뜨린다. 해로운 것들은 건전한 것들로부터 구별해 내는 것은 분노가 아니라 이성이다.[120]

플라톤은『이상국가』에는 이성의 이름으로 병자와 약자 그리고 장애인을 제외시키는 것을 정당화하였지만, 예수가 선포한 하나님의 나라에서는 그 반대의 일이 일어난다. 온갖 병자와 약자를 애간장이 타는 사랑의 마음으로 수용하고 그들을 치유하여 그들이 먼저 참된 구원에 참여하게 될 때 하나님의 나라가 임하는 것으로 선포한 것이다. 플라톤과 아리스토텔레스가 비록 위대한 서양 철학자이지만 병자와 약자를 차별하고 적대하였다는 점에서는 그 시대의 평균적인 의식을 넘어서지 못했다. 이들과 비교해 보면 예수의 선포가 얼마나 시대에 앞선 생각인지를 엿볼 수 있다.

하나님의 나라 사역으로서 치유와 축사

쿰란 공동체와 플라톤의 『이상국가』에서는 철저하게 병자들이 배제된 것과 달리 예수가 선포한 하나님의 나라는 병자들이 먼저 들어가는 나라이다.

예수는 "애통하는 사람들이 복이 있다."(마 5:4)고 하였다. 예수 당시 가장 고통받는 자는 말할 것도 없이 각종 병고에 시달리는 사람들이다. 이 병자들은 그 질고에서 벗어날 희망도 없이 가정과 사회에서 쫓겨나 행려병자로서 육체적, 정신적, 사회적, 종교적 사중 고통에 시달리고 있었다.

그래서 마가에 의하면 예수는 하나님의 나라를 선포한 제자를 택하시고 가버나움에서 첫 번째로 하신 공적인 활동이 병자의 치유라고 한다(막 1:21-27). 병마에 시달리는 이들이 치유되는 것으로 보아 하나님의 나라의 임재 여부를 알 수 있다고 하였다. 하나님 나라의 일과 병 고치는 일과 귀신 쫓아내는 일은 밀접한 관련을 맺고 있다.

- 그러나 내가 하나님의 성령을 힘입어 귀신을 쫓아내는 것이면 하나님의 나라가 이미 너희에게 임하였느니라.(마 12:28, 눅 11:20)[121]
- 무리가 알고 따라왔거늘 예수께서 저희를 영접하사 하나님 나라의 일을 이야기하시며 병 고칠 자들은 고치시더라.(눅 9:11)
- 거기 있는 병자들을 고치고 또 말하기를 하나님의 나라가 너희에게 가까이 왔다 하라.(눅 10:9)

세례 요한의 제자들이 예수에게 와서 '오실 이가 당신입니까?'라고 물었을 때도 단지 "소경이 보며 앉은뱅이가 걸으며 문둥이가 깨끗함을 받으며 귀머거리가 들으며 죽은 자가 살아나며 가난한 자에게 복음이 전파된다 하라."(마 11:5, 눅 7:22)고 하였다.

천국잔치의 비유에서도 초청 대상이 가난한 자들과 더불어 "병자들과 저는 자들과 소경들을 청하라."(눅 14:13)고 하였다. 제자들을 파송할 때도 "하나님의 나라를 전파하며 앓는 자를 고치게 하려는 것"(눅 9:2)이 그 목적이라고 하였다. 그의 나라에는 오히려 비장애인들이 제외될 정도로 장애인이 우대받는다.

현재 일어나고 있는 치유의 기적과 귀신 축출은 하나님의 종말론적 통치의 실현의 구체적인 증거로서 그 의미가 부여되었다는 점에서 역사적 예수가 행한 치유와 귀신 축출의 새롭고 전향적인 특성이 드러난다. 그의 치유와 귀신 축출의 기적 속에서 새로운 세계가 열리고 현재적이면서도 종말론적 구원의 서광이 비추고 있는 것이다.

메시아적 사역으로서 치유와 축귀

병자를 치유하고 귀신 들린 자들을 깨끗하게 하신 것은 메시아적 사역에 포함된다. 종말론적 평화를 가져올 자나 야웨의 종은 병자의 치유를 가져올 자로 기대되었다. 종말론적 메시아의 표상이 '오실 그분'도 이러한 맥락에서 이해된다.

- 그때에는 눈먼 사람의 눈이 밝아지고, 귀먹은 사람의 귀가 열릴 것이다. 그때에 다리를 절던 사람이 사슴처럼 뛰고, 말을 못하던 혀가 노래를 부를 것이다.(사 35:5-6 공동번역)
- 눈먼 사람이 눈을 뜨게 되게 하고, 감옥에 갇힌 사람을 이끌어 내고 어두운 영창에 갇힌 이를 풀어줄 것이다.(사 42:7 공동번역)
- 내가 길 잃은 것은 찾으며 흩어진 것은 도로 데려오리라. 상한 것은 싸매주고 병든 것은 강건케 하리라.(겔 34:16, 참조 막 2:17 공동번역)

고대 사회에서는 병자의 치유와 죄인의 구원은 불가분의 관계가 있는 것으로 여겼다. 구원의 원초적인 의미는 치유였으며 종교의 본래적인 기능 중에서 치유는 아주 큰 비중을 차지하였다.[122]

실제로 유대교 전통에서 다른 어느 누구보다도 병자 치유의 사례가 가장 많은 인물이 예수이다. 예수는 요한과 달리 세례자가 아니라 치유자였다.[123] 그는 탁월한 치유자였음에 틀림없다. 그러므로 초기 기독교가 세례를 베풀었지만, 예수에 의한 세례 이야기는 없었다. 세례 요한이 그이 제자들을 예수에게 보내어 "오신다는 분이 선생님이십니까? 그렇지 않으면, 우리가 다른 분을 기다려야 합니까?"라고 물어보라고 하였다. 이 유명한 질문에 대한 대답에서 예수는 자신을 치유자로 분명히 소개한다.

> 너희가 가서 보고 들은 것을 요한에게 고하되 소경이 보며 앉은뱅이가 걸으며 문둥이가 깨끗함을 받으며 귀머거리가 들으며 죽은 자가 살아나며 가난한 자에게 복음이 전파된다 하라.(눅 7:21 공동번역)

고대 세계에서는 모든 신체적 · 정신적 병들은 악한 세력에 의해 야기되었다고 가정되었기 때문에 예수의 치유 사역은 악한 세력에 대한 정면 공격이나 다름없었다. 예수는 영적의 권능과 권위를 가지고 병자들을 고치고 마귀를 쫓아내었다. 더군다나 치유는 예수가 자신의 추종자들을 파견하면서 부여했던 임무 가운데 핵심적인 것이었다.[124] 제자들을 파송할 때도 귀신을 축출하고 병을 치유할 능력을 주었다.

> 천국이 가까웠다 하고 병든 자를 고치며 죽은 자를 살리며 문둥이를 깨끗하게 하며 귀신을 쫓아내되 너희가 거저 받았으니 거저 주어라.(마 10:7-8

병행)[125]

사도행전에 의하면 이 예수의 능력과 권능은 예수 사후에도 그의 제자들과 사도들에게 계속 위임되고 지속되었다(행 3:1 이하, 4:20, 9:36 이하 등). 바울 자신도 사도의 징표로서 자기를 통해 나타난 표적과 기사와 능력에 대해 언급한 바 있다(롬 15:18-19, 고후 12:12). 또한 바울의 선교 공동체 내에서도 이런 질병 치유가 동일하게 나타나고 있음을 보여 주고 있다(고전 12:9-10).

전인적 · 전우주적 치유와 축사

예수는 치유의 사역을 통해 용서를 선언하고 속죄와 구원의 직접적인 체험을 제공하는 상징적인 행위를 수행한 것이다. 예수는 불결하고 부정하다는 이유로 성전 제의에서 완전히 배제된 자들, 어떤 의미에서 성전 제의가 가장 필요한 자들을 위해 참다운 치유와 속죄의 제의를 베푼 것이다. 이러한 치유와 구원을 체험하고 목격한 자들이 예수를 이상적인 메시아 고백하는 일은 자연스러운 것이었다.

구원의 일차적인 의미는 치유이다. 몰트만에 의하면 구원은 인간의 통합성과 행복을 포괄하는 것이다. 그러므로 구원은 개인을 위한 단순한 영혼 구원이 아니라 전인적인(totus homo) 구원이어야 한다. 구원은 영적 보화일 뿐 아니라 신체의 건강도 포괄하기 때문이다. 예수는 육체적으로 정신적으로 영적으로, 다시 말하면 전인적인 인간의 건강과 구원을 위해 오신 것이다.[126] 그러므로 예수의 치유란 하나님이 인간을 살리는 구원의 신체성(身體性)을 드러내는 중요한 사례라 할 수 있다.[127] 구원이 영적인 것뿐만 아니라 육체성을 띤 전인적인 것임을 알리는 증거다. 하나님의 구원역사도 구체적인 신체성을 통해 실현된다는 것이다. 육체적인 억압으로 이해되는 질병은 인간을 영적인 억압으로 나아가게 하므로 하나님과의 관계 회복은 영적인 것뿐만 아니라 육체적인 관계에서도 이루어져야 했던 것이다.

이러한 의미에서 구원은 두 가지 면 즉, 인격적인 면과 우주적인 면을 가지고 있다. 바울은 구원의 인격적인 면을 '죽은 자들의 부활'이라 부르고, 우주적인 면을 '죽음의 폐기'라고 부른다. 이 두 가지 면을 보는 사람만이 '몸의 변화'(빌 3:21)와 '새 하늘과 새 땅의 도래'(계 21:40)를 믿음으로 고대하게 된다.

이 두 가지 면은 예수가 행하는 치료의 과정에서도 인식될 수 있다. 병자의 치료는 구원의 인격적인 면을 나타낸다면, 마귀의 추방은 구원의 우주적인 면을 나타낸다. 병든 사람들이 주관적으로 치료된다. 그들은 고통에서 해방되어 건강하게 되며 자유롭게 된다. 이와 동시에 세계가 객관적으로 탈악마화된다. 사람을 귀신 들리게 하는 병의 원인이 제거된다. 예수는 병자를 치료하며, 그 당시 '마귀'라고 불렸던 생명을 파괴하는 악한 영과 그 세력의 굴레를 타파하고 영적인 해방을 가져온 것이다.[128]

예수가 육체로 오심은 고난당하는 인간의 육체의 고귀함을 가르치고 그 육체에 건강(온전)함을 이루기 위한 하나님의 성육신의 사건이다. 인간은 하나님의 창조물로서 천하의 어떤 것보다 더 중요(막 2:27)하기에 예수는 사탄의 세력을 정지시키고 창조질서를 보존하며 회복시키기 위하여 치유를 행하는 것이다. 예수는 이러한 귀신 축출을 치유로 이해했고 이를 통해서 하나님과의 창조의 질서가 회복되는 것으로 보았던 것이다. 예수는 인간을 위하여 이 세계 속에서 사탄의 세력과 대항한다. 그러기에 예수가 사탄을 대항하는 투쟁은 하나님의 능력이 현존하게 하는 우주적 성격을 띤다. 그래서 예수는 이렇게 선포한다.

> 나는 하느님의 능력으로 마귀를 쫓아내고 있다. 그렇다면 하느님의 나라는 이미 너희에게 와 있는 것이다.(눅 11:20 공동번역)

예수는 지금 이미 구원의 시간이 도래하였다고 한다. 악한 영들은 무력하고, 사탄은 멸절되고(눅 10:18), 낙원이 열리고(19절), 구원의 사람들의 이름이 생명책 안에 씌어 있다(20절)고 한 것이다.[129] 몰트만에 의하면 종교사에서 예수는 묵시적 기적 카리스마자로서는 독보적인 존재다. 예수는 그 전까지는 이러한 방식으로 연결될 수 없었던 두 개의 정신세계를 이어 놓는다. 그 하나는 미래에 나타날 우주적 구원에 대한 묵시적 기대의 지평이요, 다른 하나는 기적을 통해 현재적 구원이 에피소드적으로 실현되는 지평이다.[130]

안식의 회복으로서 치유와 축사

예수의 많은 치유가 안식일에 이루어졌다. 안식일에 예수께서 행하신 치유 사역 중에 손 마른 자를 고쳐 주신 사건은 세 복음서 저자가 모두 기록[131]을 했지만 꼬부라져 펴지 못하는 여인을 고치신 사건(눅 13:10-17)과 고창병(헛배가 부른 병) 든 사람을 고치신 사건(눅 14:1-4)은 누가만 기록을 했다.

이로 인해 예수는 바리새파와 논쟁에 휩싸이고 엄청난 공격을 받게 된다. 그러나 예수는 인자는 안식일의 주인이며, '안식일은 생명을 살리고 선을 행하는 일을 하는 날'로 재해석한다. 4중적으로 고통당하는 병자들이 참된 안식에 참여하기 위해서 병마에서 치유되는 일이 우선 이루어져야 한다는 것이다.

그런 점에서 고난당하는 인간을 위한 예수의 치유란 종교적이고 사회적인 맥락에 얽매인 안식일법보다 언제나 우선한다(막 2:27). 율법은 인간을 위해 존재하기 때문이다. 질병을 개인적, 사회적 그리고 종교적인 죄를 묻는 근거로 삼아 병자들을 사회로부터 소외시킨 유대인들과는 달리 예수는 고난당하는 병자의 삶의 자리에 동참하고 그와 연대한다(요 9:1이하). 이것이 예수가 의도한 참된 안식의 회복으로서 구원의 실현이며, 진정한 사회성, 종교성의 회복이라 할 수 있다.

무상의 치유자 예수

질병은 인간의 근원적인 고통 중 하나이다. 그러므로 모든 고대 사상에도 이 문제가 신화적으로 다루어졌다. 그리스 신화에도 의술의 신 아스클레피오스(Aesculapius)가 등장한다.[132] 그는 케이론 밑에서 자라면서 의술을 배워 죽은 사람도 되살릴 수 있었기 때문에, 제우스는 그를 통하여 사람들이 불사(不死)의 능력을 얻을까 두려워하여 번개를 쳐 그를 죽였다. 그러나 아폴론의 요청으로 제우스는 그를 별로 바꾸어 오피우커스(Ophiuchus: 뱀주인자리)가 생겼다고 한다.

기원전 4세기부터 아스클레피오스를 숭배하며 치유를 기원하는 신전들이 생겨나기 시작하였다. 펠로폰네소스 반도의 에피다우로스와 히포크라테스의 고향인 코스 섬과 크니도스 섬 그리고 소아시아 버가모 등에도 아스클레피오스의 신전이 있었다. 로마에도 기원전 293년 역병(疫病)이 유행하자 아테네에 아스클레피오스 신전을 세웠다.[133]

이 신전에는 뱀을 숭배하였으며 뱀을 위해 수탉을 제물로 바쳤다. 뱀은 아스클레피오스와 관계 깊은 신성한 동물로 여겨졌다. 뱀이 약초를 발견하는 비법을 알고 있으며 해마다 허물을 벗고 새 생명으로 소생하는 것으로 믿었기 때문이다. 이들 신전은 일종의 중환자 요양소였으며, 환자들을 뱀이 있는 방에서 잠을 자게 한 뒤 환자들이 꾼 꿈을 통해 치료하기도 하였다고 한다. 이러한 의술은 비전(秘傳)이라고는 하나 일종의 정신요법이 주된 비방(秘方)이었던 것 같다.

이들 신전 병원에 들어와 치유를 받은 병자들은 엄청난 치료비를 금화로 납부하여야 퇴원할 수 있었다. 극소수의 부유한 병자들만이 이 신전 병원에 입원할 수 있었다. 예전이나 지금이나 가난한 자들에게는 병원 문턱이 너무나 높았던 것이다.

예수 시대에도 놀라운 치유자들이 없지 않았지만 이들은 모두 부자들의 차지였다. 가난한 자들에게는 그나마 치료의 기회가 원초적으로 차단되어 있었다. 예수가 병자를 치료하고 돈을 받았다는 것을 전혀 상상할 수 없는 일이었다. 이 점에 있어서도 예수는 전적으로 다른 '무상의 치유자'(free healer)였다.

그래서 예수는 제자들을 파송하면서 하나님 나라의 선포와 더불어 병자를 치유하고 귀신을 쫓아내되 "너희가 거저 받았으니 거저 주어라."(마 10:8)고 당부하였다. 아무런 대가를 받지 못하게 하신 것이다. 믿음의 치유는 하나님의 은혜이므로 하나님의 은혜를 돈으로 살 수 없을 뿐만 아니라 돈을 받고 팔아서도 안 되는 것이다.

무차별적 치유자 예수

예수는 또한 병자 치유에 있어서 무차별적이었다. 예수는 비록 갈릴리와 예루살렘의 모든 병자를 치유한 것은 아니지만, 그가 만난 모든 병자들을 그 신분이나 계급이나 민족적 차별을 두지 않고 그가 만난 모든 병자들을 차별 없이 치유하여 주었다. 예수가 치유한 사람들을 보면, 유대인과 이방인(거라사 지방의 귀신 들린 자와 수로보니게의 여인의 딸), 남자와 여자(혈루증 여인), 어른과 어린이(귀신 들린 아이), 주인과 종(가버나옴 백부장의 하인)을 차별하지 않았다.

예수가 이방인 병자를 치유하였다는 것은 당시의 유대인의 평균적인 의식을 뛰어넘는 혁명적인 행태였다. 유대교 역시 외국인 혐오증에서는 당시의 다른 민족들과 다르지 않았다. 특별히 유대인들은 종교적인 이유로 그 혐오증을 증폭시켰다. 스스로 '거룩한 백성'으로 택함을 받았다는 선민사상과 '부정한 것'으로 간주되는 사물들과 사람들을 피해야 한다는 종교적 의무 때문에 어떤 생소한 것이나 이교적인 것을 접촉하는 것을 신성 모독으로 여겨 이를 피하기 위해 노심초사하였다. 그들은 이방인뿐만 아니라 그들의 물건도 부정한 것으로 여겼다.[134]

> 누구든지 이교도에게서 요리 기구를 산다면, 그는 언제나 물에 담금으로써 청결해지는 것은 무엇이든 물에 담가야 한다. 끓는 물에 소독함으로써 항상 깨끗해지는 것은 무엇이든 끓는 물에 소독을 해야 한다. 그는 불로써 항상 살균되는 것은 무엇이든 불로 살균하여야 한다.(*Abodah zarah* 5:12)

예수는 달랐다. 예수는 이방인으로서 부정할 뿐만 아니라 병자로서 불결하며 하찮은 이방의 병든 여인을 무상으로 치유한 것이다. 이방인에게도 치유와 구원의 길이 열린 것이다. 이것은 종말론적 하나님의 나라에서나 가능한 일에 대한 놀라운 상징적인 행위임에 틀림없다.

크로산은 예수의 무상(無償)의 치유는 유대교의 종교권력과 로마의 위계적 권력체제를 단번에 부정하는 "종교적 및 경제적 평등주의의 전략"이라고 하였다.[135] 무차별적 치유도 같은 관점으로 볼 수 있을 것이다. 그리고 그것은 구원이 우리의 공로와 무관한 하나님의 값없는 은총의 선물인 것을 드러나게 한다.

예수가 당시의 많은 병자들을 치유하고 귀신 들린 자에게서 귀신을 쫓아낸 것은 당시의 육체적으로 가장 고통당하는 자들이 병자였고, 영적으로 가장 고통당하는 자들이 귀신 들린 자들이었기 때문이다. 예수는 그 시대에 가장 큰 고통당하는 사람의 고통을 자신의 고통으로 여기는 애간장이 타는 마음으로 그들의 질고를 '무상으로 무차별적으로' 치유함으로써 시급하고 구체적인 치유의 구원 은총을 직접적으로 체험하게 함으로써 하나님 아버지에 대한 신앙으로 초대한 것이다.

5) 예수의 카리스마적 기적과 귀신 축출의 현대의학적 이해

예수의 카리미스적 기적의 특이성

예수는 병자를 치유하고 귀신을 축출하는 놀라운 표적을 행사하는 카리스마적 인물로 활동한 것이 분명하다. 데이빗 원(David Aune)은 "복음서들의 기적 전승은 귀신 축출 여섯 가지, 치유 열일곱 가지, 소위 자연 기적 여덟 가지를 포함하고 있다고 하였다.[136]

불트만은 예수의 많은 치유 이적 외에도 소수의 자연 이적에 관한 기록이 전승된 것에 근거하여 이적 기사의 문제를 신학적으로 분석하였다. 공간복음서에는 소수이지만 다음과 같은 자연 이적이 있다고 하였다.[137]

- 광풍을 잠잠케 함(막 4:37-41 병행)
- 바다 위를 걸음(막 6:45-52)
- 오천 명을 먹임(막 6:34-44)
- 베드로의 고기잡이(눅 5:1-11)
- 무화과나무의 저주(막 11:12-14, 20)
- 물고기 입에서 얻은 세금(마 17:24-27)

특히 요한복음은 예수의 이적 중에서 그 성격이 다른 일곱 개를 차례로 나열하고 있다.

- 물을 술로 변화시킨 것은 질(quality)에 관계된 것이다.(요 2:1-12)
- 왕의 신하의 아들을 치유하신 표적은, 가나에서 100리 길 떨어진 곳의 병자를 고친 것이며 공간(space)에 관계된 것이다.(요 4:46-54)
- 38년이나 젊어진 난치의 고통을 치유하신 것으로 시간(time)에 관계된 것이다.(요 5:1-9)
- 5천 명을 먹이신 표적은 양(quantity)에 관계된 것이다.(요 6:1-14)
- 물 위로 걸어가신 표적은 자연법칙(the laws of nature)에 관계된 것이다.(요 6:16-21)
- 태어날 때부터의 소경의 치유는, 어쩔 수 없는 인간의 운명(fortune)에 관한 것이다.(요 9:1-12)
- 나사로를 살리신 표적은 인간의 죽음(death)이라는 최종적(종말론적) 사태에 관한 것이다.(요 11:1-46)[138]

요한복음에는 기록된 10개의 기적은 구약성서의 모세가 행한 10개의 기적에 유비되는 것으로 해석되어 왔다. 그러나 웨첸은 모세가 이집트에 열 가지 파괴적인 기적들은 시행한 것과는 달리 예수는 치유적인 회복의 기적을 행하였다고 지적한다. 즉 모세와 예수의 생애가 어떤 점에서 비슷한 데도 있지만 예수는 그렇다고 새로운 모세는 결코 아니며, 예수는 기적을 통해서 모세의 범주를 넘어선다고 주장한다.[139]

불트만은 이런 이적사화는 유대교와 헬라 전통에서도 그 사례를 찾아볼 수 있는 종교사 일반적인 형태라고 하였다.[140] 특히 유대교의 경우 랍비가 기도로 비를 내리게 했다는 여러 설화가 전승되어 있다.

그러나 예수의 자연 기적에는 이러한 기우(祈雨)와 같은 원시 자연 종교의 마술적 요소는 드러나지 않는다.

신약성서의 정경화 과정에서 비인격적인 기적 이야기가 담겨 있는 문서들은 모두 정경에서 제외되고 외경으로 간주되었다. 예를 들면 위경『도마의 유년기 복음서』처럼 예수가 "시냇가에서 찰흙을 가지고 열두 마리의 새를 만들어 안식일을 더럽혔다."고 어떤 유다인이 예수의 아버지 요셉에게 알리자 요셉이 예수를 꾸짖었다. 그러자 "예수가 손뼉을 치면서 그 참새에게 외쳐 말씀하시기를 '날아가거라." 하니 참새는 날개를 치며 날아갔다고 한다.[141] 외경「베드로행전」에는 예수가 마른 정어리를 연못에 집어던지고 "여기 있는 모든 사람의 면전에서 물고기와 같이 살아나 헤엄치라."[142] 하니 살아나서 헤엄치기 시작하였다고 한다. 그래서 이러한 황당한 이야기가 포함된 경전은 정경에서 제외된 것이다.

메르츠와 타이쎈은 예수의 기적은 카리스마적 기적인 반면에 유대교와 헬라의 기적은 마술적 기적이라고 구분하였다. 그의 구분한 내용을 도표 그대로 인용하면 다음과 같다.[143]

마술적 기적	카리스마적 기적
비인격적 기적: 마술사와 마술의 수혜자 사이에 아무런 인격적 관계가 없다. 그 마술이 "작용되는" 사람이 알지도 못하고, 의도하지 않은 상태에서 마술이 일어날 때가 많다.	**인격적 기적**: 기적 행위자와 도움을 구하는 이 사이의 인격적인 만남을 통해 기적이 일어난다, 적극적인 소망과 인격적 신뢰, 즉 "믿음"이 없다면 기적도 불가능하다.(막 6:5-6)
이기적 동기: 개인적 이기적 목적을 이루기 위한 기적이다. 흑주술(black	**공동체를 위한 선한 동기**: 카리스마적 기적 행위자는 선한 의도로 신의 은

magic)이나, 마법처럼 악한 의도로 가해를 입히는 데 사용되는 경우도 있다.	총을 베푸는 기적이므로 개인이나 공동체 모두에게 큰 유익을 준다.
의식 행위를 통한 기적: 예식화된 행위들(주문, 마법 공식, 마술도구)을 수반한다. 마술사가 없어도 행위 그 자체(ex opera operato)만으로 기적이 일어나기도 한다.	**말씀을 통한 기적**: 기적을 일으키기 위해 예식적인 행위가 불필요하며, 기적 행위자의 말씀의 권능을 통해서 기적이 일어나며, 그와 무관하게 기적이 일어나지 않는다.

카리스마적 신유(神癒)와 치유의 의학적 메커니즘

병의 치유가 가능한 근본적인 메커니즘은 무엇인가? 의료적이 조치 없이 믿음으로만 치유하는 신유(神癒)라는 것이 정말 가능한가? 우리나라 최초의 외과의사요 연세의료원의 원장을 지낸 이용설 장로는『한국교회백주년설교집』의 한 설교를 통해 외과의사로서의 경험을 다음과 같이 설명한 바 있다. 약이 병을 고치는 것이 아니며, 수술이 병을 고치는 것도 아니고, 의사가 죽어가는 자를 다시 살리는 것이 아니다. 약은 소량의 독으로서 병이 더 악화되는 것을 막아주는 소독작용을 하거나 비타민처럼 병의 회복을 돕는 영양을 공급의 기능을 할 뿐 직접적인 치료제는 많지 않다는 것이다. 그리고 의사의 수술은 썩은 살을 도려내고 부러진 뼈를 이어 다시 꿰매 줄 뿐이다. 새 살이 돋아나고 뼈들이 이어지지 않는다면 치유는 불가능해진다. 이러한 수술 그 자체가 병을 치유하는 것이 아니다. 의사가 죽어 가는 사람을 살려 놓아도 그 사람은 언젠가 다시 죽고 마는 것이다.

새 살이 돋아나고 뼈들이 이어지고 병이 치유되는 것은 생명 자체가 지니고 있는 신비한 재생 능력 때문이다. 한 마디로 "생명이 생명을 치유"하는 것이다. 그러하여 최근에 와서 의학계에서도 생명이 생명을 치유하는 원리임을 강조하고 생명력을 높이기 위한 향생성(向生性)과 대체의학(代替醫學)의 필요를 강조하는 현실이다. 모든 생명은 병들었을 때 일정한 기간을 거치면 자연적인 재생의 치유과정을 통해 치유가 이루어진다. 그러므로 생명력을 왕성하게 하면 자연적 치유의 과정을 단축시킬 수 있는 것이다.

따라서 예수 그리스도는 생명 그 자체이므로 예수에 대한 신앙은 생명력 그 자체를 왕성하게 하는 능력이 있어 병의 자연적인 치유를 단축시켜 주는 것이다. 더군다나 가난하거나 의술의 해택을 받지 못하는 불치의 병일 경우 전적으로 신유에 의지할 수밖에 없는 것이다.

하나님의 첫 창조와 마찬가지로 예수의 치유를 통해서 카오스에서 코스모스로, 질고의 무질서에서 생명의 질서로의 전환이 나타나기 때문이다.

정신질환의 현대의학적 이해

성서 시대에는 육체적인 질환과 정신적 질환과 영적 질환 즉 귀신들림이 미분화되었다. 모든 종류의 질병은 귀신이 가져온다고 생각하였다. 질병에는 육체적인 것과 정신적인 것이 있다는 구분은 근대의 정신분석학의 발달로 가능하게 된 것이다. 신체적 질환은 병균 등에 의해서 발병하지만, 정신신경질환이 정신적 외상 등의 원인으로 발병한다는 것을 알게 되었다.

프로이드를 중심으로 한 초기의 정신분석학은 신경계 질환과 정신질환을 구분하지 못하였지만 점차 그 차이가 밝혀지게 되었다. 고소공포증이나 밀실공포증 같은 신경계 증상이나 정신분열과 같은 정신질환은 모두 상담치료와 약물치료를 병행하여 치료하지만 양자의 차이는 병식(病識)의 여부로 구분한다. 예를 들면 고소공포증 같은 신경계

질환자는 자신의 질병을 잘 인식하고 있지만, 심각한 정신분열 환자들의 경우 자신의 망상이나 환청 같은 증세를 병으로 인식하지 못한다. 예전에는 이런 정신질환자는 모두 귀신 들린 자로 취급하였다. 이처럼 병을 병으로 인식하지 못하고 치료의 기회를 놓치는 경우가 허다했다. 그러나 정신의학의 발달로 신경계 질환과 구분되는 다양한 정신과 질환에 대한 인식이 가능하게 된 것이다.

우울증을 비롯한 각종 정신질환은 그 양상이 너무나도 다양하지만 가장 보편적이고 심각한 정신이상은 정신분열증상이다. 정신분열의 징후는 다음과 같이 몇 가지 중요한 영역에서 이상 징후가 나타난다.[144]

(1) 지각 영역에서의 이상 징후: 환청과 환시와 환각을 동반한다. 환청은 정상인에게는 아무 소리가 나지 않는데, 환자에게는 어떤 소리가 들리는 증상이다. 어떤 환자는 고층의 아파트에서 사는데, 마태복음 4장에 나오는 사탄이 시험하는 내용과 유사하게 "여기서 뛰어내리면 천사가 너를 다치지 않게 받아 줄 것이다."는 환청을 듣고 창문에서 뛰어내려 목숨을 잃은 경우도 있다고 한다. 정상인에게는 아무것도 보이지 않는데, 환자에게는 무언가가 보이는 것이 환시 증상이다. 예를 들어 "우리 집이 지금 불타고 있다." "벽에 피가 묻어 있다." "귀신이 보인다." "성모 마리아가 나타나 계시를 주셨다." "예수님이 면류관을 씌워 주셨다." 등등의 다양한 모습들로 나타난다. 환각이란 자극을 받지 않았는데도 마치 자극을 받은 것 같은 반응을 보이는 것이다. 이외에 환촉과 환취 등의 환각 증상이 있지만 환청이 압도적으로 많으며, 정신분열병을 앓는 환자들의 95%가량이 환청 증상을 보인다.

(2) 사고 영역에서의 이상 징후: 각종 망상 증상을 보인다. 망상이란 사실이 아닌데 사실로 믿는 것이다. "네 귀에 도청장치가 있다."거나 "안기부에서 나를 감시하고 있다."고 망상하는 것이 감시망상이다. 관

계망상은 자기와 전혀 관계없는 것을 자기와 관계 지우는 것인데, 예를 들어 "저 두 사람이 숙덕거리는 것은 나에 대해 험담을 하는 것이다."고 망상하는 경우이다. 신체망상은 "간이 썩어 가고 있다."는 등의 망상이다. 과대망상은 문자 그대로 "대통령이 나를 중용할 것이다." 등의 망상이다. 그 외에도 다른 사람 또는 인간이 아닌 존재가 자기를 조종한다는 도청망상, 자기가 타인을 조종할 수 있다는 조종망상, 텔레파시망상 등등 수많은 종류의 망상들이 있다.

(3) **말하기 영역에서의 이상 징후** : 묻는 말에 엉뚱하게 대답하는 상관성 결여와 말을 하는데 앞뒤가 잘 맞지 않는 일관성 결여 등이 있다.

(4) **행동 영역에서의 이상 징후** : 망상과 환각의 내용에 따르는 외적 표현일 경우가 대다수이다. 혼잣말 하는 것이 환청으로 들리기 때문에 거기에 대꾸하는 경우도 있다. 이유 없이 어떤 행동을 반복하는 것으로서, 예를 들어 다른 사람들의 영혼이 자기 머리로 들어온다며 못 들어오게 머리를 반복적으로 흔들어 대는 경우나 걸어가다가 '거기 서'라는 사탄의 명령을 환청으로 들어서 갑자기 서는 경우 등 역시 다양한 행동의 증상들이 있다.

귀신 들림의 의학적 특징

현대정신의학이 발달하면서 이러한 정신질환과 구별되는 영적 질환으로서의 귀신 들림의 특징에 대한 이해가 가능해졌다. 정신질환과 귀신 들림에 대한 분별점으로 다음과 같은 것들이 있다.[145] 김진에 의하면 아래 6가지 분별점 중 처음 4가지는 절대적 분별점이고 나중 2가지는 상대적 분별점이라고 한다.

(1) **초능력을 동반**한다. 보통 사람의 힘으로 할 수 없는 일을 한다든

지(마 8:28-34, 행 19:11-17 참조) 아니면 예지나 예시 또는 배우지 않은 언어를 말한다든지(행 16:16-19 참조) 하는 등의 초자연적인 능력을 말한다. 그러나 정신분열증 환자는 분명 이러한 초능력을 발휘할 수 없다.

(2) **영적인 민감성**을 보인다. 영적인 민감성은 영적인 것과 관련된 사물이나 영적 권위에 대한 부정적 반응을 말한다. 십자가나 성경에 강하게 적대 반응을 보이거나, 목회자나 교인에 대해서 노골적으로 반감을 표현 할 수도 있다. 성서에는 사람 속에 들어간 귀신이 예수의 존재를 알아보았다고 한다(마 8:28-34 병행).

그러나 정신분열증 환자 중에서 혹시라도 평소에 영적인 것에 대한 콤플렉스를 경험한 사람이라면 이러한 종교적 상징물에 대한 거부감이 배어 있을 수 있고 이것이 과민 적대 반응으로 연결될 수도 있다는 사실이다.

(3) **다른 인격이 존재**한다. 이것은 다중 인격 장애와 비슷한 증상이다. 하지만 좀 더 엄밀히 구별한다면 다중 인격 장애는 몇 개의 다중 인격이 한 시점에서 동시에 공존하며 드러나지는 않는다. 다중 인격은 각기 다른 환경에서 독립적으로 드러나는 경우가 많다. 하지만 귀신 들린 사람은 자신 안에 동시에 또 다른 인격체가 말을 하거나 행동을 지시하는 것을 느낀다. 곧 한 시점에서 원래의 자기가 아닌 다른 존재가 활동하고 있음을 인식한다는 것이다.

(4) **약물로 치료가 안 된다**. 정신분열증은 분명 약물로 치료 효과가 나타나고 상태가 호전되지만 귀신 들린 사람에게는 효과가 없다는 것도 분별을 위한 기준이 된다. 오늘날에는 의학의 발달로 정신과 질환에 대해 실제로 반응하는 약들을 만들어 내고 있다. 효과가 나타나는 속도와 증상이 호전되는 상태에 차이가 있다 하더라도 거의 모든 증상에 대해 약물 치료는 그 효능을 인정받고 있다. 따라서 약물로 도저히

증상의 개선을 체험하지 못한다면 초자연적인 증상으로 받아들일 수 있는 근거가 될 수도 있다.

(5) 증상의 발현과 치유가 **갑작스럽게 발생**한다. 정신분열증은 발병 시기를 분석할 수 있을 만큼 그 증상이 매우 점진적이며 대개 1-2년의 잠복기를 거친 뒤 표면화된다. 하지만 귀신 들림은 순식간에 일어난다. 또한 회복의 과정에서도 정신분열증은 서서히 단계를 거쳐 증상의 완화를 보일 뿐 결코 갑자기 치료되는 경우는 거의 없다.

당뇨나 혈압 환자처럼 일평생 약물 치료를 받아야 정상적인 생활을 할 수 있는 경우가 대부분이다. 그러나 귀신 들린 사람에게서 귀신이 나가는 경우 곧바로 정상인으로 돌아오게 된다.

(6) **정상과 비정상의 상태**가 확연히 구분된다. 정신분열증의 경우 초기에는 병세가 드문드문 나타난다. 어떤 때는 정상적인 것 같다가 어떤 때에는 비정상적인 모습을 보이게 된다. 병세가 악화되면 다소 차이가 있지만 대체로 비정상적인 상태에 놓이게 된다. 상당히 악화된 경우에는 대부분 정상적이지 않은 상태인 것을 알 수 있다. 대체로 비정상적으로 말하고 행동하다가 갑자기 정상으로 회복되는 경우는 거의 없다.

그러나 귀신 들림의 경우 귀신의 활동 여부에 따라 그 상태의 차이가 하늘과 땅처럼 판이하다. 활동할 때는 아주 병적인 모습을 보이다가 활동하지 않을 때는 아주 정상적인 모습을 보인다. 정상과 비정상의 상태가 확연하게 드러나기 때문이다.

이러한 귀신 들림의 징후에 관한 기초적인 의학 지식이 없는 무지한 목회자들이나 신자에 의해 정신질환자들이 귀신 들린 자로 오해되고 안수 기도로 귀신을 쫓아낸다 하여 환자를 죽게 하는 경우도 종종 나타나는 것이다. 과도한 물리적 힘을 가해 신체적 고통을 주는 종교적

치유 행위는 일종의 상해 및 폭행으로 간주하여 법으로도 금지하고 있다.[146]

귀신 들린 자와 정신분열 환자의 구분이 모호하지만 위에서 언급한 6가지의 기준을 살펴 정신질환자에 해당할 경우 전문의의 상담과 약물 치료를 받도록 하여야 할 것이다. 대부분의 정신질환은 상담과 약물 치료를 병행할 경우 병세를 현저하게 호전시키고 치유도 가능하다는 사실을 환자 본인과 가족에게도 주지시킬 필요가 있다.

_04

예수와 죄인들의 개방적인 친교

1) 유대인과 헬라인의 차별주의

유대인의 11계급

예수 시대에 육체적으로 고통을 당하는 병자와 영적으로 고통을 당하는 귀신 들린 자 다음으로 정신적인 고통을 당하는 사람들은 차별과 적대와 소외의 대상으로 취급된 계층에 속하는 사람들이었다. 이들이 당하는 사회적 · 정신적 고통도 심각한 것이었다. 예수는 각종 차별과 적대와 소외의 고통 속에 있는 이들을 환대하고 그들과 더불어 먹고 마시기를 즐겨하였으며 이로써 그들의 고통을 치유하였다. 따라서 예수가 죄인들과의 함께한 식탁 교제는 예수의 병자 치유와 귀신 축출과 더불어 그의 메시아적 삶의 주요한 행태 중의 하나였다. 예수의 궁극적인 관심은 이처럼 당시에 가장 심각한 육체적, 정신적, 영적인 고통을 당하는 병자들, 귀신 들린 사람, 차별받는 사람들을 치유하는 것이었다.

예수 시대의 유대 공동체 내의 엄격한 계급적 차별은 힌두교의 카스트 제도에 버금갈 정도로 심각한 것이었다. 힌두교의 카스트 제도는 4계급으로 나누었지만, 탈무드에는 유대인을 11계급으로 나누었다는 기록이 나온다.[147]

1. **합법적인 혈통의 가문들**
   1) 사제
   2) 레위인
   3) (완전한) 이스라엘 사람
2. **비합법적인 혈통이지만 혈통상의 결함이 가벼운 가문**
   4) 개종자
   5) 해방된 노예
3. **비합법적인 혈통으로 혈통상의 결함이 큰 가문**
   6) 비합법적 사제의 자녀
   7) 성전 노예
   8) 사생자(私生子)
   9) 고자
   10) 기형적으로 성기가 큰 사람
   11) 혼혈아

예수 당시의 유대 사회에서는 이처럼 혈통에 따라 크게 세 부분으로 그 신분을 구분하였으며 이 구분을 결혼을 통해 유지했다. 사제와 레위인과 완전한 이스라엘 사람은 서로 결혼할 수 있고, 레위인과 이스라엘 사람과 개종자와 해방된 노예는 서로 결혼할 수 있으나, 사제와 개종자 및 해방된 노예는 서로 결혼할 수 없다고 하였다. 비합법적인 혈통으로 혈통상의 결함이 큰 가문은 합법적인 혈통의 가문들과는 결혼할 수 없었다.

현대 사회는 경제적 능력을 우선하는 개인주의 사회라면, 1세기 유대 지역은 이와 달리 혈통과 친척관계에 기초한 집단주의의 사회였다. 혈통에 따른 가족 중심의 패쇄적 집단이기주의로 인해 비합법적인 혈통에 속하면서 혈통상의 결함이 있는 가문 출신의 유대인들은 모두 죄인으로 취급되었기 때문이다.

그리고 사회적으로 죄인으로 취급되는 계층의 사람들은 유대 공동체의 일상생활에서도 철저히 소외되어 식탁의 교제나 잔치 자리에도 끼지 못하였다. 서로 다른 종교나 인종이나 계층에 속하는 집단 간의 신분의 장벽이 두터운 사회에서는 그 장벽이 사교적 터부에 의해 유지된다. 유대인의 최고의 종교적 의무는 죄인과의 접촉을 피하는 것이었다.[148] 폭스에 의하면 유대인의 눈에는 이러한 죄인들과의 사귐은 "신성모독적이고 이스라엘을 배신하는 행위"로 여겨졌다고 한다.[149]

2) 예수의 죄인들과의 무차별적 식탁 교제

예수의 죄인들과의 친교

예수는 세관에서 일하는 레위라는 세리를 자신의 제자로 선택하자, 레위는 자신의 집에서 큰 잔치를 베풀었고 그 자리에는 많은 세리들이 함께하였다. 이 사건으로 인해 바리새파와 율법학자의 비난이 쏟아졌다.

> 이것을 본 바리사이파 사람들과 그들의 율법학자들은 못마땅하게 생각하여 예수의 제자들에게 '어찌하여 당신들은 세리와 죄인들과 어울려 먹고 마시는 것입니까?' 하고 트집을 잡았다.(눅 5:30 공동번역 병행)

예수 당시 천대받는 직업에 속하는 사람들, 목동과 뱃사공뿐 아니라 특히 세리도 죄인으로 취급되었기 때문이다. '세금징수관과 도둑', '세리와 죄인', '세금징수관과 강도', '환전상인과 세리', '세리와 강도', '세리와 이방인', '세리와 창녀들', '살인범과 강도와 세리', 등의 병렬구처럼 세리는 죄인처럼 취급되었다. 세리의 돈은 불의한 돈이라는 이유로 세리의 돈지갑에 든 돈으로 성전에서 환전하거나, 이 돈을 빈민구제기금으로 받는 것도 금지되어 있었다. 세리들은 이방인이나 노예와 마찬가지로 법정에서 증인으로 진술할 수 없었다. 심지어 사생아처럼 혈통에 큰 결함이 있는 사람까지도 요구할 수 있었던 시민권마저 취득할 수 없었다.[150]

미쉬나 등의 유대교 문서는 세리의 종교적 정결까지 의심하여 "세리가 어떤 집에 들어가면, 그 집은 부정해진다."[151]고 하였다. 세리에 대한 이러한 편견을 주도한 그룹은 부자와 지식인들이었다. 일용근로자 등 가난한 이들은 세금이 부과될 재산이 없거나 적었으므로 세리를 적대하고 경멸할 이유가 없었던 것이다. 그러나 기득권층은 세금이 부과될 재산이 상대적으로 많았으므로 스스로 세리의 방문을 회피하고 반감을 가질 수밖에 없었다. 결국 자신의 경제적 손실을 우려해 세리들을 부정의 범주에 끼워 넣어 아전인수격으로 해석한 당사자들은 당대의 재산가들이었다.[152] 열심당 역시 세리들을 로마의 앞잡이라고 여겨 정치적으로 가장의 불의한 죄인으로 취급하였다. 예수가 세리와 죄인들과의 식탁 교제를 한 것이 비난을 유발한 것으로 보아 예수의 무차별적 식탁 교제는 역사적 진정성이 확실하다고 하였다.[153]

자신에 대한 이러한 비난을 알고 있었던 예수는 오히려 적극적으로 자신은 "의인을 부르러 온 것이 아니요 죄인을 부르러 왔노라."(막 2:17) 고 단언하였다. 예수는 자신의 사명선언을 통해 종래에 율법의 잣대

아래 존재하던 죄인과 의인의 경계를 허문 것이다.

세리와 창녀의 하나님의 나라

예수는 하나님의 나라를 잔치에 비유하였다. "사방에서 많은 사람들이 모여들어 하나님 나라의 잔치에 참석할 것이다."(눅 13:29)고 하였다. 그리고 큰 혼인잔치에 대한 하나님 나라의 비유(마 22:2-10)에서는 초청받지 않은 길거리의 사람들이 이 잔치에 참여하게 된다. 누가복음에 의하면 이 잔치에 참여한 사람들은 "가난한 사람, 불구자, 소경, 절름발이들"(14:21)이다. 그리고 예수는 두 아들의 비유에서도 예상을 깨는 놀라운 선언을 하였다.

> 나는 분명히 말한다. 세리와 창녀들이 너희보다 먼저 하느님의 나라에 들어가고 있다.(마 21:31 공동번역)

'세리'는 당시의 열심당을 비롯한 민족주의자들의 시각에서 볼 때는 가장 불의한 자로 취급되었다. 마찬가지로 '창녀'는 바리새파를 비롯한 율법주의자들의 입장에서는 가장 불의한 죄인으로 취급받았다.

마지막 때에는 처지가 뒤바뀌는 일이 일어난다. 이 불의한 죄인들이 하나님의 의의 나라에 먼저 들어가고 있는 '종말론적 역전'이 일어나고 있는 것이다. 이는 복음서들 안에서 빈번히 나타나는 오랜 종말론적 모티브이다.[154]

렝쉬토로프(K. H. Rengstroff)에 의하면 공관복음서에서는 죄인이라는 용어가 도덕적 개념일 뿐만 아니라 사회계층적인 개념으로도 사용되었다고 한다.[155] 이처럼 사회적으로 죄인으로 취급받는 '세리와 창녀'가 하나님의 나라에 먼저 들어간다는 예수의 선언은 유대인들에게는 너무나 충격적인 것이 아닐 수 없다. 이러한 죄인들이 하나님의 나라에 합당한 자들이라는 예수의 주장은 신성모독에 해당하는 것이었으므로 당시의 민중을 경악하게 하고 바리새인들을 격분하게 하기에 족한 파격적인 행동이었다.

3) 예수의 개방적 식탁 교제의 구원론적 의미

예수의 무차별적 개방성

예수는 달랐다. 유대교가 그토록 강조한 혈통에 따른 가족 중심의 패쇄적 집단이기주의를 타파하였다. 예수는 분명히 혈연 중심의 가족 체제에 도전한다. 예수는 그의 모친과 동생들이 찾아왔을 때 "누가 내 어머니이며 형제이냐?"고 반문한 후 "누구든지 하나님의 뜻을 행하는 사람이 내 형제요 자매요 어머니다."(막 3:35 공동번역)고 선언하였다. 당시의 혈통 중심의 가족 체제의 문제를 심각히 여겨 하나님의 뜻에 따라는 새로운 가족을 대안으로 제시한 것이다.

예수는 "세상에 평화를 주러 온 것이 아니라 검을 주러 온 것"이라고 말씀한 후 "한 집안에 다섯 식구가 서로 갈라져서 셋이 둘에게 맞서고 둘이 셋에게 맞설 것이다."(마 10:34-36, 눅 12:51-53)고 하였다. 이는 예수가 안락하고 평온한 보금자리로서 가정을 공격한 것이 아니라, 권력이 개입되고 혈통에 따른 차별이 계승되는 가족 체제를 부정한 것이며, 참여를 원하는 모든 사람에게 개방된 다른 집단을 위하여 패쇄적인 가족이라는 집단을 부정한 것이다.[156]

예수는 사마리아 여인과의 대화에서 이방인과 유대인의 적대를 해소하고, 남녀의 차별을 넘어섰다. 스스로 주와 스승으로 제자들의 발을 씻어 주고, 높아지려고 하는 자는 낮아져야 하며, 섬김을 받으려는 자는 섬겨야 한다는 말씀을 통해 노예와 주인의 차별을 철폐하였다. 그리고 무식한 천민들인 어부들을 제자로 삼음으로써 유식한 자와 무식한 자의 차별을 해소한 것이다.

예수는 사람들을 차별하지 않고 여러 사람들과 어울려 먹기도 하고 마시기도 하였다. 세례 요한은 금욕주의자로 살았으나 예수는 달랐다. 예수는 자신이 "먹기를 탐하고 포도주를 즐기는 사람"(눅 7:34 병행)이라는 비난을 받고 있다는 것을 알고 있었다.[157] 이처럼 **'금식하는 세례 요한'**(fasting John)과 **'잔치하는 예수'**(feasting Jesus) 사이에는 큰 대조가 존재한다.[158]

이러한 예수가 죄인들과 한 개방적인 식탁 친교의 행태는 몇 가지 주요한 신학적 의미를 담고 있다.

죄인의 환대와 암시적 용서

예수가 죄인들과 식탁의 교제를 통해 그들을 환대하고 음식을 나눈 것은 상징적이고 암시적인 용서와 구원의 행위였다.[159] 제사장은 성전에서 '율법을 아는 족속'만을 위해 제사를 드렸고, 세례 요한은 세례 운동을 통해 죄인들에게 먼저 회개할 것을 요청하였다. 그러나 예수는 세리와 창녀와 죄인들을 더불어 먹고 마심으로 '율법을 모르는 이따위 무리들'(요 7:48 공동번역)과 교제하고 회개 여부와 상관없이 먼저 그들을 초대하여 환대하고 구체적인 삶을 공유했다.

예수의 식탁 친교에 초대되어 환대를 받음으로써 배척받고 비난받은 자들은 자신의 수치감과 비굴함과 죄의식을 씻음 받고 공동체의 일원으로 온전히 용납되는 구원을 체험하게 된 것이다.

이런 식사가 가난한 자들과 죄인들에게 큰 충격을 주었다는 것은 아무리 강조해도 과장이 될 수 없으리라. 그들을 친구로 동등한 사람으로 받아들임으로써 예수는 그들의 수치감과 비굴함과 죄의식을 씻어 주었다. 그들이 자기에게 중요한 사람이라는 것을 보여 줌으로써 그들에게 자존심과 해방감을 주었다. 그들과 함께 식탁에 기대어 앉았을 때 예수는 그들과 신체적인 접촉을 했음이 틀림없을 것이다.(요 13:25 참조) … 이렇게 함으로써 예수는 그들로 하여금 스스로 정결하고 인정받을 수 있는 사람임을 느끼게 했다.[160]

그러므로 예수와 죄인들의 식탁 교제는 그 자체로 차별받는 죄인들에게 무조건적인 환대와 용서를 통해 드러나는 구원의 은총을 구체적으로 체험하는 계기가 되었다.[161] 그래서 예레미아스는 "이 밥상 교제들은 구원의 때의 식사들의 모사(模寫)"이며 동시에 행동을 통한 용서의 선언이라고 하였다.

> 예수는 말씀으로써만이 아니라 행동을 통해서 용서를 선언했다. 당시의 사람들에게 가장 인상적이었던, 행동으로서의 용서 선포 형식은 그가 죄인들과 밥상을 함께 한 일이었다.[162]

예수가 세리와 창녀 같은 죄인들을 무조건적 환대하고 그들과 더불어 먹고 마시며 식탁 교제를 한 것은 "탕자의 비유"(눅 15:22)에 나오는 자비로운 아버지가 탕자를 용납하고 잔치 베푼 것에 상응한다. 예수는 이 비유에 등장하는 아버지처럼 죄인을 환대하고 그들을 위해 잔치를 베풂으로 그들에 대한 하나님의 아버지의 사랑을 상징적 행동으로 드러내 보인 것이다.

식탁 교제와 하나님의 나라의 잔치

식탁 교제는 하나님의 나라의 도래가 실현되는 종말론적인 장소로 이해된다. 하나님의 나라는 종말론적 잔치 자리로 이해되었으며, 예수와 그의 제자들은 이러한 식탁 교제를 새 시대의 상징으로 이해하였다. 크로산은 이러한 개방적인 공동식사(open commensality)는 종말론적 잔치로서 예수의 생애 동안의 중요한 상징적 행위라고 보았다.[163]

이상적인 메시아가 오셔서 종말론적인 잔치의 주재자가 될 것이라는 대망해 온 사람들에게는 "세리와 창녀가 하나님의 나라에 먼저 들어간다."고 선포하신 예수가 죄인들과 더불어 먹고 마신 개방적인 식탁 친교를 메시아가 베푸는 종말론적 잔치에 참여하는 것으로 경험했음이 분명하다.[164] 따라서 이 식사는 예수의 사명과 메시지의 표현이며(막 2:17), 종말론적 식사이고, 마지막 때의 구원의 식사(마 8:11 병행)를 앞당겨 경축하는 것이었다.[165]

보편적 구원의 자리로서 식탁 교제

식탁 교제가 갖고 있는 중요한 의미는 그들의 식탁 교제가 하나님의 보편적인 구원 의지를 실현하는 장소라는 것이다. 이전에는 성전과 율법과 할례가 배타적으로 유대인에게만 구원을 매개하는 수단으로 이해되었다. 그러므로 성전에서 배제되거나 율법을 지키지 못하는 병자나 가난한 자나 세리와 창녀에게는 구원의 길이 차단되어 있었다. 율법을 모르는 족속이나 할례받지 못한 이방인은 더 말할 필요가 없었다. 예수는 이러한 구원의 배타성이라는 견고한 성벽을 무너뜨린 것이다. 식탁 교제를 통해 예수는 배타적인 구원에 대한 유대인들의 이해를 넘어서서 하나님의 보편적인 구원을 강조함으로써 새로운 구원의 시대를 열어 주는 상징적 행동을 보여 준 것이다.

다시 말하면 식탁 교제는 죄 사함의 혜택이 모든 이에게 고르게 균등하게 주어지는 상황을 상정한다. 경제적 자원이 공평하고 효율적으로 완전하게 나누어진 상태를 '완전 분배'(perfect distribution)라고 하는 것처럼, 식탁 교제를 통해 죄 사함의 혜택이 완전 분배되는 새로운 역사가 시작된 것이다.[166]

이웃 사랑의 실천과 식탁 교제

예수의 식탁 교제는 예수가 가르친 이웃 사랑과 원수 사랑의 구체적인 실천이었다. 예수 시대의 유대인들에게도 이웃과 원수의 차별이 현저하였다. 그만큼 집단 간의 증오가 심각하였던 것이다. 이웃을 사랑하고 원수를 미워하라(레 19:18)는 것은 이러한 사회적 현상을 반영하는 명백한 계명이었다.

밥상을 함께 하는 일을 통해 이루어지는 죄인들을 구원의 공동체 안에 포함시키는 행위는 사랑에 관한 하나님의 명령의 구체적인 실현이다.[167] 차별과 적대와 소외의 대상으로 원수로 취급되던 사람들을 환대하고 식탁 교제를 나누는 것이 바로 이웃뿐 아니라 원수라도 사랑하라는 명령(마 5:44)을 수행하는 가장 구체적인 첫 걸음이었다.[168] 개방된 공동식사는 적대적인 사회체제를 해체하고 무차별적인 형제애의 대안적인 사회를 실현하려는 구체적인 실천이었던 것이다.[169]

차별과 특권과 적대의 철폐

플라톤은 자신이 야만인이 아닌 희랍인으로, 노예가 아닌 자유인으로, 무식한 민중이 아니라 지식인으로, 그리고 여자가 아닌 남자로 태어난 것을 자랑스럽게 생각한다고 하였다. 헬라인들은 "야만인도 인간인가?" 하는 질문을 제기했다. 야만인들에게는 희랍인들과 같은 인간성(humanitas)이 결여된 것으로 여겨 철저하게 차별한 것이다. 당시의 희랍 사회는 노예제도에 의해 지탱되었다. 노예는 주인이 마음대로 처분할 수 있는 물건으로 취급되었다. 여자의 지위도 남성에 비하여 형편없는 것이었다. 특히 여자 아이가 태어나면 아버지가 마음대로 살릴 수도 죽일 수도 있었다. 이러한 차별과 적대가 보편적인 상황이었기 때문에 플라톤이 이상적으로 생각한 고대 그리스의 민주정치는 성년 남성의 민주정치였고 "여성, 노예, 외국인은 제외"[170]되었다.

그뿐만 아니라 폴리스(도시국가)는 직업 분류에 따라 "생산자, 무사, 통치자의 세 계층으로 나누어지는데 생산자 계층은 사유재산과 가정을 가짐은 허용되나 공동체의 제반사를 결정하는 권한을 가지지 못했다."[171]고 한다. 통치자, 군인, 성직자만이 시민 계급의 권리를 가질 자격이 있고 이들만이 토지를 소유할 수 있었다. 따라서 농부, 기술자, 상인은 시민 계급에서 제외되었다. 무엇보다도 플라톤은 인간의 근원적인 차별을 신의 창조 원리라고 주장하였다.

> 신(神)이 사람을 만들 때 어떤 사람에게는 금을 혼합하였고, 그 밖에 다른 사람에게는 은을 혼합하였고, 장인(匠人)이나 농부가 될 나머지 사람에게는 청동과 쇠를 넣었다.[172]

모든 남자와 여자가 하나님의 형상으로 평등하고 존엄하게 창조되었다는 창세기의 인간 창조 이해와 달리 플라톤은 인간의 원천적인 차별성을 신화적 창조론으로 정당화한 것이다.

저 유명한 철학자 플라톤조차 당시의 관습에 따라 남녀를 차별하고, 야만인은 인간 취급도 하지 않았고, 무식한 민중을 무시하고, 노예를 착취하는 것을 당연히 여긴 것은 그 역시 당대의 평균적인 생각을 뛰어넘지 못했다는 사실을 분명히 보여 준다.

특히 중동지역에서는 다른 집단에 속하는 사람과는 식사나 잔치나 축제에 참여하지 않는 것을 철칙으로 여겼다. 자기네보다 낮은 신분의 사람이나 자기네가 못마땅하게 여기는 사람들과는 비록 예의상으로도 함께 먹고 마시는 일이 없었다. 따라서 예수의 개방적 평등주의적 식탁 교제는 이 모든 관행에 대한 도전이었다.

합법적인 혈통과 성전제도와 정결의식과 식사의례를 통해 차별과 특권과 적대를 강화하여 온 유대교의 종교의식에서 볼 때, 예수는 개방된 식탁과 차별 없는 식단(食單)을 통해 사회적 차별과 위계와 특권과 적대적 질서를 반영하는 모든 문화를 해체하는 도전을 시도한 것이다.[173] 예수는 달랐다. 인간 사이의 모든 차별과 절대와 소외를 인정하지 않았다. 무차별적 사랑을 가르친 것이다.

공동체의 연대와 일치와 평등의 강화

예수의 식탁 친교는 공동체 내의 집단 간의 경계를 철폐하고 공동체의 연대성을 회복하고 강화한 것으로써 구약성서의 친교제나 희생제의 원래의 의미를 함축하고 있다. 죄인들을 친구로 대함으로써 '예수는 친구로서 환영받지 못하는 자들에게 하나님의 우정을 계시'하고 그들과의 참다운 친교의 연대성을 확립하신 것이다.[174] 남자와 여자, 가난한 사람과 부자, 이방인과 유대인 사이의 구별과 위계질서를 근본적으로 해체하고 모두가 더불어 사는 연대와 일치의 새로운 공동체를 형성하려고 하신 것이다.

예수는 '무상의 치유와 무차별적인 공동식사'(free healing and common eating)를 결합한 것인데, 이것은 당시의 유대교의 종교권력과 로마의 권력의 위계적이며 후견인 체제를 당연하게 여기던 것을 단번에

부정한 종교적 · 경제적 평등주의의 전략이었다.[175]

이처럼 근동에서는 한 사람을 밥상에 함께 앉도록 맞아들이는 일이 오늘날까지도 예우, 즉 평화, 신뢰, 형제애, 용서를 허락하는 그런 예우를 나타내는 일임을 알아야 한다. 간단히 말해서 밥상을 함께 하는 일은 삶을 함께 하는 일이다.[176] 이를 통해 공동체의 연대와 일치와 평등이 강화되는 것이다.

개방적 식탁 교제의 현대적 의미

현대에 와서 제3세계신학자협의회에서는 오늘날 세계는 백인 우월의 인종 차별(racism)과 남성 우위의 성차별(sexism)과 서구 문화 중심의 문화적 차별(culturalism)과 극심한 빈부 계층의 차별(classism)로 인해 나눠진 세계(divided world)라고 정의하였다.[177]

따라서 온갖 특권과 독점과 우월감에 기초한 차별을 해체하고 더불어 사는 연대성을 회복하는 것이 중요한 신학적 과제라고 선언하였다. 그러므로 예수가 죄인과 세리와 창녀와의 식탁 친교를 통해 인종적, 성적, 문화적, 계층적 온갖 차별을 철폐하고 민중과의 연대성과 일치성을 강화했다는 사실은 아주 중요한 신학적인 의미가 드러난다고 할 수 있다.

예수의 이러한 개방적인 친교의 전향적인 태도는 초대 교회가 계승하였고, 특히 바울은 누구보다도 그리스도 예수 안에서의 무차별성을 강조하였다.

> 유다인이나 그리스인이나 종이나 자유인이나 남자나 여자나 아무런 차별이 없습니다. 그리스도 예수 안에서 여러분은 모두 한 몸을 이루었기 때문입니다.(갈 3:27-28 공동번역, 참조 고전 12:13 골 3:11)

제11장

예수의 재판과 십자가 처형

_01

예수의 수난

1) 예수의 생애의 마지막 일주일

마지막 일주일의 여정

예수의 생애의 마지막 일주일 동안에 일어난 일들을 대강 추정하여 정리하면 다음과 같다.[1]

- 일요일: 백성들의 환대 속에 예루살렘에 입성한 후 베다니로 돌아옴.(막 11:1-11 병행)
- 월요일: 다시 예루살렘 성전으로 가서 성전을 깨끗하게 한 후 베다니로 돌아옴.(막 11:12-19 병행)[2]
- 화요일: 다시 성전으로 가서 성전 지도자들과 논쟁하고 최후의 교훈을 가르친 후(막 11:20-12:44) 성전 멸망을 예고하고 베다니로 돌아옴.(13:1-37 병행)
- 수요일: 베다니에서 한 여자가 예수 머리에 향유를 부음.(막 14: 1-9 병행) 유다가 예수를 배반하기로 결심하고 대제사장에게 감.(막 14:

10-11 병행)

- 목요일: 저녁 12제자와 마지막 만찬을 나눔.(막 14:12-26 병행) 만찬 후 베드로의 부인을 예고한 후 겟세마네로 가서 기도함.(막 14:32-42 병행) 예수가 체포되어 유대공회(산헤드린)에서 대제사장 가야바의 재판을 받음.(막 14:43-65 병행) 베드로가 예수를 모른다고 세 번 부인함.(막 14:66-72)
- 금요일: 새벽에 유대 공회가 예수의 재판을 로마 총독 빌라도에게 넘기기로 결정하고 이송함.(막 15:1-5) 빌라도가 예수를 심문하고 유월절 전례에 따라 바나바를 석방하고 예수를 십자가 처형하기로 결정함.(막 15:6-15 병행) 군인들이 예수를 희롱하고 제3시에 십자가에 못 박음.(막 15:21-32 병행) 제9시 예수가 운명함.(막 15:33-47) "예비일 곧 안식일 전날 저물었을 때" 아리마대 요셉이 예수의 시신을 안장함.(막 15:42-47)
- 토요일: 기록 없음-예수는 무덤에 묻혀 있음
- 주 일: "안식 후 첫날 매우 일찍이 해 돋을 때" 여인들이 예수의 무덤으로 가서 빈 무덤을 발견하고 예수의 부활 소식을 들음.(막 16:1-11) 부활하신 예수가 제자들에게 나타나심.(막 16: 12-13, 눅 24:13-35)

이 마지막 한 주간은 예수의 생애의 절정에 해당한다. 예수는 예루살렘에 입성하여 성전을 정화하고 성전 멸망을 예언한다. 그리고 체포되어 두 번의 공식 재판을 받고 십자가에 처형되고 사흘 만에 부활한 것이다. 이 일주간을 기념하여 교회는 수난주간으로 지킨다. 첫째 날인 주일은 종려주일로 지키며, 수요일은 재의 수요일(Ash Wednesday)로, 금요일은 성금요일(Good Fri day), 그 다음 주일을 부활절로 지키고 있다.

예수의 수난설화

예수의 공생애 마지막 일주일 동안 일어난 이야기를 수난설화라고 한다. 보른캄은 예수의 예루살렘 입성으로 시작되는 복음서의 보도, 특히 예수의 수난과 죽음의 역사는 그 상세함과 경시할 수 없는 사건의 상호 관련 때문에 그 이전의 모든 보도와는 구별된다고 하였다. 예수 생애의 마지막 단계에 대해서 풍부하고 신용할 만한 자료가 복음서 기자들의 수중에 있었기 때문에, 예수의 생애에 관한 이전의 다른 기록보다는 비교할 수 없을 정도로 사실적이고 전기적으로 기술할 수 있었다는 인상을 준다.[3]

펑크(R. Funk)가 비판적으로 재구성한 마가복음을 따른 수난설화의 목록을 살펴보면 다음과 같다.[4]

■ 마가복음에 따른 수난설화

– 예루살렘 입성	막 11:1-10
– 열매 없는 무화가 나무	막 11:12-14, 20-25
– 성전 사건	막 11:15-19
– 성전 지역에서의 가르침	막 11:27-12:44; 13:1-37
– 예수의 대한 음모	막 14:1-2과 43:-52
– 향유를 붓다	막 14:3-9
– 유다의 배반	막 14:10-11과 43-52
– 마지막 만찬	막 14:12-21, 22-26
– 베드로의 부인	막 14:27-31
– 겟세마네	막 14:32-42

– 체포	막 14:43-52
– 의회에서의 재판	막 14:53-72
– 빌라도의 재판	막 15:1-5, 6-15
– 조롱과 십자가 처형	막 15:16-20, 21-41
– 매장	막 15:42-47

■ **마태와 누가의 첨가**[5]

– 칼 두 자루 사건	눅 22:35-38
– 유다의 죽음	마 27:3-10
– 헤롯 앞에서의 심문	눅 23:6-16
– 무덤의 경비병	마 27:62-66

2) 예수의 수난 예고

예수는 자신의 죽음을 예감했을까?

성서는 예수가 생전에 그의 죽음을 여러 번 암시적으로 그리고 세 번에 걸쳐 명시적으로 예고한 것을 기록하고 있다. 그리고 마지막 순간 자신의 죽음을 예감하고 이 고난의 잔을 마셔야 할지 아니면 피해야 할지 필사적인 번민 끝에 고난과 죽음의 길을 결단하였다고 한다.

예수가 자신의 죽음을 예감하고 예루살렘 입성을 결단했다면, 이는 예수가 자신의 사명을 어떻게 이해하였는가 하는 것과 연관되어 있는 예수의 메시아로서 자의식과도 관련된 주제이기도 하다. 그러나 현대에 와서 불트만과 같은 비판적인 학자들은 이에 대한 회의론을 제기하였다.[6] 예수가 자신의 죽음에 관해 언급한 내용은 부활 이후의 전승이라는 주장이다. 그러나 당시의 역사적 정황으로 보아 예수의 언행은 유대 당국자나 로마 당국자들에게는 위협적으로 보일 수밖에 없었다. 따라서 예수는 자신의 미래의 위험을 충분히 암시할 수 있었다고 보는 것이 최근의 학자들의 일반적인 견해이다.[7]

이 문제에 대한 돌파구를 누구보다도 먼저 마련한 사람은 슈바이처(A. Schweitzer)이다. 그는 하나님의 나라의 도래와 종말론적 재난의 시작 그리고 메시아의 도래와 그 메시아의 불가피한 고난은 서로 분리될 수 없다고 보았다.[8] 예루살렘으로 올라가서 겟세마네에서의 고뇌에 찬 결단을 한 후 유대인 고발자들과 빌라도 총독을 당당히 대면한 예수의 의도 배후에는 극심한 고통의 시기를 거쳐서 이스라엘의 구원이 태동할 것이라는 믿음이 있었다고 한다.[9] 이러한 믿음은 1세기의 상황과 예언자들에게까지 소급되는 많은 유대교 자료들과 기독교 시대의 자료들 속에서 발견되는 보편적인 믿음이기도 하다. 무엇보다도 예수의 선구자로 이해되는 세례 요한의 죽음은 예수의 운명을 예상하게 하는 하나의 전조(前兆)로 작용하였을 것이다. "예수는 한 예언자의 운명을 똑똑히 목격했다. 그것은 세례자 요한의 운명이었다."[10]

복음서의 여러 기록으로 보아 예수는 자신의 죽음을 예감했을 뿐 아니라, 의식적으로 자신의 죽음을 추구했으며 이것이야말로 자신의 소명을 구원론적으로 성취하는 자신이 가야 할 길이라고 확신했음을 확인할 수 있다.[11] 복음서를 면밀히 검토해 보면 예수가 자신의 죽음을 명시하거나 암시한 여러 대목을 발견할 수 있다. 이를 구분하면 암시적 수난 예고와 명시적 수난 예고로 대별된다.[12]

예루살렘 입성 이전의 암시적 수난 예고

복음서에는 예수가 자신의 죽음을 예고했을 정황이 여러 형식으로 기록되어 있다. 먼저 예루살렘 입성 이전의 자신의 고난과 죽음을 암시적으로 예고한 사례를 살펴보자.

(1) 마태와 마가는 '세례 요한이 잡힌 후' 예수가 갈릴리로 가서 "하나님의 나라가 가까이 왔다."(막 1:15, 마 4:17)고 선포하기 시작하였다. 예수는 당대의 예언자 세례 요한의 뒤를 이어 예언자로 등장한 것이다. 이런 관계로 인해 감옥에 갇힌 세례 요한이 그의 제자들을 예수에게 보내기도 하고(마 11:2), 요한의 제자들이 요한의 시체를 묻은 후 예수에게 그 사실을 알리기도 하였다(마 14:12 병행).

예수는 세례자 요한의 폭력적인 순교를 확실히 알고 있었음에도 불구하고 공생애 동안 세례 요한을 처형한 적대자들과 대립하였다. 양자 사이의 긴장이 복음서 여러 곳에 기록되어 있다. 안식일에 회당에서 손 마른 자를 고친 직후 유대교 지도자들이 노골적으로 예수를 죽일 의논을 하였다(막 3:6, 마 12:6)고 한다. 예수가 나사로를 살린 후 많은 사람들이 그를 따르자 대제사장과 바리새인이 공모하여 "만일 저를 이대로 두면 모든 사람이 저를 믿을 것이요 그리고 로마인들이 와서 우리 땅과 민족을 빼앗아 가리라."고 생각하고 "한 사람이 백성을 위해 죽어 온 민족이 망하지 않는 것이 유익"하다는 판단 아래 "그날부터 저희가 예수를 죽이려고 모의하였다."(요 11:45-30)고 전한다. 이런 상황에서 예수는 자신의 사명에 따른 '고난의 세례'를 예고한다.

> 나는 세상에 불을 지르러 왔다. 이 불이 이미 타올랐다면 얼마나 좋았겠느냐? 내가 받아야 할 세례가 있다. 이 일을 다 겪어 낼 때까지는 내 마음이 얼마나 괴로울지 모른다.(마 10:34-36, 눅 12:49-50 공동번역)

이어서 예수는 무리들에게 너희가 '천지의 기상'은 보면서 "이 시대는 분변치 못하느냐?"(눅 12:57)고 반문하였다. 따라서 예수가 세례 요한이 처형되는 시대의 징조를 보면서 자신의 죽음이 예상되는 혼란한 '시대의 징조'를 보지 못했을 리 만무하다.

(2) 예수는 바리새파 사람들과 율법학자들을 "조상들이 죽인 예언자들의 무덤을 꾸미는 자"(눅 11:47)로 비판하였다. 예수는 구원의 역사를 아벨로부터 여호야다의 아들 사가랴에 이르는 중단 없는 순교의 연속으로 보았다. "창세 후에 흘린 모든 선지자의 피를 이 세대가 감당하리라."(눅 11:51-52)는 말씀을 통해 계보상 최후로 피를 흘린 선지자인 세례 요한의 죽음을 자신이 처하게 될 운명에 대한 한 암시로 제시하였다.[13]

> 내가 그들에게 나는 예언자들과 현인들과 학자들을 너희에게 보내겠다. 그러나 너희는 그들을 더러는 죽이고 더러는 십자가에 매달고 또 더러는 회당에서 채찍질하며 이 동네 저 동네로 잡으러 다닐 것이다. 분명히 말해 둔다. 이 모든 죄에 대한 형벌이 이 세대에 내리고야 말 것이다.(마 23:34-36 공동번역 병행)

유대인에 의해 예수의 죽임을 당한 것을 예언자의 죽음과 같은 대열에 놓은 바울은 자신도 그러한 고난의 전철을 밟고 있음을 암시(살전 2:15 참조)하였다.[14]

(3) 분봉왕 헤롯이 예수에 대한 소문만 듣고 예수를 제거하려고 하였다. 그는 엉뚱하게도 예수를 '재생한' 요한으로 생각하고 반란운동의 선동자로 보았다. 어떤 바리새인들이 예수께 와서 이러한 사정을 경고하기를 "당신은 이곳을 떠나가셔야 하겠습니다. 헤롯이 당신을 죽이려고 합니다."고 하자 예수는 다음과 같이 대답한다.

너희는 그 여우에게 가서 이 말을 전하라. '보라, 오늘과 내일은 내가 귀신을 쫓아내고 병을 고칠 것이요… 그 다음 날도 나는 내 길을 가야 하겠다. 예언자가 예루살렘 이외의 다른 곳에서는 죽을 리가 없다.'(눅 13:31-33 공동번역)

예수의 이러한 결심은 그의 예루살렘 입성의 동기가 되었으며, 예루살렘 입성 후의 발언 즉 "선지자들의 무덤을 만들고 의인들의 비석을 꾸미는"(마 23:29) 예루살렘의 모순된 범죄를 경고한 것도 예수의 이러한 동기와 일치한다.

이 외에도 예수가 자신의 죽음을 암시한 여러 단편적인 어록들이 등장한다. 예레미아스는 형식적인 점에서 다양한 암시적 수난의 예고들은 그림 말, 수수께끼 말, 화의 선언, 인용문 등으로 나타난다고 하였다.[15]

- 의를 위하여 핍박을 받은 자는 복이 있나니 천국이 저희 것임이라.(마 5:10)
- 신랑을 빼앗길 날이 이르리니 그 날에는 금식할 것이니라.(막 2:20)
- 한 알 밀알이 땅에 떨어져 죽으면 많은 열매를 맺고.(요 12:24)
- 나는 선한 목자이다. 나는 양들을 위하여 목숨을 바친다.(요 10:15)
- 친구를 위하여 목숨을 바치는 것보다 더 큰 사랑이 없다.(요 15:13)
- 이 성전을 헐라 내가 사흘 동안에 일으키리라.(요 2:19)
- 이 세대가 기적을 구하지만 요나의 기적밖에는 따로 보여 줄 것이 없다.(눅 11:29 병행)
- '내가 칼을 들어 목자를 치리니 양떼가 흩어지리라'고 기록되어 있는 대로 너희는 모두 나를 버릴 것이다.(막 14:27 병행)

- 나는 분명히 말한다. 여기 서 있는 사람들 중에는 죽기 전에 하나님 나라가 권능을 떨치며 오는 것을 볼 사람들도 있다.(막 9:1 병행)
- 집 짓는 사람들이 버린 돌이 모퉁이의 머릿돌이 되었다.(막 12:10 병행)
- 그리고 육신은 죽여도 영혼은 죽이지 못하는 사람들을 두려워하지 말고 영혼과 육신을 아울러 지옥에 던져 멸망시킬 수 있는 분을 두려워하여라.(마 10:28 병행)
- 가난한 사람들은 언제나 너희 곁에 있으니 도우려고만 하면 언제든지 도울 수가 있다. 그러나 나는 언제까지나 너희와 함께 있지는 않을 것이다.(막 14:7 병행)
- 조금 있으면 너희는 나를 보지 못하게 될 것이다. 그러나 얼마 안 가서 나를 다시 보게 될 것이다.(요 16:16)

세 번의 명시적 수난 예고

공관복음서에는 여러 암시적 수난 예고 이외에도 예수가 세 번에 걸쳐 명시적으로 자신의 죽음과 부활을 예고한 것을 기록하고 있다.

첫 번째 수난 예고: 가이사랴 빌립보

인자가 많은 고난을 받고 장로들과 대제사장들과 서기관들에게 버린바 되어 죽임을 당하고 사흘 만에 다시 살아나야 할 것을 비로소 그들에게 가르치시되(막 8:31 병행)

두 번째 수난 예고: 갈릴리

인자가 사람들의 손에 넘겨져 죽임을 당하고 죽은 지 사흘 만에 살아나리라.(막 9:30 병행)

세 번째 수난 예고: 아마도 베레아

보라 우리가 예루살렘으로 올라가노니 인자가 대제사장들과 서기관에게 넘겨지매 그들이 죽이기로 결의하고 이방인들에게 넘겨주겠고 그들은 능욕하며 침 뱉으며 채찍질하고 죽일 것이나 그는 삼일 만에 살아나리라. (막 10:32-34 병행)

– 인자가 온 것은 자기 목숨을 많은 사람에게 대속물로 주려함이니라.(막 10:45)

마태는 가이샤라 빌립보에서 예수가 처음으로 "자기가 예루살렘으로 올라가 장로들과 대제사장들과 서기관들에게 많은 고난을 받고 죽임을 당하 것"(마 16: 21)을 가르친 후 변화 산상에서 기도하고 내려오면서는 자신의 첫 번째 수난 예고가 세례 요한의 운명을 반영하는 것으로 설명한다. 슈낙켄부르크는 이 수난에 관한 예고는 고린도전서 15장 3-5절의 부활전승에 포함된 수난에 관한 전승보다 더 오래된 것이라고 한다.[16] 예수는 엘리야가 왔으나 사람들이 알지 못하고 처형했듯이 세례 요한의 뒤를 이어 "인자[예수]도 이와 같이 그들에게 고난을 받으리라."고 하였고 "그제야 제자들이 예수의 말씀하신 것이 세례 요한인 줄을 깨달았다."(마 17:12-13)고 한다.

마가는 이 수난 예고에서 예수는 '집짓는 자들의 버린 돌'(시 117:22) 같이 사람들의 '버림받고', 하나님에 의하여 인자가 사람들 손에 '넘겨줌을 당한 것'으로 묘사한다.[17] 마가는 가이샤라 빌립보에서의 첫 번째 수난 예고와 세 번째 수난 예고 후에 각각 제자들에게도 자신의 수난에 동참할 것을 요청한 것으로 기록한다.

아무든지 나를 따라 오려거든 자기를 부인하고 자기 십자가를 지고 나를 쫓을 것이요. 누구든지 제 목숨을 구원코자 하면 잃을 것이요. 누구든지 나와 복음을 위하여 제 목숨을 잃으면 구원하리라.(막 8:34-35 병행)

"너희가 청하는 것이 무엇인지나 알고 있느냐? 내가 마시게 될 잔을 마실 수 있으며 내가 받을 고난의 세례를 받을 수 있단 말이냐?" 하고 물으셨다. 그들이 "예, 할 수 있습니다." 하고 대답하자. 예수께서 다시 이렇게 말씀하셨다. "너희도 내가 마실 잔을 마시고 내가 받을 고난의 세례를 받기는 할 것이다."(막 10:38-39 공동번역)

예수는 제자들에게도 자신의 수난에 동참할 것을 요구함으로써 이러한 자발적인 수난은 메시아직의 수행일 뿐만 아니라, 제자직의 수행임을 밝힌다. 수난 예고는 마가 공동체의 고난을 반영한다. 유대 관원에게 넘겨지게 되고, 회당에서 매질을 당하고, 이방인 관장들과 임금들 앞에 서고, 사랑하는 자들로부터 배반을 당하고, 모든 사람들로부터 미움을 받아야 했다. 이 모든 것이 '예수를 위하여' 당해야 했던 고난이었다.

예수에 대한 당국자들의 배척과 죽음에 대한 예고는 시대의 징조를 분별하고 자신의 운명을 꿰뚫어 본 예수의 자기 운명의 선포요 해석이라고 할 수 있다. 이런 의미에서 예수는 자기 운명의 선포자요 해석자였던 것이다.[18]

세 번의 수난 예고의 역사성

예수의 수난 예고에 대한 역사적 진정성이 제기되기도 하였다. 세 번의 수난 예고가 부활 후의 복음서 저자들의 구성이라 해도, 예수가 자신에게 강요된 수난과 죽음을 예감하고 이를 미리 예고한 것은 역사적 사실의 반영인 것이 분명하다. 세 번의 수난 예고들은 부활절 이전의 옛 전승으로 드러나는 이유는 크게 세 가지로 논증할 수 있다.

(1) 문맥을 살펴보면 예수가 제자들을 아끼려는 전승의 경향에도 불구하고 누차에 걸쳐 제자들의 몰이해와 무능력을 가차 없이 드러냈다는 점이다. 제자들은 예수를 '승리와 영광의 메시아'로 기대하였으나, 예수는 자신의 고난과 죽음을 예고한 것이다. 베드로는 이에 대해 강력하게 항변한다. 베드로는 '고난과 죽음을 당하는 메시아'에 대한 모든 제자들의 몰이해를 대변한다. 예수는 베드로를 사탄(마 17:23, 막 8:33)이라 꾸짖는다. 예수는 메시아로서의 수난은 사람의 일이 아니고 하나님의 일임을 분명히 한다.

예수의 수난을 거부하려는 베드로를 사탄적인 것으로 규정한 것은 초대 교회에서의 베드로의 위치를 감안할 때 그의 권위를 현저히 훼손하는 사안이다. 박해 중에 있는 초대 교회가 베드로의 권위와 함께 사도적 교회의 권위에 도전이 될 수 있는 이 삽화를 그대로 전승한 것을 뒤집어 보면, 이 수난 예고와 제자들의 몰이해가 후대의 구성이 아니라 역사적 사실임을 반증한다. 후대의 구성이라면 베드로의 실수와 예수의 책망을 일부러 꾸며 강조할 필요가 없었을 것이다.

(2) 내용상으로 보아 수난 예고가 인위적으로 만들어졌다고 보기는 어려운 통일성을 형성한다. 특히 중요시해야 할 사실은 수난 예고들이 실현되지 않은 일련의 사항들을 포함하고 있다는 점이다.[19] 마태는 예수가 그의 언행으로 인해 투석형을 받을 가능성이 있다고 암시한다.(마 23:37, 눅 13:34 병행) 예수는 누차 투석형을 받을 언행을 행하였으며, 실제로 그에게 그러한 투석형의 위협이 가해졌다고 한다. 그러나 예수는 투석형으로 처형된 것이 아니고 십자가형으로 처형되었다. 수난설화가 후대의 인위적인 조작이라면 투석형의 가능성을 예고한 것은 실제

로 일어나지 않은 일이므로 이처럼 상호모순되는 내용은 제거하였을 것이다.

(3) 예수가 기대한 것으로 보이는 것은 '칼의 시대'가 자신의 수난 직후에 시작하리라는 것(눅 22:35-38), 제자들 중 다수는 자신과 같은 운명을 공유할 수밖에 없으리라는 것(막 10:35-40), 심판의 불이 푸른 나무에서 마른 나무에까지 덮치리라는 것(눅 23:31)이었다. 다시 말하면 그의 수난이 집단적 수난의 서막이 되리라는 것이었다. 그리고 재난의 때를 지나 짧은 유예기간 후에 종말이, 즉 선한 목자가 양떼와 함께 갈릴리로 행진하는 일(막 14:28)과 새 성전을 세우는 일(14:58)이 따를 것으로 기대하였다.

그런데 모든 것은 실제로는 이런 식으로 일어나지 않았다. 예수는 스데반처럼 유대인들에게 투석형을 당하지 않았고 로마인들에 의해 십자가에 못 박혔다. 기이하게도 유대 당국은 예수를 죽이는 것으로 만족했으며 제자들을 괴롭히지 않고 그냥 두었다. 따라서 위에 언급된 세 번의 수난 예고의 모든 내용이 모두 다 부활절 이후의 것이라고 주장하기는 어려우며 개개의 사안은 정황적으로 재검토되어야 한다. 그러므로 예레미아스는 예수가 자기의 수난과 죽음을 예상했고 예고했다는 것은 의심할 수 없는 사실이라고 하였다. "세 수난 예언이 오늘날의 형태로 보면 사건으로부터 확충된 것은 확실하지만 그러나 이 예언들의 대부분은 전적으로 부활절 이전의 것으로 드러난다."는 주장이다.[20]

3) 예루살렘 입성과 수난의 결단

예수는 죽음의 기미가 감돌고 있는 데도 예루살렘으로 가기를 마다

하지 않았다. 예수가 과연 자기 제자들에게 요구했던 각오, 즉 각자 "자기 십자가를 지고 나를 따르라."는 각오를 촉구하였다면, 어느 순간부터 자기 앞에 놓인 자신의 죽음을 이미 각오하였다는 사실을 드러내 보인다. 그 시기가 언제인지 대하여 복음서 자료가 정확하게 알려주지 않는다. 그러나 예수가 예루살렘으로 간 것은 이 거룩한 도시의 민중들을 하나님 나라의 메시지 앞에 세워 마지막 결단을 촉구하기 위함이었다.[21]

예루살렘으로 가려는 이 결심은 확실히 예수의 생애에서 결정적인 전환점이었다. 예수는 은신처에 머물러 죽음을 피할 것인가, 은신처에서 나와 죽음과 대면할 것인가 하는 양자택일에 직면하였으나 과감히 공개적인 예루살렘 입성을 감행함으로써 자신의 죽음을 재촉한 것이다. 그러므로 놀란(A. Nolan)은 "예수가 알고 있으면서도 기꺼이" 자기 죽음을 향해 "나아갔다는 기본 사실은 의심할 나위가 없다."고 하였다.[22]

예루살렘 입성 이후의 일련의 사건들은 예수의 이러한 결단을 더욱 분명하게 드러내어 보여 준다.

(1) 예루살렘을 향한 예수의 탄식은 죽음을 예감한 예수의 비탄이 암시되어 있다.[23]

> 예루살렘아! 예루살렘아! 너는 예언자들을 죽이고 너에게 보낸 이들을 돌로 치는구나. 암탉이 병아리를 날개 아래 모으듯이 내가 몇 번이나 네 자녀를 모으려 했던가. 그러나 너는 응하지 않았다. 너희 성전은 하느님께 버림을 받아 황폐해지리라. '주의 이름으로 오시는 이여, 찬미 받으소서' 하고 너희 입으로 찬양할 때까지 너희는 정녕 나를 다시 보지 못하리라. (마 23:37-39 병행, 공동번역)

이 말씀의 정확한 요점은 예루살렘에서 겪게 될 위기를 앞둔 예수의 절박함을 표명하려는 데에 있었다.[24]

(2) 공관복음서는 예수가 예루살렘 입성 이틀 후(화요일) 성전 뜰에서 논쟁을 하면서 악한 농부의 비유의 말씀을 하셨다고 기록하였는데, 이 비유는 예수의 암시적 수난 예고로서 역사적 진정성이 있는 것으로 인정된다.[25]

어떤 주인이 포도원을 만들어 농부들에게 세를 주고 먼 타국에 갔다가, 추수 때가 되어 소출의 얼마를 받으려고 두 차례나 종을 보냈으나 농부들이 첫 번째 종은 구타하여 보내고, 두 번째 종은 죽였다. 마지막으로 아들을 보냈음에도 불구하고 그 아들이 상속자라 하여 살해했다는 비유이다(막 12:1-12 병행). 이 비유 끝에 "건축자의 버린 돌이 모퉁이의 머릿돌이 되었다."(시 118:22)는 말씀이 인용되었다. 이 말씀은 예수가 버림받고 죽었지만 부활의 첫 열매가 된 것을 뜻하는 것으로 초대교회가 이해하였다(행 4:11, 벧전 2:4, 8).

(3) 마가(14:3-9)와 마태(26:6-13)와 요한(12:28)은 예수가 예루살렘 성전에 입성한 후 이튿날 저녁 베다니 문둥이 시몬 집에 있을 때, 한 여자가[26] 나드 향유 옥합을 깨드려 예수의 발에 붇고 그녀의 머리카락으로 예수의 발을 씻었다는 사실을 전해 준다. 이에 제자들이 그녀의 행동을 비난하자 예수는 "이 여자가 내 몸에 향유를 부은 것은 내 장사(葬事)룰 위함이라."고 하였다. 마가는 "가난한 사람들은 언제나 너희 곁에 있으니 도우려고만 하면 언제든지 도울 수가 있다. 그러나 나는 언제까지나 너희와 함께 있지는 않을 것이다."(막 14:7 병행)는 말씀을 통해 이 기름 부음이 예수의 죽음과 관련된 것임을 분명히 하였다.

(4) 공관복음서에 의하면 예수는 최후 만찬 시 떡과 잔을 제자들에 베푸시면서 그것은 자신의 몸과 피라고 선언하였다(막 14:17-28 병행).[27]

그들이 음식을 먹고 있을 때에 예수께서 빵을 들어 축복하시고 제자들에게 떼어 나눠 주시며 "받아먹어라. 이것은 내 몸이다." 하고 말씀하셨다. 그리고 잔을 들어 감사의 기도를 올리신 다음 제자들에게 건네시자 그들은 잔을 돌려 가며 마셨다. 그 때에 예수께서 이렇게 말씀하셨다. "이것은 나의 피다. 많은 사람을 위하여 내가 흘리는 계약의 피다.(막 14:22-24 공동번역 병행)

마가는 예수가 식후에 감람산으로 가는 도중에 두 가지 말씀을 하셨다고 한다. "잘 들어 두어라. 하느님 나라에서 새 포도주를 마실 그 날까지 나는 결코 포도로 빚은 것은 마시지 않겠다."(막 14:25)는 말씀과 "목자를 치리니 양 떼가 흩어지리라."(막 14:27)는 말씀이다.

타이쎈과 메르츠는 이 두 구절의 역사성을 인정하여 부활 이전의 전승에 속한다고 주장한다. 그러므로 예수는 자신이 처참한 죽음을 당할 수도 있다는 사실을 의식하고 있었다. 그런데도 그는 하나님 나라가 개입해 들어와 자신이 죽기 전에 하나님 나라가 시작되고 모든 것이 뒤바뀔 것이라는 희망을 포기하지 않았다는 것이다.[28]

(5) 예수의 겟세마네의 기도는 네 복음서 모두가 전해 주고 있다. 예수는 슬퍼하고, 마음으로 심히 고민하여 죽을 지경이 되었다고 제자들에게 하소연 한다.[29]

- 심히 놀라시며 슬퍼하사 내가 심히 고민하여 죽게 되었으니 너희는 여기 머물러 깨어 있으라 하고.(막 14:33-34)
- 힘쓰고 애써 더욱 간절히 기도하시니 땀이 땅에 떨어지는 핏방울 같이 되더라.(눅 22:44)
- 아바 아버지여 아버지께는 모든 것이 가능하오니 이 잔을 내게서 옮기

시옵소서. 그러나 나의 원대로 마옵시고 아버지의 원대로 하옵소서.(막 14:36)

• 때가 왔도다. 보라 인자가 죄인의 손에 팔리느니라.(막 14:41)[30]

그리고 강도를 잡듯이 검과 몽둥이로 예수를 잡으러 온 성전 경비병들을 향해 제자들이 "주님, 여기 칼 두 자루가 있습니다."(눅 22:38)고 한 후 "주님, 저희가 칼로 쳐 버릴까요?"(눅 22:50 공동번역)라고 하였다. 이 문구는 오래된 것일 수밖에 없는데, 이는 제자들의 철저한 이해의 결핍을 은폐나 호도 없이 시인하고 있기 때문이다.

겟세마네 기사가 사복음서와 히브리서에도 증언된 점을 감안할 때 이 전승이 오래되었다는 데에는 의심의 여지가 없다. 그리고 이 전승의 궁극적인 역사성은 추가적인 정보에 의해 뒷받침된다.

첫째, 이 이야기는 예수의 연약함을 너무나 강하게 강조하기 때문에 역사적 근거 없이 무(無)에서 생겨나지 않았을 것이다.

둘째, 마태 및 마가복음에 기록된, 겟세마네 사건 직후의 제자들의 이탈과 마찬가지로 이 장면에서 제자들의 수치스러운 실패를 가감 없이 기록한 것으로 보아 초기의 전승일 것이며 창작의 산물일 수가 없다.

셋째, 마가복음 14장 36절에서 예수가 기도 중에 하나님을 '아바'(Abba)로 호칭한 것에 주목할 수 있을 것이다. 왜냐하면 '아바'라는 말은 이 책 1권 6장 1절에서 이미 살펴본 것처럼 예수에게서만 고유하게 나타나는 역사적 진정성이 확보된 용어이기 때문이다.[31]

(6) 예수가 의도적으로 죽음을 택했든, 아니면 그 죽음이 예수의 기대에 어긋난 것이었든, 한 가지 확실한 것은 예수의 죽음이 제자들의 기대를 완전히 무너뜨리는 것이었다는 사실이다. 제자들은 모두 달아나버린다(막 14:50). 제자들은 달아나는 동안 이름 모를 한 사람은

자기 옷을 내버려두고 벗은 채 도망한다. 이 경우는 실제로 어떤 목격자의 증언 중 하나로 볼 수 있다.[32]

요한복음에서 수정을 가한다고 한 것이, 적어도 사랑하던 제자 하나만큼은 끝까지 도망가지 않았다(요 19:26 참조)는 정도인 것을 보면, 이것이 후대의 창작이라고 볼 수 없다. 제자들의 도주 덕분에 그때까지는 전승에 나타나지 않던, 혹은 그 모습이 가려져 있던 여성 추종자들이 수난 이야기의 끝부분에서 강하게 부각된다. 이 여성들은 예수의 남성 추종자들과 달리 곤경에 빠진 예수를 내버려두고 도망가지는 않았다는 사실을 보여 준다.[33]

_02

예수의 재판과 십자가의 외적 역사적 원인

예수의 죽음의 여러 원인

예수의 죽음은 하나의 삶의 방식과 무관한 자연사나 사고사, 자살이나 타살, 전사나 안락사가 아니다. 십자가에 처형된 것이다. 십자가는 형벌로 집행되는 처형이기 때문에 재판이 전제된다. 그리고 모든 재판은 피고인의 특정한 언행의 결과로 초래된 것이다. 몰트만이 잘 지적한 것처럼 예수는 "그의 삶과 행위를 통하여 자극된 당시의 유대인과 로마인들의 반사 행위로 인하여 죽었다. 그러므로 그의 죽음은 '그의 활동의 결과'이기도 하다."[34] 케제만은 "십자가는 예수의 활동이 가져온 필연적인 결과"라고 하였다.[35] 예수가 십자가에 처형된 것도 원인이 있기 마련이다. '십자가의 원인'(causa crucis)은 그와 그를 둘러싼 주변 세계 사이의 갈등이라는 상황에서 이해되어야 한다.[36]

네 복음서에 의하면 예수는 유대인들에 의해 겟세마네에서 체포되어 안나스의 예비 심문(요 18:19-23)을 받고 가야바에게 심야 재판을 받는다(마 14:65 병행). 마태와 마가는 대제사장 가야바(AD 18-37)가 '온 공회'와 함께 공식 재판의 모든 모양은 갖춘 야간 심문을 열었다고 분명하게 말한다.[37] 이튿날 새벽 예수는 빌라도(AD. 26-36) 법정으로 이송되어 십자가형을 언도받았다(막 15:1).[38] 예수는 이처럼 두 번의 재판을 받고 십자가형을 받은 것이다.

예수의 재판을 주도한 유대 성전 귀족들과 로마 통치자들은 예수의 적대자들이었다. 이들 적대자들이 예수를 재판하게 된 동기는 상이하였다. 첫 번째 재판을 주도한 산헤드린은 성전에 대한 예수의 예언에 발끈했다. 성전에 대한 비판은 곧 자신들의 특권을 뒤흔들어 놓는 것이기 때문이었다. 두 번째 재판을 주도한 로마의 빌라도 총독은 예수가 말하는 '왕국'에 대해 혐의를 두었던 것 같다. 총독은 그것을 자신의 권력에 대한 위협으로 받아들였을 것이다. 이런 이유에서 예수를 산헤드린은 '예언자'(막 14:65)라고, 로마인들은 '왕'(막 15:16-18)이라고 조롱하였다. 그러나 두 집단에게는 공통의 관심사가 있었으니, 그것은 소요를 막는 것이었다. 그래서 이 두 집단은 예수를 제거하기 위한 소송과 재판에 공조한 것이다.[39]

1) 산헤드린의 재판

예수의 산헤드린 재판은 역사적 사실인가?

예수는 유대 공의회(公議會)인 산헤드린의 재판과 빌라도의 재판을 받았다. 그런데 미쉬나의 재판관련법(Sanhedrin 4. 1 등)이 알려지면서 복음서에 기록된 예수의 산헤드린 재판의 역사성에 대한 의문이 제기되었다. 산헤드린의 일반 관례와 예수의 재판 절차가 불일치하다는 것이다.[40] 로제와 타이쎈이 둘 사이의 차이점을 지적한 것들을 종합하면 다음과 같다.[41]

■ **산헤드린의 재판 절차**

• 주요한 재판은 낮에만 열릴 수 있다.

• 안식일, 축제일, 축제 준비일에는 소송이 이루어질 수 없다.

• 첫 번째 소송에서는 사형 선고를 내릴 수 없으며, 그 다음 날 열리는 두 번째 의회 때부터 사형 선고를 내릴 수 있다.

• 예수의 실형의 한 원인인 신성모독(막 16:64)은 야웨의 이름을 발설할 때 성립된다.(Sanhedrin VII, 5)

• 공의회의 정식 재판 장소는 성전 안에 있는 마름돌 홀이다. 밤중에는 성전 문이 닫혀 있다.

■ **예수의 소송 절차**

• 예수에 대한 재판은 밤중에 열렸다.(예외: 눅 22:66 이하) 공관복음서에 의하면 유월절 밤에, 요한복음에 의하면 준비일 밤에 열렸다.

• 예수는 소송이 열리고 첫 번째 공의회에서 사형을 선고받았다.(그래서 마가 15:1은 두 번째 공의회로 소개된 것이 아닐까?)

• 대제사장도 예수도 하나님의 이름을 직접 언급하지는 않았다. 예수는 인자가 '전능하신 분'의 오른쪽에 앉게 될 것이라고 말했다.(마 14:62)

• 공의회는 대제사장의 관저에서 열렸다.

이러한 양자의 모순에 대해서 릿츠만(H. Liezmann)은 산헤드린 재판은 로마인의 책임을 감추기 위해 창작된 것이라고 하였다. 그닐카는 주후 41-44년에 와서야 유대의 재판정이 최종심판권(ius gladii)을 가지게 되어 그리스도인을 처형할 수 있게 되었으므로(행 12:1-2: 요한의 형제 야고보 처형) 산헤드린의 심문은 개작된 것이라고 하였다.[42]

그러나 블린츨러(J. Blinzler)는 위에서 인용한 미쉬나의 규정은 바리새파적 입장에서 예루살렘 멸망(AD. 70년) 이후 랍비들에 의해 재판 절차의 모범과 이상(理想)을 해설한 것으로서 예수 시대의 재판에 예외 없이 실제로 적용된 것으로 볼 수 없다고 하였다. 그리고 실제로 예수의 재판을 주도한 이들은 바리새파가 아닌 사두개파이며, 사두개파의 재판 규정들은 살펴보면 예수의 재판 처리 과정과 "반듯이 모순이 되지 않는다."[43]고 주장한다.

로버트 브라운에 의하면 유대 공의회는 예수가 채포되기 훨씬 이전에 예수를 죽이기로 결의한 재판을 열렸으며(요 11:47 이하, 막 11:18, 14:2-3), 예수가 붙잡힌 뒤에는(요 18:19, 눅 22:66) 간단한 심문만 있었다고 한다. 따라서 예수의 재판의 역사성을 배제하지 않는다. 그래서 셔윈-화이트(A. N. Sherwin-White)는 산헤드린과 빌라도가 공모하여 예수를 처형했다고 주장한다. 산헤드린 야간 심문은 기소를 준비하기 위한 것이고, 빌라도는 예수에 대한 비정규적 재판을 진행한 것이라고 한다.[44]

사법 제도와 재판 절차가 명문화된 근대의 여러 법치 국가에서도 사법 절차가 무시된 채 불법 재판이 졸속으로 진행된 사례는 흔한 일이다. 따라서 산헤드린 공의회가 예수 후대에 만들어진 법적 절차를 무시했다는 것으로 예수의 재판의 비역사성을 주장하는 것은 논리적 비약이 아닐 수 없다. 예수 당시에 재판 절차가 있었다 해도 수시로 무시되었을 것이며 이러한 불법 재판의 사례는 빈번하였을 것으로 추정할 수 있다.

유대인의 재판과 하나님의 모독자

예수는 대제사장, 서기관, 장로 들이 파송한 무리에게 체포되었다(막 14:43). 대제사장과 온 공회가 그를 율법과 하나님을 모독한 자로 제소한다(막 14:53-64, 병행, 요 18:12-14, 19-24 공동번역). 당시의 유대인들의 공회인 산헤드린의 의장은 대제사장 가야바(AD. 18-36)였다. 가야바의 집 뜰에서 심문이 시작된다.[45]

■ 유대인의 재판 : 가야바의 뜰

한 증인: "우리가 그의 말을 들으니 손으로 지은 이 성전을 헐고 손으로 짓지 아니한 다른 성전을 사흘 동안 지으리라 하더라."

예수: 침묵……

대제사장: "네가 찬송받을 이의 아들 그리스도냐?"

예수: "내가 그니라. 인자가 권능자의 우편에 앉는 것과 하늘 구름을 타고 오는 것을 너희가 보리라."

대제사장: "우리가 어찌 더 증인을 요구하리요 그 신성모독하는 말을 너희가 들었도다. 너희는 어떻게 생각하느냐?"(그들이 다 예수를 사형에 해당한 자로 정죄하다.)

한 증인이 예수가 성전을 모독함으로써 율법을 범한 죄인임을 주장한다. 이에 대해서 예수는 침묵한다. 산헤드린 법정에서는 침묵은 시인으로 간주되었다. 이어서 대제사장은 심문에 대해 예수는 비로소 자신이 그리스도요 하나님의 아들이라고 확언한다. 그리고 자신이 하나님의 우편에 인자로 앉아 있을 것과 그 후에 하늘의 구름을 타고 다시 올 것을 언급한다. 대제사장은 예수의 이 발언은 신성모독(blasphemy)에 해당한다고 선언한 것이다.[46] 예수가 성전을 모독하고, 스스로 하나님의 아들이라 자처하고, 하나님의 우편에 앉을 것이며, 구름을 타고 다시 올 것이라고 말한 것은 신성모독의 죄에 해당한다고 본 것이다.

(1) 유대 지도자들에게 가장 불쾌했던 것은 예수가 감히 자신이 하

나님의 아들(막 14:61-62; 요 19:7)이라고 주장한 것이었다. 유대인들은 스스로 하나님의 아들이라 주장해서도 안 되며 그렇게 말하는 거짓말쟁이는 결국 후회하게 될 것으로 여겼다.[47]

> 만일 어떤 자가 당신에게 '나는 하나님'이라고 말하면, 그는 거짓말쟁이며, 나는 하나님의 아들'이라고 말하면, 그는 그 말을 결국 후회할 것이다.(y. Ta'an. 2:1)

예수가 스스로를 하나님의 아들로 주장한 것도 백성을 미혹하는 신성모독으로 처형할 수 있었다. 유대인들은 야웨 하나님의 이름을 발설하는 것(Sahn 7.5)과 하나님을 저주하고 조롱하고 경멸하는 것은 신성모독으로 여겼다. 복음서의 자료들을 보더라도 예수에게는 미혹하는 사람이라는 비난이 따라 다녔음을 알 수 있다.[48] 그래서 예수는 "불법자의 동류로 여김을 받았다."(눅 22:37) 여기서 불법자는 하나님을 모독하는 자를 칭한 것이 분명하다(레위 24:16).

(2) 무엇보다도 예수의 성전 비판은 유대인들에게는 매우 곤혹스러운 것이었다. 성전은 종교적 삶의 중심지였다. 유대교에서 하나님을 초월적인 존재로 생각하면 할수록 사람들은 더욱 더 간절하게 성전에 집착했다. 그곳은 무한히 초월적인 하나님이 있는 곳이기 때문이다. 인간의 행복과 안녕은 성전과 불가분의 관계이다. 성전은 구원이 흘러나오는 통로였다. 예수는 성전에 대한 비판을 통해서 사실상 성전 제의로부터 잠정적인 자기 이탈의 감행이라고 할 수 있다.[49]

예레미야서(26:1-19)는 성전에 대한 비판 역시 사형에 해당하는 중죄라고 하였다. 요세푸스의 기록에 의하면, 예루살렘 성전에 맞서 자기네 성전의 합법성을 변호한 사마리아 사람들이 처형되었다고 한다.[50] 쿰란 공동체의 '의의 교사'는 예루살렘 성전의 '사악한 제사장들'이 "하나님의 율법을 무시하고",[51] "하나님의 성소를 더럽혔다"[52]고 비판한 것 때문에 박해받았다. '불의한 대제사장'은 심지어 속죄일에도 그를 잡아 죽이려 했다.[53]

예수가 성전에서 장사치를 몰아내어 성전을 정화하고(막 11:15-19 병행), 성전 파괴를 예언하고(막 13:1-2 병행), 자신을 '성전보다 큰 이'(요 2:19)라고 주장한 것은 유대 종교의 중심이 되는 성전을 모독하는 것이었으므로, 그의 죽음의 직접적인 이유가 되었다.

(3) 예수가 백성을 '미혹하는 자'(Mesith 또는 Maddiach)[54]로 고발당할 경우 처형될 수 있었다. 미쉬나 법은 한 개인을 미혹하여 우상숭배하게 하는 '메지트'(Mesith)와 온 백성을 미혹하는 '맛디아크'(Maddiach)를 구분한다. 교묘하게 일을 꾸며(Sanh, 10), 미혹하는 사람은 축제 기간 중이라도 처형할 수 있었다(tSanh, 7). 실제로 유대자료(bSanh, 43a)에 의하면 예수는 '미혹하는 자'로 처형당했다고 기록하고 있다.[55] 예수가 구약의 율법과 예언자와 묵시가의 전통과 다르게 성전의 붕괴와 율법의 폐기를 주장하고, 하나님의 아들로 자처하며 하나님 나라의 통치를 선언하는 것은 후기 유대교의 신앙 체계 전반을 전복시키려고 백성을 '미혹하는 가르침'으로 여겨졌던 것이다.

예수가 성전 멸망을 예언하고 자신은 하나님의 아들이라고 주장하여 사형에 해당하는 신성모독의 중죄를 지었다는 것이 산헤드린의 최종 판결이었다. 예수의 이러한 일련의 언행은 유대 지도자들의 종교적·정치적·경제적 특권을 정면으로 공격하는 것이었다. 그래서 적대감의 표적이 되었고, 그의 죽음의 한 원인이 되었다.[56] 산헤드린 법조문(Sanh. 7:4)에는 '신성모독은 돌로 쳐 죽인다.'고 규정하고 있다. 산헤드린의 관점에서 볼 때 예수는 신성모독의 죄를 지었기 때문에 사형선고

를 받은 것이 분명하다.[57]

하나님 모독자로서 죽음의 구원론적 의미

몰트만은 의하면 예수는 유대인의 종교적·제의적 입장에서 볼 때 율법과 성전을 모독하고 결과적으로 '하나님 모독하는 자'로 처형되었다고 하였다.[58]

실제로 예수는 유대교의 율법과 성전 체제를 대안 없이 폐기하려고 한 것일까? 예수는 자신이 "율법을 폐하러 온 것이 아니고 율법을 완성하러 왔다."(마 5:17, 20)고 하였다. 오히려 예수는 형식에 구애됨이 없이 율법의 정신에 철저하였기 때문에 형식적인 율법주의자들에게는 율법 없는 자로 보였으며, 하나님의 뜻에 너무나 철저하였기 때문에 형식적인 유신론자들에게는 하나님이 없는 자처럼 오해를 받게 된 것이다. 그의 철저함(radical)이 과격함으로 비친 것이다.

율법과 무율법, 거룩한 것과 속된 것, 정한 것과 부정한 것의 차별을 해소시키려 한 예수의 언행은 율법을 종교적 특권으로 여기고 이를 통해 '율법을 모르는 족속들'을 차별하고 적대한 후기 유대교의 종교적 이데올로기에 대한 도전이었던 것은 사실이다. 그러나 율법의 정신에 투철했던 예수는 율법의 형식적 테두리를 뛰어넘어, 율법주의자들이 율법 없는 자로 규정한 무율법자와 이방인들에게도 하나님의 구원의 역사가 실현될 수 있는 길을 열어 놓은 것이다.

산상수훈의 요구와 율법으로부터의 자유는 모순된다고 이해되어서는 안 된다. '토라의 철저화'와 '토라의 위반'은 예수에 있어서 근본적으로 하나의 목표를 지향하고 있다. 즉 은혜를 위한 하나님의 자유를 지향하고 있다. 그러므로 예수가 죄의 용서를 선언할 수 있는 권리를 주장한 것은 율법(torah)의 권위에 능가는 일이며, 심판 시에 나타날 하나님의 새로운 의를 선언하는 것이었다. 이 새로운 의의 선언은 율법의 전통 안에서는 전혀 예상할 수 없었던 일이었다.[59]

구약 시대에 주어진 율법 자체는 당시의 다른 나라의 율법과 비교해 볼 때 앞선 생각이었지만, 그것이 후기 유대교에 와서 율법주의로 형식화되었을 때에는 그 앞선 의식이 전도되고 만 것이다. 예수는 전도된 율법주의를 다시 뒤집어 율법의 전향적인 정신을 복음으로 선포한 것이다.

이러한 면에서 예수의 말씀과 그 사회의 지배적인 율법 이해 사이에 신학적 충돌은 불가피하였다. 그는 우연히 혹은 불운으로 죽은 것이 아니라, 율법을 모독하는 "하나님 없는 자들로 간주되는 자들 중의 한 사람"(눅 22:37)으로 죽은 것이다. 그는 율법과 하나님을 모독하는 자로 취급받아 율법과 하나님 신앙의 수호자들에 의하여 재판을 받아 사형에 처해진 것이기 때문이다.[60]

유대인들이 정죄한 율법 없는 자, 하나님 없는 자에게 다가갔기 때문에 예수는 율법 없는 자, 하나님 없는 자로 정죄받은 것이다. 그러나 역설적이게도 예수가 율법 없는 자와 하나님 없는 자의 대리자로 죽었기 때문에 모든 무율법자와 무신론자의 구원자 그리스도가 될 수 있는 것이다.

2) 빌라도의 재판

로마인 빌라도의 재판

예수는 분명히 유대인들의 재판을 통해 성전과 하나님을 모독한 자로서 정죄를 받았다. 당시의 관습대로라면 유대인들은 산헤드린에 위임된 종교적 자치권에 따라 예수를 종교 사범(事犯)으로 몰아 최고형에 해당하는 투석형으로 처형할 수 있었다. 그러나 노련한 정세 분석가였던 산헤드린 당국자들은 시국이 불안하였으므로 예수를 투석형으로 처형했을 경우 야기될 문제들을 면밀히 검토하였을 것이다.

그 주간에 있었던 예수의 예루살렘 입성 시 백성들이 보여 준 환호에 미루어 볼 때, 백성들의 인기와 기대를 한 몸에 받고 있는 예수를 처형하는 것은 혹시라도 백성들의 소요를 불러일으킬 소지가 많았고, 그 과정에서 민란이라도 일어나면 예수를 처형한 산헤드린 당국자들이 빌라도 총독에게 그 책임을 추궁당할 것을 염려하였을 것이다. 끔찍한 결과를 가져올지도 모르는 위험한 소요를 막기 위해 유대 당국자들은 예수의 운명을 결정하는 책임을 로마인들에게 떠맡긴 것이다.[61] 그래서 예수를 체포한 이튿날 새벽에 대제사장이 온 공회와 더불어 의논하고 예수를 결박하여 빌라도에게 넘겨준 것이다. 그래서 예수는 빌라도의 법정으로 이송되어 두 번째 재판을 받게 된다.[62]

■ 로마인의 재판: 빌라도의 법정

마가복음(15:1-15)

빌라도: "네가 유대인의 왕이냐?"

예수: "네 말이 옳도다."(대제사장이 여러 가지로 고발함)

빌라도: "아무 대답이 없느냐? 그들이 얼마나 많은 것으로 너를 고발하는가 보라."

예수: 침묵(백성들이 바라바의 석방을 요구함)

빌라도: "너희가 유대인의 왕이라 하는 이를 내가 어떻게 하랴?"

백성들: "그를 십자가에 못 박게 하소서."(빌라도가 바라바를 놓아주고 예수를 채찍질하여 십자가에 못 박히게 넘겨주다.)

누가복음(23:2-14)

백성들 : "고소하여 가로되 우리가 이 사람을 보매 우리 백성을 미혹하고 가이사에게 세 바치는 것을 금하며 자칭 왕 그리스도라 하더이다."(23:2)

빌라도 : "너희가 이 사람을 백성을 미혹하는 자라 하여 내게 끌어 왔도다."(23:14)

예수의 경우뿐 아니라 바울의 경우에도 분명하게 입증되어 있듯이, 이러한 재판들은 다음과 같은 정규적인 패턴을 따른다.

- 고소장이 작성되고 공식적인 고소가 '고소자들'(delatores)에 의해 제기되었다.(막 15:1; 눅 23:2; 요 18:29)
- 총독은 사건 경위를 '재판 자리에서'(pro tribunali) 들었다.(막 27:19; 요 19:13)
- 피고측의 변명과 변론이 없는 경우 '유죄'(condemno) 판결을 하였다.[63]
- 일정한 형태의 형벌이 선고되었다.(눅 23:15-16, 22, 요 19:6)[64]

마가는 예수가 유대인의 왕으로 고발되었다고 하였으나 누가는 세 가지 고소 내용을 정확하게 제시한다. "우리 백성을 미혹하고 가이사에게 세금 바치는 것을 금하며 자칭 왕 그리스도"(눅 23:2)라고 고발하였다.[65]

예수는 가이사의 충신이 아니었다. "무릇 자기를 왕이라 하는 자는 가이사를 반역하는 것"(요 19:12)이라는 사실에 비추어 보면 그렇다. 대제사장들이 여러 가지로 예수를 고발하였지만 가장 중요한 죄목은 예수가 "유대인의 왕"으로 자처했다는 사실이다. 식민지 지배하에 있는 유대인이 자국민의 왕권을 주장하거나 백성을 선동하여 납세를 거부하는 것은 로마 황제에 의한 식민지 통치 자체를 부정하는 정치적 모반죄에 해당하며 십자가 처형의 대상이 되었다는 여러 사례들이 기록되어 있다.

- 헤롯 사후 므나헴 벤 유다는 갈릴리 세포리스에서, 헤롯의 종 시몬이 베레아에서, 목자 출신 아스롱이 유대에서 추종자들을 모아 반로마 투쟁을 결의하고 자칭 유대인의 왕으로 자처하였다. 시리아 주제 로마 총독 바루스는 다시 한 번 군대를 동원하여 이 지역 곳곳에서 이들에 동조한 자들 약 2,000명가량의 유대인을 십자가 처형하였다.[66]
- 기원후 6년 초대 총독 코포니우스가 부임하여 갈릴리 출신의 유다와 그의 형제 시몬과 야곱이 백성들을 선동하여 "로마에 대한 세금을 바치는 굴욕을 당하며 하나님의 섬기는 것은 비겁한 짓"[67]이라 주장한 반란을 일으켰으나 모두 십자가 처형을 당했다.
- 기원후 44년 아그립바 1세 사후에 디베료 알렉산더가 부임하여 갈릴리 유다의 두 아들 야고보와 시몬을 십자가에 처형하였다.[68]
- 기원후 70년에는 티투스 장군은 로마 항쟁에 참여한 "매일 500명 혹은 때로는 그 이상 되는 유대인"을 체포하여 십자가에 처형하였다.[69]

위의 증거들은 예수 시대를 전후하여 십자가형이 모반자에 대한 사형 집행의 한 형태였음을 시사한다.[70] 십자가형은 잔인한 형태의 형벌임에도 불구하고 고대 세계 도처에서 실시되었다. 십자가형은 페르시아인, 인도인, 앗시리아인을 비롯해 기타 여러 민족에 의해, 후에는 헬라인과 로마인에 의해 사형 집행의 한 방법으로 사용되었다.

예수는 왕적 메시아로 등장한 것인가?

예수를 정치적 모반자로 본 것은 순전히 오해의 결과인가? 예수를 왕적 메시아로 보게 한 사건들이 없었던 것은 아니다. 복음서에 기록된 여러 역사적 정황으로 보아 예수를 왕적 메시아 참칭자(僭稱者)로 빌라도의 법정에 기소하는 것은 무리한 일이 아니었다.

(1) 예수의 예루살렘 입성이다(막 11:1-11 병행; 요 12:12-19). 예수가 나귀를 타고 입성할 때 백성들로부터 '주의 이름으로 오시는 이'로 환영을 받았다. 구약의 전통에 의하며 이러한 행차는 왕의 입성을 의미한 것이 분명하다(슥 9:9, 요 12:15). 백성들의 환성은 더욱 분명하게 예수의 행차를 왕의 입성으로 묘사한다. 마가는 "찬송하리로다. 오는 우리 조상 다윗의 나라여."(막 11:10)라고 하였다. 마태와 누가는 이 구절을 생략했으나 요한은 "주의 이름으로 오시는 이스라엘의 왕이시여!"라고 환영한 것으로 기록한다. 그리고 확실한 것은 예수 자신이 그의 추종자들의 이러한 환호를 금지하지 않았다는 사실이다. 백성들은 예수의 입성을 다윗의 나라의 도래나 이스라엘의 왕의 입성으로 본 것이 분명하다.

유대인들이 예수의 예루살렘 입성의 본래 의도와 상관없이 이를 정치적 모반의 대행진으로 여긴 것은 이와 유사한 전례가 있었기 때문이다. 므나헴 벤 유다 역시 예루살렘에 입성한 후 성공적으로 궁전을 장악하고, 무장한 그의 추종자들이 호위하는 가운데 왕의 복장을 갖추고 화려한 행렬로 성전에 올라갔던 적이 있었기 때문이다.[71]

(2) 성전 정화 사건이다(막 11:15-19 병행, 요 2:13-22). 예수가 성전에 들어가서 매매하는 자들을 내쫓고 돈 바꾸는 자들의 상과 비둘기 파는 자들의 의자를 둘러엎었다(막 11:15). 이를 위를 노끈으로 만든 채찍을 사용하였다(요 2:15). 공격을 당한 무수한 사람들과 성전 경비병들과

로마 주둔병들의 반격의 기회를 전혀 주지 않은 급작스러운 집단적인 기습 시위로 보인다.[72]

기원전 165년 시몬 마카베오가 안티오커스 에피파네스 4세에 의해 유린된 성전을 탈환하고 성소를 정화하고 제단을 새로 쌓은 후 수전절(마카베오하서 10:1-9)을 지킨 역사적 사건과의 관련성에서 볼 때 성전 정화도 성전에서 외세를 몰아낸 정치적 의미를 지니는 것이었다.

(3) 예수의 제자들의 무장이다. 누가복음은 예수가 마지막 만찬 후 제자들에게 "검이 없는 자는 겉옷을 팔아 사라."(눅 22:36)라고 함으로써 넌지시 겟세마네 동산에 칼을 들고 갈 것을 승인한 것으로 기록한다. 그들에게는 이미 칼이 두 자루가 있었고 예수는 그것으로 족하다고 하였다. 그리고 가룟 유다가 무리를 이끌고 예수가 은거해 있는 겟세마네 동산에 도착했을 때, 무장한 제자들이 "주여 우리가 칼로 치리이까?"(눅 22:49)라고 묻는다. 그중의 한 제자가 대제사장의 종의 오른쪽 귀를 칼로 쳐서 잘랐다. 요한복음은 베드로가 말고의 귀를 친 것이라 한다(요 18:3-5). 예수와 그의 제자들은 무력충돌을 예상하였으며 실제로 짧은 유혈 접전이 예수의 만류와 제자들의 도피로 종식된 것이다. 이러한 유혈 접전이 곧 로마를 대항한 전투라고 볼 수는 없을 것이다.[73] 그러나 당시의 열심당들이 무장을 하고 있던 것에 비추어 예수의 무리들을 열심당의 일파로 간주할 여지는 없지 않았다.

(4) 예수의 주변에는 예수를 정치적 메시아로 기대하는 분위기가 팽배하였다. 따라서 예수로 인한 소요와 반란의 가능성이 여전히 상존하였다. 그러니 종교적 이유 이외에도 정치적 이유로 예수를 그대로 방치할 수도 없었다. 만일 예수가 정치적 메시아처럼 행동하는 것을 그대로 두면 "모든 사람이 그를 믿을 것이요 그리고 로마인들이 와서 우리 땅과 민족을 빼앗아 가리라."(요 11:48)고 예상한 것이다. 유대 지

도자들이 두려워한 것은, 사람들이 예수를 메시아로 믿어 메시아적 반란이 일어난다면 로마가 이를 진압하는 과정에서 결국 피해를 보는 것은 유대인들이 될 것이다. 유대 지도자들은 전례를 보아 이런 결과를 초래할 것을 두려워했다.[74]

그들이 가장 염려한 것은 반란 자체가 아니라 그 뒤에 올지도 모르는 로마의 보복이었다. 끔찍한 보복을 가져올지도 모르는 위험을 막고 백성들의 안녕을 위하여 예수의 운명을 결정하는 책임을 로마인에게 떠맡긴 것이다. 요한복음이 당시의 상황을 정확히 반영한 것이라면 예수의 처리를 두고 논쟁이 야기되었을 때, 당시의 대제사장 가야바가 "한 사람이 백성을 대신하여 죽어서, 온 민족이 망하지 않게 되는 것이 너희에게 유익한 줄을 생각하지 아니하는도다."(요 11:50)라고 주장한 의도를 이해할 수 있다. 그렇다고 해서 유대 당국이 무죄한 예수를 넘겨준 책임을 면할 수 없는 것이다.

(5) 빌라도 앞에 서게 된 예수는 자신에게 기대된 정치적 메시아의 혐의를 떨쳐내지 못하였으며, '유대인의 왕'이란 죄명으로 강도들과 함께 처형당했다(막 15:27 병행). 만일 예수의 처형을 산헤드린의 재판이 주도했다면, 예수는 스데반(행 7:58)이나 예수의 형제 야고보처럼 투석형[75]을 당하거나 세례 요한처럼 참수형(막 6:21-29)을 당하였을 것이다.

십자가 처형 방식과 로마인에 의한 판결 사이의 연관성을 명확히 보여 주는 것은 요한복음뿐이다. 요한복음에 의하면, 유대인들에게는 최종심판권이 없었기 때문에 예수는 십자가형을 당하였다고 한다.[76]

이처럼 유대인들인 예수를 체포하기 직전에 있었던 일련의 사건들은 예수를 정치적 모반자로 제소한 알리바이를 성립시켜 주는 것이 사실이다. 그래서 유대인들은 예수를 정치적인 모반자로 통칭되는 '유대인의 왕'이라는 죄명을 붙여 빌라도의 법정으로 이송한 것이다.

유대 당국이 왜 그런 협의를 씌워 예수를 로마인들에게 넘겨주었을까? 유대 당국자들은 예수가 율법과 하나님을 모독하는 행동을 방치할 수 없었다. 그래서 예수를 심문한 후 율법과 하나님의 모독자로 정죄한 것이다. 예수를 율법 위반과 신성모독에 대한 처벌로 투석형에 처할 수도 없었다. 예수를 투석형에 처할 경우 예수에 대한 기대가 팽배한 민중들의 소요와 이로 인한 민란의 가능성도 배제할 수 없었다. 그 경우 반란을 야기한 책임을 로마 당국자들로부터 추궁을 당할 가능성이 없지 않았다.

센더스에 의하면 예수는 성전에서 명백히 물리적 시위(physical demonstration)를 감행하였으며 예수를 추종하는 자들이 이를 목격하고 있었기 때문에 로마 당국은 예수를 괄목할 만한 추종자들(noticeable following)을 선동하여 공공질서를 위협할 인물로 간주하였다고 한다. 분명한 것은 "예수는 단지 말로 성전을 공격하는 것보다 더한 것을 했고, 그를 죽이는 것이 상책일 정도로 추종자가 있었다."[77]는 사실이다.

정치적 모반자로서의 죽음과 구원론적 의미

예수는 정치적 모반자를 통칭하는 '유대인의 왕'이라는 죄명으로 정치범에게 시행되는 십자가 처형을 당하였다. 예수는 로마의 점령군에 의하여 모반자로 재판을 받고 십자가에 달려 죽었던 것이다.[78] 빌라도는 단지 민중을 미혹한 자 하나를 제거할 수 있었고 이와 같은 그의 관점에서 볼 때 반로마적인 열심당원 지도자와 선동자 예수를 구분해야 할 필요는 없었을 것이다.[79]

그리스도의 십자가는 '가이사의 영광과 하나님의 영광' 그리고 '로마의 평화와 그리스도의 평화'를 가르는 시금석이다. 하나님의 영광은 강한 자의 왕관 위에 비치는 것이 아니라 십자가에 달린 자의 얼굴에 나타난다. 하나님의 권위는 높은 자, 강한 자 및 부한 자에 의해 직접 대변되지 않고 오히려 두 강도 사이에서 비참하게 죽었던 배척당한 '사람의 아들'에 의해 대변된다.[80]

예수는 정치적으로 고난당하고 억압당하는 자들의 그리스도가 되기 위하여 정치적으로 억압받고 억울하게 고통당하는 자로서 십자가에 처형된 것이다. 그리하여 '모든 고난당하는 자들의 구세주'가 되실 수 있는 것이다. 그리스도의 십자가 안에서 정치적 우상숭배와 정치적 소외와 정치적 무관심이 해소된다. 복음의 정치적 의미가 드러나는 것이다.

_03

십자가의 내적 신학적 원인과 십자가의 삼위일체론

1) 예수와 십자가

십자가의 내적 신학적 원인

바리새인들의 율법 이해와 예수 사이의 신학적 충돌로 인해 예수가 '하나님 모독자'로 그리고 로마인들과 예수 사이의 정치적 충돌로 인해 '선동자'로서 그의 십자가 처형을 불가피하게 하였다. 그러나 이러한 외적-역사적 원인으로는 예수의 고난과 죽음의 본래적이고 내적-신학적인 의미를 모두 설명해 주지 못한다.[81]

예수가 비록 유대 당국자들에 의해 체포되었지만 결코 그의 죽음에 대해 수동적인 입장을 취한 것은 아니다. 그 반대로 겟세마네의 기도에서 드러나듯이 능동적인 결단을 통해 이 고난과 죽음을 '아바(Abba) 아버지 하나님의 뜻'으로 수용한 것이다. 타이쎈과 메르츠는 바울이 예수 죽음의 이 모든 원인을 언급하였음을 지적한다.

예를 들어 바울은 '유대인들'이 예수를 죽였다(살전 2:14-15)고 말했다가 다른 곳에서는 '세상 통치자들'이 예수를 십자가에 못 박았다고 주장한다(고전 2:8). 나아가 바울은 그 죽음을, 예수가 스스로를 내어 준 것(갈 2:20)이며, 또 하나님이 예수를 내준 것(롬 8:23)이라고 규정한다.[82]

그러므로 예수의 십자가 처형의 여러 원인들(causae crucis)이 포괄적으로 다루어져야 한다. 예수의 두 번의 재판은 '십자가의 외적-역사적 원인'이지만 '예수 자신이 스스로의 죽음을 하나님의 뜻으로 받아들인 것'과 '하나님이 예수를 십자가에 달리도록 내어 준 것'은 '십자가의 내적-신학적 원인'이기 때문이다.

예수와 소크라테스의 죽음에 대한 태도

신학자들은 죽음을 앞둔 태도에 대한 소크라테스와 예수의 차이에 착안하여 예수가 자신의 죽음을 받아들인 특별한 의미를 밝히려고 하였다.

기원전 399년 소크라테스는 국가의 신(神)들을 믿지 않고, 청년들에게 나쁜 영향을 끼쳤다는 혐의로 멜레토스에 의해 고발되어 사약을 받게 되었다. 죽음을 앞둔 소크라테스는 "나는 죽으러 가고 너희들은 살아남지만 우리 중 누가 더 나은 운명으로 나아갈지는 신께서만 아신다."(*Apology* 40E)고 하였다. 소크라테스는 죽음을 앞두고 제자 크리톤과 대화를 나눈다. 제자들이 "선생님께서 죄 없이 죽으셔야 되겠습니까?"라고 질문한 후 간수를 매수하였으니 도망하자고 권하였다. 그러나 소크라테스는 "그렇다면 너희들은 내가 죄가 있어서 죽어야 좋겠느냐?"고 반문하였다고 한다. 소크라테스는 그의 죽음이 신의 뜻이라는 확신으로 감옥에서 도주하라는 주변의 채근을 물리치고 오히려 조국과 친구들의 명예를 위해 자신의 처형을 당당히 수용한 것이다.

소크라테스가 죽기 전에 마지막으로 한 것은 기도와 감사 예물을 바친 것이었다. 그는 자신의 죽음을 수용하는 신호로 그의 대화를 기도와 더불어 마감하며, 끝으로 크리톤에게 자신이 아스클레피우스 신(神)에게 서원한 예물로서 수탉을 바쳐 달라는 부탁을 남긴다.[83]

죽음에 임박해서 비범한 철인답게 소크라테스는 태연한 자세로 그의 친구들과 영혼의 불멸을 화제 삼아 긴 대화를 나눈다. 그는 독배를 들기에 앞서 떨거나 안색 하나 변함없이 눈을 크게 뜨고 시종을 쳐다본다. 그리고 즐겁고 담대하게 그 잔의 마지막 방울까지 모두 마시고 친구들의 눈물을 부조리한 행동으로 꾸짖고 평온을 유지하며, "용감하라"고 격려하였다. 죽음을 받아들이는 그의 이러한 태도는 에피쿠르스학파의 태도와 일치하는 것으로서 의로운 자의 고귀한 죽음이요 자발적 의미와 관련된 '좋은 죽음'(euthanasia)의 한 모범(proto-type)으로 후세에 적잖은 영향을 끼친다.[84]

소크라테스는 한 사람의 현자의 모습으로 죽었다. 그는 쾌활하고 태연하게 그에게 주어진 독배를 마셨다. 이로써 그는 영혼의 위대성을 증명하였으며, 그가 가르친 영혼의 불멸성을 증거하였다. 그에게 죽음이란 더 높고 더 순수한 삶에의 도약을 의미하였다. 그러므로 그에게는 죽음의 이별이 어렵지 않았다. 이와 같이 소크라테스의 죽음은 의로운 자의 당당하고 고귀한 죽음이요 하나의 자유의 향연이었다.[85]

하나님 아버지에게 버림받는 고통

예수는 분명히 소크라테스와 다른 태도를 보이며 죽었다. 그의 죽음은 하등의 '아름다운 죽음'이 아니었다. 복음서 기자들이 공공연하게 말하고 있는 것은 예수가 죽음을 앞두고 두려움과 공포심에 사로 잡혔다는 사실이다. 겟세마네 동산에서 기도할 때 예수는 자신의 죽음을 예감하고 제자들에게 “심히 놀라시며 슬퍼하사 말씀하시되 내 마음이 심히 고민하여 죽게 되었으니”(막 14:34 병행)라고 하였다. 십자가에 달려서는 숨을 거두기 직전에 발음이 불명료한 소리를 크게 지르며 죽었다(막 15:37)고 한다. 이러한 전승을 이어받은 히브리서는 예수가 “크게 부르짖고 눈물을 흘리면서”(히 5:7) 죽었다고 전한다.

여기서 죽음을 맞이한 예수의 태도에 관한 분명한 결론을 맺을 수 있다. 예수는 가장 처절한 경악을 나타내면서 죽었다는 사실이다. 이것은 소크라테스나 스토아 철학의 순교자들, 그리고 예수의 뒤를 따른 무수한 기독교 순교자들의 태도와는 너무 다른 것이 아닌가? 이들과 비교할 때 예수의 죽음에는 무언가 특이한 점이 있는 것이 분명하다.

예수가 일부러 그런 무서운 시늉을 하였다고 설명하는 것은 억지이다. 그렇다면 무엇이 그를 그토록 괴롭힌 것인가? 제자들의 배반과 백성들의 무지와 불의한 재판으로 억울하게 죽어야 하는 것 때문에 그토록 괴로워했던 것일까? 아니면 십자가 처형 과정에서 겪게 될 육신적 · 정신적 고통을 예상하고 그토록 괴로워했던 것일까?

겟세마네 기도에 관한 복음서의 기록을 보면 예수가 자신의 죽음을 예상하고 심각하고 고통스러운 번민 끝에 자신의 죽음을 하나님의 뜻으로 받아들이고 순순히 복종하기로 결단하였다고 한다.

> 이 때가 자기에게서 지나가기를 구하여 가라사대 아바 아버지여 아버지께는 모든 것이 가능하오니 이 잔을 내게서 옮기시옵소서. 그러나 나의 원대로 마옵시고 아버지의 원대로 하옵소서.(막 14:35-36 병행)

그렇다면 예수가 겟세마네 기도를 통해 깨달은 하나님의 뜻이 무엇일까? 당시의 무수한 열심당처럼 조국과 민족을 위해 자신을 목숨을 아낌없이 내어 놓는 자기희생이요 순교였을까? 아니면 슈바이처가 말한 것처럼 그가 선포한 하나님 나라의 임박한 종말이 지연되자 이를 앞당기기 위해 십자가의 죽음을 자처한 것일까? 만약 그러한 죽음이었다면 예수도 당당하게 죽을 수 있었을 것이다. 예수가 죽음 앞에서 그토록 놀라고 슬퍼하고 고민한 이유는 분명히 다른 데에 있을 것이다.

겟세마네 기도에서 예수가 순종하기로 작정한 하나님의 뜻에 대한 대답의 실마리는 예수가 십자가상에서 하나님에게 버림받음을 외친 말씀에서 찾아볼 수 있다.

> '엘로이, 엘로이 레마 사박타니' 하고 부르짖으셨다. 이 말씀은 '나의 하나님, 나의 하나님의 어찌하여 나를 버리셨나이까?'라는 뜻이다.(막 15:33-34 공동번역)

예수는 '하나님의 버림을 받고 죽은 것'이다. 이는 시 22편 1절의 인용이지만, 분노, 절망, 불신앙, 고독의 부르짖음이요 진짜 버림받은 자의 절규이다. 예수는 늘 "내가 혼자 있는 것이 아니라 아버지께서 나와 함께 계시니라."(요 16:32)고 하였지만 최후의 순간 하나님에게 버림받았음 처절하게 고백하였다는 것은 아주 놀라운 일이다.

'나의 하나님 왜 나를 버리셨나이까?'(막 15:34 병행)라는 말이 시편의 인용이므로 그 역사적 진정성이 제기되기도 하였다. 그러나 예수가 자신의 죽음의 의미를 발견하였는지 여부를 알 수 없다고 한 불트만도 십자가상에서 "그가 좌절하였다는 가능성을 숨길 수 없다."고 하였다.[86]

예수의 절규의 원인은 무엇인가?

왜 예수는 십자가상에서 그토록 처절하게 절규하였는가?

(1) 칼빈은 십자가상에서의 예수의 고통은 육신의 죽음을 앞둔 고통이 아니라, 영혼의 죽음을 앞둔 고통으로 해석하였다. 육체뿐 아니라 영혼도 고통을 받고 죽음으로써 예수는 육체와 영혼 모두의 구세주가 되었다는 것이다. 그의 영혼도 함께 벌을 받은 것이 아니라면, 그는 육체에 대해서만 속죄주가 되셨을 것이라고 하였다.

> 만약 그리스도께서 육신만 죽으셨다면 그의 죽음은 유효하지 못했을 것이다. … 만약 그의 영혼이 그 형벌을 받지 않았다면 그는 육신의 구속자밖에 되지 못했을 것이다. … 그는 정죄받고 버림받은 인간의 무서운 고통을 그의 영혼으로까지 담당하심으로써 더 크고 엄청난 값을 치룬 것이다.[87]

스토트 역시 죽음을 앞둔 예수의 고통은 영적인 것이라고 한다. "온 세상의 죄를 짊어진다는 영적 고뇌, 다시 말하면 그 죄 위에 떨어지는 하나님의 심판을 견뎌야 한다는 영적 고통"[88] 때문이라고 하였다.

(2) 길선주는 예수가 일평생을 큰 용기로 일관하다가 죽음 앞에서 약점을 보모였으며, 소크라테스와 같은 의인 열사의 죽음과 다른 대죄에 대한 대속적인 죽음을 죽으신 것이라고 하였다.

> 예수의 전 생애(全生涯)는 대용(大勇)으로써 일관(一貫)했으나, 십자가 상의 '엘리 엘리 라마사박다니'의 한 마다만이 약점이요, 실망(失望)이라고 하는 것이다. 속죄의 경험에 무식(無識)한 사람들은 그렇게 말할 것이다. 70넘은 소크라테스는 최후(最後)의 독배(毒杯)를 마시고도 오히려 조용했

고, 단종(端宗)의 신하(臣下) 성삼문은 화형(火刑)을 당해 죽으면서도, 의지배가(意志倍加)했던 것이다. 많은 순교자들도 그 죽음에는 대개 대담했거늘, 예수께서 십자가상에서 애명(哀鳴)한 일은, 약점(弱點)이 아닐 수 없다고 한다. 그러나 사람들은 의인열사(義人烈士)의 죽음을 보아 알지만도, 구세주(救世主)의 대죄대사(代罪代死)는 알지 못하여, 무지(無智)의 논란(論難)을 감히 하는 것뿐이다.[89]

길선주는 예수가 당한 고난은 단지 영적 고난일 뿐 아니라 육체적 고통과 정신적 고통이며 그리고 우주적 고통이라고 하였다. 그는 예수의 육체적 · 정신적 고통을 각각 12가지를 합하여 '예수의 24수난'이라 하였다.

육신상 수난[90]

- 혈한(血悍)의 기도(눅 22:44-)
- 밤낮으로 잘 쉬지도 못하심(요 18:28-)
- 전신 결박(요 18:12-)
- 다섯 곳에서 심판을 받음(요 18:13-24; 눅 23:1-11)
- 가죽 채찍에 매맞음(요 19:1-)
- 머리에 가시관을 쓰심(요 19:2-)
- 십자가를 지심(요 19:17-)
- 탈의 적신(脫衣赤身)(요 19:23-)
- 십자가에 못 박히심(요 19:22)
- 심히 목마르심(요 19:28-)
- 쓸개를 맛보심(마 27:34-)
- 창에 옆구리를 찔리심(요 19:34-)

심령상 수난[91]

- 제자에게 팔림(마 26:14-16, 막 14:11-, 눅 22:3-6)
- 기도 중 시험을 받음(눅 22:44, 막 14:33-36)
- 동족의 오해(誤解)를 받음(요 18:28-)
- 이방인에게 심판을 받음(막 15:1-2; 요 18:28-)
- 제자의 배반(마 26:2.1-)
- 병졸의 희롱(마 27:27-30)
- 강도와 함께 못 박힘(마 27:38)
- 지나가는 자의 비소를 받음(마 27:39-)
- 서기관과 장로의 희롱을 받음(마 27:41-)
- 관원의 비방(눅 23:35-)
- 어머니의 상심(요 19:26-)
- 아버지의 버리심(막 15:33-34)

더 나아가서 길선주는 예수가 십자가에서 절규한 것을 만대의 죄악의 총중량과 총형벌의 총실체를 한 몸에 짊어진 '우주적 고통' 때문이라고 설명한다.

만대(萬代)의 악(惡)의 총중량(總重量)은, 우주의 인력으로도 오히려 감당치 못할 것이요, 만대의 죄의 총형벌은, 지옥의 겁화(劫火)로도 오히려 부족할 것인데, 십자가상의 예수는 이 죄악의 총실체(總實體)를 한 몸(一身)에 짊어지신 것이니, 그 고통의 크기란 사람의 두뇌(頭腦)로 헤아리지 못할 바이다. 음녀(淫女)와 강도(强盜)를 용납하지 아니하시고, 살인자(殺人者)와 독신자(篤信者)를 버리시는 의(義)의 하나님께서, 이 모든 죄인(罪人)의 실상(實像)인 예수를 아니 버릴 수 없었으니, 예수님은 아버지께 버림 받는 순간 '라마 사박다니'라고 절규(絶叫)하지 않을 수 없으신 것이다. 그러므로 예수는 십자가상에서, 사망(死亡)의 총체(總體)와 죄악의 총량(總量)을 짊어지시고, 사망(死亡)과 죄로 말미암아 아버지에게 버림받으시는 우주적 고통(宇宙的 苦痛)으로써 '엘리 엘리 라마 사박다니'라고 큰 탄성(歎聲)의 영찬(詠讚)과 기도를 발하신 것이다.[92]

(3) 몰트만 역시 예수가 당한 '고통 중의 고통은 하나님에게 버림받음으로부터 오는 고통'이라고 하였다.[93]

편집사적 연구에 따르면 예수의 죽음에 대한 최초의 전승 양식은 "그는 죽었다."는 사망 양식(dying formular)과 "하나님이 그를 내어주었다."는 양도 양식(surrender formular)으로 대별된다.[94] 예수가 배반당하고 넘겨져서 죽을 때에 하나님 자신이 그리스도를 십자가에 달려죽도록 '내어 주었다'(paradidomi)[95]는 사실이 반복적으로 언급되고 있다. 그리고 '내어주심'은 더욱 강경하게 '버림받음'(갈 2:20, 엡 5:2)과 '멸시당함'(막 9:12)으로 묘사된다. 예수는 '건축자들의 버린 돌'(막 12:10, 행 4:11, 벧전 2:7)로 상징된다.[96] 그리스도께서는 우리를 위하여 저주받은 자가 되었으며(갈 3:13), 우리를 위하여 하나님께서 죄를 모르는 그리스도를 죄 있는 분으로 여기셨다(고후 5:21)고 한다. 이처럼 예수는 소크라테스처럼 '의로운 순교자'로 죽은 것이 아니라, 하나님의 버림을 받고 '저주받은 죄인'으로 죽었다는 것이다.

예수는 늘 "내가 혼자 있는 것이 아니라 아버지께서 나와 함께 계시니라"(요 16:32)고 하였으며, 아바(아빠) 곧 사랑하는 아버지라고 부른 하나님을 향한 예수의 마지막 말이 "나의 하나님 왜 나를 버리셨나이까?"(마 27:46, 막 15:34)이었다는 것은 실로 충격적이다. 만일 이 무서운 말이 정말 말해지지 않았거나 예수의 죽음의 외침 속에서 들을 수 없었다면, 예수의 죽음이 하나님의 버림받은 사건이라는 고백이 초대 교회의 신앙에서 뿌리를 내릴 수 없었을 것이다. 그래서 비교적 후대에 기록된 히브리서조차도 "그는 하나님으로부터 멀리 떨어져서 모두를 위하여 죽음을 당하였다."는(2:9) 기억을 견지하고 있다.[97]

그러므로 몰트만은 십자가상에서의 예수의 절규에서 볼 수 있듯이 "십자가 사건은 내어주는 아버지와 버림받은 아들 사이의 사건"[98]이라고 하였다.

> 십자가에서 아버지와 아들은 아들의 버림받은 상태 속에서 가장 깊이 분리되어 있으며, 이와 동시에 아들의 내어줌 속에서 가장 깊이 하나로 결합되어 있다.[99]

(4) 몰트만이 해결하지 못한 하나의 문제가 남아 있다. 예수는 세 차례 걸친 명시적 수난 예고에서 "인자가 많은 고난을 받고—죽임을 당하고 사흘 만에 다시 살아나야 할 것"(막 8:31 등)이라고 하였다. 부활에 대한 확고한 소망에 따라 하나님의 뜻에 철저히 순종하여 '고난의 잔'(막 14:36)을 마시기로 결단한 것이라면, 자신의 당당한 죽음을 그토록 두려워할 이유가 없을 것이다. 자신이 비록 하나님의 버림을 받고 죽을지라도, 3일 만에 부활할 것을 분명히 확신하였다면 잠시 잠깐 죽는 것이 그토록 그를 두렵게 했을 리가 만무한 것이 아닌가?

그러나 부활신앙은 "의인으로 죽은 자들이 다시 살아난다."는 믿음에 뿌리를 두고 있다. 죄인으로 죽은 자에게는 부활의 기회가 주어질 수 없는 것이다. 이런 배경에서 보면 예수는 의인으로서 죽은 것이 아니라 '죄인으로 죽었다.'는 사실이 죽음을 앞둔 예수가 절규한 내적 원인일 것이라고 생각된다. 예수 시대에 적어도 수만 명이 십자가에 처형되었다. 예수도 다른 민란에 가담한 열심당 두 명과 함께 십자가 처형을 당하였으나, 예수의 십자가와 그들의 십자가에는 무한한 질적 차이가 있는 것이다. 그들은 죄인이지만 의인으로 자처하며 당당하게 죽었으나, 예수의 의인임에도 불구하고 죄인으로 하나님의 버림을 받고 십자가의 저주를 당하고 죽은 것이다.

몰트만은 예수가 하나님의 버림을 받고 죽은 것의 구원론적 의미를 새롭게 조명한다. 예수가 하나님의 버림을 받아 십자가에 달려 죽은 것은 그의 죽음이 하나님의 버림받은 모든 사람을 대신한 죽음임을 의미한다. 하나님께서 버림받은 예수를 다시 살리심으로, 예수는 하나님으로부터 버림받은 모든 사람의 구원자가 될 수 있었던 것이다. 그래서 칼 바르트는 십자가와 부활 사건 안에서 '택한 자가 버림받은 자'가 되고 그리고 '버림받은 자가 택함받은 자'가 된 이중 선택의 비밀이 숨겨 있다고 하였다.[100]

하나님 아버지에 대한 순종의 극치

겟세마네 기도를 통해 우리가 유추해 볼 수 있는 것은 예수가 예상치 못한 하나님의 놀라운 뜻을 발견하고 전율했다는 사실이다. 그것은 세상 모든 인류의 구원을 위하여 사랑하는 아들 예수를 버리려는 것이 하나님의 뜻이라는 사실이다.

기독교인들은 세상 사람들이 모두 나를 버리고 나를 몰라준다 할지라도, 하나님이 나의 속사정을 다 아시고 하나님이 끝까지 나를 버리시지 않으실 것이라는 믿음이 있는 한 모든 고통을 견디고 인내하면 하나님의 뜻에 순종할 수 있는 것이다. "선을 행하다가 고난을 받는 것은 하나님의 뜻"(벧전 3:17)이므로 "만일 그리스도인으로 고난을 받은즉 부끄러워 말고 도리어 그 이름으로 하나님께 영광을 돌리라."(고

전 4:16)고 하였다.

그러나 예수의 경우는 달랐다. 겟세마네의 기도 가운데서 엿볼 수 있는 것은 하나님은 독생자 예수를 영원히 버리기로 작정하신 것이고, 예수는 "나를 영원히 버리려는 것이 아버지의 뜻이라면 아버지의 뜻대로 하십시오."라고 결단한 것이라고 생각된다. 예수에게는 사실 두려워할 고통이 없었다고 보아야 한다. 그에게 남아 있는 유일한 고통은 하나님에게 버림받는 고통뿐이었다. 그것이 그에게 남은 유일한 '고난의 잔'이었을 것이다. 그러나 예수는 하나님에게 버림받는 '고난의 잔'을 거두어 달라고 기도하면서도, 그것이 하나님의 뜻이라면 아버지의 뜻대로 하시라고 결단한 것이다. 하나님 아버지에게 영원히 버림받기로 결단한 것이다. 그러니 두렵고 떨리고 근심이 되어 죽은 지경이 아닐 수 없었을 것이다.

실제로 예수는 체포되고 재판을 받고 조롱을 당한 후 십자가에 달리게 되었다. 절체절명의 마지막 순간 예수는 자신이 실제로 하나님에게 버림받게 되었다는 사실을 뼈저리게 자각하게 된 것이다. 그래서 하나님을 향한 예수의 마지막 말이 "당신은 정말 나를 버리시는군요."라는 무섭고 두려운 절규였던 것이다.

성서는 예수의 죽음을 아버지 하나님에 대한 완전한 순종으로 설명한다. 하나님에 대한 사랑의 극치는 하나님의 뜻에 대한 순종의 극치로 드러난다. 아브라함의 경우처럼 독자 이삭을 번제로 드리라고 했을 때는 그 명령이 인정상으로나 도의상 있을 수 없는 명령이지만 그럼에도 불구하고 하나님의 명령이었으므로 무조건 순종하여 믿음의 조상이 되었다.[101]

그러나 예수에게 주어진 하나님의 명령은 아브라함의 경우보다 더욱 극단적인 것이다. 하나님은 예수에게 아마도 "내가 너를 희생시키겠다."고 하였을 것이다. 그것은 "내가 너를 버릴 터이니 너는 내 뜻에 순종하라."는 것이었다. "너를 영원히 버리는 것이 나의 뜻"이라고 했음에도 그것이 진정 하나님의 뜻이라면 "내 뜻대로 마옵시고 아버지의 뜻대로 하옵소서."라는 말이 예수의 응답이었을 것이다. 하나님의 뜻에 순종하는 것이 하나님에게 버림받는 것이라는 이 놀라운 역설적인 순종의 극치가 바로 예수의 하나님에 대한 사랑과 순종의 극치인 것이다.

바울은 예수의 순종과 아담의 불순종을 대비하여 예수의 순종의 구원론적 의미를 제시한다.

> 한 사람의 순종치 아니함으로 많은 사람이 죄인 된 것같이 한 사람의 순종하심으로 많은 사람이 의인이 되리라.(롬 5:19)

히브리서는 더 나아가서 하나님의 뜻에 따라 죽기까지 온전히 순종한 것이 모든 순종하는 자들에게 영원한 구원을 주시는 근거가 되었다고 한다.

> 그가 아들이시라도 받으신 고난으로 순종함을 배워서 온전하게 되었은즉 자기를 순종하는 모든 자에게 영원한 구원의 근원이 되시고…(히 5:8-9)

인류에 대한 사랑의 극치

이웃에 대한 가장 큰 사랑은 자신의 모든 소유를 내어 놓는 것이다. "내 것을 네가 다 가져라"는 사랑이다. 이보다 큰 사랑은 이웃을 위하여 자기 목숨을 내어 놓는 것이다. 예수도 생전에 "친구를 위하여 자기 목숨을 버리면 이에 더 큰 사랑이 없다."(요 15:13)고 하였다. "너 대신 내가 죽어 주겠다."는 것보다 더 큰 사랑이 없다는 뜻이다.

그러나 이보다 더 큰 사랑이 여기에 있다. 그것은 너 대신 내가 하나님의 영벌을 받겠다는 사랑이다. "너 대신 내가 지옥에라도 가겠다."는 사랑이다. 예수가 십자가를 통하여 보여 준 사랑은 바로 단순히 대신 죽겠다는 사랑이 아니라 모든 죄를 대신 지고 지옥에라도 대신 가겠다는 사랑이다. 온 인류의 죄를 친히 담당하시고 하나님의 영원한 버림을 받고 저주의 지옥 형벌을 짊어지신 것이다. 몸서리치도록 두렵고 떨리는 전율적인 사랑이다. 예수는 이 사랑을 실천한 것이다. 그리기 때문에 예수 당시의 수만 명의 십자가의 죽음과 예수의 죽음 사이에는 '무한한 질적 차이'가 있는 것이다.

이러한 사랑의 흔적은 모세와 바울에게서 드러난다. 모세는 이스라엘 백성을 용서를 받을 수 있다면 자신의 이름을 주의 기록하신 책에서 지워도 좋다고 했고, 바울은 자신 형제를 위하여 자신이 저주를 받아 그리스도에게서 끊어져도 좋겠다고 하였다.

> 여호와께로 다시 나아가 여짜오되 슬프도소이다. 이 백성이 자기들을 위하여 금신을 만들었사오니 큰 죄를 범하였나이다. 그러나 합의하시면 이제 그들의 죄를 사하시옵소서. 그렇지 않사오면 원컨대 주의 기록하신 책에서 내 이름을 지워 버려 주옵소서.(출 32:31-32)

> 내가 그리스도 안에서 참말을 하고 거짓말을 아니하노라. 내게 큰 근심이 있는 것과 마음에 그치지 않는 고통이 있는 것을 내 양심이 성령 안에서 나로 더불어 증거하노니, 나의 형제 곧 골육의 친척을 위하여 내 자신이 저주를 받아 그리스도에게서 끊어질지라도 원하는 바로라.(롬 9:1-3)

그러나 모세와 바울에게는 실제로 그런 일을 일어나지 않았다. 오직 예수만이 인류를 사랑하사 인류의 죄와 저주를 대신 짊어지시고 하나님께 버린바 되시고 지옥 형벌을 대신 감당하신 것이다.

그래서 히브리서는 예수가 음부에 버림을 당했으나 "음부에 버림이 되지 않고 육신의 썩음을 당하지 않은 것"(행 2:31)은 하나님이 예수를 다시 살리셨기 때문이라고 가르친다. 이 전승을 계승한 사도신경에는 예수께서 실제로 '음부에 내려가신'(descensus ad inferos)으로 것으로 고백하고 있다.

칼빈은 사도신경에 포함된 그리스도의 지옥 강하 교리는 매우 중요한 문제에 대해서 귀중하고 유용한 신비가 포함되어 있다고 하였다. 여기서 말하는 '귀중하고 유용한 신비'란 그리스도께서 우리를 대신하여 하나님께 버림을 받으신 정신적이고 영적인 고통을 죽음의 세계에 이르기까지 친히 겪으셔서 우리를 위한 대속을 성취하셨다는 복음의 진리를 가리킨다. 예수의 '지옥 강하'는 우리를 위해서 그리스도가 받으신 영적 고통을 의미한다고 하였다.[102] 루터는 신이시며 인간이신 그리스도께서는 문자 그대로 지옥에 들어가셨다고 하였다. 이런 전통에 따라 하이델베르크 요리문답(44문)은, "음부에 내려가시사"라는 말이 첨가된 뜻은 "가장 큰 시험 중에서도 나로 하여금 나의 주 그리스도께서 십자가 위에서와 그 전에 그의 영혼으로 당하신 말할 수 없는 고통과 아픔과 공포로 말미암아 나를 지옥의 고통과 괴로움에서 구속하셨음을 확신하게 하기 위함이다."고 진술하였다.

예수는 하나님을 사랑하고 이웃을 사랑하는 것이 율법과 선지자의 가르침의 골자(마 22:39-40)라고 하였다. 예수의 십자가의 죽음은 이러한 하나님의 사랑과 이웃 사랑의 극치를 몸소 실현한 유일회적인 사건이다. 하나님을 사랑하사 하나님께서 그를 영원히 버리기로 하신 것이 하나님의 뜻이기에 순종한 것이다. 그리고 인류를 사랑하사 그 죄와 저주를 대신 지고 지옥으로 가는 것도 마다하시지 않은 것이다. 그래서 예수의 십자가는 그 당시의 수만 명의 십자가와 질적으로 다른 것이다.

바울은 "우리가 아직 죄인 되었을 때에 그리스도께서 우리를 위하여 죽으심으로 하나님께서 우리에게 대한 자기의 사랑을 확증"(롬 5:8)하였다고 하였다. 예수 그리스도의 십자가는 예수를 통해 나타내 보이신 우리를 향한 하나님의 사랑의 확증이기 때문이다. 그래서 프뢰퍼(Th. Pröpper)도 예수의 죽음의 본질은 "하나님의 사랑의 궁극적이고 확정적인 방식"[103]이라고 하였다. 따라서 바울은 "예수 그리스도와 그의 십자가에 못 박인 것 외에 아무것도 알지 아니하기로 작정"(고전 2:2)하였다고 고백한다. 예수가 짊어지고 걸어가신 십자가의 도(道)는 표적을 바라는 유대인들에게는 거리낌이 되고, 지식을 바라는 헬라인에게는 미련함이 되지만 예수 그리스도를 믿는 우리들에게 구원에 이르게 하는 하나님의 능력이요 하나님의 지혜라고 하였다(고전 1:18-24 참조).

예수는 자신의 죽음을 어떻게 받아들였나?

마르크센(W. Maxsen) "예수가 자신의 죽음을 하나의 구원사건으로 이해하지 않았다는 사실을 상당히 자신 있게 단언할 수 있다."고 하였다. 예수는 자신의 죽음을 하나의 구원의 죽음으로 이해한 적이 없으며 예수 죽음의 구원론적 이해는 바울의 조작이라는 것이다.[104]

구약성서에는 예수로 하여금 자신의 죽음을 구원론적으로 해석할 수 있게 할 만한 신학적 근거들이 있다는 사실은 부정할 수 없다. 메시아가 고난을 받으리라는 사상은 찾아볼 수 없지만, '고난받는 의인'이라는 관념과 이러한 의인의 죽음에는 속죄의 힘이 있다는 표상은 예수 당시에도 널리 퍼져 있었다.[105] 이것은 예수가 자신의 죽음을 속죄의 표상으로 보게 한 의심 없이 정확하고도 중요한 사실로 확인된다.[106]

이스라엘의 구원자를 상징하는 "사람의 아들과 같은 이"에 대한 다니엘의 환상은 예수에게 영감과 확신을 제공하였던 것으로 보인다. 또한 이사야 40-55장의 "고난받는 종"에 대한 시들은 특히 그에게 자신의 소명감과 사역의 궁극적 목표를 제공하였을 것이다. 따라서 만일 예수가 자신이 이스라엘의 메시아라고 믿었으며, 이스라엘의 하나님이 그를 통하여 마침내 그 포로 생활과 죄를 청산하고 오래 기다려 왔던 해방을 이룩하실 것이라고 믿었다면, 그는 또한 이 메시아로서의 과제가 자신의 고통과 죽음을 통해 성취될 것이라고 믿었을 것이다.

예수가 죽은 것은 당시에 다른 사람들을 기다리고 있었던 죽음을 대신 죽은 것으로써, 그 이유는 그들이 그런 죽음을 당하지 않도록 자신이 그런 죽음을 죽은 것이라고 볼 수 있다. 그는 이스라엘을 대신하여 스스로 '메시아적 재앙'(messianic woes)을 감당하였던 것이다.[107]

무엇보다도 예수와 제자들의 마지막 만찬은 여러 층의 상징들을 표상하지만 실제의 식사에서 비롯되었다. 예수는 제자들로 하여금 떡과 포도주를 나눠주면서 이를 많은 사람들을 위해 내어 준 자기의 몸과 '여러 사람'을 위하여(즉 모든 사람을 위하여) 흘리는 자기의 피에 참여하는 것으로 선언하였다. 가장 오래된 고린도전서와 누가복음의 기록에 따르면 이 만찬을 통해 예수는 자신의 죽음을 '언약의 피'[108] 또는 '피로 세우는 새 계약'으로 설명하였다.

– 이 잔은 내 피로 세우는 새 언약이니 곧 너희를 위하여 붓는 것이라.(눅 22:20)

– 이 잔은 내 피로 새우는 새 언약이니 이것을 행하여 마실 때마다 나를 기억하라.(고전 11:23-25)

이로써 예수의 죽음은 시내산에서 체결된 옛 계약의 갱신이라는 의의를 가지거나(출 24:8), 예레미야를 통해서 약속된 '새로운 계약', 곧 하나님의 새로운 구원 질서의 창설이라는 의의를 가진다(렘 31:31 이하).[109] 예레미야의 새 계약은 이스라엘 백성들이 옛 계약을 지키지 못한 모든 죄에 대한 죄 사함을 포함하고 있다는 사실을 주목해야 한다.

여호와의 말씀이니라. 보라 날이 이르리니 내가 이스라엘 집과 유다 집에 새 언약을 맺으리라. … 내가 그들의 악행을 사하고 다시는 그 죄를 기억하지 아니하리라. 이는 여호와의 말씀이니라.(렘 31:31, 34)

예레미야가 예언한 새 계약은 옛 계약을 대체하는 것으로서 두 계약 사이의 몇 가지 질적인 차이를 드러낸다.

	옛 계약	새 계약
계약문	돌에 새김	마음에 새김
대 상	이스라엘 백성	많은(모든) 사람
목 적	출애굽의 해방	모든 죄의 사함

따라서 복음서에 기록된 최후의 만찬 본문에도 이점이 명시되어 있다. 예수는 자신이 내어 주는 빵과 포도주를 자신의 몸과 피로 상징하고 이를 '많은 사람을 위하여', '죄 사함을 얻게 하려고' 주는 것임을 분명히 하였다. 예수의 마지막 공동 식사는 "새 언약"의 성립을 상징하

는 행위였다.

예레미야의 예언을 통해 널리 알려진 것처럼 예수 역시 다른 유대인들과 마찬가지로 새 언약과 더불어 계약이 갱신되고 모든 사람들에게 죄 사함이 주어질 것이라고 믿으셨다. 따라서 자신의 죽음을 자신의 피로 새우는 새 언약의 징표로 이해했다는 것은 놀라운 일이다. 히브리서는 예수 죽음이 새 언약의 중보자의 죽음으로서 속죄의 의미가 있음을 분명히 하였다.

> 이를 인하여 그는 새 언약의 중보니 이는 첫 언약 때에 범한 죄를 속하려고 죽으사 부르심을 입은 자로 하여금 영원한 기업의 약속을 얻게 하려 하심이니라.(히 9:15)

2) 하나님과 십자가

하나님은 왜 예수를 죽음에 이르도록 했나?

예수 시대에 십자가에 처형된 사람은 수만 명에 이른다. 그런데 왜 하필 예수의 십자가의 죽음만이 그토록 중요한 의미를 지닌 것일까? 예수의 십자가는 그의 역사적 사역의 결과일 뿐만 아니라 하나님의 아들로서의 죽음이다. 하나님께 그의 아들 예수 그리스도를 십자가에 달려 죽도록 내어 준 것이다. 따라서 하나님은 왜 예수를 십자가에 처형되도록 허용하고 내어 주셨는지를 물어야 한다.[110]

십자가상에서의 예수의 절규에서 볼 수 있듯이 '십자가 사건은 내어주는 아버지와 버림받은 아들 사이의 사건'[111]이며, 이 사건으로부터 성령의 역사가 일어난다.

십자가에서 아버지와 아들은 아들의 버림받은 상태 속에서 가장 깊이 분리되어 있으며, 이와 동시에 아들의 내어 줌 속에서 가장 깊이 하나로 결합되어 있다. 아버지와 아들 사이에 일어난 이 사건으로부터 발생하는 것이 성령이며, 이 성령은 하나님 없는 자들을 의롭다 인정하여 주며, 버림받은 자들을 사랑으로 채워 주고, 죽은 자들마저 살게 한다. 왜냐하면 그들이 처한 죽은 상태도 그들을 십자가의 사건으로부터 배제시킬 수 없으며, 오히려 하나님 안에서 일어난 죽음이 그것들을 포괄하고 있기 때문이다.[112]

따라서 몰트만은 예수의 십자가의 죽음을 '삼위일체 하나님의 죽음'(Crucified God)으로 해석한다. 십자가상에서의 아들의 죽음은 아들 단독의 죽음이 아니라 아버지의 죽음이며 동시에 성령의 죽음이기도 하다는 것이다.

십자가에 달리신 삼위일체 하나님

십자가상에서의 아들의 죽음이 동시에 아버지와 성령의 죽음이지만, 그 죽음의 방식이 동일한 것은 아니다. 예수의 죽음이 곧 동일한 형식을 가진 하나님의 죽음은 아니다. 예수의 죽음이 하나님의 죽음(Death of God)이 아니라, 하나님 안에서의 죽음(Death in God)이라는 점에서 십자가는 삼위일체적 성격을 갖는다.

(1) 그리스도 안에 계신 하나님(고후 5:19)께서 고통당하고 죽어 가는 예수 안에 계신다. 아들이 수난을 당할 때, 아버지 자신이 아들의 버림받은 상태로 인하여 고통을 당하신다. 아들은 주검(Sterben)의 고통을 당하며, 아버지는 아들의 죽음(Tod)이라는 고통을 당하신다. 여기서 아버지가 당하는 고통은 아들의 죽음만큼 큰 것이다. 하나님은

아들의 죽음 안에서 '부성의 죽음'(the death of his Fatherhood)을 당한다.[113] 사랑하는 아들이 죽어 가는 것을 무력하게 바라보아야 하는 아버지의 고통은 부성의 죽음으로 보아야 한다. 이는 헤겔의 용어로 표현하면 십자가상에서의 성부 하나님의 부성의 죽음은 "대자적(對自的) 죽음"이라면, 성자 예수의 순종적 죽음은 "즉자적(卽自的) 죽음"에 해당한다.

(2) 성자 하나님은 사랑하는 아버지에게 버림받고 실제로 죽임을 당한다. 그래서 그는 소크라테스와는 달리 죽음을 앞두고 '떨고 낙담하고'(막 14:34 병행), '크게 부르짖고 눈물을 흘리면서'(히 5:7), 그리고 발음이 불명료한 소리를 크게 지르며 죽은 것(막 15:37)이다. 예수는 가시관을 쓰고 손과 발에 못이 박힌 채로 십자가에서 처형된 것이다. "즉자적 죽음"을 당하신 것이다.

십자가에 달리신 하나님은 하나님 없이, 하나님을 버린 모든 인간에 대해 그들의 하나님 아버지가 되기 위해 자기의 부성(父性)을 버린다. 같은 방식, 동일한 의지로 아들은 인간성을 상실한 비인간을 참인간이라 부르기 위해 자기 자신을 비인간화시켜 그들과 동일시함으로써 자기를 버리셨다.[114]

(3) 이 십자가의 정황에서 아버지의 영이요, 아들의 영인 성령은 아버지와 아들의 희생의 영이요, 사랑의 영으로서 생명을 살리는 영으로 이해될 수밖에 없다.[115]

> 또한 사랑하는 아버지와 사랑하는 아들 사이에 일어난 이 사건의 생동성을 이해하게 된다. 아들은 그의 사랑 가운데에서 아버지로부터 버림받은 상태를 죽음 속에서 고통당한다. 아버지와 아들 사이에 일어난 사건으로부터 생성되는 것은 아버지와 아들의 희생의 성령이라고 이해될 수밖에

없다. 즉 버림받은 인간들에게 사랑을 선사하는 성령, 죽은 것을 살게 하는 성령이라 이해될 수밖에 없다.[116]

십자가의 사건에서 성령은 무엇이며, 어떤 역할을 하는가? 성령은 바로 이러한 "아버지와 아들의 포기"라는 자기 버림의 영이며, 이 자기 포기는 적극적 고난으로써, 사랑을 버린 자를 사랑하며, 죽은 자에게 생명을 가져다 주는 창조적 사랑의 힘이다.[117] 이 사랑은 버림받은 인간, 고통당하는 인간, 죽음에 처한 인간들에게 새로운 삶의 가능성과 힘을 선사하는 절대적이며 무제한적인 사랑이다.

19세기 이후 현대 신학에서 삼위일체론은 초대 교회의 헬라 철학적 신학의 산물이요, 하나님에 대한 신학적 사변이라 하여 푸대접을 받아왔다. 그러나 삼위일체론은 신의 본성에 대한 사변이거나, 그리스도의 양성론에 대한 보완적 도그마가 아니라, 그것은 그리스도의 수난에서 가장 간결하게 서술된 그리스도 신앙의 핵심으로 보아야 한다. 따라서 "삼위일체의 내용적 원칙은 십자가이며, 그리고 십자가 신학의 형식적 원칙은 삼위일체의 교리이다."[118]

그래서 몰트만은 하나님의 내적 본성에 대한 '내재적 삼위일체'와 구속사의 '경륜적 삼위일체'를 넘어서는 제3의 입장을 '십자가의 삼위일체'라고 하였다.[119]

하나님이 죽을 수 있는가?

십자가의 삼위일체는 하나님이 고난당하고 죽을 수 있는가? 하는 문제를 새롭게 제기한다.

그렇다면 하나님이 어떻게 고난받을 수 있는가? 이 설명을 위해 몰트만은 고대 그리스의 무감정의 신(Theosapathes)과 이스라엘의 동정의 신(Theospathes)을 비교한다.[120] 희랍의 신은 신의 완전함을 아파토스(apathos)로 묘사했다. '아파토스'는 물리적 의미로는 무변화, 심리적 의미로는 무감정이며, 윤리적 의미로는 자유로 인식되었다. 무감정의 신은 완전한 로고스의 순수 원인이므로 고난, 공포, 사랑, 진노 등과는 무관한 신이다. 따라서 신이 고난을 당한다면 그 완전성으로서 신성이 포기된다. 특히 스토아 철학에서 이러한 신관을 분명히 찾아볼 수 있을 것이다.

희랍의 이러한 신관은 신화를 통해 구체적으로 표현된다. 제우스 신은 때로는 황소로 둔갑하여 아름다운 여인을 유혹하고 그녀를 파별로 몰아넣는다. 운명의 여신 큐피드는 세 쌍의 연인에게 엉뚱한 화살을 쏘아 서로 뒤섞이게 하고 혼란 속에 몰아넣어 '한여름 밤의 꿈' 속을 헤매게 한다. 그 일로 인해 인간들이 당하는 고통은 철저히 외면한다. 우물 속 개구리에게 돌을 던지는 아이는 장난이고 놀이이지만 개구리에게는 생사가 걸린 문제이다. 권태에 빠진 희랍의 신들은 인간의 운명을 희롱하는 자신의 장난과 놀이에 탐닉할 뿐 인간이 당하는 고통에 대해서는 무관심하고 몰인정하다. 따라서 희랍 신화에서는 신은 피도 눈물도 땀도 흘리지 않는 존재로 묘사된다. 이 점이 신과 인간의 차이라하고 한다.

반면에 구약성서의 하나님은 자신이 몸소 고통을 당할 뿐 아니라, 고난받는 이스라엘의 고통에 민감하게 하감하는 하나님이다. 그리고 장차 이 땅의 구원자로 오실 메시아 역시 우리를 대신하여 고통을 겪을 자로 묘사되어 있다.

> – 오냐! 에브라임은 내 아들이다. 눈에 넣어도 아프지 않은 나의 귀염둥이다. 책망을 하면서도 나는 한 번도 잊은 일이 없었다. 가엾은 생각에

내 마음은 아프기만 하였다. 내가 진정으로 하는 말이다.(렘 31:20 공동번역)

- 우리가 우리 조상의 하나님 여호와께 부르짖었더니 여호와께서 우리 음성을 들으시고 우리의 고통과 신고와 압제를 하감하셨다.(신 26:7)
- 그런데 실상 그는 우리가 앓을 병을 앓아 주었으며, 우리가 받을 고통을 겪어 주었구나. 우리는 그가 천벌을 받은 줄로만 알았고 하느님께 매를 맞아 학대받는 줄로만 여겼다.(사 53:4 공동번역)

야웨 하나님은 강자요 부자요 지배인 바로의 하나님이 아니라, 약자요 가난한 자요 피지배자이어서 고통에 시달리는 히브리 노예들의 하나님으로 등장한다. 인간의 창조주, 심판주, 구속주로 신앙 고백된 하나님은 인간의 고난에 무관하지 않으며, 끊임없이 인간과 고난을 함께 하면서 인간을 사랑하는 하나님이다. 따라서 이스라엘 야웨 신앙에서는 고난의 주최자가 아니었던 신은 참된 신이 될 수 없었다.[121]

초대 기독론의 핵심에 의하면 하나님께서는 그리스도를 십자가에 달려 죽도록 '내어 주셨다'(롬 4:25, 8:32)고 한다. 그러나 신은 죽을 수 없고, 인간은 죽을 수 있다는 희랍적 사고로 인해 예수의 죽음을 예수가 지닌 신성과 관련시킬 수 없었다. 따라서 고난도 죽음도 없는 신성과 고난받고 죽을 수 있는 인성 사이의 모순된 관계를 설명하기 위하여 양성론의 논쟁이 치열하게 전개된 것이다.

양성론의 교리는 외면적으로 타당하나, 하나님과 예수 사이의 놓인 십자가의 고난의 내적 관계에 대해서는 침묵할 수밖에 없다. 그래서 몰트만은 전통적인 본체론적 양성론을 포기하고, "어떻게 예수의 죽음이 하나님에 대한 언설이 되겠는가?"고 질문한다. 십자가의 고난을 성부와 성자와 성령 삼위일체 하나님의 고난으로 재설정한다. 전통적인 양성론이 배재한 성부수난설을 복권한 것이다.

3) 십자가의 삼위일체론의 구원론적 의미

십자가의 구원론적 의미

십자가상에서 예수의 죽음은 모든 기독교 신학의 초점이다.[122]

기독교 역사를 살펴보면 죽어 가고 있는 예수의 이 무서운 고함을 수난사에서 점차 약화시켰으며 위로가 되고 의기양양한 말로 대체시켰다. 몰트만은 십자가를 자기희생의 도덕적 모범으로 미화하는 것과, 십자가의 고난을 합리주의적 추상으로 환원하는 '장미의 십자가'와, 십자가의 희생을 교회의 제단에서 피 흘리지 않고 반복하는 제의로 대체한 '십자가의 제의'와, 그리고 그리스도의 고난을 내면적인 경건성으로 환원한 '고난의 신비주의'는 예수의 십자가애 대한 현저한 오해라고 하였다. 이러한 십자가의 이러한 오해는 예수 십자가의 고난의 구체성과 현실성과 다차원성을 사라지게 만들었다고 하였다. 또한 십자가의 신학을 속죄론적 지평에서만 설명한 것도 충분하지 못하다고 하였다.[123] 몰트만은 하나님의 고난과 예수의 고난을 함께 다루기 위해 십자가의 신학을 삼위일체적으로 질문하고, "십자가의 삼위일체 신학"을 전개한다. 십자가의 삼위일체론은 십자가의 구원론적 의미를 새롭게 조명하여 준다.

(1) 십자가에 달려 죽으신 하나님은 사랑의 하나님이다. 삼위일체 하나님의 사랑이 십자가를 통해 드러난 것이다. 아버지는 그의 사랑하는 아들을 내어 주었고, 아들을 그의 사랑하는 아버지에게 죽기까지 순종하였다. 사랑의 영이신 성령은 사랑하는 아들과 사랑하는 아버지 그리고 이 둘을 사랑으로 결합시켰다. 하나님이 사랑의 하나님이라면 하나님은 고난받을 수 있다. 사랑의 가치는 사랑하는 자의 고난에 동참하는 것이기 때문이다. 고난받을 수 없는 자는 사랑할 수도 없기

때문이다.[124]

하나님께서 모든 면에서 그리고 하나의 절대적인 의미에서 고난을 받을 수 없다면, 그는 또한 사랑도 할 수 없을 것이다. 사랑이란 자기의 유익을 고려치 않고 타인을 받아들이는 것을 의미한다. 그렇다면 사랑은 함께 고난당할 수 있는 잠재력과 타인의 상이성을 감수할 수 있는 자유를 그 자체 속에 지니고 있다. 이러한 의미에서 고난에의 무능력은 '하나님은 사랑이시다'는 기독교의 기본 명제와 모순된다. 사랑할 수 있는 자는 고통당할 수 있다.[125]

이 삼위일체 하나님의 사랑은 고통과 증오보다 더 강하다. 그 힘은 이 연약함 속에서 강하며, 아픔을 통하여 그의 적들을 지배하게 된다. 왜냐하면 사랑은 그의 적들에게 변화를 위한 미래를 열어주기 때문이다. 따라서 골고다의 십자가는 사랑이 없고 사랑받지 못한 비인간에 대한 하나님의 사랑을 의미한다.[126] 이러한 절대적인 사랑은 "허다한 죄를 덮어 주고"(벧전 4:8) 과거의 잘못을 묻지 않고 무조건 용서하고 용납하는 하나님의 절대적인 선물인 것이다. 인간에 대한 사랑이 상처받았을 때 하나님의 사랑은 하나님의 진노로 나타나기도 한다. 사랑의 하나님이 때로는 진노의 하나님으로 등장하지만 이러한 하나님의 사랑과 진노는 인간을 향한 하나님의 파토스로 이해된다.[127] 따라서 구원의 하나님은 심판의 하나님이 되시는 것이다.

(2) 십자가의 삼위일체적 해석은 십자가의 해석의 여러 오류를 극복하게 해준다. 십자가의 고난을 장밋빛으로 채색하여 합리적 박애주의로 해석하거나, 골고다 산상에서 일어난 사건을 교회의 제단에서 피 흘리지 않고 반복하며 십자가를 대리희생 제물로 해석하거나, 그리

스도의 고난을 내면적인 경건성으로 환원하고 현실적 고난에는 철저히 무관심하여 십자가를 고난의 신비주의로 해석하는 것은 모두 비판되어야 한다.[128] 십자가는 무엇보다도 우선적으로 '고난의 구체성과 현실성과 다차원성'으로 파악되어야 한다. 이 세상의 온갖 종류의 고난을 진지하게 다루려면 십자가의 고난을 진지하게 다루어야 한다.

마르크스는 종교를 정치적으로 실현하고자 하였다. 종교는 '현실적인 고난과 현실적인 고난에 대한 항거'를 표상하는데 그러한 항거를 내세로 투사되거나 환상적으로 실현하려고 할 때 '민중의 아편'이 된다고 비판하였다. 몰트만은 마르크스의 '종교비판'에 대해 기독교야말로 '비판적인 종교'이므로 강한 항거의 성격을 띤다고 반론하였다. "그리스도의 십자가는 인간의 비참한 현실의 표현을 뜻하며 그리스도의 부활은 인간의 비참한 상황에 대한 참다운 항거를 뜻"[129]하기 때문이다.

이런 의미에서 십자가에 대한 속죄론적이고 제의적 해석이 미처 밝히지 못한 부활의 종말론적인 지평과 그 정치신학적 의미가 드러나게 된다. 부활은 온갖 고난과 비참과 죄책과 죽음에 대항하여 저항하고 궁극적으로 새로운 혁명을 일으키는 사건이다. "일으킴(anastasis) 속에는 저항(stasis)이 있고 부활(resurrectio) 속에는 혁명(revolution)이 숨어"[130] 있기 때문이다. 그리고 이 부활을 죽음 이전의 옛 상태로 복귀하는 것이 아니라 궁극적으로 질적으로 새 삶과 새 생명의 미래로 돌입하는 것이기 때문이다.

(3) 아우슈비츠 이후의 신학은 하나님 자신이 아우슈비츠에서 순교자들과 학살받은 자들과 함께 고난받지 않으면 불가능하게 되었다. 여기에서 고난받는 신이 요청된다.

"하나님의 고난"은 십자가의 고난에서 결정적으로 나타난다. 십자가에서 고난받는 이는 사실 하나님 자신이라는 초대 교회의 성부수난설(Patripassianism)을 새롭게 제기해야만[131] 하나님의 고난에 대한 신학적 근거를 찾을 수 있을 것이다. 따라서 하나님의 고난을 다루기 위해 우리는 그리스도의 십자가 사건의 참의미를 진지하게 물어야 한다. 왜냐하면 기독교 신학은 세계의 고난을 보기 전에 그리스도의 고난을 보아야 하기 때문이다.

십자가야말로 신화로 지배받던 세계로 하여금 이 신화적 미몽에서 깨어나 인간은 이 세계에서 살아야 하고, 이 세계에서 고통받을 수밖에 없는 존재임을 규정한다.[132] 이 세계는 그 속에서 하나님이 고난당하는 세계이다. 그러므로 예수의 십자가는 고난받는 세계로서 인간 현실이 가진 그리스도론적인 성격을 말해 준다.

(4) 십자가의 삼위일체론적 의미는 세상의 악과 고난이 문제로 야기된 피상적인 유신론과 소박한 무신론의 한계를 극복한다. 기독교 신학은 고난을 신중히 다루어야 한다.

하나님과 고난은 기독교 자체의 문제이기 때문이다.[133] 왜냐하면 '하나님은 존재하느냐'는 질문의 상대는 바로 고난이기 때문이다.[134] "세상에서 고난을 받고 세상의 불의를 당할 때 사람은 전능하시고 철저히 은혜스러운 하나님의 존재라는 교리를 믿기 어렵게 된다."[135]고 호켄하이머(M. Horkenheimer)는 말했다. 전통적인 유신론은 하나님을 세계와 인간의 신성과 관련시킬 뿐 세계와 인간의 고난을 피해 갔기 때문에 고난에 대한 적절한 대답이 되지 못했다.

그래서 세계의 고난의 정황은 "하나님은 죽을 수 없다."는 유신론적 신념을 분쇄하고 "하나님은 죽었다."는 저항적 무신론을 야기한다.[136] 고난 때문에 무신론을 주장하면 세상의 비참과 불의에 항거하려는 의지를 상실한다. 무신론에서는 고난이 있다. 그러므로 신은 없다고 한다. 따라서 인간이 이 무의미한 고난에 항거하여야 한다고 주장한다. 그러나 무신론자에게 고난은 여전히 무의미한 고통이 되고 그것조차 궁극적으로 극복되지 않는다. 하지만 고난받는 신에게서는 신이 직접 인간의 고난에 동참한다. 그러므로 고난이 의미 있게 되고 그 고난은 궁극적으로 극복이 가능해진다.

이러한 유신론과 무신론의 딜레마에서 몰트만은 "고난받는 하나님"이라는 제3의 입장을 취하였고, 하나님의 고난은 현대 신학의 한 주제로 등장하게 되었다.[137] 따라서 삼위일체론적 십자가의 신학으로 유신론과 무신론의 양자택일을 극복할 수 있게 되는 것이다.

(5) 기독교 신학의 인간학은 인간이 이 세상에서 겪는 다차원적이고 현실적이고 구체적인 고난을 말하기 이전에 십자가의 삼위일체 하나님의 고난을 보라고 가르친다. 십자가에 달리신 하나님은 이처럼 인간의 고난의 정황을 가장 명확히 드러내는 것이기 때문이다.

이처럼 십자가에 달리신 하나님은 희랍의 몰인정한 신(Theosapathes)이 아니라, 이스라엘의 인정 많으신 하나님(Theospathes)이다. 따라서 십자가의 하나님의 고난받는 정황에서는 인간은 '무감정한 인간'이 아니라 고난받는 '동정의 인간'(Homo Sympatheticus)이 되어야 한다. 사랑과 동정의 하나님과의 관련성 속에서 밝혀지는 하나님과의 관계는 역사와 세계를 떠난 "초월적 신비적 합일"(Unio mystica)이 아니라, "역사적이고 동정적 합일"(Unio Sympathetica)이 된다.[138]

인간은 이 파토스 하나님과의 계약에서 다른 사람의 고난에 참여하여 함께 고난을 당함으로써 고난을 극복하는 존재여야 한다. 이것이 바로 "자기 십자가를 자고 나를 따르라."는 예수의 가르침과 일치하는 삶이기 때문이다.

유익한 고통과 무익한 고통

기독교는 나의 고통이나 세상의 고통을 보기 전에 십자가의 고통을 본다. 몰트만은 십자가야말로 모든 인간이 피할 수 없는 고통의 구체적, 현실적, 다차원적인 면모를 그대로 드러내 보여 준다고 하였다.

인간은 이런저런 고통에서 자유로울 수 없다. 그래서 많은 사람들이 인간은 왜 고통을 당하느냐고 질문해 왔다. 서양의 영지주의는 인간이 고통을 당하는 것은 육체를 가졌기 때문이라고 생각했다. 육체가 있기 때문에 고통당하고 죽는다고 가르쳤다. 그래서 이 육체의 굴레를 벗어나려고 하였다. 육체는 열등한 것이고 영혼의 감옥이라고 여겼다.

그러나 육체가 있어서 괴로운 일도 있지만 육체가 있어서 즐거운 일이 얼마나 많은가? 우리의 육신으로 고통을 느낄 수 있는 만큼 즐거움도 누릴 수 있는 것이다.

동양에서는 불교가 고통의 문제를 심각하게 생각했다. 생로병사가 다 괴롭고 거기에 4개의 고통을 더해 팔고(八苦)를 이야기하고, 더 발전시켜 108번뇌, 즉 108가지 고통이 있다고 가르쳤다. 고(苦)가 무엇이고, 왜 고통을 당하고, 어떻게 하면 고통에서 벗어날 수 있을까? 석가모니는 한 마디로 고집멸도(苦集滅道)라고 가르쳤다. 고는 집착 때문이다. 집착은 아집 즉 영원불변하는 내가 존재한다는 착각이다. '내가 없다고 생각해 봐라. 나의 고통이 어디 있느냐'는 식으로 가르쳤다. 이것이 초기 불교의 제행무상(諸行無常)과 제법무아(諸法無我) 사상의 골자이다.

극단적으로 말하면 이런 의미이다. 두통을 느끼는 것은 머리가 있기 때문이 아니냐? 머리가 없다고 생각해 보라. 머리가 없는데 무슨 두통이 있겠느냐는 식이다. 이것이 멸도(滅道)라는 것이다. 그러나 지금 두통으로 죽을 지경인데, 머리는 원래부터 없던 것이고 머리가 영원히 있는 것도 아니라고 깨닫는다 해서 당장 당하는 고통이 해결되는 것은 아니다. 인연이 있으면 아프고 인연이 끝나면 안 아프게 될 것이라고 생각한다고 인간의 고통이 사라지는 것이 아니다.

영지주의나 불교에서 말하는 것처럼 고통이 나쁘기만 한 것인가? 각자에게 유익한 고통도 얼마든지 있는 것이 아닌가? 따라서 이 세상에는 두 가지 종류의 고통이 있다고 보아야 한다. 하나는 유익한 고통이고 다른 하나는 무익한 고통이다.

고통 그것이 유익한 것이라면 고통을 많이 당하면 당할수록 결과적으로 유익할 것이므로 그 고통을 피할 이유가 없다. 영지주의나 불교가 고통을 무조건 무익한 것으로 본 것은 고통의 역설적인 의미를 이해하지 못한 까닭이다.

문제는 무익한 고통이다. 우리가 당한 고통을 따져 보자. 그 가운데는 분명히 유익했던 고통도 있고 백해무익했던 고통도 있을 것이다. 왜 무익한 고통을 당하는가? 무익한 고통에는 반듯이 죄의 문제가 개입되어 있다. 죄의 심각성과 치명성은 죄가 인간에게 무익한 고통을 가져다주기 때문이다.

죄라는 것은 두 가지 차원이 있다. 첫째는 범법(commission)의 죄로서 인간이 마땅히 하지 말아야 할 일을 하는 것이다. 미워하고 시기하고 질투하고 교만하고 지나친 욕심을 부리지 말아야 하는데, 그렇게 하면 반듯이 무익한 고통을 당하는 것이다.

둘째는 태만(ommission)의 죄로서 인간이 마땅히 해애 할 일을 하지 않고 게으르고 나태하고 내일로 미루다가 보면 고통당하는 것이다. 마땅히 사랑하여야 할 사람을 사랑하지 않고 미워하면 반듯이 무익한 고통을 당하게 되어 있다. 죄에서 벗어나기 전에는 무익한 고통에서 벗어날 수 없는 것이다.

십자가 그 자체는 무익한 고통이었다. 그래서 예수가 지신 십자가가 유대인들에게는 걸림돌이 되는 저주로 여겨졌고, 희랍인들에게는 어리석음의 극치로 여겨진 것이다. 그러나 바울은 십자가의 도는 모든 믿는 자에게 구원을 주시는 하나님의 능력이라고 하였다.

십자가는 그 자체로서는 저주의 상징이다. 그러나 예수의 십자가의 이 무익한 고통을 유익한 고통으로 전환시키고, 십자가의 저주를 부활의 영광과 축복으로 전환시켜 주는 놀라운 구원의 능력인 것이다.

그래서 죄를 짓고 고난을 당하는 것은 백해무익하지만, 십자가의 구원의 능력으로 말미암아 무익한 고통이 유익한 고통으로, 저주가 축복으로 뒤바뀌는 구원의 역사가 일어나는 것이다. 그래서 성서는 말한다.

> 만일 그리스도인으로 고난을 받은즉 부끄러워 말고 도리어 그 이름으로 하나님께 영광을 돌리라.(벧전 4:16)

이 세상에는 부끄러운 무익한 고난과 영광스러운 유익한 고난이 있다고 가르치는 것이다. 그리스도인들은 부끄러운 무익한 고난조차도 영광스러운 유익한 고난으로 바꿀 수 있다는 것이다.

지옥이란 무엇인가? 개념적으로 말하면 무익한 고통이 영원히 계속되는 곳이다. 그렇다면 천국은 무엇인가? 그곳은 고통 자체가 없는 곳이다. 지상에서 당하는 유익한 고통도 고통이기 때문에 괴로운 것이다. '현재의 고난이 장차 영광과 족히 비교'(롬 8:18)할 수는 없지만 그래도 괴로운 것은 괴로운 것이다. 천국에서는 잠시 당하는 유익한 고통조차 없는 곳이다. 예수의 십자가와 부활은 이처럼 무익한 고통과 유익한 고통의 역설을 통해 인간이 죄와 고통의 굴레에서 벗어날 수 있는 구원의 길과 영생의 길을 제시하는 것이다.

제12장

예수 그리스도의 부활

_01

부활신앙의 성서적 배경

기독교의 부활신앙

십자가상에서 예수가 치욕적인 죽음을 당한 것으로 모든 것이 끝나는 것처럼 보였다. 예수의 제자들조차 그의 죽음을 자기네 희망의 종말로 이해했음이 분명하다.

그럼에도 불구하고 예수 그리스도는 그가 예고한 것처럼 십자가에 달려 죽은 다음 장사 지낸 지 사흘 만에 다시 살아났다. 예수의 역사적 삶과 가르침의 절정은 그의 십자가의 죽음과 부활을 통해 드러난다. 예수의 십자가의 죽음은 역사적인 사건으로 널리 인식되지만 십자가에 달려 죽은 예수의 부활은 그 역사적 예외성과 특수성 때문에 논란이 되어 왔다.

그러나 성서는 "만일 예수가 십자가에 달려 죽지 않았다면 우리의 전파하는 것도 헛것이요 너희 믿음도 헛것"이라고 말하지 않았다. 오히려 "그리스도께서 만일 다시 살지 못하셨으면 우리의 전파하는 것도 헛것이요 또 너희 믿음도 헛것"(고전 15:15)이라고 하였다. 그리고 "예수는 주님이시라고 입으로 고백하고 또 하느님께서 예수를 죽은 자들 가운데서 다시 살리셨다는 것을 마음으로 믿는 사람은 구원을 받을 것입니다."(롬 10:9 공동번역)고 하였다. 몰트만이 강조한 것처럼 "부활신앙이 아닌 기독교 신앙은 그래서 기독교적인 것도 아니고 신앙이라고 일컬을 수 없다."[1]

따라서 이 장에서는 부활의 구약성서적 배경과 신약성서의 부활 전승과 부활신앙에 관한 여러 반론을 반박하고 그리고 부활의 신학적 의미를 살펴보고 부활신앙의 전향적인 의미를 종교학적으로 비교해 보려고 한다.

구약성서의 부활신앙

초기의 이스라엘 역사에는 부활에 대한 신앙이 희미하게 나타난다. 유대인들도 지상에서의 장수(출 20:12)를 희망하였지만 하나님이 죽이기도 하시고 살리기도 하시는(신 32:39) 생명을 주관하시는 전능하신 분이라는 신앙은 확고하였다. 에녹(창 5:22-24)과 엘리야(왕하 2:11-12)의 승천은 인간이 완전하게 곧 몸과 영혼을 지닌 채 죽음의 단계를 거치지 않고 영원한 삶을 누릴 수 있다는 희망을 한층 더 강화하여 주었을 것이다.

구약성서에는 죽었다 살아난 세 사람의 이야기가 등장한다. 사렙다에 살던 과부의 아들(왕상 17:17 이하), 수넴 여인의 아들(왕하 4:32 이하) 그리고 엘리사의 무덤에 시체가 던져졌던 사람(왕하 13:21)이다. 그런데 이들의 부활은 실제로는 일시적인 소생에 불과하다. 영원히 다시 살아난 영원한 부활은 아니다. 그러나 이들이 완전히 죽은 상태에서 일시적이나마 소생한 사건은 하나님께서는 죽은 자들도 살리시는 전능하신 분이라는 신앙을 더욱 돈독하게 한 것이 분명하다.

이 이외에도 구약성서에는 죽은 자들을 다시 살림으로 그들을 영원히 구원하시는 하나님의 전능하심에 대한 신앙이 여러 형태로 고백되어 있다.

> 이러므로 내 마음이 기쁘고 내 영광도 즐거워하며 내 육체도 안전히 거하리니 이는 내 영혼을 음부에 버리지 아니하시며 주의 거룩한 자로 썩지 않게 하실 것임이니이다.(시 16:9-10)

> 나의 이 가죽, 이것이 썩은 후에 내가 육체 밖에서 하나님을 보리라.(욥 19:26)

죽은 자의 부활에 대한 희망

구약성서에서 죽은 자의 부활에 대한 명시적인 희망과 부활신앙은 후기의 묵시문학적 문서에서 분명히 나타난다. 기원전 500년에서 300년 사이에 집필된 것으로 추정하는 이사야 24-27장의 소묵시록에 의하면 이스라엘을 괴롭히는 악한 자들은 죽은 다음 살지 못하지만 하나님은 그의 백성 이스라엘을 위하여 죽음을 영원히 제거하는 새로운 구원을 약속하신다.

> 죽음을 영원히 없애 버리시리라. 야웨, 나의 주께서 모든 사람의 얼굴에서 눈물을 닦아 주시고, 당신 백성의 수치를 온 세상에서 벗겨 주시리라. 이것은 야웨께서 하신 약속이다.(사 25:8 공동번역)

그래서 그 백성들은 죽음과 같은 고난 가운데서도 새롭고 영원한 희망과 확신으로 불타오르게 된다.

그래도 우리는 믿습니다. 이미 죽은 당신의 백성이 다시 살 것입니다. 그 시체들이 다시 일어나고 땅 속에 누워 있는 자들이 깨어나 기뻐 뛸 것입니다. 땅은 반짝이는 이슬에 흠뻑 젖어 죽은 넋들을 다시 솟아나게 할 것입니다.(사 26:19 공동번역)

시리아의 총독 안티오커스 에피파네스 4세(BC. 167)의 유대교 대탄압과 박해 치하에 쓰인 다니엘서에는 이러한 신념이 더욱 확고하게 기록되어 있다.

티끌로 돌아갔던 대중이 잠에서 깨어나 영원히 사는 이가 있는가 하면 영원한 모욕과 수치를 받을 사람도 있으리라… 그러니 그만 가서 쉬어라. 세상 끝 날에 너는 일어나 한 몫을 차지하게 될 것이다.(단 12:2, 13 공동번역)

에스겔은 저 유명한 마른 뼈 골짜기의 환상을 통해 살점이 떨어진 뼈와 뼈들이 마디마디로 서로 부딪치다가 하나님의 전능하심에 의해 살이 붙고 마디가 이어져 되살아나는 것을 보게 된다. 바벨론의 포로로 잡혀간 이스라엘 백성들이 죽음의 상황에서 부활하리라는 희망을 갖게 된 것이다.

야웨께서 나에게 또 말씀하셨다. '숨을 향해 내 말을 전하여라. 너 사람아, 숨을 향해 내 말을 전하여라.' 주 야웨가 말한다. '숨아, 사방에서 불어와서 이 죽은 자들을 스쳐 살아나게 하여라.' 나는 분부하신 대로 말씀을 전하였다. 숨이 불어 왔다. 그러자 모두들 살아나 제 발로 일어서서 굉장히 큰 무리를 이루었다.(겔 37:9-10 공동번역)

죽은 자의 부활에 대한 신앙

죽은 자의 부활에 대한 명시적인 신앙은 포로 후기 마카비 독립전쟁 동안에 유래되었다. 마카베오하 7장에 기록된 어머니와 일곱 아들의 순교 이야기는 부활에 대한 절실한 희망이 가장 잘 드러나 있다. 이들은 안티오커스 에피파네스 IV세 왕에게 끌려 나가 부정한 음식인 돼지고기를 먹도록 강요당한다. 하나님의 율법을 지키기 위하여 이를 거역한 첫째 아들은 혀와 사지가 잘려 죽어 가면서 "주 하나님께서 우리를 지켜보시며 틀림없이 측은히 여겨주실 것입니다."고 어머니와 동생을 격려하고 죽는다. 둘째 아들은 머리 가죽이 벗겨지는 고문을 당하며 죽어 가면서 외친다.

> 이 못된 악마, 너는 우리를 죽여서 이 세상에 살지 못하겠지만 이 우주의 왕께서는 당신의 율법을 위해 죽은 우리를 다시 살리셔서 영원한 생명을 누리게 하실 것이다.(마카베오하 7:9 공동번역)

셋째 아들도 "하나님께 받은 이 손발을 하나님의 율법을 위해 내어던진다. 그러므로 나는 이 손발을 하나님께로부터 다시 받으리라는 희망을 갖는다."(7:11)고 외치고 죽는다. 이어서 넷째 아들은 죽는 순간 그를 죽이려는 왕에게 부활에 대한 신앙을 더욱 명확하게 증거한다.

> 나는 지금 사람의 손에 죽어서 하나님께 가서 다시 살아날 희망을 품고 있으니 기꺼이 죽는다. 그러나 너는 부활하여 다시 살 희망은 전혀 없다.
> (마카베오하 7:14 공동번역)

이어서 다섯째 아들과 여섯째 아들을 차례로 살해한 다음 왕은 어머니에게 막내아들에게 충고하여 왕의 명령에 복종하여 목숨을 구하도록 하라고 요구한다. 이에 어머니는 일곱째 아들에게 오히려 무로부터 천지를 창조하신(Creatio ex nihilo) 하나님은 죽은 자도 다시 살릴 수 있는 전능하신 분인 것은 믿고 당당히 죽음을 받아들이라고 충고한다.

> 얘야, 내 부탁을 들어다오. 하늘과 땅을 바라보아라. 그리고 그 안에 있는 모든 것을 살펴라. 하나님께서 무엇인가를 가지고 이 모든 것들을 만들었다고 생각하지 말아라. 인류가 생겨 난 것도 마찬가지다. 이 도살자들을 무서워하지 말고 네 형들에게 부끄럽지 않은 태도로 죽음을 달게 받아라. 그러면 하나님의 자비로 내가 너를 너희 형들과 함께 다시 맞이하게 할 것이다.(마카베오하 7:28 공동번역)

이러한 부활에 대한 신앙은 전사자들을 위한 장례의식 과정에서 다시 한번 명시적으로 고백된다. 유다 마카비는 독립항쟁에 목숨을 바치고 죽은 자가 범한 죄를 모두 용서해 달라고 간구하였다. 그리고 "만일 그가 전사자들이 부활할 수 있다는 희망을 가지고 있지 않았다면 죽은 자들을 위하여 기도하는 것이 허사이고 무의미한 일이었을 것이다."(마카베오하 12:44 공동번역)고 하였다.

묵시문학의 부활신앙

이러한 묵시문학에 나타나는 죽은 자들의 부활을 희망하는 신앙은 세 가지로 요약된다.

첫째, 죽은 자의 부활에 대한 기대는 하나님의 전능하심에 대한 신앙인 것이다. 그들의 육체와 생명을 무에서 창조하신 창조주 하나님께서는 불의한 죽음에 삼켜져 파괴된 육체를 다시 살리는 새 창조의 하나

님임을 고백한 것이다.[2]

둘째, 묵시문학에서 처음으로 등장하는 부활에 대한 희망은 불의한 자들에 의해 폭력적인 죽음을 당한 자들에게 나타나야 할 하나님의 자비에 대한 신앙이다. 하나님의 율법을 지키다 고난당하는 자에게 하나님은 반드시 그의 무한한 자비로 보응하신다는 믿음이 죽은 자의 부활신앙으로 승화된 것이다. 이러한 부활신앙이 죽음을 두려워하지 않고 불의에 대항할 수 있는 죽음보다 강한 믿음으로 꽃핀 것이다.

셋째, 죽은 자의 부활에 대한 바람은 하나님의 의의 심판과 하나님의 의의 승리에 대한 신앙이다. 몰트만은 묵시문학에 나타나는 부활신앙은 하나님은 의로우시며, 그의 의가 마침내 승리할 것이고, 하나님의 의는 죽음에 의해 제한될 수 없다는 신앙의 발로라고 한다. 왜냐하면 하나님은 죽은 자와 산 자들을 심판하시는 분이다. 죽은 자를 심판하기 위해서는 죽은 자들이 다시 살아나야 한다. 그리고 그들이 하나님의 심판대 앞에 설 때 그의 지상에서의 모든 삶과 행위를 심판할 수 있는 동일한 존재로 다시 살아나야 한다는 것을 전제한다. 하나님은 죽은 자들의 과거의 삶과 행위를 심판하기 때문이다.[3]

이러한 부활신앙의 출발점이 되는 질문은 인간의 보편적인 죽음의 운명에 대한 것이 아니다. 아주 특수한 질문으로 제기된 것이다. 왜 의로운 자가 고난을 당하여야 하며 하나님 없는 자가 잘사는가?

> 무엇 때문에 이스라엘은 이방인에게, 당신의 사랑하는 백성이 하나님 없는 족속에게 수치를 당하도록 버림을 받았습니까?(제4에스라 4:23)

이에 대한 답변은 분명하다. "너는 왜 미래를 진지하게 생각하지 않고 현재만 생각하느냐?"(제4에스라 7:16) 다시 말하면 마지막 심판 때를 생각하라는 것이다. 그때에는 하나님의 의로운 심판에 따라 어떤 자는 영원한 삶에, 어떤 자는 영원한 저주와 수치에 처해질 것이다. 하나님의 율법에 따라 살다가 원통하게 죽은 자들은 영원한 삶을 얻게 되고 그들을 죽음으로 내몬 불의한 자들은 영원한 죽음에 처하게 될 것이다. 부활에 대한 신앙은 죽음을 넘어서는 하나님의 의에 대한 신앙이라는 배경에서 형성된 것이다. 죽은 자의 부활을 통해서 하나님의 의가 궁극적으로 완성되고 실현될 것을 희망하고 믿었기 때문이다.

_02

예수 시대의 부활신앙

부활에 대한 예수의 가르침

예수 시대에도 부활신앙을 모든 유대교 종파들이 다 수용한 것은 아니다. 사두개인들은 모세 오경만을 인정하며, 교리적으로는 내세나 부활 혹은 천사나 사단과 같은 영적 존재를 믿지 않았다(막 12:18-27 병행, 행 23:8). 이런 의미에서 볼 때 사두개파 사람들이 부활을 부정한 것은 현실 정치권과의 타협을 통해 현세적 기득권만을 누리려는 정치적인 동기와도 무관하지 않을 것이다

따라서 사두개인들은 예수에게 부활에 관한 논쟁을 제기하고, 형이 죽은 후 그 동생이 형수와 결혼하여 그 가문의 재산을 보호하고 대를 잇게 한 시형제결혼법(신 25:5-10)에 빗대어 부활신앙을 공격하였다. 칠 형제가 있었는데 맏이가 자식이 없이 아내를 두고 죽어 둘째가 그 여자를 취하였다가 자식이 없이 죽자 셋째가 그렇게 하여 일곱 형제가 다 자식이 없이 죽고 마지막에 그 여자도 죽었다면 일곱 형제가 다 그 여자를 아내로 취하였으니 그들이 모두 다시 살아난다면 그중에 누가 그 여자의 남편이 되느냐고 질문한 것이다.[4] 이에 대한 대답으로

예수는 "이 세상의 자녀들은 장가도 가고 시집도 가되 저 세상과 및 죽은 자 가운데서 부활의 자녀로서 부활함을 얻기에 합당히 여김을 입은 자들은 장가가고 시집가는 일이 없다."[5]고 하였다. 예수는 부활을 피안의 개념으로 설명하려고 하는 시도를 거부한다. 예수는 부활 후에는 결혼 제도가 존재하지 않는다고 하였다. 또한 사후 부활한 몸의 삶의 양식이 어떠한지도 본문에서 암시해 주는데, 그것은 천사와 같게 되리라는 것이다.

물론 사후의 부활체가 천사들의 존재 양식과 같게 되리라는 뜻은 아닐 것이다. 왜냐하면 천사들은 단순히 영적인 존재들인 반면, 부활체는 영육을 동시에 가지기 때문이다(참조. 고전 15:35-58). 단지 부활한 성도들은 더 이상 세상의 법칙에 지배를 받지 않고 새로운 하늘의 법칙에 따라 살게 될 것을 설명한 것으로 보아야 한다.

요한복음에는 부활에 관한 예수의 가르침에서 가장 의미심장한 내용들이 포함되어 있다. 예수는 "아버지께서 죽은 자들을 일으켜 살리심 같이 아들도 자기의 원하는 자들을 살리느니라."(요 5:21)고 하였다. 이는 예수가 죽은 자를 살리는 신적 권능을 가졌을 뿐만 아니라, 영적으로 죽은 자를 살리고 장차 영생을 누리게 하는 권능을 소유하였음을 증거한다. 또한 예수는 성부 하나님이 모든 심판을 자신에게 주셨다고 선언하고(22절), 이어서 "내 말을 듣고 또 나 보내신 이를 믿는 자는 영생을 얻었고 심판에 이르지 아니하나니 사망에서 생명으로 옮겼느니라."(24절)고 하였다.

요한의 의하면 예수는 죽은 자의 부활이 두 가지 서로 다른 방식으로 이루어진다고 가르쳤다고 한다. "선한 일을 행한 자는 생명의 부활로, 악한 일을 행한 자는 심판의 부활"(요 5:28-29)로 옮겨진다. 그리고 의로운 자의 부활과 악한 자의 부활을 분명히 구분하고 있다. 생명의 부활과 심판의 부활을 구분하는 기준은 율법적인 차원의 문제가 아니라 24절에 언급된 대로 "내 말을 듣고 또 나 보내신 이를 믿는 것" 즉, 신앙적인 기준이라고 한다. 즉 믿음이 영생과 영벌의 최종적 기준이 되는 것이다.[6]

죽은 자를 살리신 예수

예수는 그 공생애 동안 많은 병자와 귀신 들린 자들을 치유하였으며, 그 가운데도 죽은 자를 살리신 기록이 세 번 등장한다.

(1) 회당장 야이로가 그의 열두 살 난 딸이 죽게 된 것을 보고 예수에게 그를 살게 해달라고 간청한다. 예수는 "이 아이가 죽은 것이 아니라 잔다."라고 하였다. 그러나 주변의 많은 무리들은 예수가 죽은 소녀를 두고 잔다고 한 것을 비웃었다. 그러자 예수는 그 아이의 손을 잡고 아람어로 '달리다굼' 즉 "소녀야 일어나라."고 외치니 소녀가 일어나서 걸었다(막 5:35-43 병행). 이 이야기는 마태복음과 누가복음에도 기록되어 있다.

(2) 예수가 나인(Nain) 성에 이르렀을 때 장례행렬을 만나게 된다. 한 과부의 외아들이 죽은 것이다. 예수는 그 여인을 측은히 여기시고 "울지 말라"고 위로하신 뒤 상여에 손을 대고 "청년아 내가 네게 말하노니 일어나라." 하였다. 그러자 죽은 자가 일어나 앉고 말하기도 하였다(눅 7:11-17).

(3) 베다니에 사는 마리아와 마르다 자매에게 나사로라는 오빠가 있었는데 그가 병들었다는 소식을 듣고 예수는 다른 일로 여러 날 지체한 후 가보니 나사로는 이미 죽어 무덤에 묻힌 지 사흘이 되었던 것이다. 예수는 무덤으로 가서 시신을 향해 "나사로야 나아오라." 하니 죽은 자가 수족을 베로 동인 채로 나오니 예수가 "풀어놓아 다니게 하라."

하였다.

나사로의 부활은 하나님과 예수 그리스도에 대한 신앙을 반영한다. 마르다는 예수에게 "주께서 무엇이든지 하나님께 구하시는 것을 하나님이 주실 줄을 아나이다."고 고백하였다. 이에 예수는 마르다에게 "나는 부활이요 생명이니 나를 믿는 자는 죽어도 살겠고 무릇 살아서 믿는 자는 영원히 죽지 아니하리니 이것을 네가 믿느냐?"고 한 후 "네가 믿으면 하나님의 영광을 보리라."고 하였다(요 11:17-44).

죽은 자를 살린 세 이야기는 엄격한 의미에서 죽은 자의 몸이 다시 살아나 영생을 얻게 되는 부활(resurrection)이나 일시적인 가사 상태에서의 소생(reanimation)이 아니다. 예수의 놀라운 능력에 의해 죽은 자가 기적적으로 소생(resuscitation)한 사건이다. 이 소생의 기적의 수혜자들은 결국 후에 죽음을 맞이하게 되지만 복음서는 이들이 다가오는 예수의 부활의 전조(前兆)이자 예수에 의해 사망의 권세를 이긴 놀라운 표적의 증거로 기록하고 있다.[7]

_03

예수의
부활에 관한 전승

신약성서에 기록된 예수의 부활에 관한 전승들은 비교 가능한 세 단계로 묘사되어 있다.

- 첫째 단계는 이야기의 진행 과정에서 비교적 일치되는 바가 많은 빈 무덤 이야기이다.
- 둘째 단계는 부활한 예수의 현현 이야기이다. 이것은 아주 다양한 형태로 나타난다. 막달라 마리아(요한복음), 세 여인(막달라 마리아 포함: 마태복음), 엠마오로 가는 두 제자(누가복음), 베드로와 안드레와 레위(베드로복음)에게 부활한 예수가 현현한 것이다.
- 셋째 단계에서는 제자 집단에게 부활하신 예수의 현현이 일어난다. 열두 제자와 500명이 넘는 신자들에게 현현한 것이다.

이러한 '단계'에 대한 역사적 평가는 매우 다양하다.[8] 따라서 예수의 부활 전승은 크게 두 단계로서 빈 무덤 전승과 현현 전승으로 나눌 수 있다.

1) 복음서의 빈 무덤 전승

네 복음서는 모두 예수가 죽어 무덤에 안장된 후 그 무덤을 방문한 여인들에 의해 그 무덤이 빈 것이 발견되었다고 기록하고 있다. 대체로 마가복음서의 기록을 마태와 누가가 의존하고 있는 것으로 알려져 있다.

최초의 복음서인 마가복음의 경우 가장 오래된 사본은 16장 8절로 끝나고 1-8절의 내용은 세 여인이 예수의 무덤을 찾아갔다가 빈 무덤을 발견한 것을 전승하기 때문에 빈 무덤 전승이라고 한다.

마가복음의 부활 사건은 빈 무덤 이야기를 배경으로 기록되어 있다. 안식일 전날(금요일) 예수가 십자가에 처형된 후 그가 이미 죽은 것이 확인되자 유대 공회의 의원인 아리마대 사람 요셉이 빌라도에게 예수의 시체를 달라하여 세마포로 싸서 바위 속에 판 자기의 새 무덤에 안장하고 큰 돌로 무덤 입구를 막아 놓았다(막 15:46 병행).

이때가 바로 오후 6시부터 시작되는 안식일이 거의 다 된 시간이었다(눅 23:54). 빌라도는 예수의 제자들이 와서 시체를 도적질하여 가고 백성들에게 "그가 죽은 자 가운데서 살아났다."고 하면 크게 혹세무민할 것을 염려하여 파수꾼을 파견하여 돌을 인봉하고 지키게 하였다.[9] 다음날은 안식일이어서 막달 마리아와 요셉 어머니 마리아가 무덤에 잠시 다녀간 뒤 계명을 좇아 안식일은 지켰다(막 15:47, 눅 23:56).

안식 후 첫날 미명에 막달라 마리아와 야고보의 어머니 마리아와 살로메가 예수의 시신에 향품을 바르기 위해 무덤에 찾아간다(막 16:1).[10] 무덤을 막고 있는 돌을 누가 굴려 줄까 염려하며 무덤에 당도하여 보니 심히 큰 돌은 이미 굴려졌고 흰옷 입은 청년이 놀라운 소식을 전해 준다.[11]

놀라지 말라 너희가 십자가에 못 박히신 나사렛 예수를 찾는구나. 그가 살아나셨고 여기 계시지 아니하니라. 보라 그를 두었던 곳이니라.(막 16:6)

그리고 "제자들에게 가서 부활한 예수가 먼저 갈릴리로 가실 것이고 거기서 뵈올 것이라고 전하라."고 하였다. 여인들은 놀라 떨며 무서워하여 아무에게 아무 말도 하지 못했다고 한다.

마가복음 16장 9-18절에는 "예수가 안식 후 첫날 이른 아침에 다시 살아나신 후" 부활한 예수가 나타나 보인 것을 최초로 목격한 이는 막달라 마리아라고 한다.[12] 그 다음 엠마오로 가고 있던 두 제자에게 나타났다. 마리아와 두 제자는 이 사실을 다른 제자들에게 알렸지만 그들의 반응은 한결 같았다. "그 말을 듣고 믿으려하지 않았다."(막 16:11)는 것이다. 그들은 예수가 살아나신 것을 분명히 본 사람들의 말도 믿지 않았던 것이며, 그래서 예수는 친히 가룟 유다를 제외한 열한 제자에게 "나타나셔서 마음이 완고하여 도무지 믿으려 하지 않는 그들을 꾸짖었다."(막 16:14)고 한다.

누가 역시 제자들은 부활한 예수에 관한 여자들의 이야기를 '부질없는 헛소리'(눅 24:11 공동번역)로 불신하였다고 한다. 예수가 그들에게 나타나 "너희에게 평화가 있기를!" 하고 말씀하자 제자들은 "너무나 놀랍고 무서워서 유령을 보는 줄 알았다."(눅 24:36, 공동번역)고 한다. 그래도 그들은 믿어지지가 않아 어리둥절하자 "예수가 구운 생선 한 토막을 달라하여 그들이 보는 앞에서 잡수셨다."(눅 24:42, 공동번역)는 사실까지 소개한다.

요한복음에 의하면 다른 제자들이 부활한 예수를 보았다고 했을 때 도마는 "내가 그 손의 못 자국을 보며 내 손가락을 그 못 자국에

넣으며 내 손을 그 옆구리에 넣어 보지 않고서는 믿지 아니하겠노라." (요 20:25)고 장담하였다. 여드레 후 예수는 제자들에게 나타나 도마에게 "네 손가락을 이리 내 밀어 네 손을 보고 네 손을 내밀어 내 옆구리에 넣어 보라." 하고 "믿음 없는 자가 되지 말고 믿는 자가 되라."고 하였다. 그리고 "너는 나를 본 고로 믿느냐 보지 않고 믿는 자들이 복 되도다."고 하였다(요 20:26-29).

부활한 예수 그리스도를 목격하기 전의 그들의 반응은 이처럼 불신과 의심과 경악으로 일관된다. 그들은 예수의 부활에 대해 냉철하고 비판적이었으며, 일체의 맹신과 광신을 거부하는 제자들의 신중성은 이들의 증언의 신뢰도를 오히려 높여 준다.[13]

여성의 증언은 믿을 수 있는가?

빈 무덤과 부활의 최초 증인들이 여자들이기 때문에 2세기의 희랍 철학자 켈수스는 여자들이 환상을 보고 거짓 전설을 꾸몄다고 비난하였다. 그러나 현대의 많은 성서학자들은 빈 무덤의 최초 목격자들이 여인들이었다는 사실을 주목한다.

당시 팔레스타인 지역에서는 여성을 매우 천하게 여겼다.[14] 여성의 증언은 무익한 것으로 여겨졌기 때문에 여자들은 유대 법정에서 법적인 증인들이 될 수 없었다.[15] 이와 같은 사실에 비추어 볼 때, 빈 무덤을 목격한 주요 증인들이 여인들이라는 것은 매우 놀라운 사실이다. 만약 이것이 후대에 만들어진 전설이었다면, 틀림없이 남성 제자들, 즉 수제자 베드로나 예수가 사랑한 제자 요한 같은 사람들이 무덤을 발견한 것으로 꾸몄을 것이다. 빈 무덤을 처음 목격한 증인들이 여인들이었다는 사실은 역설적으로 그 여성들이 실제로 빈 무덤을 발견한 역사적 주인공이라는 사실을 반증해 준다.[16] 남성 위주의 가부장적인 전통에도 불구하고 부활의 최초 목격자들이 여자였다는 사실이 꾸밈없이 전승되어 온 것이다.

복음서의 증언에서 일치하는 것은 여인들이 부활한 예수의 첫 목격자였고 그들이 전한 말을 제자들이 믿으려 하지 않았다는 것이다. 마침내 다시 살아나신 예수가 그들 앞에 나타났음에도 불구하고 처음에는 아무도 이를 믿으려 하지 않았다는 것이다. 그러나 예상을 뒤엎는 예수의 부활 사건은 너무나 충격적이고 실제적이고 강력한 것이어서 그들의 삶의 온통 뒤집어 놓기에 충분한 것이었다. 그래서 그들은 '결국은 이 믿을 수 없는 사실을 믿을 수밖에 없었던 것'이다.

상호 모순되는 빈 무덤 기사는 전설이 아닌가?

네 복음서에 나타난 빈 무덤 전승기사가 서로 상이하기 때문에 후대의 전설이라는 비판이 제기되기도 하였다.[17]

(1) 방문 시기: 여인들이 예수의 무덤을 방문한 날짜에 대해서 안식 후 첫날이라는 점에서 4복음서는 일치한다. 단지 그 시간에 대해서는 매우 일찍이 해 돋을 때(막 16:20), 미명에(마 28:2), 새벽에(눅 24:1), 이른 아침 아직 어두울 때(요 2:1)로 그 표현이 조금씩 다를 뿐이다.

(2) 방문자: 마가(16:1)는 막달라 마리아와 야고보의 어머니 마리아와 살로메라고 했으나, 누가(24:10)는 막달라 마리아와 요안나와 야고보의 모친 마리아라고 하였다. 반면에 마태(28:1)는 막달라 마리아와 다른 마리아라고 하였고 요한(20:1)은 막달라 마리아 혼자서 방문한 것으로 기록한다.

(3) 빈 무덤에 등장한 인물 : 마가(16:5)는 '흰 옷 입은 한 청년'이라고 하였고, 마태(28:5)는 그를 '천사'라 하였고, 누가(24:4)는 '찬란한 옷을 입은 두 사람'이라고 하였다.

그러나 이러한 차이점에도 불구하고 다음과 같은 공통된 사실을 포함하고 있다.[18]

- 무덤이 비었다는 것
- 여인들이 먼저 빈 무덤을 발견하였다는 것
- 천사가 부활 소식을 먼저 전했다는 것
- 여인들이나 제자들이 무서워하거나 믿지 못하였다는 것
- 부활한 예수가 여자들, 제자들과 많은 사람에게 나타나 보이셨다는 것

그리고 부활에 관한 보도가 세부적으로 다른 점이 있지만, 그것은 부활의 풍부한 의미와 진실에 관한 다양한 통찰을 상이한 청중들에게 설명하려는 복음서 기자의 의도 때문이다. 세부적인 묘사의 차이보다 더 중요한 것은 부활로 인해 전개된 핵심 사건 그 자체이다.

그리고 18세기 이후로 성서의 상호 모순된 기록을 역사적 비진정성의 근거로 주장하였지만, 최근에는 오히려 성서처럼 그 세부적인 모순이 있는 경우가 오히려 그 사건 자체를 여러 사람이 서로 다른 관점에서 기술한 것이므로, 그 역사적 진정성의 확실한 근거로 해석하게 되었다. 날조된 역사일수록 그 내용이 일사불란하다는 문서비평의 결과인 것이다.[19]

빈 무덤의 역사성에 대한 증거

예수의 빈 무덤에 대한 여러 반론이 제기되었지만, 타이쎈과 메르츠는 빈 무덤의 역사성의 근거를 제시하는 주장을 다음과 같다고 정리하였다.[20]

(1) 예수의 시체가 닫힌 무덤 속에 그대로 있었다면 부활의 소식이

예루살렘에 퍼져나갈 수 없었을 것이다. 예루살렘에 널리 퍼진 예수 부활 소식은 빈 무덤 없이는 생각할 수 없다.

(2) 바울은 고린도전서 15장 4절에서 예수가 '땅에 묻히셨다'는 매장에 대해 신뢰할 만한 증언을 한다. 바울이 그 논리에 충실하자면 빈 무덤을 비록 명시적으로 언급하지는 못했다 하더라도 이를 전제하지 않을 수 없다. 유대교의 육체 부활 사상은 그리스의 영혼 불멸 사상과는 달리 필연적으로 빈 무덤을 가정하게 된다.

(3) 제자들이 예수의 시체를 훔쳤다는 비난(마 28:11-15)은 빈 무덤의 존재를 전제한다. 부활 소식에 반대하는 이들과 예수의 제자들 사이의 쟁점은 빈 무덤 자체가 아니라 그것에 대한 해석이다.

(4) 순교자나 성인의 무덤을 숭배하는 유대의 풍습에 대해서 많은 증거들이 있었다. 만일 예수의 무덤이 알려져 있었다면 그 무덤을 중심으로 하는 '성자 제의'(cult of the saints)가 생겨났어야 한다. 그러한 풍습이 전개되지 않았다는 것은 그 무덤이 비어 있었으며, 숭배의 대상이어야 할 성자도 그 자리에 없었기 때문이리라.

(5) 마가복음은 예수의 시신이 아리마대 사람 요셉의 묘에 안장되었음을 잘 증명해 준다. 현재 예루살렘의 북동쪽에 위치한 기맛 하미브타(Gimaat ha-Mivtar)에서 십자가형으로 죽은 한 사람의 유골이 발굴되었다. 그 발굴의 결과에서 알 수 있듯이, 처형당한 사람의 시신을 친척 혹은 가까운 친구가 가져다가 무덤에 안장하는 것은 불가능한 일이 아니었다. 만일 예수의 무덤이 알려져 있었는데, 그 무덤이 비어 있지 않았다면 예루살렘 사람들은 부활 소식을 거절했을 것이다.

(6) 여러 복음서의 빈 무덤 전승들 사이에는 커다란 모순이 존재하며, 따라서 그것들은 독자적인 전승들로서 각각 다른 전승을 확인해 주고 있다. 그러나 그 공통된 점은 무덤이 비었다는 사실이다.[21]

물론 이러한 주장에 대한 반론이 전혀 없는 것은 아니다. 그러나 타이쎈과 메르츠는 앞서 언급한 일곱 가지 주장에 대해 "다양한 의견의 스펙트럼으로 만든다면, 빈 무덤 전승에는 어떤 역사적인 핵심이 있을 것이라는 쪽이 약간 더 우세하게 된다."고 빈 무덤의 역사성을 결론짓는다.[22]

카스퍼도 검토 가능한 모든 것을 조사해 볼 때 빈 무덤 자체와 이 빈 무덤이 얼마 지나지 않아서 곧 발견됐다는 보도는 지금 전해지고 있는 대로 받아들일 수밖에 없다는 자신의 의견을 피력하였다.[23]

2) 신약성서의 현현 전승

부활한 예수의 현현

예수의 부활과 관련된 선포 중에 가장 오래된 것은 부활한 예수가 '나타나 보이셨다'는 현현(顯現) 전승이다.

- 나는 내가 전해 받은 가장 중요한 것을 여러분에게 전해 드렸습니다. 그것은 그리스도께서 성서에 기록된 대로 우리의 죄 때문에 죽으셨다는 것과 무덤에 묻히셨다는 것과 성서에 기록된 대로 사흘 만에 다시 살아났다는 것과 그 후 여러 사람에게 **나타났다**는 사실입니다. 그리스도께서는 먼저 베드로에게 **나타나신** 뒤에 다시 열두 사도에게 **나타나셨습니다.** 또 한 번에 오백 명이 넘는 교우들에게도 **나타나셨는데** 그 중에는 이미 세상을 떠난 사람도 있지만 대다수는 아직 살아 있습니다. 그 뒤에 야고보에게 나타나시고 또 모든 사도들에게도 **나타나셨습니다.** 그리고 마지막으로 팔삭둥이 같은 나에게도 **나타나셨습니다.**(고전 15:3-8 공동번역)

- 참으로 주님은 부활하셨고 시몬에게 **나타나셨습니다.**(눅 24:34 공동번역)
- 그 후에 저희 중 두 사람이 걸어서 시골로 갈 때에 예수가 다른 모양으로 저희에게 **나타나시니.**(막 16:12)

십자가에 달려 죽은 후 무덤에 묻혀 있던 예수가 다시 살아나 '나타나 보이셨다'는 사실이다. '나타나 보이셨다'(hophthe)는 단어는 "그가 보였다. 그가 보였다. 그가 자신을 보여 주었다."[24]는 뜻으로 예수의 부활 이후 현현을 표현하는 특수 용어이다. 신약성서의 다른 곳에서는 이 단어가 가시성의 표현이 아니라, 주관적으로 신앙에 눈을 뜨거나 하나님을 체험하게 된 계시의 사건을 표현하는 데에 주로 사용되었다.[25] 구약성서에도 하나님의 현현을 묘사하는 개념으로 사용된다.[26]

이러한 현현의 선포가 최초로 전승된 것은 위에 인용한 저 유명한 고린도전서 15장 3-7절이다.[27] 바울이 55년 아니면 56년에 기록한 고린도전서는 우리가 가지고 있는 가장 오래된 부활에 관한 증언이다. 이 전승은 기원후 30년대 말이나 40년경에 안디옥 지방에서 전승된 양식으로 추정되는데 신학자들은 이 중요한 전승의 주축을 이루는 네 단어와 이를 수식하는 내용을 강조하였다.[28]

- 죽으셨다 - 성서의 기록대로 우리 죄를 위하여
- 무덤에 묻히셨다
- 다시 살아났다 - 성서의 기록대로 사흘 만에
- 나타났다 - 목격자 목록

바울은 여기서 부활을 목격한 사람들의 명단에 게바라 불리는 베드로, 12제자, 500형제, 야고보, 모든 사도(행 1:3)와 자신을 포함시켰다.[29] 그러나 이외에도 막달라 마리아(막 16:9, 요 20:18), 여인들(마 28:9, 눅 24:10), 엠마오로 가는 두 제자 글로바와 누가(막 16:12, 눅 24:13-35)에게 부활한 예수가 나타났다. 부활한 예수가 나타나 보인 것을 기록한 본문은 다음과 같다.

- 가롯 유다와 도마가 없을 때 10사도에게(눅 4:39, 요 20:20)
- 예루살렘에서 도마가 있을 때 11사도에게(요 20:26)
- 디베랴 바닷가에서 7사도에게(요 21:1)
- 갈릴리에서 11사도에게(요 21:1)
- 승천할 때 감람산에서 11사도에게(막 16:19, 행 1:3, 눅 24:50)

부활과 관련된 다른 텍스트를 보면 부활한 예수의 현현 시 제자들이 그분을 만져보았다든가 그분과 식사를 함께 했다고 한다.[30] 얼핏 보기에도 이것은 지나치게 투박한 사실적 표현이며, 신학적으로 가능한 언명의 한계를 아슬아슬하게 스쳐 가고 있는 표현이다.[31]

그렇지만 우리는 그 배후의 두 가지 의도를 분명히 지적할 수 있다. 첫째는 십자가에 처형된 그분이 바로 부활한 분과 동일한 분이라는 것을 보여 주려는 의도인데, 제자들은 부활한 분의 상흔을 보고 그분이 누구인가를 알아보았던 것이다. 둘째 의도에는 어떤 호교론적 동기가 작용하고 있다. 즉, 그것은 일방적인 심령주의를 배격하고 부활의 육체성을 강조한 것이다. 부활하신 예수는 유령이나 환상이나 내적 체험으로 나타나 보인 것이 아니라 육체성을 지닌 부활체로서 나타나 보이신 것이라는 사실을 강조한다.

카스퍼는 이러한 현현 체험을 보다 구체적으로 하나님 체험과 연관시킨다. "부활한 주님과의 만남은 언제나 하나님과의 만남, 신체험(神體驗)이라는 특징을 띠고 나타난다. 제자들에게 떠오른 것, 그들이 체험하고 깨달은 것은 예수 그리스도 안에서 죽음을 거쳐 궁극적으로 도래한 하나님 나라라는 현실이요 십자가에 처형되신 분의 얼굴에 하나님의 다스림이 비쳤다는 사실이다."[32]

즉 예수의 현현 체험은 하나님 체험이며 동시에 예수가 선포한 하나님 나라 체험이라는 것이다. 부활한 분에 대한 체험은 당신을 온전히 드러내신 하나님 체험이요, 하나님 나라, 즉 시간과 공간의 차원을 넘어선 하나님의 차원에 대한 체험이다. 이러한 의미에서 예수의 현현 체험을 종말의 체험 또는 영원의 체험이라고도 말할 수 있다.

빈 무덤과 현현의 역사성

현대에 들어와서 부활 사건과 관련하여 빈 무덤 설화와 현현 설화의 관련성에 관한 다양한 논쟁이 제기되었다. 캄펜하우젠(Hans von Campenhausen)은 빈 무덤의 역사성과 우선성을 주장하였지만, 그라스(H. Grass)는 빈 무덤 전승을 비역사적인 것으로 여겨 현현의 우선성을 주장하였다.[33] 카스퍼는 부활신앙은 일차적으로 볼 때 빈 무덤에 대한 신앙이 아니라 현양(顯揚)되신 주님, 살아 계신 주님께 대한 신앙이라고 하였다.[34] 판넨베르그는 역사적으로 볼 때 빈 무덤 전승은 현현 전승과 마찬가지로 본래적인 것이지만, 내용상으로는 후자에 의존되어 있다고 한다. 그도 그럴 것이 빈 무덤은 현현의 빛에서 비로소 부활의 증거가 될 수 있기 때문이다. 현현이 없다면 빈 무덤의 의미는 너무 모호해지기 때문이라고 하였다. 이처럼 대체로 학자들은 빈 무덤보다 현현 사건에 더 무게를 두었다.

그러나 최근에 라이트는 빈 무덤과 현현이라는 두 사건의 결합이 부활 사건의 필요충분조건이라고 주장한다. 이 두 사건 중 어느 것 단독으로는 초기 그리스도인들이 부활신앙을 갖기에 불충분하다는 것이다.[35]

나사렛 예수의 시신이 무덤 속에 그대로 놓여 있었다면, 우리가 발견하는 것 같은 그런 종류의 초기 그리스도인들의 부활신앙은 존재하지 않았을 것이다. 다른 많은 유대인 지도자들, 영웅들, 메시아를 자처한 사람들이 동시대에 죽었지만 그 어느 경우도 그들이 죽음에서 부활하였다고 주장한 적이 없었다. 우선 그들의 무덤에는 그들의 시신이 그대로 안치되어 있었기 때문이다.

> 빈 무덤 자체는 부활의 결정적인 역사성을 증명하지 못한다. 도굴의 가능성과 시체도적설이 암시하듯 도굴의 가능성도 배제하지 못한다. 그러나 세마포가 남겨져 있었다는 사실은 예수의 시신이 대적들, 친구들 또는 실제로 동산지기에 의해서 옮겨진 것이 아니라는 것을 보여 주는 것이었다.[36]

다른 한편으로 무덤이 비었다는 것만으로도 부활을 주장할 수 없다. 무덤이 비었다 할 지라도 부활한 예수의 현현과 만남이 없었다면 부활신앙의 역사적 기초는 성립되지 않기 때문이다. 당시 유대 사회에서 세상이 정상적으로 진행되어 가고 있는 동안에 '부활'이 한 개인에게 일어날 것이라고 기대한 사람은 아무도 없었다. 분명히 제자들도 그러한 일이 예수에게 일어날 것이라고 예상하고 있지 않았다. 그것도 죽은 지 삼일 만에 부활 것으로 기대하는 사람은 아무도 없었기 때문에 부활한 예수의 현현은 충격적인 사건이 된 것이다. 라이트는 이 점이 비평학자들에 의해서 흔히 무시되어 왔다고 지적한다.

죽은 지 얼마 되지 않은 사람을 꿈에서 만나는 것은 1세기 사람들에게는 흔한 일이었다. 대략 주전 150년과 주후 150년 사이에 일어난 수많은 메시아 운동들이 창시자의 폭력적 죽음으로 끝났다. 죽음을 모면한 추종자들은 그들의 운동을 완전히 포기하거나, 또 다른 메시아를 찾아나서거나 아니면 세례 요한의 경우처럼 언젠가 환생할 것을 기약 없이 기다려야 하였다. 아무도 메시아가 죽은 지 3일 만에 부활할 것이라고 믿지 않았다.[37]

따라서 "예수의 무덤이 실제로 그의 처형 후 제3일에 비어 있었다는 것과 제자들이 실제로 그를 만났으며 그가 다시 살아나서 진짜 살아 있는 모습을 보였다는 것은 역사적으로 대단히 개연성이 있는 일"[38]이라고 주장한다. 당시대의 유대인 중에서 예수가 이스라엘의 메시아라는 것이 밝혀지기를 소망했던 자들 중에서 빈 무덤을 발견하였고 부활한 예수를 본 사람들이라면 대부분은 "예수가 죽은 자로부터 부활하였다."[39]는 결론을 내렸을 것이라고 한다. 따라서 이 부활신앙이 먼저 생기고 부활신앙을 설명하기 위해 빈 무덤과 현현의 사건을 만들어 낸 것이 아니라 그 반대라는 사실을 강력히 주장한다. 빈 무덤과 현현들의 결합은 초기 기독교의 신앙을 생성한 것이 완벽한 역사적 사실이라는 것이다.

초기 그리스도인들은 그들이 이미 지니고 있었던 신앙을 설명하기 위하여 빈 무덤과 부활한 예수와의 '만남들' 또는 '본 것들'을 만들어 낸 것이 아니었다. 그들은 이러한 두 가지 현상의 출현과 결합을 근거로 해서 그러한 신앙을 발전시켰다. 이런 종류의 일을 예상했던 사람은 아무도 없었다. 그 어떠한 회심 체험도 그러한 관념들을 생성해 내지 못했을 것이다. 그들이 죄책감을 많이 느끼고 있었거나 죄사함을 받았다는 느낌이 있었다고 할지라도 그리고 그들이 아무리 많은 시간을 들여서 성경을 상고했다고 할지라도 아무도 그런 것을 만들어 내지는 못했을 것이다. 이와 다른 것을 주장하는 것은 역사학을 행하기를 중단하고 우리 자신의 상상 속으로 들어가는 것이다. … 빈 무덤과 현현들의 결합이 초기 기독교의 신앙을 생성한 바로 그것이었다는 주장은 우리가 발견할 가능성이 있는 것들 중에서 가장 완벽한 것이다.[40]

성서에 기록된 부활 사건은 신앙의 중심적 신비이다. 부활 사건은 신앙을 위한 증명으로 제시할 수 있는 어떤 사실이 결코 아니다. 부활 사건 그 자체가 벌써 신앙의 대상인 것이다. 무덤이 비었고 부활한 예수가 나타나 보인 부활 사건 자체에 대한 해석의 도구로 작용한 것은 믿음, 즉 "하나님이 그를 살려냈다."는 믿음이었다. 따라서 부활의 현현에 관해 설명할 수 있는 것은 현현하신 예수가 제자들에게 보여진 것(Sehen)에 대해 직접적으로 주어진 믿음이 전제되어야 한다.[41] 빈 무덤과 현현의 사건을 경험하였을지라도 믿음이 없이는 부활한 예수를 하나님의 아들이요 구세주로 받아들일 수 없기 때문이다.

_04

부활에 대한 여러 비판과 그 반박

1) 사후의 생애와 죽은 자의 부활

사후의 생의 여러 형태

삶과 죽음은 인간의 궁극적 관심이다. 햄릿의 고백처럼 '사느냐 죽느냐 그것이' 궁극적인 문제인 것이다. 인간은 의식 발달 과정에서 시간에 대한 의식이 생겨난 이후로 자신의 과거와 현재와 미래의 삶을 의식하게 된다. 기억을 통해 과거를 회상하고 기대를 통해 미래를 희망하게 된다. 미래에 대한 의식의 확충으로 인간은 자신의 죽음을 삶 속에 의식하게 된다. 그리고 이러한 죽음에 대한 이해가 자신의 삶에 대한 이해를 결정한다. 죽음에의 존재(Sein zum Tode)라는 실존의식은 그의 삶에 대한 본래적인 의식을 제공하기 때문이다.

미래에 대한 의식이 인간으로 하여금 미래의 삶을 준비하도록 촉구하는 긍정적인 측면이 있지만 동시에 죽음에 대한 불안과 공포를 일깨우는 부정적인 면도 크다. 죽음에 대한 불안과 공포는 인간을 지배하는 마지막 세력으로 등장하여 인간을 억압한다. 따라서 인간들은 죽음을 극복하려는 필사적인 시도를 하게 된다. 농경사회에 등장한 지배계층들이 미라를 만들고 피라미드를 건립하고 생전의 시종들을 순장(殉葬)한 것은 모두 죽음을 면하고 영생을 얻으려는 공허한 시도를 반영한다. 종교 일반에서 등장하는 죽음을 극복하려는 불사성에 대한 열망은 부활 신화와 영혼불멸설, 승천과 소생, 환생과 윤회 등에 대한 신앙과 가르침 등으로 전해져 오고 있다.

영혼불멸설

사후의 생과 관련에서 가장 보편적으로 믿어 온 것은 영혼불멸설이다. 플라톤과 그 밖의 희랍 사상가들은 인간 속에 내재하는 이성적인 생명의 원리인 영혼은 불사성을 지니고 있다고 하였다. 영혼(Psyche)은 우주 안에 있는 영원하고 스스로 움직이는 질서와 운동의 근원이며, 불변적이고 사유적인 불가시적 이데아의 영역과 가변적이고 감각적인 가시적인 현상의 영역을 중재하는 신적인 원리이지만 본질적으로는 전자에 가까운 것이라고 한다. 따라서 영혼은 자존하는 것이며 소멸하지 않는 것이라고 한다. 이러한 이성적인 영혼이 열등하고 죽을 수밖에 없고 감각적인 지상의 육체와 결합한 것은 영혼에게는 일종의 추방상태와 마찬가지인 것으로 이해되었다.[42]

따라서 인간의 육체는 본래 죽을 수밖에 없는 것이기 때문에 영혼과는 성질이 다른 것이며 인간의 자아를 형성하는 본질적인 요소가 아니다. 육체는 사멸할지라도 영혼은 그 존재에 관한 한 아무런 영향을 받지 않는다고 하였다. 이러한 영혼불멸설을 통해 인간의 자아는 어떤 형태로든 죽음을 면한다는 것과 육체와 달리 영혼은 신적인 것과 유사하며 신의 영원성과 불멸성을 공유하는 것으로 이해하였다. 이러한 영혼불멸설은 영육이원론에 기초한 것으로, 육체는 영혼에 비해 열등하고 비본질적인 것으로 여긴다.

그러나 성서가 말하는 부활은 열등한 육체의 속박에서 영혼이 해방되어 본래의 자존성과 불멸성을 회복하는 것이 아니다. 성서는 아주 다르게 몸의 부활을 주장한다. 예수의 부활은 그의 육체는 죽어 땅에 묻히고 그의 영혼만이 되살아난 것이 아니다. 예수의 죽은 몸이 십자가의 상처와 흔적을 그대로 지닌 채 다시 살아난 것이다. 그의 몸이 신령한 몸으로 부활한 것이다.

승천설

유대교에서 구약의 존귀한 인물들의 승천이라는 주제는 널리 알려져 있다. 성서에는 에녹(창 5:22-24, 히 11:5)과 엘리야[43]의 승천만 기록되어 있지만, 그 외의 위경과 유대교 문서에도 여러 인물들의 승천이 기록되어 있다.

- 레위(*Test. Levi*. 2-5)
- 바룩(바룩시편 13:3 등)
- 에스라(*IV Ezra*, 14:19, 49)
- 모세(Jos, *Antiq*, IV.viii, 49)
- 스바냐(스바냐 묵시록: Clement, *Strom.*, V.11)
- 아브라함(아브라함 묵시록 15-29)
- 이사야(이사야 승천기 6-10)
- 아담(아담과 이브의 생애, 25-29)
- 라파엘(토비트 12:16-20)

조로아스터교나 영지주의에서는 죽은 자의 영혼이 승천하여 3개

또는 7개의 천체(天體)를 통과하여 천상으로 여행하는 과정들에 대한 묘사가 등장한다. 각 천체는 비밀 지식[44]이나 암로(暗路)[45]를 통하거나 친절한 영들의 도움을 받아야 통과할 수 있는 문이 있으며 또한 적대적인 영들과 장애물들이 있다고 가르친다.

그러나 예수의 십자가에서의 죽음과 부활은 몸이 죽지 않은 채로 승천하는 것과 다르다. 죽어 장사 지낸바 된 몸이 부활한 것이기 때문이다.

윤회설과 환생설

윤회는 산스크리트의 삼사라(samsâra)를 번역한 말로, 흔히 수레바퀴로 상징된다. 수레바퀴가 한 바퀴 돌아 제자리로 돌아가듯 인간 역시 이번 생애에서 다음 생애로 돌아간다는 뜻이다. 윤회는 전생(轉生), 재생(再生), 유전(流轉)이라고도 한다. 기원전 600년경 힌두교의 우파니샤드를 통해 주장되어 대중에게 전파되었다. 윤회의 교의에 의하면 인간 역시 우주 안에서 끊임없이 낳고 죽기를 반복하며 윤회한다. 인간이라 하더라도 다음 생애에는 짐승으로 태어나기도 하며 천신으로 태어나기도 한다. 이러한 수없이 많은 윤회의 과정에서 사람이 한 인생을 살면서 쌓은 업(karma)에 의해 다음 생애가 결정된다.

불교에서는 윤회하는 세계에 지옥, 아귀(餓鬼), 축생(畜生), 아수라(阿修羅), 인간, 천상(天上)의 육도(六道)가 있다고 말한다. 육도 중 어느 세계에 태어나느냐 하는 것은 각자가 행한 행위의 총체인 업(業)에 따라 결정되는 것이다. 또한 선업(善業)을 쌓으면 선한 세계에, 악업을 맺으면 악한 세계에 태어난다고 한다. 석가모니는 이 윤회의 굴레를 영원히 벗어나는 해탈의 도를 깨달았다는 것이다.

서양에서도 윤회사상이 주장되었다. 아리스토텔레스는 오르페우스 종교와 피타고라스학파가 윤회를 가르쳤다고 한다.[46] 윤회설은 기본적으로 영혼은 육체에 앞서 존재하고 육체가 죽은 후에도 존재한다는 영혼불멸설과 영혼과 육체는 분리될 수 있다는 영육이원론에 근거한다. 신과 달리 인간은 죽을 운명을 지니고 태어났지만, 인간은 한 번 태어났다가 죽고 마는 일회적인 삶의 살아가는 존재가 아니라 디오니시우스처럼 죽었다 다시 태어나는 영원히 되풀이되는 삶을 살아가는 존재라는 것이다. 헤로도토스는 피타고라스의 영혼윤회설이 다음과 같은 이집트의 영혼윤회설에서 유래한 것이라고 한다.

> 사람의 영혼은 불사적이며 신체가 소멸할 때면 그때마다 태어나는 다른 동물 속으로 들어가고, 육지나 바다에서 살거나 날아다니는 모든 짐승은 윤회하고 나면 태어나는 사람의 신체 속으로 다시 들어가는 것이다. 그리고 그들은 영혼에게 윤회가 3,000년에 걸쳐 이루어진다고 한다.[47]

이러한 윤회설이 주장하는 것처럼 끊임없는 인간이 윤회의 수레바퀴에서 벗어날 수 없다면 영혼의 불멸은 더 이상 축복이 될 수 없다. 인간의 영혼이 윤회를 거듭하는 것은 영혼이 본래의 상태에 있지 않기 때문이라고 보았다. 그러므로 영혼이 본래의 상태를 회복하면 신적 원천으로 되돌아가 윤회의 굴레에서 벗어날 수 있다.

> 그러나 모든 사람이 윤회에서 벗어나 영혼의 고향으로 되돌아갈 수 있는 것은 아니다. 영혼이 윤회에서 벗어나기 위해서는 반드시 정화(katharsis)가 필요하다. 영혼이 육체라는 감옥에 갇혀 있는 이유는 영혼이 죄를 씻고 순수해져야 할 필요성을 일깨우기 위함이다.[48]

영혼의 정화를 위한 여러 금기사항들이 제시되었다. 영혼이 없는 것(apsychos)은 먹을 수 있으나 영혼이 들어 있는 것(empsychos)은 먹을 수 없게 하였다. 그래서 '고기를 먹지 말라', '심장을 먹지 말라'는 금기가 생겨나고 채식주의를 따르게 된 것이다. 그러나 영혼윤회설과 관련하여 모든 생명체가 친족관계에 있고 각혼(覺魂)을 지닌 동물처럼 식물 또한 생혼(生魂)을 지닌 생명이거나 영혼이기 때문에 육식을 금하고 채식을 허용한 것은 모순이라고 볼 수 있다.[49]

윤회설에서 파생된 것이 환생설이다. 환생설은 전생의 영혼이 현세로 되돌아올 수 있다고 믿는다. 환생설에 따르면 죽은 자의 영혼은 현세와 교통이 가능하다. 가장 널리 유포된 환생설은 죽은 자의 영혼을 불러내어 영매(靈媒)를 통해 산자와 교통하게 하는 강령술이나 초혼술이다. 또 다른 환생설은 죽은 자의 영혼이 새로운 육체로 환생하는 것이다. 라마교 신자들은 달라이 라마가 환생해서 돌아온다고 믿는다.

물론 신약시대의 민간 신앙에는 '엘리야의 환생'이나 '세례 요한의 환생'에 대한 기대가 없지 않았으며, 구약시대의 민간 신앙에도 신접하는 자와 초혼자(招魂者)들이 있었다. 이스라엘의 초대 왕 사울이 신접하는 자를 찾아간 일이 있지만, 사울이 죽은 이유는 "신접하는 자에게 가르치기를 청하고 여호와께 묻지 아니한"(대상 10:14) 까닭이라고 한다.

그러나 성경은 한 번 태어나서 '한 번 죽는 것은 사람에게 정한 것'(히 9:27)라고 가르친다. 반복해서 죽거나 다시 태어나는 재생이나 윤회를 거부한다. 그리고 죽은 영혼의 불러내는 신접하는 자나, 초혼자, 마술하는 자, 박수, 무당 및 그들을 추종하는 자는 모두 죽이라고 가르치고 있다(렘 19:26, 신 18:11 등).

죽은 자의 몸의 부활

예수가 십자가상에서 치욕적으로 횡사(橫死)하자 이와 함께 모든 것이 끝나는 것처럼 보였다. 예수의 제자들조차 그의 죽음을 그들의 모든 희망의 종말로 이해했음이 분명하다. 그럼에도 불구하고 예수는 장사 지낸 지 사흘 만에 다시 살아났다.

예수의 부활은 성서에도 그 전례가 있는 소생이나 승천이 아니다.[50] 죽음 이후의 삶에 대한 평균적인 의식을 반영하는 영혼불멸이나 재생이나 윤회나 환생도 아니다. 그리고 살아서 이루는 해탈이나 신선(神仙)사상에서 말하는 불로장생(不老長生)이나 노이불사(老而不死)도 아니다. 이 모든 사상과 질적으로 다르다. 십자가에 달려 죽은 예수의 몸이 다시 살아났다는 '죽은 자의 부활'[51] 사건 그 자체를 믿는 신앙이다. 죽은 자의 몸이 다시 살아나 부활한 사건은 역사적으로 유일회적인 특이한 사건이므로 타 종교인이나 비기독교인들에게는 아주 낯선 것이었다. 그러나 기독교 신앙의 핵심을 고백한 사도신경에는 "십자가에 달려 죽으시고 장사한 지 사흘 만에 다시 살아나신" 부활을 중요한 항목으로 포함하고 있다. 그러므로 몰트만은 "부활신앙이 아닌 기독교 신앙은 그래서 기독교적인 것도 아니고 신앙이라고 일컬을 수 없다"[52]고 단언하였다.

그럼에도 불구하고 예수의 부활에 대하여서도 여러 방식으로 비판되어 왔다. 심지어 기독교인들이나 신학자들도 예수의 부활을 합리적으로 설명하려고 시도하였다. 예수의 부활을 부정하는 대표적인 주장 8가지 즉, 시체도적설, 재매장설, 가사소생설, 대리처형설, 전설설, 환상설, 신화설, 영적부활설을 살펴보고 그 반론을 제시하려고 한다.

이러한 주장들은 모두가 성서의 기록을 부정하고 부활을 성서와 기독교 전통과는 다른 방식으로 또는 합리적으로 설명하려는 시도들로서 시대를 거쳐 오면서 다양한 방식으로 거듭되고 있다. 그러나 이러한 비판들은 일방적이고 편협하며 모순투성이의 주장이므로 성서적 사실과 전통적인 교리에 입각하여 조목조목 반박되어야 할 것이다.

2) 시체도적설

라이마루스(H. R. Reimarus)가 사후에 남긴 단편을 레싱이 『예수와 그의 제자들의 목적들에 관해』(1774)라는 제목으로 발표하였다. 라이마루스에 의하면 본래 제자들은 세속적이고 정치적인 의미에서 메시아 왕국을 기대했다. 예수의 처형은 이러한 그들의 희망을 앗아갔다. 그러나 제자들은 끝끝내 세상적인 지위와 이익에 대한 기대를 포기하지 않았다. 그래서 제자들은 예수가 사람들의 죄 때문에 십자가의 고난을 받은 구원자라고 해석하였다.

그들은 예수의 시체를 훔쳐냄으로써 부활 선포의 근거를 마련하였다. 예수의 첫 번째 도래가 실패하자 두 번째 도래를 기대하며 예수의 시신을 도적해 50일 동안 감춘 것이다. 이처럼 라이마루스는 마태복음 28장 11-15절을 통해 이미 부인되고 있는 비난, 즉 제자들이 예수의 시체를 훔쳐갔다는 비난을 사실로 받아들인 것이다.[53]

마태복음에 의하면 예수가 죽은 후 유대 공의회 의원이었던 아리마대 요셉이 그 시체를 가져다가 무덤에 장사하였고, 로마 당국은 예수의 제자들이 예수의 시체를 훔쳐갈 것에 대비하여 그 무덤을 큰 돌로 봉인하고 군인들로 하여금 무덤 입구를 지키게 하였음에도 불구하고 시체도적설이 "오늘날까지 유대인 사이에 널리 퍼져 있다."(마 28:15)고 하였다. 라이마루스 이후로 마태의 기록에 관해서도 많은 반론이 제기되었다.

(1) 일부 학자들은 당시의 관습으로 볼 때, 십자가형에 처해진 범죄자들의 시체는 대부분 십자가에 그대로 매달린 채로 새 먹이가 된다든지 아니면 공동묘지에 묻혔기 때문에 유대 공회(산헤드린)의 회원이었던 아리마대 요셉이 새로 만든 자신의 돌무덤에 예수를 안장하였다는 것은 있을 수 없는 일이며 꾸며 낸 전설이라고 한다.

그러나 복음서(막 15:42-45 병행)뿐 아니라 고린도전서 15장 5-7절에 나오는 신약성서의 가장 오래된 기록에서도 십자가에 달려 죽은 예수의 시신이 땅에 묻히어 장사 지낸바 되었다고 전승하고 있다.

그리고 십자가에 처형된 자들이 매장된 고고학적 증거도 발견되었다. 기원전 4년 바루스 총독에 의해 2000명이 십자가에 처형되었고,[54] 기원후 70년에는 티투스 장군에 의해 로마 항쟁에 참여한 "매일 500명 혹은 때로는 그 이상 되는 유대인"이 체포되어 십자가에 달려 죽기도 하였다.[55] 그러나 예수 시대를 전후하여 십자가에 처형된 유골은 단 하나만 발견되었다. 1968년 6월에 북부 예루살렘에서 발견된 그 유골은 24세 내지 28세 되는 남자의 유골로서, 그는 팔이 십자가의 가로지른 나무에 묶인 채 죽었으며, 발 양편에 못이 박혔던 자국이 있으며, 다리는 부러지지 않았지만, 오른쪽 발뒤꿈치에 쇠못이 박힌 채로 발견되었다. 그는 당시의 유대인들의 일반적인 장례 습관에 따라 바위를 뚫어 만든 무덤 속의 감실에 일단 매장되었다가 살이 부패한 다음에 유골을 수습하여 납골당에 다시 매장하였다.[56] 따라서 십자가에 처형된 자의 매장이 역사적으로 충분히 가능한 일임이 밝혀진 것이다.

(2) 헤롯 자신이 처형한 예수의 매장을 허락하였다는 기록 역시 역사적 사실이 아니라 꾸며 낸 이야기라는 반론이 제기되었다.

그러나 예수 이전에 알렉산드리아에서 활동하였던 유대 철학자 필로(BC. 15?-AD. 45?)는 예외적 상황, 즉 총독이 축제일을 기념하기 위하여 제대로 된 매장을 허락한 경우를 상기시켜 준다. 필로는 너그러운 총독들이 축제일에 십자가형에 처할 사형수들에 대하여 호의를 베풀어 사형선고를 연기하거나, 십자가에 처형된 시체를 그 가족들이 매장할 수 있도록 허락한 경우가 있었다고 증언한다.[57] 마가복음에 의하면 예수가 유월절 전날에 처형되었기 때문에 아리마대 요셉이 헤롯의 호의를 믿고 용기를 내어 예수의 시체를 내어 달라고 요청한 것으로 볼 수 있다(막 15:42-43). 아마 유월절 날에 십자가에 처형된 시체가 매달려 있는 것을 원치 않았기 때문일 것이다. 그리고 이러한 전례가 있었기 때문에 헤롯은 순순히 예수의 시체를 건네준 것이다.

(3) 유대 공회가 예수를 재판에 회부하여 죽이려고 계획했다는 사실을 생각해 볼 때, 예수의 시체를 하필이면 이 일에 가담한 공회 회원이었던 아리마대 요셉으로 하여금 안장하도록 했다는 것도 역사적 사실이 아니라는 주장도 제기되었다. 그러나 예수의 제자들이 아니라 예수의 처형을 주도한 헤롯과 유대 공회의 측근인 아리마대 요셉이 예수의 시신을 매장하였다는 것이 정황적으로 보아 오히려 더 역사적인 사실에 가깝다는 반론이 다음과 같이 제시되었다.

> 예수를 십자가에 매달도록 선동했던 유대 지도자들에 대한 초기 기독교인들의 분노와 증오를 생각해 볼 때, 이왕에 예수를 고귀하게 장사 지낸 인물을 꾸며 낼 바에는 다른 사람을 선택해야 했을 것이다. 그런데 다른 누구도 아닌 유대 지도자를 선택했다는 것은 말도 안 된다. 더구나 예수의 정든 제자들은 예수를 버렸을 때가 아닌가? 게다가, 특정 집단에 소속된 특정 인물을 조작해 낼 수는 없다. 사람들이 찾아보고 나서 물어 보면 거짓말이라는 것이 들통 날 것이니까. 따라서 요셉이 실존 인물이었다는

것은 의심할 수 없는 사실이다.[58]

(4) 무덤에 군병들을 배치하고 시체를 지켰다는 기록은 오직 마태복음에만 나온다. 따라서 군인들이 무덤을 지켰다는 것 역시 널리 유포된 시체도적설을 반박하기 위해 예수의 제자들이 꾸며 낸 이야기라는 주장도 등장하였다. 다시 말하면 "예수가 부활하셨다."는 제자들의 주장에 대해 "제자들이 그의 시체를 훔친 것이다."고 유대인이 반론하자 "유대인들이 파수꾼을 배치하였는데 어떻게 훔쳤겠는가?"라고 반론하기 위해 무덤을 봉하고 파수꾼이 존재한 것처럼 마태가 각색하였다는 것이다.

그러나 한번 다시 생각해 보자. 만약 무덤을 지키는 파수꾼이 처음부터 존재하지 않았다면 논쟁은 다른 방식으로 진행되었을 것이다. 예수가 부활하셨다는 주장에 대해 유대인들은 이런 식으로 대답했을 것이다. "아니다, 제자들이 시체를 훔쳐 갔다." 그리스도인들은 다시 이렇게 반문할 것이다. "그렇지만 파수꾼들이 무덤을 지키고 있는데 어떻게 시체를 훔쳐 갔겠느냐?" 이에 대해 유대인은 응답은 이러했을 것이다. "파수꾼이라고? 처음부터 파수꾼은 없었어!"

그렇지만 역사를 보면 어느 기록에도 파수꾼은 처음부터 없었다는 반박이나 기록은 보이지 않는다.[59] 전후 사건으로 보아 파수꾼이 처음부터 없었다면 시체도적설은 오히려 반박할 수 없는 기정사실이 될 소지가 많았을 것이다. 따라서 파수꾼 이야기 자체가 제자들이 꾸민 이야기라는 것은 사실과 논리의 비약이라고 할 수밖에 없다.

(5) 예수 당시 무덤을 봉인하고 시체를 옮기는 일이 실제로 있을 수 있는 일인지 논의되기도 하였다. 다행히 이에 대한 고고학적 증거가 제시되었다. 서기 51-52년경 로마의 클라우디우스 황제가 아가야

의 총독이었던 갈리오에게 보낸 것으로 확인된 명문(銘文)이 1878년 나사렛 지역에서 발굴되었다. '가이사의 법령'이라 불리는 이 비문에는 무덤의 인봉이나 다른 돌을 치워 버리는 일을 사형으로 다스릴 것을 명령하고 있다.[60]

> 만일 어떤 사람이 다른 자가 무덤을 파괴하거나, 시체를 파내거나, 또는 악의를 품고 그것들에 해를 끼치기 위해 다른 곳으로 옮기거나, 아니면 인봉이나 다른 돌들을 치워 버린 일 등에 관해 고소하면… 위법자는 묘실에 관한 위반죄로서 사형을 언도받기를 본인은 원하는 바이다.[61]

세례 요한이 잡힌 후(막 1:16) 예수는 공적 활동을 전개하였고 세례 요한이 처형된 후 엄청난 소요가 있었다. 이를 미루어 볼 때, 예수의 죽음이 몰고 올 소요나 반란을 사전에 차단하기 위해서 예수의 시신을 자신들이 신뢰할 수 있는 아리마대 요셉에게 내어 주어 무덤에 안장하고 외부의 접근을 막은 것은 예수의 시신이 공개됨으로써 야기될 소요를 차단할 수 있는 방책이 될 수 있었을 것이다.

시체도적설은 빈 무덤의 이야기로 인해 당황한 유대인 당국자들에 의해 계속해서 주장되어 온 것임을 알 수 있다. 외경「베드로복음서」에는 무덤이 7번 봉인되었다고 기록하였고,「히브리복음서」는 무덤지기가 대제사장의 종 말고(Machus)였다고 한다. 터툴리안은 동산지기 유다가 시체도적설을 퍼트린 것으로 적고 있다.[62] 이처럼 부연된 이야기는 유대 당국이 예수의 시체를 지키기 위하여 필사적인 노력을 기울인 것과 예수 부활의 소문으로 유대 당국이 얼마나 당황했는가를 전하는 역사적 잔재이다.

논조를 바꾸어 파수꾼이 있었음에도 불구하고 제자들이 예수의 시체를 훔쳐 가서 부활 소문을 퍼트린 것으로 전제해 보자. 그렇다면 문제는 간단해진다. 유대 당국자들이 예수 부활 소문을 무마시키려면 예수의 시체를 찾아서 제시하기만 하면 되었을 것이다.[63] 그러나 그들은 그렇게 할 수 없었기 때문에 그렇게 하지 못했다.

무엇보다도 예수의 제자들이 예수의 시체를 훔친 후 부활한 것으로 속였다면 이는 예수의 빈 무덤과 부활을 목격했다는 무수한 사람들이 가담한 역사적으로 가장 놀라운 집단적인 사기극이 될 것이다. 그처럼 많은 사람들이 공모한 사기극은 오래가지 못한다. 언젠가는 공모자 중 일부가 배신하거나 전모가 폭로되기 마련이다. 그리고 이 사기극을 유지하기 위해 무수한 예수의 추종자들이 목숨을 걸었다고 상상하는 것도 불가능하다. 이 점에 대해 프랑스 철학자 파스칼(Pascal)은 이렇게 쓰고 있다.

> 사도들이 사기꾼들이었다는 추측은 매우 불합리하다. 그러한 억측의 논리적인 결론을 추적해 보자. 예수가 죽은 후 모임을 가진 12사람이 그가 부활하였다고 말하는 음모를 꾸미는 모습을 상상해 보자. 그것은 시 당국과 종교 당국 모두에 대한 공격이 되었을 것이다. 인간의 마음은 변덕과 변화에 이상하게 노출되기 마련이다. 그것은 약속에 의해 흔들리며, 물질적인 것들에 의해서 유혹에 빠지는 것이다. 만일 그들 중에 어느 누군가가 그렇게도 매력적인 유혹에 굴복했었더라면 혹은 감옥에 갇히는 것이나 고문을 당하는 것과 같은 보다 강제적인 압력에 굴했었다면 그들은 모두가 흩어져 버리고 말았을 것이다.[64]

예수의 부활이 시체 도적에 의한 사기였다면, 사도들이나 그 추종자들은 그것을 알 수 있었을 것이고 초기 기독교인들의 진실성에 비추어 그 어마어마한 거짓말을 영속시키는 일은 불가능하였을 것이다. 역사가 깁본(E. Gibbon)은『로마제국 쇠망사』에서 '최초의 그리스도인들의 보다 순수하고 엄격한 도덕성'[65]이 기독교가 급속히 발전할 수 있었던 다섯 가지 이유 중 하나라고 하였다. 예수가 길이요 진리요 생명이라고 고백한 그리스도인들은 진실을 말하는 것을 생명처럼 귀중하게 여겼다. 실제로 예수의 부활을 진실이라고 믿은 그리스도인들은 이를 증거하기 위해 생명을 바칠 수 있었던 것이다.

3) 재매장설

빈 무덤에 관한 또 다른 합리적 설명은 재매장 가설이다. 이 가설에 따르면 아리마대 사람 요셉은 예수의 시신을 일단 근처에 있는 무덤에 안치하였다가 안식일 후 제자들 모르게 다른 곳에 묻었다는 것이다. 이 가설은 1799년 익명으로 출간된『예수의 부활에 관한 생각』에서 처음으로 나타난 후, 홀츠만(H. J. Holzmann, 1832-1910)과 클라우스너(J. Klausner) 같은 학자들에 의해 제시되었다.[66] 이러한 주장은 요한복음에서 막달라 마리아가 빈 무덤을 보고 누군가가 예수의 시체를 가져갔을 것(요 20:2, 14-15)이라고 생각했는데, 그가 바로 아리마대 요셉이라는 설명이다.

이 재매장설은 유대교 전승에도 나타난다. 15세기에 등장한 것으로 추정되는『예수의 생애』라는 소책자는 예수는 체포되어 종려나무 줄기에 매달려 죽었다고 한다. 그의 몸이 무덤에 장사된 후에, 한 정원지기가 그의 시체를 옮겨서 수로에 던져 버렸는데, 예수의 시신이 없어진 것을 발견한 제자들이 부활을 선포하기 시작했다는 것이다. 그런데 기원후 400경에 살았던 랍비 탄추마(Tanchuma)가 그 시신을 발견하여 속임수를 폭로하였다고 기록하고 있다.[67] 예수가 죽은 지 400년이 다 되어서 예수의 시신을 발견했다는 것은 이치에 닿지 않는다. 해골로 변한 시신이 예수라는 사실을 증명할 수 있는 증거를 찾기도 불가능하기 때문이다. 그러므로 예수의 시신을 4세기의 인물인 랍비 탄추마가 발견하였다는 15세기의 기록은 시기적으로 보아 윤색된 전설임에 틀림없다.

아리마대 요셉이나 정원지기에 의한 재매장설은 예수의 무덤이 빈 이유를 다른 방식으로 주장하려는 가설의 극치이다. 그러나 앞에서 살펴본 것처럼 부활한 예수가 나타나 보이셨다는 것은 예수의 빈 무덤만큼 중요한 사실이다. 예수가 죽은 이후 제자들의 일차적인 과제는 빈 무덤을 증거하는 것이 아니라, 예수의 부활을 증거하는 것이었다. 그 증거로서 예수 사후 예수를 배반한 가롯 유다 대신 맛디아를 뽑으면서 예수의 제자들은 그를 "우리로 더불어 예수의 부활을 증거할 사람"(행 1:22)이라고 하였다. 그리고 오순절 베드로의 설교는 유대인들을 향해 "너희가 십자가에 못 박은 이 예수를 하나님이 주와 그리스도가 되게 하셨느니라"(행 2:36)고 하였다. 이처럼 제자들은 예수의 부활을 증거하였고 유대 지도층은 이를 '싫어하여'(행 4:2) 베드로와 요한을 체포하는 등 갈등을 빚은 것이다. 또한 부활을 믿지 않았던 사두개파들도 예수의 부활을 증거한 사도들을 옥에 가두었고 처형하려다가 민란이 두려워 예수를 전하는 것을 금하는 조건으로 석방하여 주었다.(행 5:17 이하)

만약에 유대교의 지도자였던 아리마대 요셉이 예수의 시신을 옮겨 재매장하였다면, 이는 예수의 무덤이 비게 된 이유와 제자들이 주장하는 예수의 부활을 부정할 수 있는 결정적인 증거가 되었을 것이다. 나아가 예수의 재매장 무덤을 공개함으로써 기독교인들의 허탄한 주장을 일시에 거짓으로 드러낼 수 있었을 것이다. 특히 부활을 부정했던 사두개파 사람들이 앞서서 아리마대 요셉에게 예수의 시신이 사라진 연유를 캐물었을 것이고, 진실은 금방 밝혀졌을 것이고, 예수의 부활은 사기극으로 판명 났을 것이고, 그리고 결국 예수 운동은 좌절되고 말았을 것이다. 그러나 누구라도 추리할 수 있는 이 모든 일은 결코 일어나지 않았다.

그래서 캄펜하우젠(H. von Campenhausen)은 "몰래 이장했다거나 다른 무덤과 혼동할 수도 있었을 것이고 그 밖의 다른 불행한 사고로 무덤이 비어 있었던 것이라고 생각하고 싶은 사람은 물론 얼마든지 공상을 펴볼 수 있을 것이다."고 하였다. 그리고 "이 보도가 근거 있는 보도라는 것을 반증하는 논거는 여러 가지가 있지만, 그렇지 않다는 논거는 결정적이지도 않고 확실하지도 않다. 따라서 이 보도가 역사적이라는 것이 개연성 있는 결론이다."[68]고 하였다.

유대 전통에는 예수도 지적한 것처럼 "선지자들의 무덤을 쌓고 의인들의 비석을 꾸미는 일"(마 23:29)을 중히 여겼다. 벤 도사를 포함하여 최소한 50여 명의 선지자의 무덤이 숭배되었다는 것에 비추어 볼 때,[69] 만약 예수가 재매장되었다면 그의 무덤 역시 예수가 끼친 영향력으로 보아 당시의 다른 의롭게 죽은 순교자나 예언자의 무덤처럼 숭배되었을 것이다. 그러나 성서는 예수의 무덤이 비었을 뿐 아니라 부활하신 예수가 무수한 사람에게 나타나 보이셨다고 증거한다.

4) 가사소생설

하이델베르크 대학의 교수였던 파울루스(H. G. Paulus)는 『예수전 - 초대 기독교의 순수한 역사에 기초한 예수 생애』(1828)에서 십자가에 처형된 예수가 정말로 죽은 것이 아니라 근육 경련으로 기절했을 뿐이라고 하였다. 무덤에 묻혔을 때에도 가사(假死) 상태에 있었는데 때마침 뇌성 번개가 예수를 일깨웠고, 얼마 후 기절에서 깨어난 예수가 무덤에서 자기 힘으로 걸어 나왔다고 하였다.[70]

> 차가운 무덤과 향료는 전광과 지진이 예수로 하여금 완전히 의식 회복을 시킬 때까지 소생의 과정을 계속했다. 다행하게도 돌이 입구에서 옮겨졌다. 주님은 무덤 안에서 허리를 묶은 띠를 풀고 동산지기의 옷을 입수했다. 그래서 마리아(요 20:15)가 동산지기에게 말한다고 생각했다. 여인들을 통하여 그는 제자들을 갈릴리로 갈 것을 명하고 스스로 그곳을 향해 길을 떠났다.[71]

하제(K. A. Hase)와 슐라이어마허(F. D. E. Schleiermacher) 등 일부 학자들도 예수가 십자가 위에서 실제로 죽었던 것이 아니라는 가사소생설을 진지하게 받아들였다.[72] 그리고 이러한 가사소생설은 아흐마디야파 무슬림들(Ahmadiya Muslims)에 의해 주장되고 있다. 이들은 코란(4:157)에 근거하여 예수가 십자가에 달렸지만 죽지 않았다고 주장한다.[73] 무덤에서 회복되어 소생한 예수가 인도로 도망쳤다는 것이다. 그래서 오늘날까지도 카슈미르 지방의 스리나가에는 예수가 묻힌 장소라고 추정되는 곳에 사원이 세워져 있다.[74]

최근 거루버와 케스턴은『예수는 십자가에서 죽지 않았다 - 토리노 성의(聖衣)가 밝히는 부활론의 음모』라는 책에서 예수의 수의로 알려진 토리노의 성의(聖衣)가 죽은 예수의 수의가 아니라 십자가 처형 후 가사상태에 있던 예수의 몸을 감쌌던 세마포라는 주장을 제기하였다.[75] 아리마대 요셉과 그의 동지들이 십자가에 달린 예수를 구출하기 위하여 예수로 하여금 가사상태에 빠지도록 계책을 세웠다고 한다. 십자가에 달린 지 3시간쯤 되었을 때 의도적으로 예수에게 아편을 탄 포도주를 마시게 하여 예수를 혼수상태에 빠지게 하였다.[76] 그리고 가사상태에 빠진 예수를 매장한다고 속여 무덤으로 데려가 안치한다. 따라서 그들이 무덤에 가져간 몰약과 침향(요 19:39)은 예수의 시신을 장례하기 위한 향료나 방부제가 아니라 가사상태에 빠진 예수를 회생시키기 위한 약품이었으며, "실제로는 (아리마대) 요셉과 니고데모의 지휘로 안전한 굴 안에서 예수를 '회생'시키기 위한 치료 작업이 진행되었다."는 것이다.[77]

예수의 제자들은 예수가 일으킨 기적을 단순히 흉내 내려고 했던 것이 아니라 의학적인 치료를 통해 기적을 가장하려고 했다. 예수는 단지 가사상태에서 회생한 것인데 후에 사도 바울이 예수가 부활한 것으로 창작했다는 것이 이들의 주장이다.

예수가 십자가에 달려 있을 때 해면(海綿)에 적신 신 포도주(막 15:36) 또는 쓸개를 탄 포도주(마 27:34)를 조금 마셨다는 사실과 예수가 빨리 죽었다는 보고를 듣고 빌라도가 놀랐다는 기록(막 15:44)에 근거하여 이 가설을 지지하는 이들도 생겨났다. 아편 등 마취 효과 물질이 포함된 포도주를 마시고 예수가 잠시 혼절했을 것이므로, 예수가 다시 나타난 것은 기적적으로 부활한 것이 아니라 가사상태에서 다시 살아나서 소생한 것에 불과하며 그래서 그의 무덤이 비게 되었다는 것이다.

그러나 당시 십자가 처형의 일반적 관행과 예수의 처형에 관한 복음서의 단편적인 기록을 고고학적으로나 의학적으로 종합해 볼 때 이러한 가사소생설은 다음과 같이 반박할 수 있을 것이다.

고고학적 연구 결과 십자가 처형 시 머리에 가시관을 씌우거나 두 손(목)과 두 발(목)에 못을 박거나 채찍으로 태형을 가하는 일이 비일비

재했던 것으로 밝혀졌다. 3세기의 역사가였던 유세비우스는 "태형을 당하는 사람의 정맥이 밖으로 드러났고 근육, 근골 그리고 창자의 일부가 노출되었다."고 기록하였다. 많은 사람들이 십자가에 달리기도 전에 태형만 당하고서도 죽었다. 그리고 로마 군인들은 7인치에서 5인치 정도 되는 끝이 가늘고 뾰족한 대못을 손목에 박았다.[78] 복음서에 두 손과 두 발에 못을 박았다고 기록하고 있지만, 손바닥에 못을 박으면 몸무게를 견디지 못하고, 손바닥이 찢어지고 몸체가 십자가에서 떨어져 버린다. 그리고 당시의 언어는 손바닥과 손목을 구별하지 않았다. 손목도 손바닥에 속했다. 중추 신경이 지나가는 손목에 못이 박힌 것이다. 이어서 두 발목에도 못을 박았다.[79]

이런 상태로 십자가에 달려 있으면 양팔이 탈골되고 희생자는 극도의 고통을 느끼게 되며 다량의 출혈로 저혈량 쇼크(Hypovolemic shock) 상태에 빠지게 된다. 몸은 흘린 피를 보충하기 위해서 액체를 요구하기 때문에 매우 목이 마르게 된다. 복음서에 보면 예수가 '내가 목마르다.'(요 19:28)고 말씀하시는 장면이 나오는데 의학적으로 사실에 근거한 기록이라고 볼 수 있다.

캘리포니아 의과대학의 메드럴(Alexander Metherell) 박사는 십자가 처형에 대한 의학적 소견을 다음과 같이 설명한다.

> 일단 희생자가 십자가에 수직으로 매달리게 되면 질식하면서 서서히 고통스럽게 죽게 됩니다. 질식하게 되는 이유는 근육에 충격이 가해지면서 횡격막이 가슴의 상태를 숨을 들이쉬는 상태로 만들어 놓기 때문입니다. 숨을 내쉬기 위해서는 십자가 위에서 발을 세워야 합니다. 그래야 근육이 잠시 동안 이완될 수 있습니다. 그러나 그렇게 하면 발에 박혀 있는 못이 발을 점점 깊이 찌릅니다. 결국에는 못이 발 근육에 붙어 있는 뼈를 고정시

키게 되죠. … 완전히 지칠 때까지 이런 식으로 계속되다가 결국 발을 세울 수 없게 되고 더 이상 숨을 쉴 수 없게 됩니다.[80]

이런 상태에서 예수는 죽음에 이른 것 같다. 로마 군인들은 예수의 죽음을 확인하기 위해 창으로 옆구리를 찔렀다. 아마 오른쪽 폐와 심장을 꿰뚫었을 것이다. 메드럴 박사는 의학적 소견으로 볼 때 창을 뺄 때 물처럼 보이는 액체 즉 심낭삼출(心囊滲出)과 늑막삼출(肋膜滲出)이 나왔고, 이어서 많은 피가 쏟아진 것이라고 한다. 요한복음 19장 34절에는 '피와 물'이 나왔다고 하였지만, 물보다는 피가 훨씬 더 많이 나왔기 때문에 그렇게 표현한 것이다.[81]

복음서에 따르면, 군인들이 예수와 함께 십자가에 못 박힌 두 강도의 다리를 부러트렸다고 한다. 희생자를 빨리 죽이고 싶었기 때문에, 그리고 아마 안식일과 유월절이 다가오고 있었으므로, 유대인 지도자들은 분명히 해지기 전에 그 일을 끝내고 싶어 했던 것 같다. 때로는 로마 군인들이 소지한 단검의 손잡이를 이용해서 희생자의 다리뼈 아랫부분을 부러트려 죽음을 재촉하였다. 그렇게 되면 희생자는 발을 들어 올릴 수가 없기 때문에 숨을 쉴 수 없다. 그래서 몇 분 안에 호흡산독증(酸毒症)으로 죽게 된다.

그러나 성경에서는 예수의 다리는 꺾이지 않았다고 한다(요 19:33). 군인들은 예수가 이미 죽었다고 확신했기 때문에 창을 사용하여 옆구리를 찔렀고 물과 피가 모두 쏟아지는 것을 확인한 것이다.

바벨론 탈무드(Sanh. 43a)에는 예루살렘의 귀부인들이 사형수들을 마취시키는 데 사용하는 음료를 기꺼이 제공했다는 기록이 등장한다.[82] 따라서 십자가 처형 시 고통을 덜어 주기 위한 방식으로 마취 음료를 제공하는 것이 흔히 있는 일이었다면, 로마 군인들이 자신들이 제공한 마취 음료로 예수가 마취상태에 빠진 것인지 아니면 실제로 죽은 것인지를 확인하지도 않았다고 상상하는 것은 불가능하다.

군인들이 예수의 죽음을 확인하였다는 것이 분명하다. 물론 그들이 가진 의학과 해부학에 대해 매우 단순하고 원시적인 것이었으므로 예수가 죽었다고 단정했을 때 혹시 착각하지 않았을지 모른다고 반문할 수 있다. 그러나 그럴 가능성은 전혀 없다. 그 군인들이 전문적인 의학 지식은 없었던 것이 분명하지만, 사람을 죽이는 일에는 전문가였다는 사실을 잊지 말아야 한다. 사람을 죽이는 것이 그들의 직업이었고 실제로 사람을 잘 죽였다. 그리고 그다지 어렵지 않게 사람이 살았는지 죽었는지를 판단할 수 있었다.

더구나 죽었다고 판단한 죄수가 혹시라도 소생하여 탈출하면 처형 담당 군인이 어떤 형식이든 문책을 받았을 것이다. 예수의 경우 민란에 가담한 자들과 함께 처형된 것이므로 "특히 반군 지도자였다고 할 때 그 일이 제대로 되었는지 여러 차례 확인하는 것"[83]은 필수적이었을 것이다. 따라서 십자가 위에서 희생자를 끌어내릴 때 그가 죽었는지를 꼭 확인해야 할 만한 충분한 이유가 있었고, 이 일에 그들은 전문가였던 것이다. 성서는 예수 처형의 책임자였던 백부장이 예수의 죽음을 확인하였다(막 15:44-45)고 기록하고 있다. 그러므로 메드럴 박사는 단호하게 말한다.

> 예수가 십자가에서 살아남았을 가능성이 정말로 없습니다. 절대로 없습니다. 예수는 십자가에 달리시기 전에 피를 많이 흘렸기에 이미 저혈량성 쇼크 상태에 빠져 있었다는 사실을 기억하십시오. 사람이 오랫동안 숨을 쉬지 않는 척하는 것이 불가능하듯이 예수는 죽은 체할 수가 없었습니다. 더구나 창이 그의 심장을 찔렀습니다. 이것만으로 예수가 죽은 체한 게

아니냐는 식의 주장은 이미 끝난 논쟁입니다.[84]

그렇지만 만약 살아남았다고 칩시다. … 이미 탈골되어 버린 팔을 어떻게 사용했을까요? 또한 등에 심한 상처가 있었고 창이 그의 허리를 찔렀다는 사실을 기억하십시오.[85]

따라서 당시의 십자가 처형 과정과 예수의 십자가 처형과 관련된 성서의 모든 기록을 면밀히 검토해 볼 때 예수가 십자가에서 내려졌을 때 살아 있었을 가능성은 전무하다. 그러므로 그가 십자가 처형 후에도 기절이나 가사상태에 있었다는 주장이야말로 당시의 십자가 처형이라는 잔혹한 형벌의 역사적 정황에는 무지하면서 성서 본문의 진정성을 무시하려는 자들의 허황된 가설에 지나지 않음을 알 수 있다.

기절과 가사상태에서 예수가 소생한 것이 만에 하나 사실일 수 있다고 가정하자. 그렇다면 예수의 실제적인 죽음은 언제 어떻게 이루어졌고 어떻게 은폐되었는지도 설명하여야 할 것이다. 그리고 가사상태에서 소생한 예수가 어떤 행동을 취했는지도 설명되어야 마땅하다. 공생애 동안의 예수의 헌신적인 삶과 치열한 선교활동에 비추어 볼 때 가사상태에서 소생한 예수는 다시 제자들을 끌어 모아 선교활동을 계속했을 것이고, 그러는 과정에서 자연히 제자들이 퍼트린 부활 소문의 기만과 은폐는 폭로되었을 것이다. 예수는 제자들의 사기극을 엄히 문책했을 것이며, 자신의 가사 사건의 진실을 새롭게 해석하여 선포하였을 것이다. 가사소생설을 주장하는 이들은 이러한 문제점에 대해서는 침묵하고 논의를 진전시키지 않음으로써 자신들의 가설의 모순과 한계를 스스로 입증하고 있는 것이다.

5) 대리처형설

실제로 십자가에 처형된 자는 나사렛 예수가 아니라 다른 인물이 대리 처형된 것이라는 주장도 여러 형태도 제시되는데 주로 영지주의 문서나 외경에 등장한다.

영지주의 문서인「옹호자 도마의 책」에는 예수의 열두 제자 중 한 사람인 '디두모라는 도마'(요 20:24)가 바로 예수의 쌍둥이 형제라고 한다.[86] 예수가 주로 사용한 도마(Thomas)라는 아람어와 당시의 공용어인 그리스어의 디두모(Didymus)는 둘 다 '쌍둥이'를 뜻한다. 이 도마가 예수의 제자이며 동시에 예수의 쌍둥이 형제라는 것이다.

영지주의 문서인「도마복음서」는 예수의 형제 명단에 등장하는 "야고보, 요한, 시몬, 유다"(막 6:3) 중 한 사람인 유다가 바로 예수와 쌍둥이인 도마라는 것이다.

예수의 쌍둥이 형제 도마설은 급기야 쌍둥이 형제 도마가 예수를 대신하여 십자가에 못 박혔다는 주장으로 발전된 것이다. 그리하여 일부 영지주의자들은 모든 점에서 예수를 닮은 쌍둥이 형제 도마가 예수 대신 십자가에 처형된 것이라고 주장한다.[87] 예수가 십자가에 처형된 후 부활한 것이 아니라 쌍둥이 형제 도마가 대신 죽은 다음 예수가 출현한 것인데 제자들이 이를 예수의 부활로 호도하였다는 것이다.

그러나 어느 시대든 쌍둥이는 희귀하였으므로 예수와 유다가 쌍둥이 형제였다면 유다만 '쌍둥이 유다'(Didymus Judah)라고 불리었을 리 없다. 예수와 유다는 당시에는 흔한 이름이었으므로 예수도 '쌍둥이 예수'(Didymus Jesus)라고 불렸어야 마땅하다. 그러나 예수를 '나사렛 사람'으로 호칭한 것은 여러 번 등장하지만 '쌍둥이 예수'라는 호칭의 흔적은 전무하다. 달마(達磨)와의 언어적 유사성 때문에 도마가 인도로 건너가 달마 대사가 되었다는 전설이 생긴 것처럼[88] 도마라는 말이 쌍둥이를 뜻하였기 때문에 도마의 쌍둥이 형제가 예수라는 전설이 생겨났고, 이 전설을 악용하여 예수의 쌍둥이 형제 도마가 예수 대신 십자가에 달려 죽었다는 전설이 꾸며진 것이다.

성서는 '디두모라는 도마'는 예수의 쌍둥이 형제가 아니라 예수의 제자 중에서 예수의 부활을 끝까지 의심한 회의론자로 기록되어 있다(요 20:24-29). 예수의 제자 도마는 예수의 부활 사실을 전해 듣고 처음에는 의심을 하다가 부활한 예수를 직접 목격하고 십자가에 못 박혀 구멍 뚫린 손과 창에 찔린 옆구리에 손을 넣어 보고 예수의 부활을 확신하고 예수를 가리켜 "나의 주시며 나의 하나님이시다."(요 20:28)고 고백한 인물이다.

그러므로 예수의 쌍둥이 형제 도마가 존재하였다거나 그 도마가 자신의 형제인 예수를 대신하여 십자가에 처형되었다는 것은 더 이상 비판의 가치조차 없는 황당한 이야기에 지나지 않는다.

영지주의자인 알렉산드리아의 바실리데스는 서기 120-130년경에 쓴 글에서 십자가에 매달려 죽은 자는 예수가 아니라 마지막 순간 예수의 십자가를 대신 지고 간 구레뇨(Cycrene , 리비아 동부지역) 사람 시몬(막 15:21 병행)이라고 주장했다.[89]

> 그 때 그[그리스도]는 열방들에게 땅에서 사람으로 나타나서 기적들을 행했다. 그래서 그 자신은 죽음을 겪지 않았으나, 구레뇨 시몬이 그 대신 강제로 십자가를 졌다. 예수가 시몬의 모습으로 서서 사람들을 비웃고 있는 동안 예수로 바뀐 시몬을 무지와 실수로 십자가에 못 박혔다(*Hear.* 1.24.4).

바실리데스에 의하면 "그(예수)는 영혼이기 때문에 고통을 겪지 않았다."[90] 예수는 누구에게 붙잡힐 수도 보일 수도 없는 가현적 존재이기 때문이다. 구레네 시몬이 대신 고통을 겪는 동안 예수는 사람들의 무지와 실수를 비웃었다고 한다.

영지주의 문서인『위대한 세트 신의 두 번째 이야기』에서 예수가 이렇게 말한 것으로 기록하고 있다.

> 어깨에 십자가를 짊어졌던 것은 또 다른 시몬이었다. 가시 면류관을 쓴 자는 또 다른 자였다. 나는 높은 곳에서 다만 기뻐하며 그들의 투지를 비웃었다.[91]

예수가 십자가 형틀을 지고 처형장인 골고다로 가다가 지쳐서 쓰러지자 로마 군인이 구경꾼 중에 한 사람을 억지로 끌어내어 예수의 십자가를 대신 지고 가게 했는데 그가 바로 구레뇨 사람 시몬이라는 성서의 기록(막 15:21 병행)에 비추어 십자가에 처형된 자는 영적 존재인 예수가 아니라 십자가를 대신 지고 간 구레뇨 시몬이라는 주장을 전개한 것으로 볼 수 있다.

또 다른 위경「바나바 복음서」에는 예수 대신 가롯 유다가 처형되었다고 한다. 예수를 체포하기 위해 가롯 유다의 각본에 따라 예수와 입맞춤한 것을 신호로 로마 군인들이 예수를 체포하였고 제자들과 로마 군인들이 몸싸움을 하는 혼란 중에 로마 군인들이 유다를 예수로 잘 못 알고 체포하였다는 것이다.

> 그런데 실제 체포된 자가 예수가 아닌 유다임을 알게 된 빌라도는 오히려 그러한 착오가 모두를 만족시킬 수 있는 우연의 좋은 해답이라고 감탄했

다는 것이다. 대부분의 유대인들은 배신자 유다를 예수 대신 죽게 하는데 문제가 없었고 빌라도는 죄 없는 예수를 죽이는 죄책에서 벗어날 수 있어서 만족했다는 것이다. 그리고 예수는 법적으로는 죽은 것이 되므로 다시는 공적 생활을 보이며 민심을 소란케 하지 않을 것으로 여겼다는 지적이다.[92]

심지어 "당시 하나님은 가룟 유다를 예수처럼 보이게 하여 예수의 어머니와 제자들도 가룟 유다를 예수로 착각했다고 했다."[93]고 한다.

이런 영지주의자의 주장을 반영한 듯, 이슬람의 경전인 『코란』 4장 157절에서는 유대인들이 "마리아의 아들이며 하나님의 보냄을 받은 자인 예수 그리스도를 죽였다."고 비난을 당하지만 실제로는 예수와 비슷한 다른 사람이 죽은 것으로 기록하고 있다.[94]

> 그러나 그들은 그를 살해하지도 못하였고 십자가에 못 박지 아니 했으며 그와 같은 형상을 만들었을 뿐이라. 이에 의견을 달리하는 자들은 의심을 할 따름이며 그들이 알지 못하고 그렇게 추측할 뿐이라. 그들은 그를 살해하지 했노라.(코란 4:157)[95]

대리처형설이 사실이라면 예수의 쌍둥이 형제라는 도마이거나, 십자가를 대신 지고 간 구레뇨 시몬이거나, 가룟 유다이거나 셋 중의 한 사람이어야 한다. 그렇지 않다면 세 사람이 모두 예수 대신 처형되었다는 말인가? 있을 수 없는 일이다.

그리고 대리처형설은 가사소생설처럼 죽지 않고 살아난 예수의 그 다음 행적에 대해서는 전혀 설명하지 못한다. 예수가 죽지 않았다면 제자들과 다시 만났을 것이고, 여전히 죽음을 무릅쓰고 그의 선교 사역을 계속하였을 것이다. 그의 생존은 여러 사람들에게 노출되었을 것이다. 그렇다면 예수의 죽음과 부활에 관한 사도들의 공개적인 고백은 금방 사기로 드러났을 것이다. 따라서 이러한 거짓된 가정에 근거한 대리처형설은 허무맹랑한 주장인 것이 분명하다.

복음서에는 분명히 예수를 '유대인의 왕'이라는 죄목으로 처형한 것을 기록하고 있다. 민중들이 바라바를 놓아 주고 예수를 처형하라(마 27:21 병행)고 외친 상황에서 예수가 아닌 엉뚱한 제3의 인물이 십자가에 처형했다는 것은 있을 수 없는 일이다.

성서 외에도 초기의 반기독교적인 유대인들의 기록과 로마의 역사 기록에도 다른 것은 몰라도 예수가 십자가에 처형당해 죽은 사실을 명시적으로 기록하고 있다.

유대 역사가 요세푸스(Josephus, 주후 37/8-100년 이후)는 『유대고대사』에서 "우리 중 주요 인물들의 고소에 따라 빌라도가 그를 십자가에 못 박도록 형을 선고하였다."고 기록하였다.[96] 바벨론 탈무드에도 "유월절 전날에 그들이 예수를 (십자가에) 매달았다."고 기록하고 있다.[97]

기독교를 박해하였던 로마의 역사가들도 예수의 처형을 증언하고 있다. 로마의 원로원 귀족 출신으로 아시아 지역의 총독을 역임한 유명한 역사가 타키투스(P. Cornelius Thakitus, AD. 55/56-120년경)는 네로의 전기를 다룬 「연대기」(15.14.3.)에서 티베리우스(네로 황제의 아들) 황제 치하에 유대 총독이었던 본디오 빌라도에 의해 그리스도가 처형당한 것을 기록하고 있다.[98] 170년경 헬라의 풍자 작가인 루시안(Lucian)의 글에서 "그들(그리스도인)은 그리스의 신들을 거부하고 십자가에 달려 죽은 현자(賢者)를 숭배하며, 그의 율법에 따라 삽니다."고 하였다고 기록하였다.[99]

시리아의 스토아 철학자 사라피온(Mara bar Sarapion)이 73년경 집필

한 기록에는 "유대인들이 현명한 왕을 처형하고 그때부터 나라를 빼앗겼으니 그들에게 무슨 유익이 있겠느냐?"는 구절이 등장한다.[100] 15세기에 등장한 것으로 추정되는 『예수의 생애』(*Toledoth Yeshu*)라는 소책자에도 예수가 처형되어 그의 시체가 장사된 것으로 기록하고 있다.[101]

영지주의자들은 예수가 육신으로 태어난 것이 아니라, 육신으로 나타난 가현적인 존재라고 믿었다. 따라서 영적 존재로서 가현적인 육신을 입은 예수는 진정한 육신을 지닌 존재가 아니므로 참으로 죽을 수도 없는 것이다. 이러한 영지주의자들이 자신들의 신념에 따라 예수의 십자가의 죽음을 왜곡하여 대리처형설을 퍼트린 것이다.

6) 전설설

복음서에 기록된 빈 무덤과 부활 기사 내용이 서로 상이한 이유로 인해 예수의 부활을 꾸며진 전설이라고 주장하는 이들도 없지 않다. 마가와 마태는 한 천사가 예수의 부활을 여인들에게 전했다고 기록했지만 누가는 두 천사라고 했기 때문이다. 2세기 반기독교 저술가인 헬라 철학자 켈수스도 이 점을 지적하여 부활한 예수를 목격했다는 전설은 환상에 빠진 여자들의 거짓말에 기인한 것이라고 하였다. 그러나 앞에서도 언급한 바가 있지만, 네 복음서에 나타난 부활기사[102]는 사소한 차이점에도 불구하고 다음과 같은 공통점이 있다.

- 무덤이 비었다는 것
- 여인들이 먼저 빈 무덤을 발견하였다는 것
- 천사가 부활 소식을 먼저 전했다는 것
- 여인들이 무서워하거나 믿지 못하였다는 것

– 부활한 예수가 여자들, 제자들과 많은 사람에게 나타나셨다는 것[103]

부활에 관한 보도가 세부적으로 다른 점이 있는 것은 부활의 풍부한 의미와 진실에 관한 다양한 통찰을 상이한 청중들에게 설명하려는 복음서 기자의 의도 때문이었다.

다분히 회의적인 역사가인 마이클 그랜트도 그의 책『예수: 역사학자가 본 복음서』에서 "분명히 빈 무덤에 대한 복음서의 묘사는 각각 다르다. 그러나 만약 우리가 고대 문헌을 연구할 때 사용하는 기준과 똑같은 기준을 복음서에 적용해 본다면, 무덤이 실제로 비어 있었다는 결론을 내리기에 충분한 증거들이 있음을 알 수 있다."고 하였다. 그랜트에 의하면 한니발이 알프스를 넘어가서 로마를 공격한 이야기는 두 종류가 있다고 한다. 그리고 이 둘은 양립적이며 상호 조화를 이루고 있지도 않다. 그렇지만 어떤 역사가도 한니발이 알프스를 넘어갔다는 사실을 의심하지 않는다. 역사적 기록에 있어서 세부적인 내용이 다르다 할지라도 핵심 사건은 손상되지는 않는다는 것을 보여 주는 좋은 예이다.[104]

그리고 18세기 이후로 성서의 상호 모순된 기록을 역사적 비진정성의 근거로 주장하였지만, 최근에는 오히려 성서처럼 세부적인 모순이 있는 경우가 오히려 그 사건 자체를 여러 사람이 서로 다른 관점에서 기술한 것이므로, 그 역사적 진정성의 확실한 근거로 해석하게 되었다. 하버드 법대의 시몬 그린리프는 복음서에 발견되는 상호 모순은 "저자들 간에 사전에 전혀 합의가 없었다는 사실을 보여 주기에 충분한 증거"라고 단언한다.[105] 법정에서의 증언 중에서 사전에 공모한 경우에는 진술이 일치한다는 통계가 이를 증명한다. 독일학자 한스 스티어는 고전 역사가의 관점에서 "기본적 자료에서 일치하고 세부사항에서 차이를 보이는 점이 오히려 역사적 신빙성의 근거"라고 주장한다. 왜냐하면 거짓으로 꾸며낸 이야기는 일관성과 조화를 갖추려는 경향이 있기 때문이다.[106]

블롬버그(Craig Blomberg)는 복음서가 일관성이 있다면 저자들의 공모에 의한 조작으로 의심할 수 있다고 전제하고 "모든 역사가들이 의심하는 순간은 바로 특별한 사건이 어떤 모순점도 없는 이야기의 형태로 보고될 때"[107]라고 주장한다. 날조된 역사일수록 그 내용이 일사불란하다는 문서비평의 결과인 것이다.

빈 무덤과 부활의 최초 증인들이 여자들이기 때문에 켈수스는 여자들이 환상을 보고 거짓 전설을 꾸몄다고 하였다. 그러나 현대의 많은 성서학자들은 빈 무덤의 최초의 목격자들이 여인들이었다는 사실을 다른 관점에서 주목한다. 당시 팔레스틴 지역에서는 여성을 매우 천하게 여겼다.[108] 여성의 증언은 무익한 것으로 여겨졌기 때문에 여자들은 유대 법정에서 법적인 증인들이 될 수 없었다.[109]

이와 같은 사실에 비추어 볼 때, 빈 무덤을 목격한 주요 증인들이 여인들이라는 것은 매우 놀라운 사실이다. 만약 이것이 후대에 만들어진 전설이었다면, 틀림없이 남성 제자들, 즉 수제자 베드로나 예수가 사랑한 제자 요한 같은 사람들이 무덤을 발견한 것으로 꾸몄을 것이다. 빈 무덤을 처음 목격한 증인들이 여인들이었다는 사실은 역설적으로 그 여성들이 실제로 빈 무덤을 발견한 역사적 주인공이라는 사실을 증명해 준다.[110] 남성 위주의 가부장적인 전통에도 불구하고 부활의 최초의 목격자들이 여자였다는 사실이 꾸밈없이 전승되어 온 것이다.

전설은 수백 년 또는 수천 년의 구전을 거쳐 문서로 기록된다는 특징을 가지고 있다. 그러나 예수의 부활은 예수가 죽은 지 채 20년도 못되어 고린도전서(15:1-4)를 비롯한 바울 문서에 기록되었다. 그 다음으로 공식인 문서인 사도행전(2:32, 3:15, 10:41, 13:31)과 복음서도 예수 사후 40년 전후에 기록된 것이므로 이러한 역사적 기록의 속보성은 전설이론을 논박하는 데 최고의 근거가 된다.

요하킴 예레미아스는 예수가 십자가에 달려 죽으시고 땅에 장사지내시고 다시 살아나셔서 여러 사람들에게 나타나 보이셨다는 고린도전서 15장 3-13절이 부활에 관한 가장 오래된 전승이라고 한다. 이는 바울이 이전부터 존재한 전승을 물려받은 것으로서 49/50년에 세워진 고린도 공동체보다 오랜 것이고, 내용상 사도회의(46/48년) 이전으로 거슬러 올라간다. "그렇다면 예수가 죽고 대략 15년이 지난 뒤에 이미 그의 죽음과 부활에 대한 공인된 전승이 존재했다는 결론이 나온다."[111]

부활 사건 이후 채 15년이 되기 전부터 이미 부활은 역사적 사실로 공식적으로 구전된 것이다. 그리고 20년이 채 못 된 55/56년경에 기록된 고린도전서를 통해 공식적인 문서로 전승된 것이다.[112] 던(J. Dunn)은 바울의 회심이 예수가 부활한 후 18개월이 채 못 된 시기일 것이라고 한다. 바울이 예수의 역사적 부활에 관해 "내가 전해 받은 것을 너희에게 전한다."(고전 15:1)고 했으니, 회심한 직후인 36년경에 자신의 입교 교육의 일부로서 이러한 복음을 전수 받았을 것이다. 그렇다면 고린도전서에 기록된 전승(written tradition)은 부활 사건들이 일어난 후 2-3년에 이미 구전(oral tradition)으로 형성된 것으로 볼 수 있다.[113]

꾸며낸 전설의 경우에는 어떤 유익한 목적을 위해 과장과 미화가 따르고 불리하고 불유쾌하고 상호 모순되는 내용은 의도적으로 배제하는 것이 통례이다. 이 점에서 성서는 예외에 속한다는 것이다. 예수의 부활의 경우를 이를 왜곡하여 얻을 수 있는 이득이 전혀 없었다. 블롬버그의 말대로 예수의 제자들은 비난과 추방 그리고 순교 이외에

는 얻은 게 아무것도 없었다.[114]

7) 환상설

성서에는 부활한 예수를 그의 추종자들만 목격한 것으로 기록되어 있기 때문에 예수의 부활을 환상으로 비판하는 이들도 있다. 부활한 예수가 왜 반대자들에게는 목격되지 않았는가? 일찍이 켈수스도 예수가 스스로 부활의 진실성을 확증하려 했다면, "자기를 학대하고 또 사형선고를 내렸던 사람들과 모든 곳에서 모든 사람들에게 나타났어야 했다."[115]고 주장하고, 예수의 부활은 그 추종자에게만 보인 일종의 환상과 같은 것이라고 하였다.

이에 반박하여 오리겐은 인성(人性)을 지닌 예수가 공생애 동안에는 모든 사람들에게 나타나 보이셨지만, 부활 후에는 신성(神性)을 지닌 존재로서 구약성서의 하나님처럼 공개적으로 나타나 보이시지 않은 것이라고 하였다. 아브라함은 하나님의 사람을 알아보고 그들을 영접하였지만, 소돔에 있는 롯의 집에 그들이 다시 나타났을 때 소돔 사람들은 전혀 알아보지 못하고 그들에게 행패를 부린 예를 들어, 부활한 예수가 그의 반대자들에게 나타나 보이지 않은 이유를 설명한다. "예수는 모든 사람이 아니라 그의 부활을 볼 수 있는 안목을 소유한 사람들에게만 그의 부활한 모습을 나타내 보인 것이다."[116]고 하였다.

그러나 성서는 회의주의자와 반대론자의 목격과 체험을 분명히 기록하고 있다. 부활한 예수의 몸을 직접 만져 보기 전에는 부활을 믿지 못하겠다고 의심한 회의론자 도마(요 20:24-29)와 "전에는 훼방자요 핍박자요 포행자"(딤전 1:13 공동번역)였던 바울이 그 구체적인 사례이다.

켈수스와 다르게 슈트라우스(D. F. Strauss, 1808-1874)는 부활한 예수가 제자들에게 나타나 보였다는 현현 보도에 근거하여 예수의 부활은 제자들의 역사적 환상이라고 주장하였다. 예수의 부활에 관한 성서의 기록이 전설이나 가사나 시체 도적의 결과가 아니라는 점은 인정하면서도, 갈릴리에 있던 제자들의 환상이라는 주장은 양보하지 않았다.[117]

브레데(W. Wrede)도 예수의 부활은 제자들의 갈망에 의한 조작이라고 주장하였다. 메시아로 믿었던 예수가 무력하게 십자가에 처형되었다는 소식에 큰 충격을 받은 제자들이 예수를 너무나도 간절히 그리워한 결과 '예수를 보았으며 예수가 그들에게 이야기했다.'고 상상하였다는 것이다. 부활한 예수의 현현은 제자들의 내면에 형성된 주관적 환상 현상이라 하였다.

바우어(C. Bauer)의 제자였던 홀스텐(C. Holsten, 1825-1897)도 '베드로가 본 환상이 결정적인 단서'가 되었다는 환상이론을 더욱 발전시켰다.[118] 뤼데만(G. Lüdemann)에 의하면 베드로는 예수 부활에 대한 환상을 통해 예수를 배반한 죄책감을 극복하게 되었고, 바울은 이미 예수에 대해 무의식적으로 매료되어 왔는데, 유대교 율법학자로서 그러한 감정을 억누르고 있다가 어느 순간 갑자기 예수의 부활이라는 환상에 사로잡혔다는 것이다. 그 밖의 다른 대중들의 환상은 바로 이 중심적인 환상이 제공하는 암시에 의존한 것으로 보았다.[119]

최근에 와서 크로산은 예수의 현현 이야기를 초대 교회의 지도력 싸움 때문에 생긴 문학적인 창작으로 보고 있다.[120] 마르크센은 예수의 현현 체험을 객관적인 실재와의 만남이 아닌 제자들의 주관적인 체험에 소급시킨다.[121]

그러나 이러한 종류의 환각은 "오랜 기간에 걸친 과장된 소망의 절정(climax)으로 일어나는 법이다."[122] 사람들이 환상을 보기 위해서는 무엇인가를 바라거나 기대하는 간절한 마음이 있어야 한다. 그러나 제자들은 완전히 자포자기에 빠졌기 때문에 십자가에 달린 예수가 부활하리라는 기대가 전무하였다. 제자들은 예수를 처형한 로마 당국의 위세에 완전히 제압당하였기 때문에 속수무책으로 도피(막 14:50)하였을 뿐 아니라 스승의 부당한 처형에 항거하는 그 흔한 반항과 시위를 펴지도 못하였다.[123] 게다가 베드로는 예수가 체포될 때 그를 모른다고 세 번이나 부인했고, 엠마오로 향해 가던 두 제자 역시 예수의 처형 후 예수에 대해 더 이상 아무것도 기대하지 않은 채 생업으로 돌아간 것이다(눅 24:13-14). 헤롯 안티파스가 세례 요한을 투옥하자 엄청난 민중 소요가 있었던 것과는 큰 대조를 이룬다.

그리고 다른 제자들도 예수의 부활을 '기대'하기는 고사하고, 부활에 대한 이야기를 들었을 때, 그리고 심지어 부활한 주님 자신이 나타나신 것을 보았을 때에도 이를 의심하거나 불신하였다.[124] 따라서 빌켄스를 비롯한 많은 학자들은 예수를 다시 볼 수 있으리라고 전적으로 기대하지 않았던 사람들에게 부활한 예수가 나타났다는 사실에 근거하여 이러한 주관적 환상설을 비판한다.

디벨리우스는 제자들이 예수의 죽음으로 인한 절망에서 부활에 대한 확신으로 태도가 돌변한 것에 대해서 말로 설명할 수 없는 "그 무엇인가가 일어났기 때문"이라고 하였다.

> 그러므로 단시일 내에 제자들의 심경을 일신(一新)하였을 뿐만 아니라 저들에게 새로운 활동력을 주어 초대 교회를 설립하게 만든 그 무엇이 일어났음에 틀림없다. 이 '그 무엇(etwas)'이야 말로 부활신앙의 역사적 핵심이다.[125]

디벨리우스는 '부활절 아침에 일어난 그 무엇'은 제자들의 내부에서 비롯된 심정적 변화가 아니라, 부활한 예수의 가시적 출현이라는 '밖으로부터 오는 충격' 때문이었다고 한다. 적어도 제자들은 예수의 처절한 십자가 처형을 목격한 후에 두려움에 차서 뿔뿔이 흩어졌던 제자들이 '그 무엇이 일어난 것'을 목격했기 때문에 희망에 차서 다시 모여 "예수의 부활을 증거할 사람들"(행 1:22)로 규합된 것이다.

착각이나 환상은 지극히 주관적이며 실체적 진실이 아니므로 기껏해야 한두 사람에 의해 일시적인 현상으로 끝나고 만다. 착각이나 환상이 일평생 지속되는 법은 없다. 단순하고 무비판적이 사람들의 경우 착각과 환상에 빠지고 쉽고 오래 지속될 수도 있을 것이다. 그러나 예수의 부활에 대해 회의적이고 비판적으로 확신했던 이들이 그 반대로 착각하거는 환상을 가지는 일은 거의 불가능하다. 그리고 예수의 부활에 대해 비판적이고 회의적이었던 모든 제자들이 일시에 착각이나 환상에 매달려 자신의 전 존재를 투신하고 일평생 복음을 전하며 심지어 목숨까지 바쳐 예수의 부활을 증거하였다고 볼 수 있는 근거는 지극히 희박하다.

8) 재생신화설

고대 근동의 여러 신화에는 죽었다가 다시 살아난 신들의 이야기가 산재해 있다. 그래서 예수의 부활도 이러한 부활 신화의 영향으로 전승된 일종의 신화라는 주장이 여러 사람들에 의해 제기되었다. 일찍이 켈수스도 『참 강화』(179년경)에서 예수의 부활 이야기는 피타고라스와 오르페우스, 헤라클레스와 테세우스(Theseus)처럼 죽음에서 되돌아온 신화와 같은 수준의 대중을 이용하려는 이야기라고 하였다. 오리겐은 『켈수스 반박』이라는 저서를 통해 지옥(Hades)에 내려갔다가 지상의 삶으로 되돌아온 것으로 여겨지는 전설적인 인물들의 공상적인 이야기와 공개적으로 십자가에 처형된 예수의 부활은 전혀 다른 점을 조목조목 반박하였다.[126]

가장 오래되고 널리 알려진 부활 신화는 그리스 작가 플루타르코스에 의해 기록되어 전해지고 있는 "이시스(Isis)와 오시리스(Osiris) 신화"이다. 오시리스는 땅의 신 게브(Geb)와 하늘의 신 누트(Nut)의 아들로 누이동생 이시스와 결혼하였는데, 후에 형의 지위를 노린 아우 세트(Seth)에게 살해되고 오시리스의 시신을 담은 관이 나일 강에 버려진다. 그의 아내 이시스는 관을 찾아 헤매다가 지중해를 흘러가 시리아 서해안 비블로스에 닿은 관을 찾아낸다. 이 소식을 들은 아우 세트는 오시리스의 시체를 다시 빼앗아 14조각으로 토막 내어 온 나라에 흩어 버린다.[127] 이시스는 그 시체 조각을 모두 다시 찾아 맞추어 최초의 미라를 만들었다.

그리고 이시스는 남편 오시리스의 성기(性器)를 살려 내어 성관계를 맺고 아들 호루소(Horuso)를 낳았다. 그리고 오시리스의 소생을 위한 의식을 거행한 결과 그가 소생하여 죽은 자들의 사후 세계의 왕이 되고 호루스는 산 자들을 통치하는 이집트의 최초의 왕이 되었다고 한다.[128] 이러한 삶과 죽음의 순환은 낮과 밤의 순환에 대비되어 '태양의 수레'의 순례로 묘사된다. 낮에는 태양의 신 레(Re)가 다스리고 밤에는 죽음의 신 오시리스가 다스리는 것으로 여겨졌다.

죽은 신을 애도하고 그 재생을 기원하는 오시리스 신앙은 농경문화와 결합되어 해마다 춘분이 되면 겨울에 죽었던 식물들이 되살아나는 것과 관련시키는 재생의식으로 지켜졌다. 오시리스는 로마 등지에서도 농경문화의 재생 축제에서 신봉되었다. 덴데라 지방의 오시리스 비문에는 오시리스 신화와 함께 축제 참가자들에 의해 그의 부활이

해마다 재현되었음을 기록하고 있다.

이와 유사한 재생신화가 농경문화의 유산으로 전 세계적으로 분포되어 있다. 가나안의 우가릿 시에 나오는 가뭄과 죽음의 신 모트(Mot)도 여기에 해당한다. 이들의 죽음의 신은 해마다 겨울이면 죽고 봄이면 다시 살아나므로, 봄 축제는 이처럼 부활한 신을 위한 축제로 행해진 것이다. 내쉬(R. Nash)는 "이러한 자연 종교의 핵심적인 요소는 연례적인 생장 주기를 사용하여 성장, 소멸, 죽음 그리고 재생이라는 자연적 과정에서 커다란 상징적 의미를 발견한 것"이라고 한다.[129]

그러나 메츠거(B. M. Metzger)는 재생신화에 등장하는 죽음의 신이 '사후 세계의 주'가 된 것을 죽음의 세력 자체를 이긴 "부활이라고 정당하게 부를 수 없다"고 하였다.[130] 예수는 해마다 죽고 해마다 다시 살아나는 신이 아니다. 그리고 예수는 죽어서 죽음의 세계의 신이 된 것이 아니다. 예수의 죽음은 죽음의 세력 자체를 죽인 것이다. 성서는 더욱 분명하게 "사망아 너의 승리가 어디 있느냐, 사망아 너의 쏘는 것이 어디 있느냐"고 선언하고 예수의 부활을 "사망을 삼키고 이긴 것"(고전 15:54)이라고 하였다. 예수의 부활은 죄에 대한 의의 승리, 죽음에 대한 생명의 승리, 이 세상에 대한 하나님의 승리이기 때문이다. 그래서 헤겔도 부활을 '죽음을 죽인 것으로서 부정의 부정을 뜻하는 이중부정'이라고 본 것이다.

자연 종교의 재생신화는 풍요와 다산을 지향한다. 그러나 예수의 부활은 농경문화의 재생신화와는 본질적으로 다르다. 그래서 앙드레 불랑제(Andre Boulanger)는 "신이 자신을 충실하게 따르는 자들을 영원한 생명으로 인도하기 위해 죽고 부활한다는 개념은 어떤 헬라 신비종교에도 나타나지 않는다."고 하였다.[131]

내쉬(R. Nash)는 자연 종교의 한 전형인 신들의 죽음과 재생을 예수의 죽음과 부활과 비교해 보면 여섯 가지의 분명한 차이점이 드러난다고 하였다.

- 다른 사람을 대신해서 죽는다는 것
- 자신에게 속한 사람들을 위해 죽는다는 것
- 단 한 번의 죽음이지 반복된 죽음이 아니라는 것
- 역사적 실제 사건으로 처형당해 죽는다는 것
- 자발적인 죽음이었다는 것
- 그의 죽음은 패배가 아니라 승리였다는 것[132]

이처럼 예수의 부활 사건과 원시 자연 종교의 재생신화는 현격한 차이점이 드러나는 것이다.

그리고 오스본(G. R. Osborne)은 예수의 부활에 대한 성서의 기록이 부활 신화들과 전적으로 다른 점을 몇 가지로 제시하였다. 신화는 수백 년 이상의 전승 과정에서 형성되지만 예수의 부활에 대한 고린도전서의 기록은 목격자들이 생존한 아주 이른 시기에 기록된 것이다.

이방의 신화는 비역사적인 사건을 기념하기 위한 의식으로 전승되지만 예수의 부활은 역사적 사건을 기념하기 위하여 전승된 것이다. 마지막으로 부활에 대한 성서의 기록은 신화화의 과정이 아니라 희랍 신화의 틀을 비신화화하여 전승하고 기록한 것이라고 주장한다.[133] 무엇보다도 예수의 제자들이 신화에 근거하거나 반쯤의 불확실한 진리를 위해 목숨을 초개같이 버렸다는 것은 상상할 수 없다. 그럼에도 불구하고 김명수는 이시스 종교는 로마 전역에서 많은 신봉자를 얻었는데, "바울의 부활신앙은 당시 그레코-로만 세계에서 팽배해 있던 이시스 종교로부터 암시를 받았을 것이다."[134]고 하였다.

9) 영적 부활설

2세기 전후에 극성을 부렸던 영지주의자들은 영육이원론에 근거하여 예수가 육신으로 태어난 것을 부정했을 뿐 아니라 예수의 육체적 부활을 거부하고 영적 부활설을 주장하였다. 이러한 주장은 위경「바울과 고린도교회의 왕복 편지」에 잘 요약되어 있다.

> 하나님은 전능하시지 않다. 육체의 부활이란 존재하지 않는다. 인류를 창조하신 것은 하나님(조물주)께서 하신 것이다. 주는 육체의 모양으로 오신 것이 아니고 마리아에게서 태어난 것도 아니다.[135]

위경「베드로행전」은 "그 분(예수)은 여자에게서 태어나지 않고 하늘에서 내려오셨다."[136]고 가르친다. 예수가 인간으로 태어난 것(generatio)이 아니라 인간으로 나타났다(doceo)고 한다. 예수가 실제로 살과 피로 된 육체를 지닌 것이 아니라, 육체를 지닌 것처럼 보였을 뿐이라고 하였다. 켈수스도 우리의 진정한 실재는 육체의 감옥에 갇힌 영혼으로 현존하는 것이므로 예수뿐 아니라 누구에게서도 인간 존재의 부활의 가능성은 없다고 하였다. 이처럼 영지주의자들은 그리스도는 육체로 오신 분이 아니기 때문에 고난도 죽음도 당하지 않는다고 한다.

대표적인 영지주의 문서인「도마복음서」15절에는 예수가 "여자의 몸에서 태어나지 아니한 사람을 만나면 그 앞에 엎드려 그를 숭배하시오. 여러분의 아버지는 바로 그 사람이오."라고 하였다. 영지주의 문서인「요한행전」에서 예수는 고통을 겪지도 피를 흘리지도 않았다고 적고 있다.

너는 듣는다.

내가 고통을 당했다고 그러나 나는 당하지 않았다.

내가 고통을 당하지 않았다고 그러나 나는 당하였다.

내가 찔려 관통되었다라고 그러나 나는 상처를 입지 않았다.

내가 (십자가에) 못 박혔다라고 그러나 나는 못 박히지 않았다.

피가 내게서 흘러내렸다라고 그러나 그것은 흐르지 않았다.

요컨대 나에게 그들이 말하는 그런 경우를 나는 당하지 않았다.[137]

영지주의자들은 철저한 영육이원론에 입각하여 육체를 영혼의 감옥으로 여겼다. 「도마복음서」 87절에는 "육체에 의존하는 영혼은 비참하다."고 하였다.

다른 영지주의 문서인 「베드로복음서」에는 예수가 십자가 달려서 외친 "엘리 엘리 라마 사박다니"[138]라는 말씀을 영지주의적으로 해석한다. 본문이 아람어 엘(El)은 보통명사로서 신(神)이라는 뜻뿐만 아니라 영적 권능(power)을 뜻한다고 보았다. 예수의 영(神)인 능력이 인간의 육체를 빌려 마치 유령처럼 이 땅에 나타났다가 예수가 십자가에 달렸을 때 인간의 육체적 가면을 벗어 버리고 다시금 영적 존재로 들리어 올라간(taken up) 것으로 묘사한다. 예수의 가현적인 육신이 "나의 영이시여, 나의 영이시여 어찌하여 나(육체)를 버리셨나이까?"라고 외친 것은 "그 순간에 그의 신적 능력이, 그것이 그 안에서 잠정적인 거주를 취하였던 육체적 껍질을 떠났다는 것을 암시하는 형식에서 재현된"[139] 것이라고 설명한다. 그러나 고린도전서는 예수가 최후 만찬에서 "이것은 너희를 위하는 내 몸(soma)이니 이것을 행하여 나를 기념하라."(고전 11:24)고 하셨다. 자신의 육체(soma)를 내어 주심으로 그 육체가 십자가에 달리신 것을 분명히 하였다.

위경「베드로의 묵시록」에서는 십자가에 달린 가현적이고 육적인 '인간 예수'와 고통을 겪지도 죽지도 않는 영적인 존재로서의 '신적 예수'를 구분하여 보도록 요청하는 십자가에 달리신 예수의 말씀을 기록하고 있다고 한다.

> 너는 나무에 매달려 기뻐하면 웃는 자를 보느니, 그는 살아 있는 예수니라. 그러나 저들이 못을 박은 두 손과 발을 지닌 이 자는 그의 육체적 부분이니, 이 자는 수치를 당하는 대리적 존재이며, 모습이 닮은 자이니라. 그와 나를 보라.[140]

그러나 요한2서 1장 7절에는 "예수 그리스도께서 육체(sarx)로 임하심을 부인하는 자들" 다시 말하여 영지주의자들을 가리켜 "미혹하는 자요 적그리스도"(anti-Christ)라고 하였다. 이러한 영지주의의 영향을 받은 일부 고린도교회의 교인들도 죽음 후의 몸의 부활이 아니라 살아 있는 현재의 영적 부활을 주장하였다. 바울은 "부활이 이미 지나갔다."(딤후 2:18)고 주장하는 사람들은 거짓된 것이라고 하였다.

영적 부활론은 가현설을 주장한 영지주의자들에 의해 다양하게 전개되었다. 1945년 나그함마디 문서의 발굴로 우리는 영지주의자들의 영적 부활론에 대한 정보를 접할 수 있게 되었다.

위경「마리아의 복음서」의 저자는 예수의 부활을 영적 환상으로 해석한다. 이 영지주의 복음서는 막달라 마리아가 부활한 예수를 제일 먼저 본 사람이었다는 마가복음 16장 9절과 요한복음 20장 11-19절에 근거하여 막달라 마리아가 영적 직관을 통해 부활한 예수를 본 것으로 설명한다.[141]

한 영지주의 교사가 그의 학생 레지노스(Rheginos)에게 보낸 편지인

「부활론」이 나그함마디에서 발견되었는데, 부활이 일종의 환영(Phantasia)이 아니라 실제적인 어떤 것이고, 오히려 이 세계가 환영(幻影)이라는 것을 견지해야 한다고 가르친다. 불교와 유사하게 평범한 인간 존재는 영적으로 죽은 상태이고, 부활은 해탈과 같은 깨달음의 순간이라고 설명한다.

> 부활은 참으로 존재하는 것의 드러남이며… 새로움으로의 이동이다. (metabole, 변화 변형) 깨달은 사람은 누구나 영적으로 생동(生動)하게 된다. 이것은 당신이 지금 곧바로 '죽음으로부터 부활'을 할 수 있다는 것이다.[142]

그리고 위경「부활론」에 의하면 "눈에 보이는 몸의 지체들은 죽은 것이고 구원받지 못한다. 왜냐하면 오직 살아 있는 몸의 지체들만 부활하게 될 것이기 때문이다. 그런데 그 살아 있는 몸의 지체들은 눈에 보이는 몸의 지체들 속에 숨겨져 있다. 부활이란 무엇인가? 부활은 언제나 이미 부활한 것의 드러남이다."[143]라고 하였다. 부활한 우리의 몸의 지체들이 사멸할 몸 속에 숨어 있다는 것이다. 이런 의미에서 '너는 이미 부활했다'고 주장한다.

위경「빌립 복음서」에서는 사후의 부활을 믿는 견해를 비웃는다. "먼저 죽고 난 다음에 다시 살아난다고 말하는 사람들은 틀렸다. … 죽고 나서 부활하는 것이 아니라, 그들이 살아 있는 동안 부활해야만 한다."고 하였다.[144] 프리크와 갠디는 이러한 영적 부활론의 입장에서 바울을 영지주의자로 소개한다.

그러나 바울은 그 당시 고린도교회 내에 영적 부활론자들이 존재하여 부활신앙에 대한 혼란을 가중시킨 것을 질책하였다. "어찌하여 여러분 가운데 더러는 죽은 사람의 부활이 없다고 합니까? 죽은 사람의 부활이 없다면, 그리스도께서도 살아나지 못하였을 것입니다."라고 하였으며 그렇다면 "우리의 선포도 헛되고 우리의 믿음도 헛될 것"(고전 15:12-14 공동번역)이라고 하였다. 바울은 육체로 죽고 영혼으로 다시 사는 영혼불멸설을 주장한 것이 아니라 죽은 몸의 부활을 주장하였다. 육의 몸으로 죽고 썩지 아니할 영광스러운 신령한 몸으로 다시 산다고 가르쳤다(고전 15:42-44).

육의 몸과 신령한 몸 사이의 관계에 대해서 바울은 씨앗이 죽고 거기에서 새 형체가 나오는 것처럼 우리의 육의 몸이 사라지면 하나님에 의해서 새로운 형체의 몸을 입게 되는데 그것이 신령한 몸이고 부활의 몸이라고 하였다(고전 15:35-38). 이 씨앗과 거기에서 나오는 새로운 형체의 비유는 초대 교회가 부활체를 언급할 때 표준적으로 생각했던 중요한 비유였다.

위경에 속하는 「고린도교회에 보낸 세 번째 편지」는 더욱 강경하게 "몸의 부활이 없다고 주장하는 자들에게는 부활이 없을 것이다. 왜냐하면 그들은 몸의 부활을 믿지 않기 때문이다."[145]라고 한다. 고난과 죽음을 겪은 몸의 부활을 믿지 않는 자들은 저주받은 뱀의 신앙을 갖고 있는 자들로 진노의 자녀들이라고 규정하였다.

현대에 와서 몰트만은 성서의 하나님은 고난과 죽음을 겪을 수 있는 '십자가에 달리신 하나님'이라는 주제로 명쾌하게 제시하였다. 몰트만은 고대 희랍의 무감정의 신(God of Apathos)과 성서의 '감정의 하나님'(God of Pathos)을 구분하였다. 희랍의 신은 전지전능하고 영원불변한 존재로서 인간의 고난에 대하여 몰인정한 신이다. 반면에 히브리의 하나님은 이스라엘 백성의 고난을 하감하시고 그 부르짖음을 들으시고 고난당하는 백성과 함께하시는 인정이 많으신 하나님이다.[146] 사랑의 하나님이기 때문에 사랑하는 자의 고난과 죽음에 동참하시므로 그 고난과 죽음을 극복하시는 하나님이다. 하나님께서 십자가에 달리신 사건은 바로 고난받으심으로 고난을 극복하시는 하나님의 구원사역의 결정적인 계시이다. 우리를 위하여 고난받으심으로 우리의 모든 현실적인 고난에 항거하시고 고난을 극복하시고 승리하신 것이다.

따라서 부활은 고난에 대한 궁극적인 항거로 이해된다. 전통적인 유신론은 고난의 문제를 피해 갔고 무신론에는 고난은 있으나 신은 없다. 신은 없거나 죽은 채로 있으므로 고난도 고난으로 남아 있을 뿐 그 극복을 말하지 못한다. 그러나 고난받는 신의 경우 신이 고난을 받는다. 그러므로 고난이 극복된다.[147] 하나님이 십자가에 달려 죽으심으로 고난의 현실을 철저히 드러내셨고 사흘 만에 부활하심으로 고난에 철저히 항거하고 고난을 온전히 극복하신 것이다.

그러나 영지주의자들은 고난당하는 신을 받아들일 수 없었기 때문에 예수의 육체적인 죽음과 죽은 자의 부활을 거부함으로써 기독교 신앙을 크게 왜곡한 것이다. 그래서 하르낙은 2세기에 기독교가 영지주의를 극복하지 못하였다면 세계적인 종교가 되지 못하였을 것으로 단언하였다.

_05

부활 사건 역사성의 정황 증거

1) 역사적 회의를 넘어서

부활의 역사성

성서적 사실과 전통적인 교리를 수용하는 신학자들 중에서 가장 첨예하게 대립되는 것은 부활의 역사성에 관한 문제이다. 다시 말하면 부활은 어떤 의미에서 역사적 사실인가 하는 질문이다. 일찍이 디벨리우스는 제자들이 예수의 죽음에 따른 실망에서 부활에 대한 확신으로 태도의 전환이 이루어진 데 대해 설명할 수 없는 "그 무엇인가 일어났다."고 하였다. 그러면 이 역사적 사건을 역사비평의 방법을 통해 검증할 수 있을까? 트뢸취는 역사적 검증을 위한 역사비평 방법의 세 공리를 제시하였다.

- **역사적 개연성의 원리:** 역사적인 탐구는 항상 오로지 개연적인 진정성 여부의 판단에 도달할 수 있을 뿐이지, 자연과학처럼 절대적인 지식에 도달할 수 없다.

- **상호관련성의 원리**: 역사적 사건은 관련된 모든 사건의 상호작용을 추론하여 파악한다.
- **유비의 원리**: 역사적 이해는 과거에 일어난 비슷한 사건을 유비로 판단한다.

트뢸취는 예수 그리스도의 부활 사건은 역사적으로 유일회적인 사건이기 때문에 그 확실성을 역사적 개연성이나, 원인-결과론적 상호작용의 추론이나, 유비의 법칙으로 검증할 수 없다고 하였다.[148] 반복되는 사건을 증명하는 것은 용이하지만, 유일회적인 사건은 그 사건에 대한 다른 사례가 없기 때문에 증명하기가 불가능한 것이다.

부활 사건 회의론

트뢸취의 역사적 회의론의 시각을 이어받은 불트만은 디벨리우스가 언급한 부활절 아침에 역사적으로 일어난 '그 어떤(etwas) 사건'은 아무런 역사적 유비를 갖지 못하므로 '부활 사건' 그 자체를 역사적으로 검증할 수 없다고 주장하였다. 역사적으로 검증할 수 있는 것은 제자들의 '부활신앙'이라고 하였다. 부활 사건과 부활신앙을 구분한 것이다.

(1) 불트만은 부활절에 일어난 '그 어떤 사건'은 십자가에 죽은 예수에게 일어난 사건이 아니라 제자들에게 일어난 신앙 사건이라고 한다. 그래서 "무엇인가 일어났는데 그 무엇인가가 예수에게 일어난 것이 아니라 제자들에게 일어났다는 인상을 받는다."고 하였다.[149] 불트만에 의하면 부활 사건은 결코 역사적 사건이 아니다. 역사적 사건으로서 수용할 수 있는 것은 처음 제자들이 예수의 부활을 의심치 않고 확신했다는 부활신앙뿐이다. 그는 부활 사건을 비신화화하여 실존론

적 신앙고백 사건으로 해석한 결과 예수 부활의 역사성에 대한 질문 자체를 회의적으로 본 것이다.

(2) 불트만은 부활의 사실성(史實性)을 역사에 대한 새로운 개념으로 해석하려고 하였다. 퀼러(M. Kähler)가 제시한 역사의 두 개념, 즉 사건사(Historie)와 의미사(Geschichte)의 구분[150]을 받아들여 예수의 부활은 예수에게 일어난 사건사로 재구성할 수 없으며 단지 제자들의 심중에 일어난 의미사적인 신앙 체험이라고 하였다.

> 그리스도의 부활의 진리는 부활한 자를 주로 승인하는 신앙 이전에는 통찰될 수 없다. 부활 사실은—고린도전서 15장 3-8절에도 불구하고—객관적으로 확인되는, 믿을 수 있는 근거가 사실(Factum)로서 증명 또는 설명될 수 있는 것은 아니다. 부활은 오직 이렇게만 믿어질 수 있다. 부활한 자가 선포된 말이 현재하는 한 믿어질 수 있다.[151]

(3) 불트만이 부활의 역사적 사건성과 부활의 신앙적 고백성을 날카롭게 대조시킨 또 다른 이유는 복음서가 처음부터 예수에 관한 역사적 사실을 기록하기 위한 목적으로 전승되거나 기록된 것이 아니라는 점이다. 그리하여 복음서가 객관적으로 역사적 예수를 재구성할 수 있는 사료(historical fact)인가? 아니면 예수를 그리스도로 고백한 초대교회의 신앙의 내용인가? 하는 문제가 그리스도론의 중심 과제로 등장하였다.[152]

불트만을 비롯한 양식비평가들은 신약성서에서 역사학적으로 거슬러 올라갈 수 있는 가장 오래된 전승 단위는 설교이기 때문에 초대교회의 설교 배후의 역사적 사실을 소급하여 질문하더라도 그것을 엄밀히 재구성할 수 없다는 회의주의에 도달하였다.

(4) 역사적 예수에 대한 지식에 신앙의 근거를 둘 수 있는가 하는 질문도 제기하였다. "현실적 그리스도는 설교로 전파되는 그리스도"[153] 이므로 역사적 예수가 아니라 신앙의 그리스도가 그리스도론의 대상이라는 것이다.

그리고 예수에 관한 역사적 사실을 재구성할 수 있다 해도 기독교 신앙을 역사적 지식에다 근거할 수 없다는 주장이다. 기독교 신앙의 근거를 '역사적 사실'에 정초하려는 시도는 종교 개혁자들이 그토록 반대한 '올바른 행위'에 신앙을 정초하려는 것과 다를 바 없기 때문이다. 멜랑히톤은 "그리스도를 인식한다는 것은 그분의 은혜로우신 행위들을 인식하는 것"[154]이라고 하였다.

그리고 행함을 통해 의롭게 되는 것이 아니라 믿음으로 의롭게 된다는 칭의론의 입장에서 보면 부활 사건에 대해 재구성된 역사적 지식을 통해 부활신앙에 이르게 되는 것이 아니기 때문이다.[155] 신앙의 근거를 율법의 행위에 둘 수 없듯이 신앙의 근거를 역사적 지식에 근거할 수 없는 것이 자명하다.

(5) 불트만에 의하면 부활 사건은 십자가의 의미를 밝혀 주는 구원 사건으로서 십자가에 대한 신앙이다.[156] 예수의 부활은 '십자가의 의미의 표현'으로 환원되고 말았다. 부활신앙이란 구원 사건으로서 십자가에 대한 신앙 이외에 다른 것이 아니라는 것이다.

역사적 회의를 넘어서

케제만을 비롯한 불트만의 제자들은 역사적 사건으로서 부활 사건이 없었다면 어떻게 신앙고백으로서의 부활신앙이 가능하였는가?를 질문한다. 부활 사건과 부활신앙을 구분하고 양자의 연속성을 무시한 채 전자를 배제하고 후자를 주장하는 것을 새로운 형태의 영지주의적 가현설이라고 비판한다.

마르크센은 불트만이 부활에 대해 역사적 회의론에 빠진 것에 대한 대안으로 '부활 체험과 부활 표현'의 구분을 제안하였다. 역사적으로 확인할 수 있는 것은 어떤 사건이 아니라 어떤 체험이라는 것이다. 제자들은 부활하신 예수를 체험하였고 이 체험을 '부활하신 예수가 나타나 보이셨다.'는 목격담으로 표현하였다. 마르크센은 예수의 부활에 대한 제자들의 체험의 역사성을 인정한 것이다. 체험이라는 것은 사건 그 자체는 아니지만 아무런 사건이 없는 상황에도 동일한 체험이 동시다발적으로 일어날 수 없기 때문이다. 그리고 이러한 부활 체험은 다양한 형태로 표현되고 전승되었다면 그 체험과 표현 배후의 원초적인 사건의 역사성을 새롭게 접근할 수 있다고 본 것이다. 그러나 이러한 부활의 체험이 너무나 주관적인 것이기 때문에 역사적 객관성을 담보하기에는 여러 한계가 드러난다.

부활의 역사적 검증으로서 정황증거이론을 도입할 수 있다. 현대에 와서 실체적 진실을 검증하는 법정(法庭)에서도 증거는 여러 가지로 제시된다. 현장의 물적 증거나 목격자의 증거와 기록상의 증거들과 더불어 '정황 증거'도 제시된다. 예수의 부활의 경우 빈 무덤이 일종의 물적 증거가 될 수 있겠지만 무덤이 비었다는 것으로만 예수의 부활을 증거하기에 충분하지 못하다. 그 밖에 예수 부활의 역사적 증거로서 '많은 목격자들의 증언'을 가지고 있으며, 복음서에 나타나는 '기록된 증거'들이 있지만 이 역시 부활 사건이 있은 후 적어도 25년 이후의 기록들이다. 그러나 다른 대안으로 부활의 역사성을 검증할 만큼 충분한 '역사적 정황 증거'를 제시할 수 있다.

톰 라이트는 부활신앙에 대해서 여러 반론이 제기되지만 예수가 실제로 부활했다는 사실을 지지하는 수많은 논거 중에 세 가지 정황 증거를 제시하면 다음과 같다고 하였다.

- 유대교에서 흔히 순교자의 무덤을 만들었으나 예수에 관해서는 그러하지 않았으며 무덤을 만들었다는 흔적이 전혀 없다.
- 초대 교회는 한 주간의 첫째 날을 자신들의 특별한 날로 강조한 것은 그날에 무엇인가 아주 놀라운 일이 일어났기 때문이다.
- 제자들이 사실에 굳건히 기초하지도 않은 신앙을 위해 고난을 받고 죽었을 가능성은 전혀 없다.[157]

모어랜드(J. P. Moreland)는 예수 부활 사건의 역사적 정황 증거를 보다 자세히 검증하였다. 이러한 정황 증거로 통해 부활의 역사성을 객관적 · 현대적으로 새롭게 검증할 수 있다고 주장한다.[158]

2) 제자들은 죽기까지 부활을 증거함

예수가 십자가에 못 박히자 그의 제자들은 낙담했고 절망에 빠졌다. 복음서들과 사도행전은 제자들이 처음에 떨어버리지 못했던 불신과 완고함(막 16:14), 의심(마 28:17), 비웃음(눅 24:11, 24:24 참조), 체념(눅 24:21), 그리고 불안과 경악(눅 24:37, 요한 20:24-29 참조)에 빠진 것을 숨김없이 보도하고 있다.[159]

그들은 더 이상 예수를 하나님께서 보내신 분이라고 확신하지 못했다. 왜냐하면 십자가에 달린 자는 하나님의 저주를 받은 자(갈 3:13)라고 믿었기 때문이다. 또한 그들이 배운 바로는 하나님은 자신이 보낸 메시아가 고통 가운데 죽도록 내버려두시는 분이 아니었다. 그래서 예수가 십자가에서 처형되자 제자들은 뿔뿔이 흩어졌다. 예수 운동은

거의 멈춰 서고 말았다.[160]

그런데 반전이 일어난 것이다. 제자들은 부활한 예수를 보았고, 그와 이야기했고, 식사를 나눴다고 주장했다.

> 이 [부활한 예수를 만난] 경험은 실망과 공포 때문에 살기 위하여 예루살렘에서 갈릴리로 도주한 엉터리 제자들을 변화시켜, 예루살렘으로 되돌아와 그리스도를 아무런 보상도 바라지 않고 전하려고 거기에 목숨을 건 사도로 만들었던 것이다.[161]

만약 그들이 예수의 부활에 대한 절대적인 확신을 품고 있지 않았다면 박해와 죽음을 무릅쓰며 예수가 부활했음을 선포할 수 없었을 것이다. 샌더스는 "부활이 없었다면, 예수의 제자들은 세례 요한의 제자들보다 더 오래 지속될 수 있었을까? 우리는 단지 추측할 수 있을 뿐이지만, 나는 결코 추측이라고 보지 않는다."[162]고 하였다. 라이트 역시 세례 요한 외에 좀 더 많은 예로서 갈릴리 사람 유다, 시몬, 아트론게스(Athronges), 엘르아살 벤 데이나우스(Eleazar ben Deinaus)와 알렉산더, 므나헴, 시몬 바르 기오라(Simon bar Giora), 그리고 바르 코크바의 제자들의 경우도 마찬가지였다 한다. 그들의 지도자가 실패했을 때 추종자들은 검거되거나 더 이상 세력을 키우지 못하고 소멸해 버리고 말았다. 또 다른 가능성으로서 그들의 지도자가 죽었을 동일한 가문에서 후계자를 내세우는 경우가 있었지만 "그 지도자가 죽은 후에 그가 어떤 의미에서 다시 살아났고 따라서 이스라엘의 기대가 예상치 않은 방식이기는 하지만 실제로 실현되었다고 주장한" 다른 어떤 경우를 한 번도 듣지 못했다고 하였다. 이처럼 그들의 지도자가 실패했을 때 그를 따르던 추종자들은 더 이상을 세력을 키우지 못하고 새로운 지도자를 세우지도 못한 채 역사에서 사라졌기 때문이다.[163] 그러나 예수의 추종자들은 달랐다. 그들은 처형된 그들의 지도자가 다시 살아났다는 사실을 증거하는 일에 전 생애와 목숨을 바친 것이다.

3) 회의론자들의 회심

많은 사람들은 성서에 나타난 부활의 목격자 명단에 반기독교인들은 없다고 지적하여 왔다. 그러므로 예수의 부활은 우호적인 추종자들만의 주장이라고 일축한다. 그러나 성서는 회의론자와 반대론자의 목격과 체험을 분명히 기록하고 있다. 이미 언급한 바 있는 회의론자였던 도마 그리고 예수의 친동생 야고보가 그 구체적인 사례이다. 그리고 부활한 예수를 보거나 듣고도 그들이 "믿지 아니하였다."는 기록이 여러 번 등장한다.[164]

반대자의 경우는 사울이라는 율법사를 들 수 있다. 자신의 상식이나 학문적 · 종교적 배경에서 죽은 자가 다시 살아난 것을 도저히 용납할 수 없었던 사울은 예수의 부활을 주장하는 자를 색출하여 처단하러 가는 길에 부활한 예수를 만났다.[165] 그 충격으로 인해 사울은 사흘 밤낮 보지도 먹지도 못했다고 한다. 그리고 사울은 그의 이름을 바울로 바꾸고 기독교인에 대한 태도를 누그러뜨리기만 해도 놀라운 일이었을 텐데, 한술 더 떠서 기독교에 동참했다. 더 나아가서 부활한 예수를 온 천하에 증거하기 위해 그가 귀히 여기던 모든 것은 분토처럼 여기고 가정의 행복과 육아의 기쁨과 부부의 정도 포기한 채 평생 독신으로 살면서 예수 부활을 증거했을 뿐 아니라 '예수의 부활이 없다면 우리의 믿음은 헛된 것'(고전 15:14)이라고 선언하였다.

어떻게 이런 일이 일어날 수 있었겠는가? 갈라디아서(1:13-16)에서 바울은 자신이 태도가 달라져서 기독교 신앙의 변호자가 된 이유가 무엇인지를 말해 준다. 그는 자신이 부활한 그리스도를 보았고 그리스도께서 자신을 택하셨다는 음성을 직접 들었다고 증거한다.

4) 핵심 사회 구조의 변화

예수가 죽은 지 40여 일 후 1만 명에 가까운 유대인들(행 1:15, 2:41, 4:4)이 예수가 새로운 종교의 창시자라고 확신하여 지배 계층과 마찰을 일으켰고 많은 이들이 체포되어 처형되거나 추방되었다. 그리고 중요한 사실은, 그들이 어렸을 적부터 사회적으로나 신학적으로 매우 중요하다고 배워 왔던 다섯 가지 사회 제도, 즉 희생 제사, 율법, 안식일, 유일신론 그리고 승리의 메시아관을 모두 바꾸거나 포기해 버렸다는 것이다.

(1) 유대인들은 아브라함과 모세 시대 이후로 죄를 용서받고자 하는 사람은 매년마다 동물 희생 제사를 드려야 한다고 배웠다. 그러면 하나님께서 그들의 죄를 그 동물에게 전가시키기 때문에 제사를 드린 사람은 죄를 용서받게 되고 하나님과 바른 관계를 누리게 된다는 것이다. 그러나 갑자기 나사렛에서 온 한 목수가 죽고 나서 그를 따르는 유대인들은 더 이상 희생 제사를 드리지 않았다.

(2) 유대인들은 하나님께서 모세를 통해서 주신 율법을 지킬 것을 강조했다. 유대인의 관점에서 볼 때, 그것은 이방 나라들로부터 자신을 구별하는 방법이었다. 그러나 예수가 죽은 지 얼마 지나지 않아 그를 따르던 유대인들은 모세의 율법을 지키는 것만으로는 자신들의 공동체 일원이 될 수 없다고 주장하기 시작했다. 그리하여 전격적으로 율법을 복음으로 대체한 것이다. 예수 그리스도가 복음의 시작(막 1:1)

이라고 고백한 것이다.

(3) 유대인들은 매주 토요일이 되면 종교적 행위 외에는 아무 일도 하지 않음으로써 안식일을 철저하게 지켰다. 그럼으로써 하나님과 올바른 관계를 누릴 수 있고, 가족의 구원을 보장받을 수 있으며, 민족과 바른 관계를 맺을 수 있다고 믿었다. 유대인들은 "우리가 안식일을 지키면 안식일이 우리를 지켜준다"고 믿어 왔다. 그런데 예수가 죽은 후 그 1500년 동안 이어져 온 안식일 준수의 전통이 갑자기 바뀌었다. 그리스도인들은 안식일 대신 예수가 부활한 날을 주일로 지킨 것이다.

(4) 유대인들은 유일신론, 즉 한 분이신 하나님을 믿었다. 그런데 그리스도인들은 유일신론을 가르치면서도 아버지와 아들과 성령이 하나라고 가르쳤다. 이것은 유대인들이 믿는 것과는 근본적으로 달랐다. 예수를 하나님으로 고백하는 것을 전통적인 일신론을 부정하는 것이 되고 만다. 인간을 신으로 믿는 것은 유대인들이 보기에는 신성모독 중에 신성모독이었다. 그리하여 예수가 하나님처럼 말하고 행동한다는 이유로 예수를 신성모독의 죄인으로 처형하였다. 그러나 얼마 지나지 않아 그 유대인들 중에서 예수를 추종하는 자들이 예수를 하나님으로 경배하기 시작한 것이다. 특히 예수의 부활에 회의를 가졌던 도마는 부활하신 예수를 목격한 후 예수에 대해 명시적으로 "나의 주 나의 하나님"(요 20:28)이라고 고백한 것이다.

(5) 유대인들은 로마 군대를 몰아내고 이스라엘을 회복할 메시아, 즉 정치 지도자로서의 메시아를 믿도록 교육받았다. 그래서 십자가에 달린 예수를 조롱하여 "네가 이 백성의 구세주(메시아)라면 너 자신의 목숨이라도 구해 보라"고 하였다. 그러나 기독교인들은 저주로 여겨진 십자가에 무력하게 처형된 예수야 말로 진정한 메시아라고 고백한 것이다. 그래서 베드로는 유대인들에게 "너희가 십자가 못 박아 죽인

이 예수를 하나님이 주와 그리스도가 되게 하셨다."(행 3:36)고 선언한 것이다.

이처럼 유대 교회의 핵심적인 가치가 바뀐 것을 설명할 수 있는 정황 증거로서 예수의 부활을 제시할 수 있다.

5) 성찬과 세례의 제정

이상한 것은 처음 예수를 따르던 사람들은 그의 가르침이나 인격을 찬양하기 위해서 모이지 않았다는 사실이다. 그들이 주기적으로 모여서 성찬을 나눴던 단 한 가지 이유는 예수가 많은 사람이 보는 앞에서 끔찍하고 굴욕적인 방법으로 죽임당했음을 기억하기 위해서였다.

타이쎈과 메르츠는 예수가 성전 제의의 종말론적 변혁을 추구하였으며 옛 성전 제의를 종식시키고 새로운 제의를 창시하였는데 그것이 바로 세례와 성찬이라고 하였다.[166] 세례는 최후 심판을, 성만찬은 종말론적 만찬을 미리 맛보는 것이다. "죄 사함의 세례는 사실상 성전 제의에 도전하는 경쟁적 의미의 예식이다. 성만찬은 사실상 희생 제의를 대체하는 예식"이라는 것이다.[167] 할례와 성전 제의를 통해 자신들이 하나님의 택하신 백성이라는 자부심을 젖어 있던 일부 유대인들이 세례와 성찬이라는 새로운 의식에 참여하게 된 것이다.

6) 교회의 출현

교회가 생겨난 것은 예수가 돌아가신 직후였고, 생겨난 지 채 20년이 되기도 전에 로마 황실까지 들어갔을 정도로 급속하게 성장했다는 데는 의심의 여지가 없다. 신약성서는 예수의 부활과 그 부활한 분을 통해 교회가 세워진 것임을 분명히 하고 있다(요 2:13-22). 회당과 성전이 서서히 교회로 대체된 것이다. 사도 바울의 시대에 교회는 스스로를 새 성전(고전 3:16, 고후 6:16 참조), 즉 '그리스도의 몸'(고전 12:27)이라고 이해하였다. 그뿐만이 아니라 기독교는 수많은 경쟁 사상과 종교들을 물리치고 로마 제국 전체를 압도했다. 로마에 의해 국교로 정하여졌으나, 로마 제국이 멸망한 후에도 여전히 유럽 세계를 지배하는 종교가 되었다.

7) 부활신앙을 통한 신자들의 삶의 변화

마지막으로 중요한 것은 부활한 그리스도를 만나는 사건이 지금도 계속해서 일어나고 있다는 사실이다. 배운 사람, 못 배운 사람, 부자, 가난한 자, 사색적인 사람, 감정적인 사람, 남자, 여자 등등 세계 각국의 다양한 문화 속에 살고 있는 다양한 배경과 다양한 개성을 가진 사람들이 부활한 그리스도를 만나고 있다. 그들 모두는 자신의 인생에서 가장 중요한 사건은 예수 그리스도가 자신의 삶을 변화시킨 사건이라고 증언한다.

이처럼 모어랜드(J. P. Moreland)가 위에서 열거한 여러 가지의 정황 증거는 예수 부활의 역사적 사실성에 대한 새롭고 확실한 증거가 될 수 있을 것이다.

8) 초기 기독교인들의 일치된 부활신앙

톰 라이트는 초기 그리스도인들은 예수 그리스도의 부활에 근거하여 일곱 가지 면에서 당시의 유대인들 달리 '예수의 부활에 관한 일치된 신앙'을 표명하였다고 한다. 바울이 말한 것처럼 '부활이 없으면 우리의 믿음도 헛것'이러고 하였다.

첫째, 초기 기독교인들 사이에는 죽음 이후의 삶에 대한 믿음의 편차가 없었다. 사두개파나 영지주의적 부활 이해는 일관되게 부정하였으며 실제로 예수 그리스도의 부활에 대한 신앙에는 만장일치가 이루어졌다.

둘째, 구약 시대나 중간기에는 「마카베오」 2장 7절처럼 부활신앙이 주변적인 것이었으나 초기 기독교의 복음서나 바울문서나 요한문서 그리고 2세기의 교부에 이르기까지 부활이 핵심 주제가 되었다.

셋째, 부활이 정확히 무엇을 의미하며 부활한 자는 어떠한 육체를 가지게 될지에 대해서 유대교는 모호한 입장을 보이지만 초기 기독교는 현재의 육체적인 삶에서 벗어나 하나님의 영 안에서 영광스러운 육체로 변형될 것이라는 확신을 공유하였다.

넷째, 1세기 유대인들은 부활을 하나님 나라의 종말론적 임재와 함께 모든 사람들에게 일어날 사건으로 보았을 뿐 한 사람에게 먼저 일어나는 사건으로 보지 않았다. 그리고 부활은 천국에 가는 것이나 죽음을 면하는 것처럼 사후의 세계에 속하는 것으로 알았으나 초기 기독교인들은 "그리스도께서 죽은 자 가운데서 다시 살아나사 잠자는 자들의 첫 열매가 되셨도다."(고전 15:20)고 하였으며 부활을 "육체의 죽음 이후 다시 육체로 돌아오는 것"으로 확신하였다.

다섯째, 초기 기독교인들은 부활이 예수님과 함께 시작되었고 마지막 날 모든 믿는 자들의 최종적인 부활에서 완성되리라고 믿었다. 따라서 하나님께서 그들을 성령의 능력으로 부활의 증인으로 일하도록 부르셨다고 믿었다.

여섯째, 유대교 신앙에서는 부활이 은유적으로 유대인의 회복을 의미하였으나 초대 그리스도인들은 부활에 대한 새로운 은유, 즉 그리스도와 함께 죽고 다시 사는 세례를 의미하였으므로 그리스도 안에서 새사람이 되어 새로운 삶을 사는 전인적 인간 존재의 회복을 의미하였다.

일곱째, 유대교에는 그 누구도 메시아가 죽을 것이라고 예상하지 못했고, 그 누구도 메시아가 죽은 자 가운데서 부활하리라고 생각하지 못했다. 예수 공생애 이전이나 이후 1-2세기 동안 많은 메시아 운동이나 예언자 운동이 일어났고 그 핵심인물이 폭력적인 죽임을 당한 후 그 추종자들은 투쟁은 그만두거나 새로운 메시아를 찾았다. 초기 그리스도인들은 예수를 '유일한 메시아'로 믿었기 때문에 예수가 주이고 가이사가 주가 아니라는 신앙이 확고하였다.

이처럼 톰 라이트는 초기 기독교인들은 이처럼 유대교의 부활 언어를 일곱 가지 방식으로 바꾸었고 앞에서 언급한 부활신앙을 일관되게 고백한 것은 역사적으로 설명될 수 있는 사실이라고 하였다.[168]

_06

부활의 삼위일체론적 이해

성서는 예수가 죽은 자 가운데서 다시 살아났다는 사실을 증거하려는 대신에 이 사건의 놀라운 결과를 우리에게 보여 주려고 한다. 십자가에 달리신 이 예수가 참으로 하나님의 아들(갈 1:12, 16)이며, 부활 사건으로 인하여 죄인들이 구원을 받고 의롭게 되었다는 것(롬 4:25, 행 5:31)이다. 부활 사건은 사람들에게 믿음과 소망과 사랑의 새로운 삶을 요청한다는 것을 강조한다. 그리고 이 부활의 소식을 세상 사람들에게 전하는 것을 그들의 사명으로 여겼다.[169]

부활 사건은 가장 중요한 신앙의 뿌리를 형성해 주고 있다. 그렇기 때문에 "하나님께서 예수를 부활시키셨다."든가 "예수는 부활하셨다."는 진술은 신약성서에서 반복되고 있는 원초적인 기독교 신앙고백이다. 이러한 진술이 "그리스도께서 십자가에서 죽으셨다."는 문구보다도 더 자주 나타나고 있다.[170] 따라서 해밀턴(N. Q. Hamilton)은 마틴 켈러가 복음서를 "긴 서론이 붙은 확대된 수난 설화"로 본 것을 비판하고 그 대신에 복음서를 좀 더 정확히 "긴 서론이 붙은 확대된 부활 설화들"이라고 주장한 바 있다.[171] 그는 "초대 교회의 신앙 가운데서는 부활이 예수의 지상 사역보다도 더 중요했고" 또한 "부활이 신앙에 대해 중심적인 역할"을 하고 있는 점을 고려할 때 마틴 켈러나 초기의 성서 비평이 복음서를 부활보다는 오히려 수난 설화와 관련시켜 설명하려고 시도했던 것은 거의 용납될 수가 없는 일이라고 주장한다.[172]

성서와 기독교 신학에서의 부활은 단지 십자가에 처형된 한 인간 예수가 죽었다가 살아난 기이한 사건이 아니다. 예수의 십자가의 죽음을 삼위일체론적으로 해석한 것과 마찬가지로 예수의 부활도 삼위일체 하나님의 사건으로 이해되어야 한다. 따라서 몰트만의 십자가의 삼위일체론에 영감을 얻어 부활의 삼위일체론을 전개하려고 한다. 예수의 부활은 하나님의 권능 행위이며, 십자가에 죽은 예수가 주요 그리스도가 되신 사건이며, 죽은 자를 살리는 성령의 능력으로 부활의 첫 열매가 되신 사건이기 때문이다.

1) 부활과 하나님의 권능[173]

예수의 부활은 십자가에 달려 죽은 한 나사렛의 젊은이가 우연히 어쩌다가 다시 살아난 사건이 아니다. 신약성서는 예수를 이 땅에 오게 하신 이도 하나님이요, 예수가 십자가 달려 죽도록 내어 주신 이도 하나님이며, 그리고 이 하나님께서 예수를 죽은 자 가운데서 살리셨다고 증언한다.

> 너희가 나무에 달아 죽인 예수를 우리 조상의 하나님이 살리신 것이라.(행 5:30)

빌켄스에 의하면 성서의 부활신앙은 하나님이 죽은 예수를 살리신 것이 그 핵심이며, 누가[174]와 바울[175]은 예수의 부활을 하나님이 그의 창조적인 능력으로 죽은 예수를 무덤으로부터 생명으로 불러내었다고 설명하였다.[176]

크레머(W. Kramer)도 예수에 대한 여러 '공식 칭호'인 주, 그리스도, 하나님의 아들 등은 "하나님은 예수를 죽은 사람들 가운데서 살려냈다."와 같은 단순한 진술로 이어졌는데 이 진술들은 원시 그리스도교가 바울 이전부터 고백해 온 보편적인 확신이었다고 한다.[177]

타이쎈과 메르츠도 "하나님이 예수를 죽은 사람들 가운데서 살리셨다."는 부활공식 문구는 부활 전승에 관한 최초의 핵심으로 간주한다. 이 공식문구는 성명의 형태로 나타날 때도 있고,[178] 하나님을 서술하기 위한 분사구문의 형태로 등장하기도 한다.[179] 여기서 특징적인 엄격한 신학적 구조는 하나님이 예수에게 행위를 가하는 주체라는 점이다.[180]

이것은 전적으로 유대인의 신앙과도 일치한다. 유대인들도 "죽은 자들을 살리시는 야웨, 당신은 찬양 받으소서"(18기도문 제2찬양)라는 기도문을 전승하여 왔다. 죽은 자의 부활은 인간이 하나님에게 바라는 것 중에 최고의 것에 속한다. 따라서 부활 사건의 주체와 중심이 하나님 자신이라는 것이 거듭 강조된다. 부활신앙은 부활한 그리스도 그 자체가 아니라 철저히 하나님을 지향한다. 예수의 부활은 하나님의 유일무이한 권능의 증거이다.

부활은 하나님의 개입으로 일어난 사건이므로 부활신앙에는 하나님께로 회심하는 것(살전 1:9-10)이 포함된다. 베드로가 예수의 부활을 선포하였을 때 유대인들이 "우리가 어찌 할꼬"라고 반문하자 "회개하고 세례를 받고 죄 사함을 얻고 성령을 선물로 받아라."(행 2:38)고 요청하였다. 그래서 이 부활의 소식을 세상 사람들에게 전하여야 한다는 것이 강조된다.[181] 예수의 대속적인 죽음은 전적으로 우리를 하나님께로 인도하기 위함이며 부활을 통해 이 일이 이루어진 것이다.

> 그리스도께서도 한번 죄를 위하여 죽으사 의인으로서 불의한 자를 대신하셨으니 이는 우리를 하나님 앞으로 인도하려 하심이다.(벧전 3:18)

부활의 내용과 의미에 관한 많은 신약성서의 증언들 가운데 여기서는 베드로전서의 서두만을 예를 들어 보자.

> 우리 주 예수 그리스도의 아버지 하나님께 찬양을 드립니다. 하나님은 그의 크신 자비로… 죽은 자들 가운데서 살아나신 예수 그리스도의 부활을 통하여 산 희망을 가지게 하셨습니다.(벧전 1:3)[182]

타이쎈과 메르츠도 부활 사건은 "예수에 대한 하나님의 긍정(yes), 제자들(여성들까지 포함한)의 긍정이다."[183]고 하였다. 그리고 이 명제는 우리가 예수 부활신앙을 그 긍정의 토대가 아니라, 그 긍정의 표현으로 이해한다고 해도 역시 유효하다. 부활신앙은 십자가의 좌절에도 불구하고 예수의 대의명분을 긍정하는 것이기 때문이다.

신약성서에 보면 부활한 주 예수 그리스도와 만남은 언제나 하나님과의 만남 즉 하나님 체험이라는 특징을 띠고 있다.[184] 제자들이 체험하고 깨달은 것은 십자가에 처형되신 분의 얼굴에 하나님 나라의 다스림이 비쳤으며, 예수 그리스도의 부활은 궁극적으로 하나님 나라 도래의 표징이었다. 하나님은 부활하신 예수의 현현을 통해서 당신 자신을 종말론적으로 계시하신 것이다. 하나님의 이 종말론적 자기 계시야말로 부활신앙의 본질적인 근거이다.

2) 부활과 그리스도의 주 되심

부활은 어쩌다 나사렛의 한 젊은이가 죽음의 굴레에서 용하게 벗어남으로써 영생을 취하여 신의 반열에 올라가게 되었다는 전형적인 신화적 이야기의 한 사례가 결코 아니다. 부활에 대한 최초의 증언을 보면 "죽음이 한 사람으로 말미암아 온 것처럼 죽은 자의 부활도 한 사람으로 말미암아 왔습니다."(고전 15:21 공동번역)고 한 것처럼 예수의 부활은 아담의 죽음 이후 새 창조의 사건으로 일어난 유일회적인 사건이다. 그리고 부활은 예수가 죽어 장사 지낸바 되었으나 죽음의 권세 그 자체에 대항하여 예수 그리스도께서 사망 권세를 대항하여 물리치고 이기신 승리의 사건으로 선포된다.

> "승리가 죽음을 삼켜 버렸다. 사망아 너의 이기는 것이 어디 있느냐 사망아 너의 쏘는 것이 어디 있느냐 죽음아, 네 승리는 어디 갔느냐? 죽음아, 네 독침은 어디 있느냐?"라는 성서 말씀이 이루어질 것입니다.(고전 15:54-56, 공동번역)

성서에는 부활을 지칭하는 헬라어 명사가 셋이 있다. 대부분은 아나스타시스(anastasis)로 표기되어 있다. 그리고 에게르시스(egersis)가 1회(마 27:53), 엑사나스타시스(exanastasis)가 1회(빌 3:11) 씌어져 있다. 에게르시스는 대부분 '다시 살아나다'로 번역되었는데 이 역시 '자리를 차고 일어나다'의 뜻이 있다.

부활을 지칭하는 '아나스타시스'는 문맥에 따라 앉았다가 일어나거나(막 9:27), 잠에서 일어나거나(막 4:27), 죽음에서 살아나는 것(마 16:6)을 의미한다. 하지만 어원적으로는 '대항하여 일어난다'(ana-stasis)는 뜻이다.(마 13:8, 행 5:37)[185] 독일어 부활(Auferstehung)은 봉기(Aufstehen)와 어원이 같으며, 마찬가지로 영어에서도 부활(resurrection)은 봉기(insurrection)와 같은 어원을 가진다. 그러므로 부활을 지칭하는 "일으킴(anastasis) 속에는 저항(stasis)이 있고, 부활(resurrectio) 속에는 혁명(revolutio)이 숨어 있다."[186]

예수는 모든 원수 중에 "마지막으로 물리치실 원수인 죽음"을 "굴복시키시고 이기시고는 모든 것을 당신 발아래 굴복시켰다."(고전 15:25)고 선언한다.

> 그리스도께서는 하느님께서 모든 원수를 그리스도의 발아래 굴복시키실 때까지 군림하셔야 합니다. 마지막으로 물리치실 원수는 죽음입니다. "하느님께서는 모든 것을 당신 발아래 굴복시켰다."고 했습니다. 이렇게 모든 것을 굴복시키셨다고 할 때 굴복시키시는 그분은 그 속에 포함되어 있지 않다는 것이 분명합니다. 이리하여 모든 것이 그분에게 굴복당할 때에는 아드님 자신도 당신에게 모든 것을 굴복시켜 주신 하느님께 굴복하실 것입니다. 그 때에는 하느님께서 만물을 완전히 지배하시게 될 것입니다.(고전 15:25-28, 공동번역)

그러므로 예수 그리스도가 가져다주는 구원은 일차적으로 인간을 지배하는 마지막 권세자인 죽음의 세력과 죽음에 대한 두려움으로부터의 해방이다. 히브리서 저자는 말한다.

> 죽음을 통해 예수는 죽음의 세력을 쥐고 있는 자, 곧 악마를 파멸시키고, 죽음의 공포 때문에 한평생 노예로 얽매여 있는 사람들을 해방시키셨습니다.(히 2:14-15 공동번역)

후대에 공식화된 예수의 부활에 관한 전승에는 '예수를 십자가에 달려 죽도록 내어 주신 하나님이 바로 이 예수를 죽은 자 가운데서 다시 살리시고, 그리고 이 하나님께서 '이 예수를 우리의 주와 그리스도와 하나님의 아들이 되게 하셨다'(행 5:31)는 것이다.

> 너희가 십자가에 못 박은 이 예수를 하나님이 주와 그리스도가 되게 하셨느니라.(행 2:36)
> 죽은 자 가운데서 부활하여 능력으로 하나님의 아들로 인정되셨으니 곧 우리 주 예수 그리스도시니라.(롬 1:4)

예수가 부활을 통해 인간을 지배하는 마지막 권세인 죽음의 세력을 그 발아래 굴복시켰기 때문에 만유의 주가 되신다는 고백이다. 그리고 예수가 십자가에 달려 죽은 후 다시 살아나서 지상의 생애로 복귀하는 것으로 이해되지 않았다. 예수의 부활은 하나님의 전권을 위임받은 '하나님의 아들'로서 하늘에 있는 권세자로 승귀하는 것으로 이해되었다.[187] 부활을 통해 예수는 모든 이름 위에 뛰어나 이름을 지니고 하나님 우편에서 하나님과 동등한 지위를 누리게 되었다(빌 2:11)는 것이다.

이처럼 부활 사건은 예수가 우리의 주요 그리스도가 되시는 결정적인 사건으로 고백된다. 따라서 하나님이 죽은 자 가운데서 일으키신 이 예수를 믿으면 구원을 얻게 된다는 사실이 강조된다.[188] 하나님이 죽은 자 가운데서 일으키신 예수를 믿으면 구원을 얻는다. 부활 사건으로 인하여 죄인들이 구원을 받고 의롭게 되었다(롬 4:25, 행 5:31).

> 당신이 '예수를 주님이다.'라고 입으로 고백하고 또 하나님께 그를 죽은 다 가운데서 살리셨다고 당신의 마음으로 믿으면 구원을 얻을 것입니다.

(롬 10:9 공동번역)

부활은 전적으로 그리스도를 통한 구원의 사건이 된다. 예수는 우리 죄에 대하여 죽고 우리의 의를 위하여 다시 사신 것이다(롬 4:25). 그러므로 그리스도께서 다시 사신 것이 없으면 우리는 여전히 죄 가운데 있게 되는 것이다(고전 15: 17). 예수의 부활은 예수가 자신의 죽음에서 벗어나기 위하여 이루어진 사건이 아니라 인간의 영원한 구원을 이루기 위하여 개입한 하나님의 구원사의 중심이 되는 사건이다.[189] 예수의 부활에 참여하는 것이 하나님의 구원에 참여한 것이기 때문이다.

예수가 실제로 자신의 등장과 활동을 통하여 메시아로서의 기대를 일으켰기 때문에 그가 약속된 구세주라는 신앙이 널리 퍼진 것이다. 엠마오의 제자들이 "우리는 이스라엘을 구원하실 분이 바로 그분이라는 희망을 가지고 있었던 것"(눅 24:21)이라는 고백은 예수의 수난 전에 그의 추종자들에게 있었던 확신을 매우 정확히 재현하는 것이다.[190]

부활을 통해 이룬 구원은 하나님의 나라에서 맛보게 될 이 세상의 죽음의 권세에 대한 최종적인 승리에 참여하는 것이다. 죽음에 대한 두려움이 모든 인간적 두려움의 바탕이며, 죽음에 대한 공포가 인간의 일상적인 죄의 원인이다. 따라서 죽음은 인간을 지배하는 마지막 세력으로서 다른 사람들 위에 군림하는 권력이요 가학의 원인이 되는 것이다. 이런 의미에서 오토 랑크는 예수가 가져온 가장 큰 사회적 혁명은 히브리서가 말하는 기쁜 소식, 즉 죽음의 두려움에 종살이하는 모든 사람을 죽음에서 자유롭게 하는 것이었다고 하였다.[191] 예수가 부활함으로써 부활의 첫 열매가 되셨고, 우리도 죽은 후에 그러한 부활에 참여할 수 있는 희망을 갖게 되었지만, 이와 동시에 이 세상 살면서 죽음의 세력에 대항하는 예수 부활에 참여하는 새로운 삶의 길도 제시된 것이다. 그래서 빌켄스(U. Wilckens)는 예수의 부활은 인간의 보편적인 부활을 미리 맛보는 것(Prolepse)이라고 하였다.[192]

죽음의 세력을 단지 생물학적 죽음을 지배하는 세력을 말하지 않는다. 이 세상을 지배하는 '세상 풍조를 쫓고 (공허한) 공중의 권세 잡은 자를 따르는'(엡 2:2) 죽임의 문화를 지칭할 수 있다. 이 세상에는 정치적 억압과 경제적 착취와 종교적 · 인종적 · 성적 차별을 부추기는 죽임의 문화가 판을 치고 있다. 그리고 폭력적이고 음란하고 엽기적이고 퇴폐적인 문화가 세상 풍조를 지배하고 있다. 부활의 삶에 동참하는 것은 이러한 죽임의 문화를 대항하고 항거하는 것이다. 불의하게 고통을 당하는 자들이 없는 세계, 빈부 격차가 점점 줄어드는 세계, 피부 빛깔이나 문화적 차이 때문에 차별받지 않는 세상을 만드는 일에 힘쓰는 것이다. 평화적이고 순결하고 건강하며 건전한 '살림의 문화'를 일깨우고 확산시키는 것은 세상에서 '예수 생명의 부활의 삶'에 참여하는 또 다른 방식이기 때문이다.

3) 부활과 성령의 새 생명

예수의 부활은 죽은 자의 단순한 소생이 아니다. 죽은 예수가 죽기 이전의 육체로 복귀한 것이 아니다. 예수 그리스도는 육체로는 죽임을 당하였지만 영으로는 살리심을 받으신 분이다(벧전 3:18). 성부 하나님이 십자가에 달려 죽은 예수를 다시 살리셨고, 성자 예수는 죽음의 권세를 대항하여 부활하셨으며, 그리고 '새 생명을 주시는 성령'(life giving Spirit)은 그에서 영원한 새 생명을 주신 것이다. 그래서 예수는 신령한 몸으로 다시 부활하신 것이다. "이 썩을 것이 썩지 아니함을 입고 이 죽을 것이 죽지 아니함을 입는 것"(고전 15: 54)이 부활의 생명이기 때문이다.

> 죽은 자의 부활도 이와 같으니 썩을 것으로 심고 썩지 아니할 것으로 다시 살며 욕된 것으로 심고 영광스러운 것으로 다시 살며 약한 것으로 심고 강한 것으로 다시 살며 육의 몸으로 심고 신령한 몸으로 다시 사나니 육의 몸이 있은즉 또 신령한 몸이 있느니라.(고전 15:42-44)

바울은 예수의 부활을 유대인과 로마인이 결탁하여 죽인 예수를 하나님이 다시 살리신 사건이며, 예수가 죽음의 권세를 이기시고 만유의 주가 되신 사건이지만 동시에 "성결의 영으로 죽은 가운데서 부활"(롬 1:4)한 사건이고 하였다. "예수를 죽은 자 가운데서 살리신 이의 영"을 통해 우리의 죽을 몸도 살게 된다고 하였다.

> 예수를 죽은 자 가운데서 살리신 이의 영이 너희 안에 거하시면 그리스도 예수를 죽은 자 가운데서 살리신 이가 너희 안에 거하시는 그의 영으로 말미암아 너희 죽을 몸도 살리시리라.(롬 8:11)

그러므로 첫 아담이 단순히 '산 영'(living spirit)으로서 인류의 조상이 된 것과는 달리 마지막 아담인 예수 그리스도는 부활의 첫 열매로서 인류를 '살려주는 영'(life giving spirit)이 된 것(고전 15:45)이다. 요한은 "살리는 것은 영이니 육은 무익하니라. 내가 너희에게 이른 말이 영이요 생명이라."(요 6:63)고 하였다. 바울도 "의문(儀文)은 죽이는 것이요 영은 살리는 것임이니라."(고후 3:6)고 하였다.

부활은 죽음의 세력을 물리치고 새롭고 풍성하고 영원하고 영적인 생명으로 나아가는 것이다. 새 생명을 주시는 성령을 따르는 삶을 사는 것이다. 그래서 바울은 성령을 따르는 삶과 성령을 거스르고 육체의 소욕을 따르는 삶을 구분하였다.

성령의 따르는 삶을 영육 이원론적으로 생각하여 전적으로 정신적이거나 영적인 것으로만 오해하는 경향이 팽배하여 있지만 바울은 분명이 인간의 육체적인 삶에 있어서도 '성령을 따르는 육체적인 삶'과 '육을 따르는 육체적인 삶'이 있다고 가르쳤다.

바울이 말한 성령을 거스르는 육체의 일에 속하는 15가지를 나열하였는데 이를 자세히 분석해 보면 육체를 따르는 일에는 육체적인 것만이 있는 것이 아니다. 놀랍게도 '육체의 일'을 분석한 아래의 내용에서 일 수 있듯이 육체적인 것 외에 정신적인 것과 영적인 것도 육체의 소욕에 포함되어 있다.

육체적인 일: 음행, 추행, 방탕, 술주정, 흥청대고 먹고 마시는 것

정신적인 일: 원수 맺는 것, 시기, 분노, 이기심, 분열, 당파심

영성적인 일: 우상숭배, 마술(갈 5:19-22 공동번역)

바울에 의하면 육을 따르는 삶에도 육적인 육체(physical body), 육적인 정신(physical mind), 육적인 영(physical spirit)이 있다고 한 것이다. 그렇다면 영을 따르는 삶 역시 영적인 육(spiritual body), 영적인 정신(spiritual mind), 영적인 영(spiritual spirit)이 있게 된다. 그러므로 우리가 온전히 거룩하게 되기 위해서는 영(phneuma)과 혼(psyche)뿐만 아니라 몸(soma)도 흠 없이 보전하여야 한다고 하였다.

평강의 하나님이 친히 너희로 온전히 거룩하게 하시고 또 너희 **온 영과 혼과 몸**이 우리 주 예수 그리스도 강림하실 때에 흠 없게 보전되기를 원하

노라.(살전 5:23)

바울은 우리의 몸도 그리스도의 지체이며, 또한 "너희 몸은 너희가 하나님께로부터 받은바 너희 가운데 계신 성령의 전"(고전 6:19)이라고 하였다. 따라서 그리스도의 지체인 몸으로 창기의 지체로 만들 수 없다고 하였다. 몸이 성령의 전이므로 몸으로 "하나님이 기뻐하시는 거룩한 산제사를 드리는 것"이 "너희의 드릴 영적 예배"(롬 12:1)라 하였다.

이처럼 육체의 흠은 영적인 흠이 되기 때문에 육체와 영혼 사이의 바른 관계 정립이 요청된다. 육체와 영혼은 대립적인 관계가 아니다. 바르트는 하나님의 영이 인간의 영혼에만 작용하는 것으로 이해하지 않았다. "인간은 영혼이요 동시에 육체 즉, 영적인 영혼(spiritual soul)이며 동시에 그와 마찬가지로 영적인 육체(spiritual body)인 경우에만 인간이 영이라고 옳게 말할 수 있다"[193]고 하였다. 하나님의 영은 영육이원론에 입각한 육의 대립 개념으로 제한할 수 없는 것이 분명하다. 인간의 영혼도 인간의 신체성의 대립되는 개념이 아님을 확인할 수 있다. 영성은 전인적인 개념이기 때문이다.

_07

부활의 현대 신학적 이해

현대 신학자들도 부활에 관한 여러 학설을 제시하였다. 부활이 역사적인 사건인가 아니면 신화적인 사건인가 하는 논란을 극복하기 위해 새로운 대안이 제시되었다. 그 대표적인 주장으로 칼 바르트의 계시론적 이해와 몰트만의 종말론적 이해를 살펴보려고 한다.

1) 부활의 계시론적 이해

바르트는 부활에 대한 최초의 전승에서 부활의 의미를 해명하고 이를 그리스도의 주권과 관련하여 해석하였다. 부활 전승에 사용된 '죽으셨다, 묻히셨다, 다시 살아났다, 보이셨다'는 네 동사 중 핵심이 되는 것은 바로 여러 번 반복되어 등장하는 '그가 보이셨다'(hophthe)는 말씀이다.[194] 이 말을 자유주의자들은 환상으로 해석하고 실증주의자들은 진부한 역사적 사실로 보았음을 비판한 바르트는 '그가 보이셨다'는 말은 "그가 자신을 보이시고 자신을 증명하시고 자신을 증거하셨음"을 뜻한다고 하였다. 말하자면 '역사 속에서 역사의 한계'가 보여

진 계시의 범주로 이해한 것이다.[195]

그러므로 부활은 역사 안에서의 하나님의 최후의 말씀이라는 의미에서 계시의 범주로, 역사 안에서 역사의 한계와 근원이 드러났다는 의미에서 종말의 범주로 이해된다. 부활은 시간 속에서 하나님의 영원한 현재가 계시된 종말론적 사건인 것이다.[196]

부활을 통해 계시된 내용은 그리스도의 주권과 관련된다. 부활을 부정하고 하나님 나라가 이미 임한 것으로 본 고린도 교인들에게 바울은 모든 신자들의 신령한 몸의 부활을 그리스도의 주권과 하나님 나라의 우주적 승리와 관련시켜 설명한 것으로 바르트는 해석하였다.

> 모든 죽음의 소멸은 그리스도의 최고 최후의 주권행위이다. 아직 그 일은 완수되지 않았다. … 우리는 궁극적인 것을 기다리며—그러나 단지 기다리며—그의 나라에 지금 처해 있다. … 그러므로 '하나님이 만물의 주가 되심'과 그러므로 모든 죽은 자들의 부활이야말로 고린도인들이 알지 못한 그리스도의 부활의 참 의미요 기독교 신앙의 의미이다.[197]

죽음은 세상 속에서 하나님에 대한 적대의 절정이요 마지막 원수이다. 사람들이 이 땅위에서 정신적, 종교적, 윤리적 하나님 나라를 세우려고 할 때 죽음이라는 원수를 잊어버릴 수 없다. 하나님 나라의 평화는 오직 저 원수를 정복할 때 가능한 것이기 때문이다.[198] 부활을 통해 계시된 하나님 나라의 궁극적인 의미는 죽음에 대한 최후의 승리인 것이다. 그리스도의 통치, 다시 말하면 하나님 나라는 죽음의 폐지를 뜻한다. 부활을 통해 계시된 그리스도의 왕권을 모든 주권과 권위와 권세를 폐하시고 만물을 그에게 복종시키고 무엇보다도 최후로 죽음의 권세를 굴복시킨 것이라고 하였다.[199]

바르트는 예수의 부활이 신화가 아닌 것은 확실하지만 역사적 유비(Analogie)를 찾아볼 수 없는 유일회적인 역사적 사건이라고 하였다. 그러므로 부활은 사건사적으로 역사의 종결(Schlussgechichte)에 관한 가르침이 아니라, 의미사적으로 역사의 한계와 역사의 궁극적 의미가 드러나는 역사의 종국(Endgeschichte)에 대한 계시를 의미한다. 따라서 부활은 유일회적인 사건이므로 신앙의 유비(Analogia Fidei)를 통해서만 인식할 수 있는 사건이다.

2) 부활의 종말론적 이해

부활을 하나님의 계시의 범주로 본 바르트와 실존의 범주로 해석한 불트만을 비판한 이는 몰트만이다. 그는 '그리스도의 십자가의 죽음은 역사적 사실이나 그리스도의 부활은 종말론적 사건'이므로 부활 사건은 역사적으로 검증될 수 없음을 인정하였다. 그러므로 '그리스도의 부활은 말씀과 믿음을 통하여 종말론적으로 검증되어야 할 성질의 것'이라고 보았다.[200] 그렇다고 해서 불트만처럼 부활을 부활한 그리스도와의 실존적인 만남을 통해 체험되는 실존적인 신앙 사건이나 바르트처럼 역사 안에서 역사의 의미가 드러나는 하나님의 영원한 현존의 계시 사건으로 해석할 경우 부활의 미래적이고 정치적인 의미가 상실되고 그 현재적 실존적 의미만 남게 된다.

하나님이 그를 죽은 자 가운데서 살리심은 폭력적 죽임에 대한 하나님의 봉기, 즉 고난 죄 죽음 사탄의 세력에 대한 항거라고 하였다.

부활이 표상하고 있는 종말론적인 계시의 의미를 밝히기 위해 몰트만은 '궁극적 새로운 미래의 선취'라는 새로운 역사 개념을 제안하였다.[201] 부활은 궁극적인 새로운 미래인 하나님 나라의 종말론적 통치가 앞당겨 일어난 선취의 사건이라는 것이다.

그리스도의 부활을 통해 기대하는 것은 우연한 새 것의 개념이 아니라 종말론적으로 새로운 것이다. 이 종말론적 새 것은 궁극적인 새 것이라는 의미에서 새로운 창조이다.[202] 새 창조는 피조물들의 죽음을 우주적으로 폐기함으로써 이루어질 때 비로소 철저히 새로운 것이 된다고 하였다. 이런 의미에서 부활은 바르트의 경우처럼 '죽음의 죽음'으로 해석된다.[203] 그러나 예수의 죽음은 자연적인 죽음이 아니라 폭력에 의해 죽임당한 반자연적인 죽음이므로 정치적인 의미를 지니게 된다.

> 그리스도는 십자가에서 인간의 폭력적인 죽임을 당하였다.… 그의 부활을 통하여 폭력적 죽음뿐 아니라 상처받을 수 있는 인간적 본성의 사멸성도 극복되었다.[204]

부활은 폭력적인 죽음을 종식시키고 삶을 일으킨 사건이다. 앞에서 살펴 본 것처럼 성서가 말하는 부활(ananstasis)은 '대항하여(ana) 일어나는 것(stasis)'를 의미한다.[205]

부활은 불의와 고난과 죽음에 대항하여 정의와 환희와 새 생명을 불러일으킨 혁명적인 사건이다. 이런 의미에서 "그리스도의 십자가는 인간의 비참한 현실을 표상한다면 그리스도의 부활은 인간의 비참한 상황에 대한 항거를 뜻한다."[206]

부활은 폭력의 지배가 빚어내는 온갖 고난에 저항하여 일어난 봉기요 혁명인 동시에 하나님 나라의 종말론적인 통치를 앞당겨 일어나게 한 선취의 사건이다. 몰트만은 편집사적 연구 결과 부활에 관한 초기 전승으로 밝혀진 '그가 보이셨다'는 전승을 영원한 현재의 계시라는 개념으로 해석한 바르트와는 달리 궁극적인 미래가 앞당겨 나타나 보이신 선취(anticipation)의 개념으로 해석하였다.[207]

부활은 세계의 고난의 역사 한가운데에 질적으로 새로운 하나님 나라의 종말론적 통치가 현실적으로 선취된 것을 의미한다.[208] 예수가 메시아적 선교를 통해 약속하고 계시한 하나님 나라의 섬김과 봉사의 통치가 그의 부활을 통해 종말론적으로 선취된 것이다. 부활을 통해 약속의 형태로 선포된 하나님 나라가 선취의 사건이 되었다.[209]

예수 그리스도의 부활은 폭력적인 죽음과 폭력의 지배를 종식시키고 봉사와 섬김의 새로운 통치를 종말론적으로 앞당겨 이루신 하나님 나라의 선취로써 다음과 같은 신학적 의미를 함축하고 있다.

(1) 하나님 나라의 선취는 그 통치의 시기에서 현재와 미래를 중재한다. "하나님 나라가 현재하고 있으며 우리는 부활했다."는 광신적인 열광주의와 "세계는 구원되지 않았고 모든 만물은 아직도 서로 적대하고 있다."는 비관적인 체념을 모두 극복할 수 있다.[210] 우리가 하나님의 주권을 완성된 나라 속에서만 보려고 한다면 그것은 일방적인 것이 된다. 마찬가지로 하나님 나라를 그의 통치의 현실성과 같이 놓는다면 그것은 오해에 빠지게 된다. 하나님 나라는 그리스도의 부활을 통해 지금 여기에서 앞당겨 이루어지고 있기 때문이다.

(2) 하나님 나라의 선취는 통치의 영역에서 세계 안과 세계 밖을 중재한다. 희랍어 바실레이아(basileia)는 세계 속에서 전개되는 현실적인 하나님 통치와 하나님 통치의 우주적 목표를 모두 의미한다. 하나님 나라는 명백히 우주적인 것이며 논쟁의 여지없이 역사 속에서 하나님의 약속의 말씀과 자유의 영을 통치하신다.[211] 그러므로 하나님 나라는 순전히 영적인 것도 순전이 세상적인 것도 아니다. 양자를 포함하는 것이다.

(3) 하나님 나라의 선취는 신학적으로 체제의 초월과 체제 내의 변혁을 중재한다. "그 나라의 미래라는 체제 초월적인 대안이 없다면 체제 내재적 변혁의 힘은 방향을 상실할 것이다. 체제 내적인 변혁이 없다면 체제 초월적인 미래는 무력한 몽상이 되고 말 것이다."[212] 하나님의 뜻에 대한 복종과 왕국의 도래에 대한 기도 그리고 왕국의 아름다움에 대한 기대와 현실적인 고난에 대한 저항이 서로 얽혀 있으며 상대편을 강화한다.

(4) 부활을 통해 이루어진 하나님 나라의 선취는 심미적인 차원을 지닌다.[213] 부활은 단순히 고난에의 저항과 항거만을 의미하지 않는다. 부활로 인해 환희와 축제의 새로운 삶이 드러나기 때문이다. 하나님 나라는 결혼 잔치에 유비된다. 부활을 통해 해방과 자유와 기쁨으로 충만한 하나님 나라의 종말론적 잔치에 참여하게 되는 것이다. 하나님 나라의 영광을 미리 앞당겨 누리는 것이다. 이런 의미에서 아타나시우스는 다시 사신 그리스도가 인간의 삶을 세속적인 축제로 만든다고 하였다.[214]

제13장

유대교의 4대 종파와 예수의 앞선 생각

_01

예수와 후기 유대교의 여러 종파들

예수는 유대인으로서 유대교의 전통과 불가분의 관계를 가지고 있다. 그러므로 예수를 이해하기 위한 한 방법으로 예수와 유대교의 관계를 조망하는 것은 아주 중요한 과제이다.

버미스(G. Vermes)를 비롯한 일부 신약성서학자들은 유대인으로 예수를 새롭게 조망하였다.[1] 이들은 예수와 유대교의 차이점보다도 그 공통점을 더 강조한다. 그러나 이러한 시도는 다음 몇 가지 이유로 그 문제점이 드러난다.

첫째, 예수 시대의 유대교는 아주 다양하였다는 점이다. 요세푸스는 『유대전쟁사』[2]와 『유대고대사』[3]에서 예수 시대를 전후하여 유대교 내에는 적어도 대표적인 3대 종파 즉 사두개파, 바리새파, 에센파가 있었다고 하였다. 열심당에 대해서 많은 기록을 남겼으나 제4의 종파로 규명하지 않았다.[4] 그러나 모든 역사가들은 열심당을 포함하여 4대 종파로 이해한다. 따라서 예수가 유대교의 범주에서 벗어나지 않았다면 이 4종파 중 어디에 속하는지 규명되어야 한다. 그러나 복음서에 나타나는 예수의 면모는 이 4대 종파와는 분명한 차별성을 드러내 보인다.

둘째, 예수와 그의 후계자들은 구약성서 등 유대교의 일부 요소를 수용하였으므로 유대교와의 연속성이 있었으나 점차 유대교와의 근본적인 차별성을 강조하는 쪽으로 나아갔다. 자신들을 유대교의 새로운 일파로 자리 매김하지 않고 유대교와 전적으로 다른 새로운 종교의 등장으로 여겼다. 따라서 초기 기독교인들은 예수를 그리스도라 고백함으로써 예루살렘에서 큰 박해를 받아 유다와 사마리아와 다메섹으로 쫓겨 갔으며(행 8:4) 후에는 회당에서 축출당하는 것(요 9:22)을 감수하여야 했다. 초대 교회가 예수의 가르침에서 유대교와의 근본적인 차별성을 발견한 것 이상으로 유대교 지도자들이 예수의 가르침과 자신들의 전통 사이에 더욱 큰 차이점이 있는 것으로 여겼다.

셋째, 유대교가 4대 종파로 그 분파성을 구체적으로 드러낸 것은 이스라엘 종교사에서 비교적 후대에 등장하는 특이한 현상이다. 이러한 종파의 분화가 일어난 원인으로 무엇보다도 포로 후기의 정치, 경제, 종교적 요인이 크게 작용한 것이 사실이다. 정치적으로 포로 후기에 이스라엘은 에스라와 느헤미야를 통해 성전은 재건하였으나 다윗 왕정을 회복하는 데는 실패하였다. 따라서 희랍과 로마라는 외세의 정치적 지배 하에서 다윗 왕조의 재건이 불가하여지자 성전 중심의 제사장적 신정국가 체제를 겨우 유지할 수밖에 없었다.

특히 안티오커스 에피파네스 4세의 유대교 탄압이 전개된 후 역사적 고비마다 권력자들에 의해 다윗 왕정의 이상이 무너지고 사독 계열의 대제사장직의 계승이 합법적으로 이루어지지 않은 상황이 발생하였다. 유대인들은 그들이 속한 사회적 계층과 종교적 신념에 따라 정치적인 문제와 종교적인 문제에 대한 타협적이거나 비타협적인 자세를 취함으로써 대립적인 종파를 형성하게 된 것이다.[5]

후기 유대교의 4대 종파는 그 시대의 종교적 · 정치적 · 경제적 상황에 대한 유대인들의 4가지 종교적 대안으로 형성된 것이라고 볼 수 있다. 예수가 동시대의 4대 종파와 달랐다는 것은 예수의 대안이 달랐다는 의미가 된다. 따라서 예수의 대안과 유대교 4대 종파의 대안을 비교 검토하여 그 공통점과 차이점이 분석하는 것은 예수의 가르침의 의미를 이해하는 데에 불가피하게 거쳐야 할 과정이다.

보그(M. Borg)에 의하면 예수는 그 시대의 관습적인 지혜를 뒤집는 '전복적 지혜의 교사'라고 한다.[6] 그러나 예수는 단지 그 시대의 관습적인 지혜를 뒤집은 것이 아니라 새로운 대안으로써 전향적인 의식을 제시하고 몸소 실천한 분이다. 따라서 인간의 의식을 평균적 의식과 전향적 의식(advanced consciousness)으로 구분한 켄 윌버(K. Wilber)의 용어로 말하면 예수는 '전향적인 의식'의 교사 보아야 할 것이다.[7]

예수 시대의 종교적 배경이 되는 후기 유대교의 4대 종파가 등장한 역사적 · 정치적 배경을 살펴보고, 그들의 주요한 가르침을 예수의 가르침과 비교함으로써 유대교의 평균적인 의식과 예수의 가르침의 전향적 의식의 차이점을 밝히려고 한다.

사이먼(M. Simon)은 유대교 4대 종파를 비교하는 방법론으로 의식적, 성서적, 교리적 차이라는 종교적 관점에 초점을 두었지만,[8] 이러한 종교적인 면과 더불어 정치적 입장과 그들의 사회적 · 경제적 입장도 중요한 비교의 준거로 다루어야 할 것이다. 이러한 관점에서 예수 시대의 유대교의 4대 종파의 특징과 차별성을 띤 예수의 전향적 대안을 비교해 보려고 한다.

_02

예수와 에센파

에센파의 등장

에센파(Essenes)는 1세기 전후의 필로, 요세푸스, 히폴리투스, 폴리니의 기록에 나타나지만 신약성서에는 언급되지 않고 있어 그동안 별다른 주목을 받지 못했다.[9] 에세네[10]의 뜻에 대하여 학자들 사이에 의견을 달리 하지만 아마도 히브리어의 '하씨딤'(경건주의자들)과 동의어인 고대 시리아어 '하쎄'와 비슷한 아람어에 기원하거나 혹은 아람어의 '치유자, 의사'의 뜻인 '아씨, 아씨야'를 희랍어로 음역한 것이라고 한다.

1947년 키르벧 쿰란 지역에서 항아리에 보관된 사해사본(Dead Sea Scroll)이라 불리는 고대 문서 발견되었다.[11] 그곳을 발굴한 결과 강당, 식당, 찬장, 도기공장, 작업장, 수도시설, 욕실, 공동묘지 등을 갖춘 기원전 2세기부터 기원후 68년까지의 400명 정도가 거주 가능한 주거지가 발굴되었는데 에센파의 거주지로 추정되었다.[12]

그러나 사해사본 즉 쿰란 문서에는 에센이라는 이름이 전혀 나타나지 않으며, 에센파에 대한 고대의 기록과 쿰란 공동체에 대한 사해

사본의 기록을 정밀하게 검토하면 양자가 많은 유사점에도 불구하고 사소한 차이점이 있기 때문에 두 공동체를 일치시키는 것에 대해서는 논쟁이 되고 있다. 버미스(G. Vermes) 등 일부 학자들은 양자의 연관성을 부정적으로 보지만,[13] 브루스(F. F. Bruce) 등 많은 학자들은 쿰란 공동체는 에센파의 일부라고 한다.[14] 요세푸스는 예수 당대의 에센파의 숫자가 4000명 정도라고 했는데[15] 그중에 400명도의 핵심적인 무리들이 쿰란 지역에는 거주한 것으로 볼 수 있을 것이다.

쿰란 문서에는 '의의 교사' 또는 '그 제사장'에 의해 쿰란 공동체가 결성된 것으로 기록하고 있다. 그래서 '의의 교사'가 실제로 대제사장이었던 인물인가 하는 여러 논쟁이 제기되었다.[16]

이에 대해 슈테게만(H. Stegemann)은 의의 교사는 대제사장 알키모스(Alkimos=Jacimos) 후임의 익명의 사두개파 제사장이라고 주장하였는데 설득력이 있어 보인다.[17] 당시의 역사 기록을 보면 마카비 독립 이후 사두개 가문의 대제사장이었던 알키모스가 기원전 159년 죽은 다음 그 후임 대제사장에 대한 기록이 전무하다.

요세푸스도 알키모스가 죽은 후 7년 동안 대제사장의 후계자가 없었고 152년 마카비 가문의 요나단(BC. 160-142)이 정권을 장악하자 대제사장으로 임명되었다고 한다. 164년 수전절 이후 매년 대속죄일(Yom Kipper) 절기를 지켰을 터인데 대제사장이 없이 이 가장 큰 절기를 지킬 수 없기 때문에 이스라엘 백성들이 7-8년 동안 대제사장이 없이 지냈을 리가 없다.[18]

따라서 역사 기록에 사라진 이 시기의 사두개 가문의 익명의 대제사장이 바로 '의의 교사'인 '그 제사장'으로서 요나단에 의해 축출되자 추종자들을 이끌고 150년경 광야로 피하여 에센 공동체를 결성했다는 것이다.[19] 그리고 약 50년 후에 쿰란 공동체가 생겨났을 것으로 추

산한다.[20]

바리새파도 헤스모니아 왕가가 친외세 정책을 편 것과 대제사장직을 찬탈한 것에 반대했으나, 그들은 예루살렘을 떠나지 않았다. 바리새파는 평신도들로서 제사장직의 합법성에 대해서는 제사장들보다는 덜 민감하였기 때문이다.[21] 그러나 에센파는 제사장 가문의 사람들이었으므로 비합법적인 대제사장이 관할하는 예루살렘 성전 제사 자체를 거부하였다. 그리고 이처럼 부패한 성전 공동체의 대안으로 광야의 새로운 은둔 공동체인 쿰란 공동체를 결성하고 자신들의 공동체가 바로 종말론적 구원의 공동체인 것을 주장한 것이다.[22] 쿰란 공동체가 남긴 문헌들을 통해서 볼 때, 서기관 훈련을 받은 학자들이나 귀족 출신 사제들이 이 공동체를 구성하고 이끌었을 것이라는 사실은 의심의 여지가 없다.[23]

복음서에는 사두개파, 바리새파, 열심당은 언급되어 있으나 에센파에 대해서 침묵하고 있다.[24] 그러나 에센파의 쿰란 공동체가 알려지자 광야에서 회개의 세례를 선포한 세례 요한이나 예수가 공적인 활동을 하기 전에 에센파에 소속하거나 어떤 교류를 가진 것이 아닌가 하는 문제가 제기되었다. 쿰란 문서가 복음서의 기록과 초대 기독교 형성에 많은 영향을 끼친 것은 부인할 수 없다.[25] 쿰란 문서에 나타나 있는 메시아 사상, 묵시 사상, 선택된 공동체 사상, 의의 교사를 중심으로 한 철저한 구별된 생활, 선악 및 빛과 어두움의 이원론 등은 신약성서와 유사한 내용들이기 때문이다.[26]

예수와 에센파의 차이점

예수와 에센파 사이의 서로 간의 유사점에도 불구하고 상당한 차이점이 있는 것이 밝혀졌다.

(1) 에센파는 "고결한 수도생활로 널리 알려진"[27] 배타적인 은둔 공동체이었다. 이 공동체는 자발적으로 생겨난 것이 아니라, '그 의의 교사' 또는 '그 제사장'이라 불리는 뛰어난 지도자에 의해 결성된 특수한 공동체이었다.[28] 의의 교사야말로 '토라에 합당하게 올바른 것을 가르치는 유일한 참된 교사'라는 것은 그를 가리키는 칭호가 정관사로 표기된 것으로도 확인할 수 있다.[29]

에센파들은 예루살렘의 '사악한 제사장'들은 "쓸모없는 성읍을 피로 건설하고 순전히 자신의 영광을 위하여 거짓 공동체를 세우고"[30] "자기들의 기준에 맞추어 [제멋대로] 제사를 드리는"[31] "배신자들"[32]이라고 비난하였다. 그래서 그들은 '사악한 제사장들'에 의해 집행되는 예루살렘 성전 제사는 불결한 것으로 여겨 성전에서의 동물 희생 제사와 여기에 참여하는 것을 거부하였다. 그 대신 그들 공동체에서 시행하는 기도, 예배, 성결 의식, 율법 공부, 거룩한 식사, 안식일만을 거룩한 제의로 주장했다.[33]

의의 교사는 막강한 지도력을 발휘하였다. 그가 새로운 은둔 공동체의 영적 지도자요, 하나님의 계시의 중계자이며, 그리고 성서 해석의 전권을 가진 자이며 동시에 선인과 악인을 판단하는 최후의 재판관이라 주장한다.[34]

- 하나님께서 그들에게 의의 교사를 세우셨으니, 그들을 그의 마음의 길로 인도하시기 위함이니이다.(*CD* 1,11)
- 모든 의의 자녀들에 대한 통치권은 빛들을 주관하는 지도자의 손에 있다.(*1QS* 제3열 20)[35]
- 그의 종들인 예언자들의 말에 담긴 모든 비밀들을 알게 하셨다.(1QpHab 제7열 5)[36]

– 하나님은 [공동체 안]에 두신 제사장[의의 교사]의 입을 통해서 그의 종들, 곧 예언자들의 모든 말들이 성취될 것임을 예언하게 하셨다.(*1QpHab* 제2열 8-9)[37]

– 당신께서 심판하시려고 그[의의 교사]를 세우셨다. 반석이시여 당신은 그를 벌하려고 그를 세우셨다.(*1QpHab* 제5열 1)[38]

에센파는 세속에 물들지 않으려고 자신들만을 위한 은둔의 생활을 영위하였다. 또한, 공동체 외부의 사람들로부터 선물을 받거나 그들과 함께 식사를 하는 것도 금지되었다. 그러하여 예루살렘을 떠나 광야에서 그들만의 은둔 공동체를 형성하게 된 것이다.[39]

그러나 예수는 '나사렛 사람'으로 불리었으며, 광야의 은둔자는 아니었다. 광야에서 40일간의 시험기간 외에는 도시나 시골의 저잣거리를 떠나지 않았다. 사도들 역시 유대인의 일상생활 혹은 일반 대중들에게서 떠나는 일은 없었다. 이 도시 저 도시를 순례하는 유랑 전도 활동을 하기도 했지만 광야의 은둔자들은 아니었다.

예수 공동체는 외형적인 삶의 형식에서 세속의 삶과 크게 구별되지 않았던 것으로 보인다. 예수 공동체는 세속 안에 머물러 있으면서 겉으로 보기에 평범한, 그러나 내용에서는 세속의 삶과 엄격히 구별되는 삶을 살면서 하나님 나라의 기쁜 소식을 선포하였다.[40]

(2) 에센파 쿰란 공동체는 선악이원론에 입각하여 자신들만을 새로운 의의 공동체로 여겼다.[41] 그들은 빛과 어두움, 진리와 거짓을 이원론적으로 구분하였다. 쿰란 공동체는 자신들만이 하나님의 특별한 부르심과 은총을 받은 '계약의 백성'이요 '빛의 아들들'이라고 자부했다. 그 외의 사람들은 '어두움의 아들들'이라는 입장을 취하였다. 그래서 빛의 아들이 사탄의 군대인 어둠의 아들들을 섬멸하게 될 큰 전쟁을

예비하고 있었다. 쿰란 문서 중 전쟁교범에는 군대의 조직과 무장 및 전투 방식과 전략에 대한 상세한 지침이 등장한다. 이들이 섬멸하여야 할 어둠의 아들들 가운데 첫째가 로마인들이었을 것이다.[42] 필로와 요세푸스는 에센파가 평화주의자라고 묘사하였으나, 에센파는 그들을 축출한 '악한 제사장'을 복수할 기대와 희망으로 가득 차 있었다. 실제로 서기 66-70년에 있었던 유대 전쟁의 지도자 가운데 한 사람인 에센파의 요한이 등장하여 복수의 과업을 수행하려고 하였다.[43]

그러나 예수는 의인을 부르러 온 것이 아니라 죄인을 부르러 왔다고 하였다. 예수는 죄인과 더불어 먹고 마시는 교제의 삶을 마다하지 않았다. 그리고 어떤 사람도 차별하거나 적대하지 않았다. 예수는 친히 개방적인 친교의 본을 보여 주었다. 예수의 가르침 중에는 전투지침과 같은 것은 전무하였고 원수뿐만 아니라 이방인에게도 호의적이었던 것이다.

(3) 에센파는 요세푸스의 지적처럼 '미래사를 예언하는 자'[44]들이었다. 이들 문서에 다양한 시한부 종말론적 언급이 등장한다. 예루살렘 성전의 부패를 역사의 마지막 대심판의 징조로 보고, 메시아의 출현과 새 예루살렘의 성전 회복을 기대하였다. 한 문서에는 마지막 전쟁의 7년째 되는 해에 희생 제의가 다시금 회복될 것으로 기대하고 있었다.[45] 제11동굴의 멜기세덱 문서(11Q Mechizedek)에는 세계사를 10개의 시대로 구분하고 매 시대는 490년간 지속되며, '시대의 종말이 열 번째 희년' 즉 창조 후 4900년이 되는 시기에 발생하는 것으로 묘사한다.[46,47] 요세푸스는 "그들의 예언이 거의 틀린 적이 없을 정도였다."[48]고 하였으나 역사적으로는 그들의 시한부 종말론은 빗나가고 말았다.

예수도 임박한 종말을 선포하였으나 시한부 종말을 못 박은 것은 아니다. "여기 서 있는 사람들 중에는 죽기 전에 하나님의 나라가 권능을 떨치며 오는 것을 볼 사람도 있다."(막 9:1)고 하였지만 이는 우주적 전쟁과 최후의 심판이 이뤄지는 묵시적 종말의 개념으로 한정할 수 없다. 예수가 선포한 하나님의 나라는 아주 다의적인 상징이기 때문이다. 그리고 예수는 임박한 종말의 날이 언제 임할지 "그 날과 그 때는 아무도 모른다."(막 13:32)고 단언하였다.

(4) 쿰란 공동체의 지도자들은 마지막 날이 오면 하나님은 예루살렘 성전에 거하지 않으시며 '사람의 성전'에 계실 것이라고 해석했다. '사람의 성전'은 사람으로 이룬 성전인 바로 그들의 은둔 공동체를 가리킨다. 그러므로 쿰란 찬송시편에는 종말에 이루어질 무한한 평화가 이미 실현되어 가고 있다고 주장한다.

> 또한 당신께서는 나로 하여금 당신의 면전에서 영광[과 생명] 및 [결코] 중단되지 [않을] 무한한 평화의 길을 따라 [생명]의 세계에서 걷게 하셨습니다.[49]

에센파는 '불의한 시대'가 끝나고 '의로운 시대'가 도래할 것이라는 전통적인 묵시문학의 시간적 종말 대신에 '불의한 영역'이 '의인들의 영역'[50]으로 대체되는 공간적 종말을 주장한 것이다.[51] 자신들의 공동체를 종말과 동일시되는 현재에 유일무이한 구원의 장(場)으로 파악한 것이다. 그들은 자신의 공동체를 하나님께서 예비하신 종말의 구원 공동체로 믿었던 것이다.

그러나 예수가 선포한 하나님의 나라는 어떤 특수한 공동체와 일치될 수 없는 것임에 분명하다. 예수가 선포한 하나님 나라의 도래는 전적으로 묵시적인 것도 전적으로 현세적인 것도 아니었다. 하나님의 나라는 하늘에서 뿐만 아니라 이 땅에서도 이루어지는 것이라고 가르쳤다(마 6:9-10). 에센파는 예루살렘 성소와 제의의 종말론적 회복만을 기다렸고, 열심당은 유대 왕조의 현세적 정치적 재건만을 우선하였다. 그러나 예수의 경우 하나님의 나라는 통치의 영역에 있어서 세계 안과 세계 밖을 중재하며, 체제의 초월과 체제 내의 변혁을 중재한다고 하였다.[52] 그러므로 하나님의 나라는 순전히 영적인 것도 순전히 세상적인 것도 아니다. 양자를 포함하는 것이라고 볼 수 있다.

(5) 에센파는 여러 면에서 비의적(秘儀的)이고 밀교적(密教的) 공동체였다. '의의 교사'를 통해 하나님으로부터 계시된 지식은 오직 공동체에 입회한 사람들만이 알 수 있다고 하였다.[53] 그래서 에센파 문서에는 「비밀의 책」(Book of mysteries)과 주술 문서들도 포함되어 있었다.[54] 2년간의 시험기간을 통과한 후 공동체 식사에 참여하기 위해서 여러 가지 맹세를 해야 하는데, 그중에는 "공동체 내의 비밀은 죽는 한이 있어도 발설하지 않겠다."[55]는 내용이 포함되어 있는 것으로 보아 이들이 비밀 결사체였음이 입증된다. 그리고 비밀 누설의 큰 죄를 범한 자는 추방되었으며 추방된 자는 비참한 최후를 맞이하였다고 한다.[56] 그들은 에센파의 교리를 비밀스럽게 간직하기 위해 다른 이들에게 가르치거나 논쟁하는 것도 금지하였다. "이런 이유로 예수 전승에는 바리새파와의 논쟁은 있어도 에센파와의 논쟁은 찾아볼 수 없다."고 한다.[57]

그리나 예수는 갈릴리와 이방의 여러 마을의 회당과 거리에서 그리고 예루살렘 성전의 공개된 자리에서 복음을 선포하였다. 예수는 "내가 드러내어 놓고 세상에 말하였노라 모든 유대인들의 모이는 회당과 성전에서 항상 가르쳤고 은밀히는 아무 것도 말하지 아니하였다."(요 18:20)고 하였다. 제자들도 누구라도 이 복음을 공개리에 들을 수 있도록 예수의 가르침을 공개적으로 전승하였다. 초대 교회의 베드로, 스데반, 바울의 설교는 예루살렘 성전과 같은 공개적인 장소에서 공개적으로 선포된 것이다. 초대 교회는 예수의 가르침에 대한 이러한 공개성을 '비밀 전승'과 구별하여 '사도 전승'으로 지칭하였다.

(6) 에센파의 영혼에 관한 교리는 이중영혼설과 영혼불멸설이었다. 하나님이 태초에 이 세상을 빛과 어두움으로 창조하셨고 그래서 이 세상에는 '진리의 영과 악마의 영'[58]이 있다고 하였다. 에센파는 "육체는 부패하고 또 그 구성요소가 언젠가는 사라질 물질로 되어 있지만, 영혼은 영원하며, 결코 사라지지 않는다."[59]고 믿었다. 선한 영혼은 고통이 없는 곳으로 가고, 악한 영혼은 고통스러운 동굴로 떨어진다고 가르쳤다. 요세푸스는 이 같은 교리는 희랍인들의 '영혼불멸사상'[60]과 유사하다고 하였다. 영지주의나 영육이원론적 사상의 영향이 컸음을 알 수 있다.

그러나 예수 공동체는 몸의 부활을 믿고 가르쳤다. 예수는 십자가에 달려 죽으신 자이며, 하나님이 그의 죽은 몸은 다시 살리어 부활의 첫 열매가 되게 한 것이다. 에센파는 죽은 자의 몸의 부활을 믿지 않은 것이 확실하며 이점에서 예수 운동과는 결정적으로 다른 길로 간 것이다.

(7) 에센 공동체는 정결 목욕과 공동 식사를 제의적 의식으로 준수하였다. 바리새파는 정결례를 위하여 손과 발을 씻었지만 쿰란 공동체는 매일 흰 옷을 갈아입고 두 번 목욕을 하였다.[61] 이러한 제의적 성격을 띤 정결 목욕을 공동체에 가입한 지 적어도 1년 이상이 된 사람에게만 허용하였다.

그들은 정기적으로 금식하였다. 쓸데없이 먹는 것도 금지되었다. 고기와 포도주를 배급받아 배고픔을 해소하는 데에 필요한 양만 먹었다. 특히 공동 식사 때에 흰 옷을 입었으며 반드시 필요하지 않은 말, 예를 들어 농담도 금지되었다. 큰 소리로 웃는 것도 금지되었다. 요세푸스에 의하면 에센파는 근검절약에 있어서도 타의 추종을 불허할 정도로 "옷이 찢어져 누더기가 되거나, 오래되어 닳아 헤지기 전에는 외투와 신발을 바꾸지 못한다."[62]고 가르쳤다고 한다.

그러나 예수는 정결의식이나 먹고 마시는 문제에서 자유로웠으며, "입에 들어가는 사람을 더럽게 하는 것이 아니라 입에서 나오는 그것이 사람을 더럽게 하는 것"(마 15:11)이라는 분명한 입장을 통해 에센파의 한계를 지적하였다. 예수와 그의 제자들이 금식을 하지 않는다고 비난을 받았으며, 예수는 심지어 '먹고 마시기를 탐하는 자'(눅 7:34)로 비난받았다. 예수는 모든 고대 종교가 매여 있던 음식에 대한 종교적 금기를 타파함으로써 음식에 관한 전향적인 의식을 가르쳤다.

그리고 예수는 자신만의 의로움을 유지하기 위해 세속의 더러움을 피하지 않았다. 오히려 의롭고 깨끗한 사람보다 불의하고 죄 많은 사람들과 더불어 먹고 마셨다. 에센파는 '세리와 죄인'들을 피해 광야로 은둔했으나, 예수는 '세리와 죄인의 친구'(마 11:19)가 되기 위해 속세 한복판에서 그들과 더불어 먹고 마시었다.

(8) 에센파 쿰란 공동체는 엄격한 금욕 공동체였다. 요세푸스는 "그들은 쾌락을 악으로 간주하여 기피하고, 대신 절제와 감정의 억제를 귀중한 것으로 본다."[63]고 한다. 그리고 부를 경멸하고 경탄을 자아낼 정도로 유무상통하였다고 평가하였다.[64] 공동체에 참여하기를 원하는 자들에게는 1년 과정의 훈련과 엄격한 심사와 동시에 까다로운 생활규범을 부여하여 그들의 정체성을 유지하려고 하였다.[65] 입단하는 사람은 입단식 때에 모세의 율법을 엄격히 지키기로 맹세하였으며 모든 소유를 공유하는 규칙을 지켜야 하였다.[66] 이런 엄격함은 안식일

준수에도 그대로 반영되어 바리새파보다 더 엄격하게 안식일을 지켰다. 바리새파는 '안식일의 여행거리'(Sabbath mile)를 2000엘렌(약 1,000m)으로 제한한 반면에 쿰란 문서는 1000엘렌(약 500m) 이내로 제한하였다.[67] 그리고 에센파는 안식일에 불을 피우는 것, 그릇을 옮기는 것, 용변을 보는 것도 금지하였다. 미리 파 놓은 구덩이에 들어가 파낸 흙은 몸 위에 덮은 후 안식일 동안 꼼짝 않고 편히 누워 절대 무노동의 안식을 취한 극단적인 경우도 있었다고 한다.[68]

그러나 예수는 달랐다. 예수는 엄격한 율법주의자나 철저한 금욕주의자는 아니었다. 율법으로부터 자유하였다. 대표적인 예를 들면 예수는 '너희가 이렇게 들었으나 나는 이렇게 말한다.'는 6가지 반명제(마 5:21-48)를 통해 율법의 정신과 내용을 새롭게 선포하기도 하였다.

안식일에 관해서도 예수는 전혀 달랐다. 예수는 안식일 준수와 관련하여 여러 번 논쟁에 휩싸였으나 안식일은 무노동의 날이 아니라 '선한 일과 생명을 살리는 일을 하는 날'(눅 6:9)이라고 선포하였다.[69]

(9) 필로와 요세푸스는 에센파 사람들이 모든 것을 공유하고 어떠한 사유재산도 소유하지 않는 것을 한결같이 칭찬하였다.

> 그들은 부(富)에 대해서도 그리 마음을 쏟지 않는다. 그들의 공동 소유 생활은 참 높이 살만하다. 그들 중에는 동료들에 비해 지나치게 많은 재산을 가진 사람은 찾아볼 수 없다. 그들의 법에 따르면 새로운 구성원이 들어오면 그의 재산은 모두 그 파(sect)에 다 바쳐야 한다. 그렇기 때문에 지나치게 가난한 자와, 지나치게 부한 자는 있을 수가 없다. 개인의 소유는 공공의 소유와 연결이 되며, 형제들처럼, 마치 유산과 같이 위에서 내려오는 재산만을 소유한다.[70]

그뿐만 아니라 사유재산의 소유 금지 조항과 관련하여 자신의 소유에 대하여 의도적으로 거짓을 말하면 공동 식사에 1년간 제외되며 식사 배급량도 4분의 1이나 감량되는 처벌을 받는다는 사항도 찾아볼 수 있다.[71] 유대교 내의 어떠한 그룹도 이렇게 에센파처럼 삶에 필요한 모든 것을 공유하지 않았다.

그러나 예수는 부자를 비판한 적은 있으나 부 자체를 경멸하지는 않았다. 예수는 달란트 비유(마 25:25-28)에서 재산을 땅에 묻어 두는 것보다는 이자를 받아서라도 이윤을 남기는 것을 나은 것으로 가르쳤다. 생산의 효율성과 부의 미덕을 가르친 것이다. 물론 사도행전에 나오는 초대 교회의 모습에서 유무상통의 사례가 있긴 하였지만 에센파처럼 배타적 은둔 공동체의 재산 공유와는 다른 것이었다(행 2:42-47, 4:42-47).

(10) 쿰란 공동체는 재산을 공유하면서도 공동체 내에서의 계층구조에 따라 신분의 차별을 엄격히 하였다.[72] 사독 후손들인 제사장이 가장 윗자리에 있었고 그 아래에 레위인, 그 아래에 평신도 출신의 수도사, 그 아래에 수도사 지망생이 있었다. 공동체에 입단하기 위하여 2-3년의 시험기간을 거친 다음 상위급 수도사들이 입단 여부를 결정하였다.[73] 이러한 위계질서는 사제적 집단의 영향을 받은 까닭이다.

그리고 상급자에 대한 철저한 복종을 요구하였다. 그래서 구제와 동정을 제외하고는 "무슨 일이든지 그들은 우두머리의 명령이 없이는 하지 않았다."[74]고 한다. 어둠의 자녀들과 싸우기 위하여 공동체는 엄격한 계급제도와 질서를 필요하다고 본 것이다.

그들은 수련 기간에 따라서 4등급으로 나누어졌다. 나중에 들어온 사람은 먼저 들어온 사람들보다 낮게 취급당했기 때문에 고참자가 아랫사람과 접촉이 되면 꼭 목욕을 했다. 또한 외부인과 접촉해도 마찬가지였다.[75]

그리나 예수를 추종했던 자들에게서는 사제나 서기관들과 같은 계급적인 위계의 흔적이 전혀 나타나지 않는다.[76] 예수는 윗자리를 좋아하는 자를 오히려 꾸짖는다(마 23:6). 상급자와 하급자의 질서는 예수에게서 거꾸로 나타난다. 즉 위에 있는 자가 아래에 있는 자를 섬겨야 한다. "너희 사이에서 높은 사람이 되고자 하는 사람은 남을 섬기는 사람이 되어야 하고 으뜸이 되고자 하는 사람은 종이 되어야 한다."(마 20:26-27) 예수께서 주와 스승으로 그의 제자들의 발을 씻기셨다는 이야기는 에센파의 계급질서와는 다른 전향적인 의식을 보여 준다.[77]

(11) 쿰란 공동체는 공동체의 규범을 위반했을 경우 엄격한 물리적인 처벌받았다. 예를 들면, 제사장 중 한 명에게 화를 내면 1년, 동료에게 태만한 모습을 보이면 3개월, 회중의 회의(일반 모임) 도중 잠을 자면 10일, 침 뱉는 행위는 30일, 발가벗고 다니면 6개월, 그리고 자신의 소유를 거짓 신고하면 1년 동안 제명하고 그 기간 동안에는 음식물 배급을 4분의 1로 줄였다. 이는 겨우 목숨만을 부지할 정도였다고 한다.[78]

예수 운동도 엄격하였지만 어떤 잘못에 대하여 어떤 벌을 주어야 한다는 목록표 같은 것은 없었다. 예수는 하나님의 뜻에 대한 철저한 복종만을 요구할 뿐이다. 예수의 제자 공동체에는 특별한 수련기간이나 입단식이나 입단의 맹세나 규칙적인 영성훈련이나 긴 기도의 시간이 없었던 것으로 보인다. 또 예배의식의 성격을 가진 식사나 목욕이 없었고 특별히 구별되는 복장도 없었다. 예수는 그의 공동체의 규칙이나 규약을 만들지 않았다.[79]

쿰란 공동체는 엄격한 공동체 규율을 강제했지만, 예수 운동은 상호간의 관계에서 주목할 만한 자발성을 보여 주었는데, 이 자발성은 강력한 동기를 부여하는 힘으로 작용했던 것으로 보인다.[80]

(12) 에센파는 "결혼에 대해서는 부정적인 입장"[81]이었다고 한다. 자신들은 독신으로 결혼하지 않고 여자 없이 살아간다고 언급한 것으로 보아, 성인 남자를 제외한 여자와 어린이는 정회원이 될 수 없었던 것이 분명하다.[82] 그뿐만 아니라 에센파의 공동체에는 선천적으로 결함이 있는 사람은 들어오지 못하게 규례로 정했다.

> 육체가 더럽혀진 자들, 곧 발이나 손이 마비된 자들, 지체 장애인들, 시각장애인들, 청각 장애인들, 농아자들 또는 자신의 신체에 눈에 보일 정도의 흠을 가진 자들이나, 회중 가운데에 네 몸을 똑바로 가누지 못하는 노인들 등이 그렇다. 이들은 명망 있는 자들의 모임에 참여하지 못한다. 왜냐하면 거룩한 천사들이 그 모임 안에 있기 때문이다.[83]

그러나 예수는 공생애 동안 무수한 병자와 약자와 귀신 들린 자들을 치유하였다.[84] 치유받은 "그들은 이스라엘의 하나님을 찬양하였다."(마 15:29-31) '하나님을 찬양하였다'는 것은 예배에 참석했다는 뜻이다.

예수의 경우는 남성 성인 중심의 배타성은 배제되었다. 예수의 추종자와 후원자 중에는 많은 여성이 포함되어 있으며 우물가의 사마리아 여인과의 대화(요 4:4 이하)에서 보여 주듯이 여성을 환대했으며, 부활의 첫 목격자들도 여성이었다. 어린이에 대한 태도는 역시 마찬가지이다. 어린이를 환대했으며 어린아이와 같아야 천국에 들어간다고 하였다(마 18:3). 예수는 쿰란 공동체가 배제한 모든 사람들이 '복음의 공동체'에 들어오게 하여 구원의 대상이 될 수 있도록 만든 것이다.

요세푸스는 에센파를 유대교의 가장 이상적인 모습인 것처럼 묘사하였다. 그러나 예수의 언행에 비추어 볼 때 에센파는 종교성이 지니고 있는 근본적인 폐쇄성의 한계를 잘 드러내 보여 준다. 그래서 은둔적이고 계급 차별적이고 밀의적이고 종말론적인 이 에센 종파는 유대전쟁 기간에 로마의 침공을 받아 그 공동체가 완전히 파괴되고 역사에서 사라지게 된 것이다.

_03

예수와 사두개파

사두개파의 등장 배경

사두개파는 지도 계층에 속하는 제사장들과 세력 있는 가문으로 이루어진 소수의 친외세 권력층을 통칭하는 용어이다.[85] 사두개인(Sadducees)이라는 명칭은 다윗 시대의 대제사장 사독(Zadok)의 후손을 지칭한다.[86] 특히 에스겔이 '레위의 후손 중 사독의 자손들이 여호와께 가까이 나아가 수종드는 자'(겔 40:46)로 지칭하였기 때문에 사두개파는 자신들이 합법적인 제사장 계층이라는 것을 주장하였다. 한편 서기 9세기의 랍비 전승에는 안티고누스 소코의 제자 사독이 사두개파의 시조라고 한다.[87]

포로 후기에 페르샤의 후원을 받아 스룹바벨과 함께 성전 재건에 앞장선 대제사장은 사독 가문의 여호수아였다. 사독 가문의 제사장들은 사마리아 귀족층과 토착 유대인들의 성전 재건 동참 요구를 거절하고 성전 재건을 주도함으로써 사독 가문의 후손들이 대제사장직을 계승하였다(벤 시라 50:18-21).

사두개파는 그 후 계속되는 헬라와 로마의 지배 하에서 유대 왕정을 수립하지 못한 권력의 공백기 동안에 그들의 종교, 정치, 경제의 기득권을 유지하게 위하여 시대의 조류에 영합하여 왔다. 헬라가 유대를 지배할 때에는 성전 제사가 방해받지 않는 한 유대의 헬레니즘화를 거부하지 않아 변절자, 배반자로 비난받기도 하였다. 특히 예루살렘의 특권층인 대제사장들의 아들들이 헬라식의 나체경기에 참여하려고 유대인의 상징인 할례의 흔적을 제거하기 위해 에피스피즘(epispism)이라는 수술을 시행하여 유대인들의 원성의 대상이 되기도 하였다(마카베오상 1:14-15).

앞에서 살펴본 것처럼 마카비 독립 이후에는 사두개 가문의 대제사장이었던 야키모스(Jacimos)가 기원전 159년 죽은 후 7년이 지난 152년 마카비 왕가의 요나단(BC. 160-142)이 대제사장직을 찬탈하자 이에 반발한 익명의 사두개파 대제사장은 그 추종자들을 이끌고 150년경 광야로 피하여 에센 공동체를 결성했을 것으로 추정된다.[88] 그러나 이때에 강경파에 합류하지 않은 온건파 사두개파들이 예루살렘에 잔존하였는데 이들이 요한 히르카누스 1세가 왕직과 대제사장직을 겸하는 것에 타협함으로써 바리새파를 대신하여 실제적으로 성전을 관장할 수 있는 많은 권한을 누릴 수 있게 된 것으로 보인다. 요세푸스는 히르카누스의 친구 중에 사두개파 출신의 요나단이 이 일에 결정적인 역할을 한 것이라고 한다.[89]

헤롯이 로마의 지원을 받아 왕이 된 후(BC. 37) 사두개파로 구성된 산헤드린을 해산하고 그들을 살해하였다.[90] 헤롯은 사독 가문이나 하스몬 왕가 출신 중에서 대제사장을 임명하던 전례를 따르지 않았다. 그는 이 직분을 일반 제사장 출신인 평민들에게 넘겨주었다.[91]

기원후 6년 로마의 총독 정치가 시작되면서 산헤드린이 재건되고 로마인들이 그들에게 종교적 자치를 허용한 이후 사두개파 사람들은

'정복자들과 완전히 야합'하였다.

예수 시대에도 '대제사장과 그 파'를 가리켜 사두개파라 지칭하였다. 제사장과 성전 경비대장이 사두개파로 등장한다(행 4:1-5, 5:17). 대제사장은 대부분이 사두개파가 맡았으며 산헤드린의 구성원도 대부분이 이들이었음을 암시한다.[92]

사두개파는 기원전 2세기에서 예루살렘이 멸망한 기원후 70년에 이르는 기간에 제사장직의 특권을 유지하려 했던 귀족계급이었다. 따라서 종교적으로는 보수적이었으나 정치적 타협을 통해 기득권을 유지하려 했던 소수의 귀족들이었다. 교양과 학식도 있었으므로 그리스 문화에 대하여 개방적이고 세속적이었다.

사두개파와 예수의 차이점

사두개파의 여러 특징을 통해 예수와의 차이점을 살펴보면 다음과 같다.

(1) 사두개파는 거만하고 배타적인 권력지향적인 소수의 귀족층으로서 매우 정치적인 성향을 지녔다. 요세푸스는 그들 대부분은 "최상류층에 속하는 사람들"[93]로서 "부유에 대해서는 자신이 있는 사람들"이라고 하였다.[94] 그들은 성전의 중심의 기득권을 수호하며 현상 유지하려는 보수적 현실주의자이다. 그들의 권위는 제의적인데서 비롯되었으며 성전의 범주를 벗어나지 못했다. 그래서 요세푸스는 사두개파를 희랍의 에피큐리안과 상응한다고 하였다. 그들은 일반 백성들과 거의 접촉하지 않았으며 그들에게 영향을 행사하지도 않았다. 그래서 백성의 지지를 받지 못했다고 한다.[95]

그러나 예수는 사두개파와 달랐다. 예수는 권력의 중심부에서 소외된 갈릴리 변방 나사렛 출신의 가난한 목공이었다. "나사렛에서 무슨 선한 것이 나오겠느냐?"(요 1:40)는 당시의 금언은 예수와 그의 추종자들의 신분이 조롱받는 변방의 민중들이었음을 드러낸다. 예수의 제자나 추종자들도 주변부 인물들로서 사두개파는 하나도 없었다.

사두개파는 권력 지향적이었으나 예수는 섬김 지향적이었다. 사두개파는 식민지 외세와 결탁하여 권력을 지향하고 행사하는 귀족층으로서 백성을 섬겨야 한다는 계약공동체의 정치적 이상과는 거리가 먼 사람들이었다. 그래서 예수는 "이방인들의 통치자로 자처하는 사람들은 백성을 강제로 지배하고 또 높은 사람들은 백성을 권력으로 내리누른다. 그러나 너희는 그래서는 안 된다."(막 10:42 공동번역)고 하였다. 그리고 누구든지 높은 사람이 되고자 하는 사람은 남을 섬기는 사람이 되어야 하고 으뜸이 되고자 하는 사람은 모든 사람의 종이 되어야 한다고 하였다.

(2) 사두개파는 성전 중심의 기득권을 수호하기 위해 반민족 친외세적인 태도도 서슴지 않았다. 그들은 안티오커스 에피파네스 IV세 치하에서 헬라화를 지지했으며 뒤이어 등장한 헤스몬 왕조와 헤롯 왕조에도 협조하였다. 이어서 로마의 식민지 총독과도 완전히 결탁하여 로마의 질서에 순응하였다. 그러나 자신들의 정치적 반대 세력에 대하여 냉정하였다. 그들은 성전에 성전 경비대(temple polis)를 두고 이들을 권력 수행의 도구로 삼았다. 현상 유지를 통해 현실적인 기득권을 수호하려 했던 사두개파는 기존 질서를 변혁하려는 마카비파의 독립항쟁이나 예수 운동에 대하여 가혹하였다.[96] 그리고 사두개파는 현세의 귀족 신분에 만족하고 있기 때문에 내세의 신비에 대해 무관심하였다고 한다.[97]

그러나 예수는 권위 있고 새로운 가르침을 통해 새 술을 새 부대에 담기 위해 율법, 안식일, 성전과 성전 제사에 대한 기존의 태도를 전향적으로 새롭게 설정하였다. 그래서 최근 보그(M. Borg)와 같은 신학자는 예수를 '전복적 지혜의 교사'로 규정한다.[98] 예수는 역사상 어떤 종교 지도자보다도 체제 변혁적이었으므로 후기 유대교의 모든 체제를 다 바꾸어 새로운 기독교 체제로 만들 수 있는 원동력을 제공한 새로운 대안 종교의 창시자였던 것이다.

(3) 사두개파는 종교적으로도 엄격한 보수주의자였다. 그들은 성문화(成文化)된 "율법이 규정하고 있는 것 외에는 그 어떤 것도 준수하지 않았다"고 한다.[99] 모세 오경만을 경전으로 인정하였다. 그들은 제사장적 전통을 앞세워 구약성서의 예언자적 개혁적 전통을 무시했고 따라서 예언서를 하찮게 여겼다. 율법만을 인정하고 선조들의 구전 전승을 부인하는 경전 원칙을 고수하였다. 모세의 전통을 고수하여 예배 의식의 개선이나 교리적 개혁도 반대하였다.

그러나 예수가 공생애를 시작하면서 첫 번째 행한 일이 가버나움에 회당에서 이사야서를 낭독한 것이다. 그리고 마태복음의 6반제(six Antithese)가 시사하듯 율법의 문자에 매이지 않고 자유롭게 새로운 해석을 시도하였다.

사두개파는 단지 오경에 언급되어 있지 않다는 이유로 부활을 부인했다.[100] 그러나 예수는 사두개파의 부활에 대한 반론을 일일이 비판하였으며[101] 거지 나사로의 비유(눅 16:20) 등에서 내세의 삶과 지옥의 형벌에 대하여 자세히 가르쳤으며, 생전에 자신의 부활을 세 번이나 예고하였고, 죽은 지 사흘 만에 부활한 것이다. 그리고 예수의 부활이 기독교 신앙의 핵심으로 자리 잡게 되었다(고전 15:14).

(4) 사두개파는 천사들이나 영들도 믿지 않은 현세주의자라고 할 수 있다(행 23:8). 영혼의 불멸을 믿지 않았을 뿐만 아니라 지옥(Hades)에서의 심판과 형벌도 믿지 않았다.[102] "영혼은 몸과 함께 죽는다."[103]

고 생각했다. 요세푸스는 그 까닭이 운명의 지배나 세상사나 인간사에 대한 신의 중재까지 부인했기 때문이라고 한다.[104] 그들은 자신의 운명을 자신이 개척할 수 있다고 믿는 인간의 무한한 자유의지를 주장하는 자유주의자요 인본주의자로 묘사되고 있다.

그러나 예수는 철저히 영의 사람 하나님의 사람으로 등장한다. 성령이 충만하여 그의 공생애를 시작하였고, 인간의 자유의지보다는 "먼저 하나님의 나라와 하나님의 의를 구하라."(마 6:33)고 가르쳤다. 그래서 예수의 선구자인 세례 요한이 사두개파를 '독사의 자식'이라고 꾸짖었으며(마 3:7), 예수는 '사두개파의 누룩' 즉 그들의 거짓된 가르침을 조심하라고 경고하기도 하였다(마 16:12).

(5) 사두개파는 귀족 출신의 제사장 가문이었으므로 그들에게는 자신의 제사장적 특권의 유지 및 쟁탈이 민족적 자존이나 종교적 신앙보다 우선되었다. 물론 이러한 특권에는 성전 예배의 주도라는 종교적 이해관계와 이스라엘 본래의 제사장적 신정정치의 구현이라는 정치적 이해관계가 밀접하게 결부되어 있었다. 사두개파는 외국의 지배가 그들의 제사장적 특권을 침해하지 않는 한 타협할 수밖에 없었다. 그들이 구약의 오경만을 경전으로 고집한 것도 경전 해석의 특권을 유지하려는 의도에서 비롯된 것이다. 따라서 사두개파의 이러한 입장은 열심당과 바리새파의 반감의 대상이 되었던 것이다.[105]

사두개파는 교양 있는 지식층이었으며 외국 문물에 대하여 개방적인 태도를 취하였다. 그러나 권력의 중심부를 맴도는 극소수의 정치적인 인물로서 백성들의 환심을 사지 못했다. 따라서 주후 66년 로마를 대항하는 유대 전쟁이 일어나자 일차적인 공격 대상이 되었고 예루살렘 성전이 멸망하자 그들은 역사에서 사라지게 되었다.

_04

예수와 바리새파

바리새파의 등장 배경

바리새파는 지체 높은 제사장 가문과 대조적으로 일종의 중간 계층을 대변하였다.[106] 주로 율법을 연구하는 서기관들, 예루살렘 성전 제사에 소외된 하급 제사장들 그리고 율법에 따라 살기를 다짐하는 중산층들이 주를 이루었다. 그들은 사두개파와 달리 성전보다 바벨론 포로기에 페르시아에서 시작된 회당을 그들의 종교 활동의 중심지로 여겼다. 따라서 성전에서의 제사 행위 이상으로 회당에서의 기도와 율법을 읽고 토론하며 해석하는 것을 중요한 종교의식으로 발전시켰다.

바리새파는 그 기원에서 보면 마카비 독립운동에 참여했던 '하시딤'(Hasidim), 즉 '경건한 자'(마카베오 하 2:42 등)들의 후예들이다. 그러나 그들이 안티오커스 에피파네스 IV세에 의한 유대교 탄압에 대항하여 마카비 독립운동에 참여한 것은 순전히 조상들의 신앙 유전을 지키기 위한 종교적인 이유 때문이었다. 마카비 가문이 유대 왕국을 재건하여 하스몬 왕조를 세웠으나 그들은 권력 유지와 쟁탈의 정치적인 관심만큼 율법 준수와 제의 집행에 대한 종교적인 열정을 보여 주지 못했다.

바리새(parush, perish)라는 말은 구별된 자라는 뜻이다. 바리새파가 이러한 명칭을 얻게 된 것은 다음 몇 가지 역사적 계기가 있었을 것으로 주장된다.

- 하시딤의 후예 중에 기원전 163년에 일어난 마카비의 무력투쟁에 참여하는 것에 반대한 이들이 처음으로 바리새 즉 분리주의자(perushim)로 불리었을 것이다.[107]
- 마카비 가문의 요나단이 기원전 152년 율법을 어기고 왕권과 함께 대제사장직을 장악하자 다수의 하시딤들이 하스몬 왕가에 대한 지지를 철회함으로써 분리주의자로 불렸을 것으로 추정한다.
- 바리새파들이 페르샤의 이방적인 신앙 즉 내세와 부활신앙을 도입하였다는 사두개파의 비난에서 바리새 즉 페르샤파(persha)라는 용어가 생겼을 것이다.[108]
- 바리새파들이 대중적 영향력을 행사하면서 율법을 지키지 않는 부정한 자들인 '땅의 사람들'('am ha'a rets')과 구별하여 자신들을 '거룩한 자'라고 한 데서 바리새라는 이름이 유래했을 것이다.

어쨌든 요세푸스는 바리새파와 헤스몬 왕가의 갈등이 점차 증폭되기 시작한 것으로 묘사한다. 요한 히르카누스 I세(J. Hyrcanus, BC. 135-104 재임)가 자신의 이름을 희랍식으로 창씨개명을 하는 등 친헬라화 정책을 추진하고 또한 자신을 영도자, 대제사장, 예언자로 자처하였다. 그러나 히르카누스의 모친이 전쟁 포로였다는 것이 알려지자 혈통의 순수성을 의심되는 히르카누스 같은 자가 대제사장이 될 수 없다고 바리새파들이 거세게 항의하였다.[109]

알렉산더 얀네우스(A. Jannaeus, BC. 103-76) 역시 선왕 요한 히르카누스 I세의 전례에 따라 왕과 대제사장직을 겸직하였다. 기원전 90년 장막절에는 얀네우스 왕이 대제사장의 자격으로 제사를 드리는 것이 부당하다고 바리새파들이 항거하였다. 이에 분개한 얀네우스는 동족인 주모자 6000명을 살해하였다. 기원전 88년에도 얀네우스의 폭정에 항거하는 유대인 800명을 십자가형에 처하고 그들이 보는 앞에서 그 가족들을 학살하는 잔인함을 보여 주었다.[110] 이에 위협을 느낀 8000명의 반란자들이 해외로 도피하였다고 한다. 이로 인해 바리새파의 세력이 주춤하였을 것으로 여겨진다.

이처럼 마카비 가문이 왕권과 더불어 대제사장의 권한을 모두 장악한 것에 대해 바리새파의 반감이 극에 달하였다. 마침내 마카비 가문과 하시딤 사이의 협력관계가 적대관계로 돌변하였고 그들은 결별하였다.

사이먼(M. Simon)에 의하면 "뜻있는 유대인들은 영적인 것과 세속적인 것, 제사장직과 군주체제의 분리가 다윗 시대부터 정해진 건드릴 수 없는 원칙이라 생각했다."[111]고 한다. 바리새파는 이러한 보수적인 정교분리의 입장을 충실히 따르려고 했던 것이다.

그러나 얀네우스의 뒤를 이어 살로메 알렉산드리아(BC. 76-67)가 왕권을 잡은 후 그의 아버지 요한 히르카누스 I세에 의해 폐지된 모든 율법들이 회복되자 바리새파의 항거가 종식되었다. 이로서 바리새파와 살로메 알렉산드리아 사이의 정치적 대타협이 이루어져 정교분리의 원칙에 입각하여 바리새파에게 종교적인 권한을 대폭 이양함으로서 바리새인들은 더 이상 정치적인 문제에 개입하지 않았다고 한다.[112] 그래서 요세푸스는 바리새인들은 시리아 총독 구레뇨의 인구조사와 납세 정책에도 순응하였으며, 백성들이 로마에 반항하여 전쟁을 일으키는 것을 만류하기도 하였다고 한다.[113]

기원전 37년 헤롯이 정권을 잡은 후부터는 헤롯은 산헤드린을 해산하고 사독 가문에서 종신제로 계승되었던 대제사장직을 자기 마음대로 아무나 임면(任免)하고 말았다. 따라서 바리새파의 정치적 영향력은 급감하였고 그들의 정치적 좌절감은 일반인들에 대한 종교적 영향력을 강화하려는 방향으로 나아가게 되었다.

기원전 4년 헤롯이 죽은 후 유대가 셋으로 나눠지고 그나마 이름뿐인 헤롯의 세 아들의 실정이 계속되자 바리새파는 허구적인 정치적 독립을 실제적인 종교적 자율로 바꾸려고 시도하였다. 산헤드린의 바리새파 지도자들은 50명의 대표를 로마에 보내어 로마 황제 아우구스도에게 유대 지역을 차라리 시리아에 합병하여 시리아 주재 로마 총독의 통치를 받게 해줄 것을 청원하였다. 로마에 거주하던 8,000여 명의 유대인들도 이에 동조하였다.[114]

그들은 다시 한번 정교분리에 입각하여 정치적 독립을 포기하는 대신 산헤드린을 중심으로 한 종교적인 자치권을 확보하려는 대타협을 시도한 것이다. 그러나 기원후 30년부터 입장을 바꾸어 완전히 종교적 독립을 위해 유대 민족주의 운동에 편승하였으며, 일부 바리새파는 60년대부터는 열심당과 함께 유대 독립전쟁에 앞장서기도 하였다. 그러나 열심당의 민족주의는 정치적 관점에서 비롯한 것이라면 바리새파의 경우는 철저하게 종교적 관점에 출발한 것이라고 볼 수 있다.

바벨론 포로 후에 널리 보급된 회당이 예수 시대에는 바리새파의 거점이 되었다. 회당의 지도자들은 자연히 율법에 능한 랍비이거나 율법학자였다. 서기관과 회당장의 대다수는 바리새파 사람들이었으며 회당과 각종 랍비 학교를 장악하고 있었기 때문에 그 영향력은 막강하였다.[115] 예루살렘 성전과 달리 회당은 개인적 구원에 초점을 둔 바리새인들의 주장에 아주 잘 맞는 고도의 비중앙집중적인 기관이었다.[116] 제사장 계층과 랍비 계층의 기능의 차이는 결국 두 가지 종교제도 즉 성전과 회당 사이에서 비롯된 것이다.[117] 그러므로 예수 당시 바리새파에는 소수의 제사장도 있었지만, 도시와 시골에 사는 농민들, 상인들, 수공업자들이 대부분이었고 요세푸스는 그 수가 6000명 정도라고 하였다.

복음서에는 예수와 바리새파 사이에 여러 논쟁이 있었음을 전해준다.[118] 마가는 갈릴리에서부터 예수를 감시하고, 비난하고, 마침내 시험하고,[119] 예수에게 올가미를 씌워 예수를 파멸시키려고 시도하는 예루살렘 권위자 자신들이 고위사제들, 원로들, 서기관들에게 예수를 넘겨주는 장면[120]에서 바리새인들과 예수 사이의 갈등을 묘사한다.[121]

바리새파와 예수의 차이점

예수의 적대자였던 바리새파의 여러 특징을 통해 예수와의 차이점을 살펴보면 다음과 같다.

(1) 유대인들의 지배적 에토스는 '제사장 나라와 거룩한 백성'(출 19:6)이라는 표상에서 드러난다. 바리새파는 이러한 에토스에 충실하였다. 이들의 긍지를 더 높여 주는 것은 '예루살렘 성전'이었다. 예루살렘 성전은 우주와 세계의 중심축으로 여겨졌다.[122] 성전을 화려하게 꾸미고 성전 제사와 성전 순례에 온갖 정성을 다하였다.

그러나 예수 시대의 성전은 이스라엘을 성별하는 거룩의 상징인 동시에 종교적으로나 정치 경제적으로 차별과 지배와 착취와 상징이 되었다.[123] 예수는 이러한 성전의 체제의 근본적인 모순을 직시하고 성전을 정화하고 성전의 파괴를 예언하여 하나님의 전을 모독한 자라는 죄명으로 산헤드린의 재판을 받고 십자가 처형된 것이다.

(2) 바리새파의 지배적 에토스나 문화적 패러다임은 정결로 이해되

는 거룩성이었다. 거룩성은 장소, 사물, 시간뿐 아니라 개인들이나 집단들 사이에 예리한 경계를 형성하고 있는 정결체계로 규정된 사회적 구조를 탄생시켰다.[124]

바리새파는 거룩하지 못한 사람들 즉, 부정하고 불의한 사람으로 여겨지는 모든 죄인들과의 모든 접촉을 피하였다. 질병은 죄의 결과로 생각되었기 때문에, 병자와 장애자와 귀신 들린 자는 모두 죄인으로 분류되었다. 율법을 모르는 무할례자인 이방인들도 비거룩한 자로 간주되었다.

이러한 죄인들과 바리새파 사람들이 한 식탁에 앉아 음식을 나눈다는 것은 불가능하였다(막 2: 14-17). 바리새파에 속하지 않은 자들과 상종하지 않는 것을 그들의 종교적 의무로 여겼다. 정결에 관한 계명을 보다 더 철저히 지키기 위하여 그들은 자기들끼리 함께 모여 식사를 하였다.[125]

그러나 예수는 죄인으로 취급받는 '세리와 창녀'가 하나님의 나라에 먼저 들어간다(마 21:3)고 선언하였다. 이러한 선언은 신성모독에 해당하는 것이었으므로 당시의 민중을 경악하게 하고 바리새인들을 격분하게 하기에 족한 파격적인 언동이었다. 그러나 예수는 "내가 의인을 부르러 온 것이 아니요 죄인을 부르러 왔노라."(마 9:13)고 반박하였다.

(3) 거룩이라는 말은 '정결하여 구분된다.'는 뜻이다. "내가 거룩하니 너희도 거룩하라."(레 19:2)는 명령을 문자적으로 준수한 바리새파는 비거룩하다고 생각되는 외부 세계로부터 자신을 구분하기 위해 '거룩한 차별성'을 체계화하였다. 그들은 시간과 공간뿐 아니라 인간들도 거룩성의 정도에 따라 계층적으로 분류하였다.[126] 거룩을 강조한 바리새파의 율법주의적 경건성은 물론 비정치적일 수 없었다. 이방의 정치적 · 문화적 침투에 맞서 유대의 정체성을 지키기 위한 방어적인 전략

으로 택한 것이기도 하였다.[127] 이러한 방어적 전략은 동시에 차별과 적대의 전략이기도 하였다.

그러나 예수는 달랐다. 예수는 바리새파의 경건성이 지니는 이 엄청난 모순을 직시하고 예리하게 비판하고 새로운 대안을 제시한 것이다. 예수는 "하나님이 거룩하니 너희도 거룩하라."는 명제보다 "하나님이 자비로우신 것처럼 너희도 자비하라."(눅 6:36)는 명제를 강조하였다.[128] 거룩의 이름으로 차별하였던 대상을 자비의 이름으로 포용하라고 가르친 것이다. '거룩한 차별성의 패러다임'을 무차별적 친교와 무차별적 치유의 '거룩한 자비심의 패러다임'으로 전환시킬 것을 역설한 것이다. 진정한 경건과 거룩은 이러한 차별과 적대를 해소하는 데서 드러난다는 것이 예수의 대안이었다.

(4) 바리새파는 일상생활에서도 정결의식을 강조하였다. 부정한 것과 접촉하거나 신체에서 부정한 것이 유출된 사람은 종교적 정결을 상실하였으므로, 정결의 목욕을 하거나 일정한 기간을 기다려야 했다. 그러므로 그들은 식사기도를 드리는 손을 정결케 하기 위하여 식사시마다 손을 씻었다(막 7:3 이하). 그들은 사람의 정결뿐 아니라 식사에 사용하는 그릇의 정결도 유의하였다. 쥐가 접시로 지나가거나 생선뼈 하나가 그릇에 떨어져도 부정하다고 생각하였다. 그러므로 잔과 접시도 정결하게 유지되어야 했다(마 23:25 이하). 바리새인들과 서기관들은 예수의 제자들이 떡을 먹을 때 손을 씻지 아니하는 것도 시비하였다(마 15:1-12, 막 7:1-23).

이에 대해 예수는 "입에 들어가는 것이 사람을 더럽게 하는 것이 아니라 입에서 나오는 그것이 사람을 더럽게 하는 것"(마 15:11)이라고 함으로써 그들의 말문을 막았다.

(5) 바리새파는 율법주의적 엄격주의의 특징을 지니고 있었다. 요

세푸스는 바리새파는 만사를 하나님의 섭리라고 돌리면서도 "인간의 의지는 악을 행할 수도 있고 선을 행할 수도 있는 것"[129]이라고 믿는 자들로 묘사한다. 그들은 다른 사람의 무거운 짐을 날라 준다든지, 남의 집 장작을 쪼개어 주는 등 선한 일을 행하면 그들의 죄가 상쇄받고 의를 얻게 된다고 믿었다. 그들의 도덕적 행위에는 그에 상응하는 보상이 주어진다는 정태적인 율법주의자들이라고 할 수 있다. 타이쎈이 지적한 것처럼 전체적으로 바리새인들은 스스로 규범들을 강화시켜 놓고 그것을 실생활에 적용하여 실천하지 않아 스스로 모순을 일으켰다.[130]

그러나 예수는 바리새인들의 이러한 언행불일치를 분명히 파악하고 통렬히 비판하였다. 예수에 의하면 그들은 무거운 짐을 꾸려 남의 어깨에 메어 주고 자기들은 손가락하나 까딱하려 하지 않는 자들처럼 다른 사람들에게 율법을 가르치지만 자신은 율법을 지키지 않는 자들이다.

> 무엇이든지 저희의 말하는 바는 행하고 지키되 저희의 하는 행위는 본받지 말라. 저희는 말만 하고 행치 아니하며 그러니 그들이 말하는 것은 다 실행하고 지켜라. 그러나 그들의 행실은 본받지 말아라. 그들은 말만 하고 실행하지는 않는다.(마 23:2-3 공동번역)

(6) 바리새파는 모세의 율법 외에도 율법에 대한 조상들의 해석의 전승까지도 문자적으로 엄격하게 지키려는 종교적 열정을 가지고 있었다. 요세푸스도 "바리새파는 모세의 율법에 기록되어 있지는 않지만, 선조들이 만들어 놓은 규정들을 백성들에게 지키게 하였다."[131]고 증언한다. 이러한 '장로들의 유전'(막 7:3)은 모세, 여호수아, 예언자를

거쳐 회당의 지도자들에게 전수된 것으로서 그 권위를 인정한 것이다. 그러나 일상생활에 바쁜 일반 서민들은 이 모든 율법을 알고 이를 지키는 것이 불가능하였을 것이다. 그래서 '율법을 모르는 족속'과 '율법을 지키는 못하는 무율법자들'을 양산하였다.

그러나 예수는 바리새인들이 율법을 아는 것을 하나의 특권으로 여기고 겉으로 꾸미기를 좋아하는 외식(外飾)하는 자들로 묘사한다. "그들이 하는 일은 모두 남에게 보이기 위한 것이다. 그래서 이마나 팔에 성구 넣는 갑을 크게 만들어 매달고 다니며 옷단에는 기다란 술을 달고 다닌다."(마 23:5-6 공동번역)고 지적하였다. 그리고 윗자리에 앉기를 즐기면 대접을 받기를 바라는 위선적인 인물로 비판한다.

(7) 바리새인은 십일조 계명을 글자 그대로 지키고자 하였다. 토지 분배에 제외된 레위인들의 생계를 지원하기 위하여 소득의 10분의 1을 바쳐야 한다는 율법(민 18:2)을 글자 그대로 지키고자 하였다. 그래서 바리새인들은 땅에서 나는 소산물은 물론 돈을 주고 사는 물건의 10분의 1도 바쳐야 하며, 조미료와 채소의 10분의 1도 바쳐야 한다고 주장하였다. 십일조의 규정을 정확하게 지키기 위하여 그들은 회원 상호 간에 물건을 사고팔았다. "저는 일주일에 두 번이나 단식하고 모든 수입의 십분의 일을 바칩니다."(눅 18:12 공동번역)는 바리새파의 기도는 이러한 생활태도를 반영한다.

그러나 예수는 바리새인들은 율법을 문자적으로 준수할 뿐만 아니라, 율법의 보다 중요한 정신을 망각하고 있음을 비판한다. 그것은 마치 하루살이는 걸러내고 약대는 삼키는 것처럼 우선순위를 반전시킨 어리석은 자들이다.

화 있을 진저 외식하는 서기관들과 바리새인들이여! 너희가 박하와 회향

> 과 근채의 십일조를 드리되 율법의 더 중한 바 의(義)와 인(仁)과 신(信)은 버렸도다. 그러나 이것도 행하고 저것도 버리지 말아야 할지니라.(마 23:23)

(8) 바리새인들은 매주 두 번, 곧 월요일과 목요일에 자발적으로 금식하였으며, 구제금을 희사하였다. 하루에 세 번씩 기도의 시간을 지켰다. 길을 가다가 기도시간이 되면 몸을 예루살렘 성전 쪽으로 돌리고 기도하였다.

그러나 예수의 제자들이 요한의 제자나 자신들처럼 자주 금식하고 기도하지 않는 것을 바리새인들이 비난하였으나, 예수는 "혼인집 손님들이 신랑과 함께 있을 때 너희가 그 손님으로 금식하게 할 수 있느냐?"(눅 5:33)고 반문하였다. 바리새인에 대한 또 다른 비판은 그들의 겉과 속이 다른 거짓과 위선이다. 그들은 '회칠한 무덤'(마 23:27)처럼 철저히 겉으로만 꾸미는 외식(外飾)하는 자들이었다.

> 화 있을 진저 외식하는 서기관들과 바리새인들이여 잔과 대접의 겉은 깨끗이 하되 그 안에는 탐욕과 방탕으로 가득하게 하는 도다.(마 23:25, 눅 11:39)

(9) 예수와 바리새파와 가장 큰 논쟁의 하나는 안식일 준수에 관한 것이었다. 안식일 논쟁은 안식일에 밀 이삭을 잘라 먹을 수 있느냐는 것(마 12:1, 막 2:23, 눅 6:1)과 안식일에 병자를 고칠 수 있느냐는 것(막 12:1, 눅 13: 10-17, 14:1-6)으로 집약된다. 바리새인들이 예수께 안식일에 하지 못할 일을 한다고 비난하였다.

안식일에 대한 이들의 태도에서 구전을 중시한 그들의 종교적 의식을 엿볼 수 있다. 안식일을 노동금지일로 엄격하게 지킨 바리새파는 구전에 의거하여 '노동에 해당하는 것'으로 규정한 39개 항목을 문자적으로 지켰다. 이러한 구전에 따라 노동으로 규정된 안식일에 밀 이삭을 비벼 먹는 일, 안식일에 병자를 고치는 일 등에 대하여 예수와 논쟁을 벌이기도 하였다.[132]

예수는 "안식일은 사람을 위하여 있는 것이요 사람이 안식일을 위하여 있는 것이 아니다."(막 2:27) 하시고 '인자는 안식일의 주인'(막 2:28, 눅 6:4)이라고 하였다.

안식일에 예수가 회당에서 손 마른 자(마 12:8-9, 막 3:6, 눅 6:6)를 고쳤을 때 바리새인들이 헤롯당과 함께 예수를 죽이려고 모의하기도 하였다. 바리새파의 한 지도자 집에서 안식일에 식사하는 동안 고창병(蠱脹病 또는 수종병자)에 걸린 자를 치유한 다음 바리새인들에게 "너희 중 누가 그 아들이나 소가 우물에 빠졌으면 안식일에라도 곧 끌어내지 않겠느냐?"(눅 14:5)고 반문하였다.[133]

그러나 예수는 "안식일에 선을 행하는 것과 악을 행하는 것, 생명을 구하는 것과 죽이는 것, 어느 것이 옳으냐?"(막 3:4, 눅 6:9, 마 12:12)고 반문하니 바리새인들이 오히려 잠잠하였다.

(10) 바리새파 사람들은 페르시아와 조로아스터교의 영향을 받아 천사론, 악마론, 종말론, 예정론, 영혼불멸과 육체의 구원, 선악 간의 상급 등을 신봉하였다는 점에서 종교적인 열정이 강한 것으로 볼 수 있다.[134]

바리새파는 현세의 역사는 하나님이 지배한다고 믿었다. 지금은 비록 이방인의 지배를 받고 있지만 때가 되면 하나님의 은혜와 섭리로 메시아가 도래하고 다윗의 왕국이 땅위에 영광스럽게 재건되고 성전 예배도 회복되리라고 믿었다. 블렉(M. Black)에 의하면 그들도 역시 경건하게 죽은 자들이 메시아의 도래와 함께 이 지상의 영광에 참여하기 위해 부활할 것을 기대하고 있었지만, 그들의 기대는 현세적이었으며 내세적이 아니었다고 한다.[135]

(11) 앞에서 살펴본 것처럼 바리새파는 정치적인 문제와 종교적인 문제를 철저히 분리시켰다. 그들은 종교적인 삶이 손상되지 않는 한 본질적으로 비정치적인 운동을 전개하였다.[136] 이런 까닭에 바리새파는 오늘날 정교분리주의와 상통한다. 열심당이 정치적인 의를 강조한 반면에 바리새파는 율법적인 의를 강조하였다고 볼 수 있다.

예수는 바리새파의 이러한 모순을 명확히 지적하였다. 그들이 예전의 선지자와 의인을 칭송한다 하면서 현재의 선지자와 의인을 박해하는 정치적 의미에서 불의한 자들이라고 비판한 것이다.

> 화 있을 진저 외식하는 서기관들과 바리새인들이여. 너희는 선지자들의 무덤을 쌓고 의인들의 비석을 꾸미며 가로되 만일 우리가 조상 때 있었다면 우리는 저희가 선지자의 피를 흘리는 데 참예하지 아니하였으리라 하니 그러면 너희가 선지자를 죽인 자의 자손 됨을 스스로 증거함이로다.(마 23:13-31)

호슬리는 이런 비판이 예수의 추종자들에 의해 보존되고 정교화된 것이긴 하지만 예수로부터 유래한 것이므로 매우 중요한 의미가 있다고 하였다.[137] 마태의 특수자료 전승인 마태복음 23장은 적어도 예수의 추종자들이 바리새인들의 통상적인 권위를 더 이상 인정하지 않았다는 점을 드러낸다.

예수는 이처럼 바리새파를 격렬하게 비판하였으므로 바리새인들이 결국 예수를 제거하기로 모의하고(요 11:47), 체포명령을 내리고(요

11:57), 체포하여(요 18:3) 빌라도의 법정으로 이송하고, 그리고 십자가 처형을 받도록 한 장본인들이다. 예수의 추종자들을 유대 회당에서 축출시킨 자들도 바리새인들이었다(요 12:42).

이런 배경에서 보면 예수의 처형 이후 열렬한 바리새파인 사울이 이미 팔레스틴의 경계를 넘어 뿔뿔이 흩어진 예수 운동을 박해하는 데 정열적으로 뛰어들었다는 것은 놀랄 일이 아니다(갈 1:13-14, 행 8:1-3).

_05

예수와
열심당

열심당의 등장 배경

요세푸스가 제4의 학파라고 부른 열심당은 잘 알려진 것처럼 기원후 67-70년 사이에 로마에 항거하여 유대의 독립을 위해 무력 전쟁을 주도한 구국투사들이다.[138]

열심당은 오직 야웨 하나님만이 이스라엘의 참된 주권자이시며, 그분만이 성지 예루살렘의 참된 주인이시며, 그들이 사는 땅은 하나님께서 영구적으로 그들에게 주신 약속의 땅이기 때문에, 이교도들이 그 땅을 차지하여 권력을 행사하고 성전을 간섭하는 것에 대하여 방관하거나 협조하거나 타협하는 것 자체가 불신앙이며 유대인이기를 포기하는 것으로 보았다.

열심당은 유대인이라면 누구든지 하나님을 위하여 필요하다면 무력을 행사해서라도 그들의 땅에서 이교도의 세력을 몰아내고 하나님의 주권과 유대인의 왕권과 그들에게 약속된 땅을 회복하여야 한다고 생각했다.

열심당은 그들의 행동의 전형을 모세 시대에 하나님의 율법에 대한 열심 때문에 제사장 아론의 증손자 비느하스가 미디안의 여자와 음행한 시므리를 창으로 찔러 죽인 사건(민 25:1-15)과 기원전 167년경 제사장 맛디아가 유대교에 대한 열심에서 안티오커스 에피파네스 4세의 유대교 말살 정책에 항거하여 독립전쟁을 일으킨 사건에 둔다(마카베오상 2:19-28).

요세푸스는 갈릴리 사람 유다(행 5:37 참조)가 '열심당의 창시자'이며, 그의 추종자들은 "하나님만을 주로 섬기는 자"들이라고 하였다.[139] 아켈라우스 왕 때 시리아 총독 구레뇨(Qurinius)의 인구조사령을 통한 납세 부과는 유대인을 노예로 전락시키려는 사악한 정책이므로, 로마제국에 대항하여 싸울 것을 촉구하였기 때문이다. 이 반란에 가담한 사람들은 '모두 비천한 계급 출신들'이었고, 갈릴리 유다가 체계적인 저항 조직을 결성한 것은 아니지만 이후의 일어난 많은 저항 집단의 이데올로기적 토대를 제공한 것은 사실이다.[140] 요세푸스의 기록을 살펴보면 예수가 출생한 이후 유대 전쟁이 발발하기 전까지 즉 기원전 4년에서 기원후 65년 사이에도 이미 7번에 걸친 농민 반란이 있었다고 한다.[141]

기원후 53년 네로 황제가 즉위한 때부터 시카리파(Sicarii)라는 집단이 등장하게 된다.[142] 그들은 옷 속에 짧은 단도(라틴어로 sime)를 품고 군중들 속에 섞여서 적대자를 살해하는 자객(행 21:38)들이었는데, 폭력과 테러를 일삼는 과격한 무장 독립투사라고 볼 수 있다. 66년 므나헴(Menahem)의 주도하에 로마 항쟁을 벌린 열심당은 마사다(Masada)를 포함한 여러 요새를 탈환하고 마침내 예루살렘 성전을 점령하는 성과를 올리기도 하였다. 이때 "많은 시카리파들이 합세하여 더욱 대담해지고 더 강력해져서 그 수와 대담함에 있어 왕의 군사들을 능가하였다."[143]고 한다.

시카리파는 열심당과 합세하여 먼저 부유하고 권력이 있는 저명한 유대인들과 제사장 계급 및 왕족을 공격했다. 그리고 채무증서를 불태우고, 제비뽑기에 의해 새로운 대제사장을 선출하고 새로운 화폐를 주조한 것으로 상징되는 대안정부(alternative government)를 조직하였다.[144]

당시의 유대는 이처럼 비적들이 들끓었다. 누구든지 반란자들의 두목으로서 왕이라 칭할 수 있었으며, 몇몇 로마인들에게 골칫거리가 되었지만 대단한 정도는 아니었다. 로마 항쟁 기간에는 오히려 열심당과 강도 때의 두목들이 삼파전(三派戰)이 되어 동족들에게 엄청난 살육을 초래하였고 성전의 성소마저도 피로 물들였던 것이다.[145]

열심당들은 정치적인 의를 실현하려는 실천적 변혁주의자이며, 이방인들의 식민지 정책에 대항한 무장 독립군이라고 할 수 있다. 이들은 바리새파의 정교분리나, 사두개파의 정치적 타협이나, 에센파의 정치적 무관심을 모두 비판하였다. 그래서 그들은 '소극적 저항에서 적극적인 테러리즘(terrorism)으로, 순교를 각오한 무장투쟁'으로 나아간 것이다.[146]

라이마루스 이래로 브렌돈을 비롯한 몇몇 학자들은 예수가 당시 유대교 4대 종파 가운데 열심당과의 유사성이 가장 많다는 주장을 제기하기도 하였다.[147] 그러나 몰트만에 의하면 예수와 열심당 사이에 여러 공통점이 있음에도 불구하고 그 차이점이 분명히 드러난다고 하였다.[148]

예수와 열심당의 공통점

예수와 열심당의 공통점으로 주장되어 온 내용들을 정리하면 다음과 같다.

(1) 예수는 열심당처럼 하나님의 나라를 선포하였다. 예수의 제자

들도 열심당의 궁극적인 목표인 '이스라엘 나라의 회복'[149]을 기대하였다. 그러나 하나님의 나라를 이루는 방식에 대한 입장은 서로 달랐다.

(2) 복음서에는 예수가 바리새파를 논박한 것은 많으나 열심당에 대한 비판은 좀처럼 발견되지 않는다. 예수는 열심당이 전형적으로 사용한 용어를 사용하여 헤롯을 여우라 칭했다(눅 13:32). 예수의 제자 중 한 사람이 열심당 시몬(막 3:18, 눅 6:15)이었다. 바요나 시몬 베드로도 열심당일 가능성이 있다. 몰트만은 예수의 제자 중에 열심당이 있었던 것으로 보아 열심당에 대해서는 호의적이었다고 한다.[150]

(3) 예수의 예루살렘 입성과 성전 정화는 제자들과 유대 주민 및 로마 당국자들에게는 열심당의 기습적인 시위 행위로 보였을 가능성이 크다. 따라서 일부 학자들은 예수 자신의 성전 정화(막 11:15 이하) 역시 열심당의 기습적인 시위 형태와 유사하다고 주장한다.

그러나 예수의 경우 성전 정화에 따른 후속 조치가 없었고, 제자들이 함께 가담하지 않은 점 등으로 보아 열심당의 기습 시위와는 현저한 차이를 보인다. 따라서 최근의 많은 학자들은 예수의 성전 입성이나 성전 정화는 열심당의 기습적인 시위가 아니라 성전 파멸과 심판에 대한 예언자적 상징적 행위로 해석한다.

(4) 예수는 내가 세상에 화평을 주러 온 것이 아니라 "검을 주러 왔다."(눅 12:51)고 한 적이 있다. 최후 만찬 후 제자들에게 "검 없는 자는 겉옷을 팔아 검을 사라."(눅 22:36) 하신 것과 제자들이 "여기 칼 두 자루가 있다."고 대답한 것에 비추어 예수가 열심당처럼 무장을 독려하였다는 것이다. 그리고 실제로 겟세마네 동산에서 예수가 체포될 때 베드로가 이 칼을 사용하여 성전 경비병 말고의 귀를 자른 것(요 18:10)은 열심당의 폭력적인 행동 양식을 반영한다는 주장이다.

그러나 이 말씀도 무력을 행사하라는 직접적인 전략적 지침이 아니라 예수를 따르는 소명에 수반되는 갈등을 예비하라는 은유적인 표현으로 해석되어야 한다. 그리고 예수는 폭력에 대해서는 여러 다양한 입장을 표명하였다. "칼을 쓰는 자는 칼로 망한다."(마 26:25)는 말씀이나 "오른 뺨을 치면 왼 뺨을 내어 놓으라."(마 5:40)는 말씀은 폭력에 대한 분명한 거부이기 때문이다.

(5) 예수는 '나사렛 예수 유대인의 왕'이라는 정치적인 죄명에 부과되었다. 그래서 율법을 어긴 일반 종교사범과는 달리 투석형이 아닌 정치범의 처형 방식인 '십자가형'을 당하였다는 점이다. 다른 두 명의 '민란에 가담한 강도'(막 15:7) 즉 열심당과 함께 로마의 식민통치에 항거한 모반자로서 처형된 것이다. 그러나 십자가 처형 역시 유대인의 모략과 빌라도의 오판에 의한 것으로 이해된다.

예수와 열심당의 차이점

예수와 열심당 사이에 이러한 유사점 못지않게 많은 차이점도 분명히 드러난다.

(1) 열심당은 다가오는 하나님의 나라를 로마의 식민지 통치를 종식 하고 유대 왕국의 재건을 통해 성취하려고 하였다. 열심당의 하나님 나라는 대중적으로 선출된 성직자 정치(hierocracy)를 확립하는 것이었다. 그래서 그들은 유대 전쟁 기간 중 예루살렘을 점령한 후 제비를 뽑아 제사장을 선출함으로써 제비뽑기로 왕을 선출한 다윗의 왕국의 전통을 회복하려고 한 것이다.

그러나 예수 운동에 참여한 이들 중에는 일부 오해가 없지 않았지만 하나님의 나라를 성직자 중심의 유대 왕국의 전통적인 신정정치를 확립하는 것으로 이해했다는 암시는 어디에도 없다.[151] 예수가 선포한 하나님의 나라는 제비를 뽑아 왕을 세운 것처럼 옛 다윗 왕정과 이스라엘을 회복하는 것과는 달랐다. 예수는 복음을 통해 하나님의 나라의 종말론적으로 새로운 통치를 선취(先取)하려고 하였다.[152]

(2) 예수는 열심당과 달리 적대자나 율법 위반자의 처형 및 율법 없는 자의 추방을 통한 이스라엘의 정화를 주장하지 않았다. 예수는 열심당의 편협한 국수주의를 거부하였다. 이방인들의 도시인 두로와 시돈과 데가볼리에 가서도 전도하였고, 이방인의 치유와 구원을 배제하지 않았다. 그리하여 로마의 백부장의 하인과 수로보니게 여인을 치유하였다. 예수는 유대인이나 이방인, 남자나 여자를 차별하지 않았다.

(3) 열심당은 일종의 율법주의적 엄격성에 비추어 보면 자기 의를 이루려는 열정에서는 바리새파와 다름이 없었다. 극우적인 바리새파 사람들은 율법적인 의를 이루려고 하였지만 극좌적인 열심당은 정치적 의의 실천을 주장하였다. 따라서 바리새파 입장에서는 창녀가 가장 대표적인 반율법적인 죄인이었고, 열심당의 입장에서는 세리가 식민지 경제 수탈의 앞잡이였음으로 가장 반민족인 죄인으로 여겼다.

그러나 예수는 바리새파의 율법적 의나 열심당의 정치적 의는 결국 자기의 의를 주장하는 율법주의에 근거해 있음을 비판하였다.[153] 예수에 의하면 하나님의 의는 인간의 자기 의와 달라서 정치적 죄인이나 율법적인 죄인을 모두 의롭게 하는 것이다. 따라서 세리와 창녀가 하나님의 나라에 먼저 들어간다고 하였다. 의인을 의롭게 하는 것은 인간의 자기 의이고 죄인을 죄인임에도 불구하고 의롭게 하는 것이 하나님의 의라는 것이다. 따라서 예수는 바리새파의 율법적 복종과 열심당의 정치적 복종 그 자체를 비판한 것이 아니라 더 근본적으로 양자가 지닌 '자기 의'를 맹신하는 율법주의를 공격한 것이다.[154]

(4) 예수의 제자 중에는 과거의 열심당 출신도 있었지만, 열심당으

로서는 불구대천의 원수인 세리 마태도 있었다. 예수는 자기 백성을 세금으로 수탈하는 부자가 된 세리장 삭개오(눅 19:2)도 환대하였고 그의 집에도 구원이 임할 것이라고 선포하였다. 세리는 로마 식민지 지배 세력에 협력한 반민족주의자로 열심당의 저주의 대상이 되었다. 그러나 예수는 이들 죄인으로 취급되는 '세리의 친구'(마 11:19)로 비난 받으면서도 세리들을 환대하고 식탁 교제를 나누었다.

(5) 열심당은 로마의 인구조사와 과세정책에 반대하면서 촉발되었다. 그러나 예수는 '가이사에게 바치는 세금'에 대해 "가이사의 것은 가이사에게, 하나님의 것은 하나님에게"(막 12:17)라고 명확한 확답을 회피하였다. 이 구절을 어떻게 해석하든 이 말씀은 열심당이 투쟁적인 상황에서 백성들의 인기를 얻고 있는 예수를 자기편으로 끌어들이기 위해 듣고 싶어 했던 대답이 아니었던 것이 분명하다.

(6) 무엇보다도 폭력에 대한 예수의 태도는 열심당과 전적으로 달랐던 것으로 이해된다. 예수는 로마에 대한 항쟁을 '거룩한 전쟁'으로 미화하고 폭력적인 투쟁을 선동하지 않았다. 예수는 폭력의 악순환을 거부하였다. 그들을 억압하는 원수를 사랑하고, 박해하는 자를 위해 기도하라고 가르쳤다. "칼을 쓰는 자는 칼로 망한다."(마 26:52)고 하였다. 예수의 가르침의 기본 맥락은 사랑과 평화와 공의였다. 예수는 실천적 평화주의자였으며 원칙적으로나 전술적으로나 폭력주의자는 아니었다.

보른캄을 비롯한 여러 학자들은 예수가 "세례 요한 때부터 지금까지 하늘나라는 폭력을 당하고 있다. 폭력을 사용하는 자들이 하늘나라를 점령하려고 한다."(마 11:12 공동번역)라고 한 말씀은 열심당의 하나님나라 운동의 폭력적 수단 사용에 대한 분명하고도 예리한 거부일 것으로 본다.[155] 타이센도 이러한 견해에 동조한다.[156]

로마의 식민지주의의 구조적 폭력 및 유대 왕국 자체의 제도적 폭력에 대한 열심당의 대응은 시위, 약탈, 테러 등의 저항과 항의, 협박, 투옥, 실종과 고문, 처형 등의 억압을 거쳐 마지막 단계는 반란으로 이어졌고 결국은 폭력의 악순환을 가져왔다.[157] 그리고 이러한 폭력적 방식이 극대화되어 기원후 66년경에 유대 전쟁이 일어났지만 결국 로마의 더욱 잔인한 진압 폭력에 의해 유대는 멸망하고 만 것이다.

그러나 예수 운동은 새로운 평화 운동으로 유대 멸망 이후에도 하나님의 나라 운동의 명맥을 세계화하여 오늘날까지 이어 온 것이다.

_06

유대교 4대 종파와 예수의 앞선 생각

예수 시대의 후기 유대교의 4대 종파의 태도는 저마다 중대한 취약점을 지니고 있어 유대교 내에서도 서로 갈등관계에 놓여 있다고 볼 수 있다. 중요한 사안에 대해 대립적이고 적대적인 태도를 보여 주기도 한다. 뵈젠과 타이쎈 및 메르츠가 구체적으로 유대교 4대 종파의 차이를 도식화한 것을 종합하여 재작성하면 다음과 같다.[158]

■ 유대교 4대 종파의 비교

사두개파	에센파	바리새파	열심당
사독 계열의 제사장 계급 후손	기원전 2세기 세속화된 성전 제사장 측에 반대한 하시딤에서 기원	기원전 2세기 하스몬 왕가의 종교적 태도에 반대한 페루쉼에서 기원	기원후 6년 갈릴리 유다의 조세 거부 로마 항쟁에서 기원
자유의지의 비결정론	하나님의 의지결정론	신인협조론	신인협조론
내세 및 부활 부정	영혼불멸 사상	의로운 이의 부활	의로운 이의 부활
메시아 대망 없음	묵시적 메시아 기대	승리의 메시아 대망	정치적 메시아 희망
하나님 나라에 대해 무관심	묵시적 하나님 나라의 도래 기대	율법 준수를 통한 하나님 나라 촉진	유대 왕국을 회복할 하나님 나라 쟁취

오경 준수 원칙	독자적 비밀문헌 준수	경전(구약)과 구두 전승 철저 준수	경전(구약) 준수 원칙
상류층	특수층	하류층에 근접	하류층 및 중산층
권력의 지향의 모순 노출	공동체의 이상 추구	종교적 권위와 형식 강요	정치적 변혁을 지향
정치적 현상유지	정치적 무관심	정교 분리 원칙	정치적 무력항쟁
소수 권력지향집단	배타적 은둔 공동체	배타적경건주의자	독립 무장 집단

많은 학자들은 예수는 유대교에서 출발하였으나 당시의 유대교의 4대 종파 중 어느 파에도 속하지 않는 독자성과 차별성을 보인다는 점을 강조하였다. 한스 큉은 예수는 통상적인 규범을 깨드렸으나 유대교의 어떤 종파에도 편입되는 않은 전적으로 새로운 인물로 묘사한다.

> 정치적 종교적 기성 권력체제와 충돌했으나(사제도 신학자도 아니었다) 그렇다고 정치적 혁명가도 아니었다(오히려 폭력 포기의 설교자였다). 외면적이거나 내면적인 떠남(탈속)의 주창자도 아니었고(금욕 고행자나 쿰란 수도자가 아니었다), 경건한 결의론자도 아니었다('계명에의 기쁨'으로 충만한 바라사이파가 아니었다).[159]

글로버(T. R. Glover)는 "기독교인들은 다른 종교의 신자들보다 한 걸음 앞서 생각하고 앞서 살다가 앞서 죽었다."[160]고 하였다. 이는 예수가 그처럼 앞서 생각하고 앞서 살다가 앞서 죽었기 때문이다.

분명히 예수는 그의 언행을 통해 종교적으로나 정치적으로나 경제적으로 갈등이 극에 달한 상황에서 시대에 앞서 가는, 켄 윌버가 말한 새롭고 전향적인 의식(Advanced Consciousness)의 새로운 종교적 대안으로 제시한 것이다.[161] 그리고 그의 삶과 가르침은 그 당시에도 가장 앞선 의식이었을 뿐만 아니라, 지금도 가장 앞선 의식이라고 할 수 있다. 예수는 그 당시 유대교 4대 종파가 택할 수 있는 4가지의 평균적인 의식(average consciousness)에 뛰어넘어서 앞서 생각하고 앞서 살다가 앞서 죽었을 뿐만 아니라 앞서 살아나서 부활의 첫 열매가 된 것이기 때문이다.

그래서 한스 큉은 이런 점에서 예수는 세계 4대 종교의 대표자와도 분명한 차별성을 드러낸고 하였다.

> 이 나자렛 사람은 인도의 신비주의 전통과 중국의 깨달음의 전통의 위대한 대표자들(붓다와 공자 등)과 다를 뿐 아니라, 근동 셈족에서 기원하는 다른 두 종교의 대표자들(모세와 무함마드)과도 다르다.[162]

이런 관점에서 예수 그리스도를 바로 보면 그가 다른 종교의 창시자보다 훨씬 고유하고 전향적인 생각을 가지고 살고 죽은 분인 것을 확인할 수 있는 것이다. 그래서 예수의 동시대의 선각자 세례 요한도 예수를 가리켜 이렇게 외친 것이다.

> "이 사람을 보라(*Ecce Homo*)."[163]

제14장

예수 그리스도 바로 보기

_01

역사적 예수와 신앙의 그리스도, 그는 누구인가?

그리스도론의 현대적 주제

기독교 신앙의 핵심은 예수 그리스도 사건(das Ereignis Christus)이다.[1] 따라서 예수를 그리스도로 고백하는 신앙에의 참여와 반성을 통해 이 신앙을 보다 일관성 있고 명확하게 서술하려는 것이 그리스도론의 과제이다.[2] 그리스도인들은 교회의 설교와 교리와 신학을 통해 예수가 그리스도라는 명제를 끊임없이 늘 새롭게 고백하고 증거해 왔으며 그러한 고백과 증거를 반성하고 재진술해 왔다.[3]

현대 그리스도론의 우선적인 과제는 현대적인 상황에서 그리스도론을 변증하고 정립하기 위해 그리스도에 관한 질문을 현대적으로 재정립하는 것이다. 따라서 우리는 예수 그리스도가 누구이며 무엇을 하였는가에 대한 인격론과 사역론 그리고 양위론과 삼직무론에 관한 질문과는 다른 방식으로 예수 그리스도에 관해 질문해야 할 것이다.

예수가 그리스도라는 것이 초대 교회의 선포(kerygma)의 핵심이다. 예수가 그리스도라는 기독론의 기본 명제에는 역사적 예수로서 그리스도, 하나님의 아들로서 그리스도, 구세주로서 그리스도라는 세 가지

의미가 함축되어 있다. 이런 의미에서 카스퍼는 현대 그리스도론의 과제는 역사적으로 정향된 그리스도론, 전통적인 존재론과 양성론을 보편적으로 책임 있게 답변할 수 있는 그리스도론, 그리고 구원론적으로 정향된 그리스도론을 정립하는 것이라고 하였다.[4]

역사적 예수와 그리스도

예수가 그리스도라는 명제에는 역사적 예수로서 그리스도가 누구인가 하는 질문이 함축되어 있다. '소위 역사적 예수와 신앙의 그리스도'의 구분을 전제한다면 대체로 역사적 예수에 관한 여러 차원의 질문을 제기하는 '아래로부터의 그리스도론'을 지향하는 경향이 강한 것이 분명하다.[5]

따라서 역사적 예수에 관한 해명이 현대 그리스도론의 중요한 과제요 쟁점인 것이 사실이다. 그러므로 나사렛 예수는 어떤 인간인가? 무엇을 가르치고 어떻게 사셨는가? 어떻게 태어나서 어떻게 죽었는가? 하는 질문이 제기되는 것이다.

하나님의 아들인 그리스도

예수가 그리스도라는 명제에는 전통적으로 그리스도의 양성론이 다루어 온 인간 예수와 하나님과의 관계가 함축되어 있다. 현대 그리스도론이 역사적 예수에 대해 우선적인 관심을 기울이려는 경향이 강한 것은 사실이나 우리가 예수를 그리스도라 고백하는 것은 그가 단순히 나사렛에서 살았던 한 특별한 인간이기 때문이 아니다. 오히려 예수의 역사적인 삶 속에 나타나는 하나님과의 아주 특별한 관계가 전무후무하기 때문이다. 예수와 하나님과의 특별한 관계를 정통교리는 본체론적으로 설명하여 예수를 하나님이 인간이 되신 '참 하나님이며 참 인간'이라는 양성론으로 정식화하였다.

그렇다면 예수가 인성을 지닌 참된 인간이라면, 나사렛 예수가 지닌 인간으로서의 특이성과 비범성은 무엇인가? 예수가 신성을 지닌 참 하나님이라면, 예수는 어떤 의미에서 하나님인가? 하는 중차대한 질문이 제기 될 수밖에 없다.

구세주이신 그리스도

그리스도인들은 예수를 '자기 백성을 죄에서 구원할 자'(마 1:22)인 구세주로 고백하여 왔다. 예수가 그리스도라는 명제에는 예수가 구세주라는 구원의 문제가 함축되어 있다.

그리스도가 구세주라는 고백은 그리스도의 사역에 대한 교리로 전개되어 왔다. 그리스도의 사역론은 죄-구원의 속죄론적 도식으로 정식화되었다. 죄-구원 도식에는 몇 가지 질문이 함축되어 있다.[6]

첫째, 죄-구원의 속죄론적 도식에 따르면 구원의 내용은 죄를 어떻게 이해하느냐에 달려 있다. 그러므로 죄가 어떻게 기원하였으며 죄를 무엇으로 보느냐에 따라서 구원의 내용과 의미가 달라지는 것이다. 그러므로 죄의 기원과 죄의 내용이 무엇인가에 초점을 두게 된다.

둘째, 기독교의 구원 이해는 기독교인이 구세주로 믿는 예수 그리스도가 이루신 구원을 떠나서 이해할 수 없다. 그러므로 예수 그리스도가 어떠한 방식으로 죄를 대속하고 구원을 이루었는가 하는 예수가 구원을 이룬 방식이 중요한 쟁점이 된다.

셋째, 예수 그리스도가 이루신 구원에 참여하는 방식에 관한 논의이다. 우리는 어떤 방식으로 구원에 참여하는가 하는 문제는 구원론의 또 다른 쟁점이 되어 온 것이기 때문이다.

구원의 현대적 의미는 무엇인가? 역사적 예수가 제시한 구원은 어떤 것인가? 십자가의 구원론적 의미는 무엇인가? 예수를 통한 구원만이 유일한 길인가? 이러한 질문들은 아직도 논란이 되고 있는 기독론의 쟁점이다. 무엇보다도 최근에는 예수가 이루신 구원이 개인적인 인간과 공동체적 사회뿐 아니라 자연 생태계 전체를 포함하는 것이라는 것이 주장되고 있다. 개인 구원과 사회 구원과 더불어 우주적 그리스도를 통한 생태 구원도 중요하게 취급되고 있다. 그러므로 우주적 그리스도로서 예수는 누구인가? 하는 문제가 제기되는 것이다.

_02

예수의 신성과 인성에 관한 현대적 논쟁

양성론의 쟁점

예수가 인간이냐 신이냐 하는 문제는 양성론 논쟁을 통해 전개되었다. 바울은 예수가 인성(人性)과 신성(神性)을 가진 분이라고 고백하였다.

> 그분은 인성으로 말하면 다윗의 후손으로 태어나신 분이요 거룩한 신성으로 말하면 죽은 자 가운데서 부활하심으로 하나님의 권능을 나타내어서 하나님의 아들로 확인되신 분입니다.(롬 1:3-4 공동번역)

기독교의 전개 과정에서 처음으로 기독교를 수용한 유대 기독교인들 중에 극단적인 에비온파는 예수가 자기들과 똑같은 아브라함과 다윗의 후손인 인간으로 태어났는데, 후에 하나님의 신적 능력을 덧입음으로써 하나님의 아들이 되었다는 양자설(養子說)을 주장하였다. 결국 예수의 인성은 강조했으나 예수의 신성은 약화시켰다

반면에 이방 기독교인들 중에 극단적인 영지주의파 기독교인들은

예수는 원래 불사불멸의 신성을 지닌 신적인 존재였으나 인간을 구원하기 위해 이 세상에 인간의 가면을 쓰고 나타난 유령과 같은 존재라는 가현설(假現說)을 주장하였다. 결국 예수의 신성을 강조했으나 예수는 육체로 태어나 고난받고 죽었다는 사실을 부정함으로써 그의 인성을 약화시켰다.

예수는 인간으로 태어났는데(generatio) 나중에 신이 되었는가? 아니면 영원 전부터 신이었는데 인간으로 나타났는가(doceo)? 하는 논쟁과 더불어 예수는 어떤 의미에서 신성과 동일본질이며 어떤 의미에서 인성과 동일본질인가 하는 문제를 신학적으로 해결하기 위해 모인 것이 니케야 회의(325년)이다. 니케야 이후 서방교회는 양성론에 대한 여러 논쟁을 거쳐 칼케돈 신조(451년)를 통해 예수는 하나님과 동일본질이며 죄가 없으시다는 점 외에는 인간과도 동일본질이므로 "참 하나님이요 동시에 참 인간"이라는 양성론의 교리를 확정한 것이다.

칼케돈 신조에서는 인간 예수는 죄가 없다는 점 외에는 모든 인간과 동일본질을 지닌 존재라는 사실을 희랍 철학의 본체론적인 용어로 설명하였다. 그러나 현대에 와서도 예수의 인성과 신성에 관한 논쟁은 계속되고 있다.

(1) 초대 교회의 에비온파가 예수의 인성을 강조하고 신성을 부정한 것처럼 유대교 학자 루벤슈타인은 예수가 인간으로 태어났는데 4세기 가톨릭교회에 의해 신으로 주장되었다고 역설한다. 이런 내용은 담은 미국 죠지 메이슨 대학의 리처드 루벤슈타인 교수가 쓴 『예수는 언제 하나님이 되셨는가』라는 책이 『예수는 어떻게 하나님이 되었는가 - 로마제국 말기의 참된 기독교를 정의하기 위한 투쟁』(한인철 역, 한국기독교연구소, 2004)이라는 제목으로 번역 출판되었다.[7]

루벤슈타인은 사회학과 법학을 전공한 유대인으로서 어린 시절 유대교인과 천주교인이 뒤섞여 있는 동네에서 자라면서 유대인이라는 이유로 동네 아이들에게 난폭하게 맞은 '예수 이름으로 받은 상처'를 기억하면서 이 갈등을 해소하는 길로서 아리우스의 논쟁에 관한 연구를 착수하였다고 한다. 그의 기본 논지는 '예수는 결코 무시될 수 없는 존재'이지만, '예수는 하나님의 아들이 아니라 하나의 인간일 뿐'이라는 주장이다. 예수가 하나님으로 믿어지게 된 '때'가 콘스탄틴의 기독교 공인 이후 저 유명한 아타나시우스와 아리우스의 논쟁 전후라는 것이다. 따라서 기독교가 예수는 '하나님에 가까운 위대한 인간'이라는 아리우스의 주장 대신 예수는 '하나님과 동일본질'이라는 아타나시우스의 견해를 수용함으로써 예수가 하나님이 되었다는 것이다. 이로 인해 유대인과 기독교의 종교적 갈등이 증폭되었으므로 이러한 갈등 해소를 위해서라도 예수는 단지 위대한 인간이라는 아리우스의 주장을 다시 복권시켜야 한다는 주장이다. 그는 갈등 분석과 해결책 연구소 소장답게 예수의 신성과 인성을 유대교와 기독교의 '종교적 갈등의 원천'으로 규명하고 그 해결을 위해 기독교가 예수의 신성을 포기할 것을 요구한다.

루벤슈타인이 예수의 신성에 대한 기독교의 신앙을 포기하라는 것은 기독교의 정체성을 포기하라는 것이나 마찬가지다. 세계기독교교회협의회(WCC)는 1961년 뉴델리 선언을 통해 "세계기독교교회협의회는 성경이 증거하는 바대로 주 예수께서 하나님과 구세주이심을 고백하며, 따라서 성부 성자 성령 한 하나님의 영광으로 부르심을 받은 공동의 소명을 함께, 성취하고자 노력하는 교회들의 협력체"라고 선언하였다. 가장 진보적이고 개방적인 WCC조차 예수를 하나님으로 고백하여야 기독교라고 단언하고 있기 때문이다.

따라서 기독교인들과 유대교와 갈등을 해소하기 위해 기독교인들이 예수의 신성을 포기해야 한다는 주장은 유대교 쪽에서 먼저 예수의 신성을 인정해야 한다는 주장처럼 일방적인 논리이다. 역사적으로 보아도 기독교와 유대교의 갈등은 기독교가 예수의 신성을 주장한 데에만 있는 것이 아니다. 훨씬 복잡한 요인들이 즐비하다. 그리고 종교다원주의 시대를 맞이하여 예수의 신성을 상호 인정하면서 갈등을 해소할 수 방법을 찾아야지 일방적으로 예수의 신성 포기만을 요구하는 것을 시대착오적인 발상이다.

(2) 반면에 초대 교회의 영지주의가 예수의 인성을 부정하였듯이 디모시 프리크(Timothy Freke)와 피터 갠디(Peter Gandy)에 의해 1999년 영국에서 출판된『예수는 신화다 - 기독교 탄생의 역사를 새로 쓰는 충격보고』(동아출판사, 2002)라는 책의 핵심 논지는 기독교가 신화적 인물인 예수를 역사적 인물인 나사렛 예수로 각색한 것이라는 주장이다.

바울마저도 예수를 역사적인 인물이 아니라 신화적인 인물로 보았는데 콘스탄틴 황제에 의해 기독교가 지배자의 종교로 공인 되자 3세기의 유세비우스(『교회사』, 성요셉출판사, 1985)라는 역사가를 시켜 오시리스 신앙의 대상이었던 신화적 인물인 예수를 역사적 인물로 각색한 것은 '거대한 음모의 결과'였다고 주장한다. 그러나 이러한 주장이야말로 바울의 생애와 유세비우스 시대의 역사를 저자들이 마음대로 각색한 '웃기는 음모의 결과'이다.[8]

바울은 로마서 서론에서 예수를 가리켜 "육신으로는 다윗의 혈통에서 태어나신(generatio) 분이며 영으로는 죽은 자 가운데서 부활하신(resurrectio) 분"(롬 1:3-4)이라고 하였다. 예수는 오시리스 신화처럼 '인간의 탈'을 쓴 가현적인 존재가 아니라 역사적 실존 인물이었다. 그리고 오시리스처럼 해마다 반복하여 재생하는 존재가 아니라 죽은 자 가운데서 단 한 번 부활하였다.

더군다나 4세기의 기독교 역사가 유세비우스가 신화적 인물 예수를 역사적 인물로 각색했다는 주장은 한심하기 짝이 없다. 유세비우스보다 200년 전에 이미 예수가 역사적 인물로 기록되었다는 것은 역사적 상식이기 때문이다.

기원후 70년을 전후하여 예수의 역사적 생애를 기록한 4복음서 외에도 유대 역사가 요세푸스가 기원후 76-79년 사이에 쓴『유대고대사』와『유대전쟁사』나, 로마의 역사가 타키투스(P. Cornelius Thakitus, BC. 55/56-120년경)가 쓴『연대기』(15.14. 3.)에서도 유대 총독 빌라도에 의해 나사렛 사람 예수가 십자가에 처형당한 것이 기록되어 있다. 주후 170년경 헬라의 풍자 작가인 루시안(Lucian)도 예수를 "십자가에 달려 죽은 현자(賢者)"라고 하였다. 이러한 역사적 기록을 부정하고 예수를 신화적 인물로 주장하는 만용에 통탄할 일이다.

역사적으로 보면 기독교가 신화적 예수를 역사적 예수로 각색한 것이 아니라 그 반대로 영지주의가 역사적 예수를 신화적 인물로 각색한 것이라는 사실은 종교학자들에게는 상식으로 통하는 견해이다.

따라서 '예수가 어떤 의미에서 참 하나님이며 참 인간인가' 하는 질문을 새롭게 조명하여야 할 필요가 있는 것이다.

_03

예수는 어떤 의미에서 참 인간인가?

나사렛 예수는 어떤 인간이었을까?

나사렛 예수는 어떤 외모의 인간이었을까? 스퐁의 추측에 의하면 "1세기에 살았던 나사렛 예수는 아마도 황색 피부의 중동 사람으로 키가 164-172cm이며 체중은 54-63kg을 넘지 못했다"[9]고 한다. 이것은 예수 당시에 그 지역에 살았던 남성들의 표준이기 때문이다.

그러나 예수는 제자들에게는 아주 희귀한 완전함(integrity)을 보여준 인물이었음에 분명하다. 그리고 예수는 그가 만난 모든 사람을 진심을 다하여 진지하고 밀도 있게 만났기 때문에 사람들의 삶 속에게 깊이 각인되어 현존했던 것으로 보인다.

> 예수는 전심을 다해서 사람들을 만났기 때문에 어떤 사람이 그와 관계를 맺을 때는 마치 시간이 사실상 멈추는 것처럼 보였다. 예수가 대면한 사람이 부자 청년이었거나 우물가의 여인이었거나 간에 그는 제자들이 말하는 것처럼 소위 '영원의 밀도'(intensive of eternity) 안에서 그 사람을 만났던 것이다.[10]

예수의 관심은 온통 하나님 아버지와 그의 나라에 집중되어 있었음이 분명하다. 그래서 "너희는 나를 누구라고 하느냐?"는 질문에 베드로는 서슴지 않고 당신은 하나님 아버지밖에 모르는 '하나님의 아들"이라고 답한 것이다.

따라서 예수는 모든 사람이 온전해질 가능성을 지녔고 하나님 아버지 나라의 영원한 가치에 헌신할 잠재력을 지닌 것으로 본 것 같다. 그를 만난 모든 사람들은 그 만남으로 인해 삶의 변화와 성숙을 맛본 것으로 보인다.

원형 · 모범 · 이상으로서 인간 예수

19세기 자유주의 신학자들은 예수의 인성의 비범성과 특이성에 관심을 기울였다. 그래서 예수는 모든 인간의 원형(archy-type)이며 모범(example)이며 이상(ideal)이라고 보았다. 칸트의 도덕신학은 예수를 도적적 이상이요 모범이라고 보았고, 헤겔의 절대정신의 신학은 예수를 인간의 이성적 사유의 모범이요 이상으로 보았다. 슐라이어마허의 절대의존 감정의 신학은 예수를 종교적 감정과 경건에 있어서 인간의 원형이요 모범이요 이상이라고 하였다. 슐라이어마허는 플라톤이 이데아론에서 제시한 "원형적인 인간"이라는 개념을 예수에게 적용하였다. 예수는 원형적인 인간이 역사 속에 나타난 "원형적 인간의 역사화"[11]라고 하였다. 따라서 이러한 주장은 중세기의 아벨라드가 예수를 사랑의 모범이요 이상으로 본 '사랑 모범설'의 현대적인 형태라고 할 수 있다.

칼케돈 신조 1500주년을 기념한 신학자대회(1951년)에서 칼케돈 신조에 대한 신학적 비판에 제기되었다.[12] 칼케돈 신조는 예수가 구체적으로 한 인간이 되신 것이 아니라 인간의 본성을 취한 것으로 정식화함으로써 예수는 추상적인 존재가 되고 만 것이다. 따라서 예수는 구체적으로 어떤 인간이 되었는가? 어떤 인간으로 사셨는가?에 대한 새로운 질문이 제기된 것이다.[13]

역사적 예수에 관한 관심을 촉발시킨 19세기의 '예수전 운동'을 주도한 여러 저자들은 각자의 이념을 역사적 예수에게 투사함으로써 합리주의자는 예수를 도덕 설교자로, 이상주의자들은 인도주의의 화신으로, 낭만주의자들은 화술의 천재로, 사회주의자들은 사회개혁자 또는 가난한 자의 친구로 묘사하였다. 그리고 무수한 사이비학자들은 예수의 생애를 미화하고 때로는 왜곡하여 허구적인 소설의 주인공으로 각색해 놓았다.

무수한『예수전』에 대한 비판적 연구를 통해 슈바이처는 19세기의 이념으로 투사된 소설적 예수가 아니라 1세기의 역사적 예수로 돌아가야 한다는 사실을 역설하였다. 그리고 1세기 갈릴리에 살았던 나사렛 예수는 하나님 나라의 임박한 도래를 고대한 철저한 묵시가였다고 주장하였다.[14]

그러나 예수 세미나에 참여한 학자들 역시 예수가 세계의 임박한 종말을 선포한 종말론적 예언자라는 낡은 합의가 사라졌다고 주장한다. 특히 보그(M. Borg)는 예수에 대한 새로운 합의가 이루어졌다는 것이다. 예수는 하나님의 사람, 영의 사람으로 등장하여 영적 삶과 역사적 삶을 일치시키는 대안적 지혜를 통해 사회 변혁을 일으켜 대안적 공동체를 만들려고 한 회복 운동의 창시자라고 한다.[15]

그러나 예수가 임박한 종말론적 위기와 무관하게 대안적 지혜를 주장하였다는 주장에 대한 반박이 제기되었다. 와일더(Amos Wilder)는 예수는 대안적 지혜와 종말론적 위기를 그의 가르침 안에 통합했다고 주장한다. 지혜적 요소와 종말론적 요소는 서로 배타적인 것이 아니라

고 한다.[16]

예수의 세 가지 인격

몰트만은 역사적 예수의 인격적 특이성에 관한 여러 주장들을 종합하여 예수는 하나님의 그리스도로서 임박한 하나님 나라의 도래를 고대한 **종말적 인격**과 하나님을 아버지로 부른 영의 사람으로서 **신학적 인격** 그리고 고통당하는 모든 사람들과 연대하고 일치한 **사회적 인격**의 소유자라고 하였다. 길지만 그 내용을 직접 인용하면 다음과 같다.

(1) 예수가 하나님의 그리스도로 고백된다면 그는 자기의 종말론적 인격 속에서 인지된다. 그 안에는 이스라엘의 메시아, 모든 민족들의 사람의 아들, 창조의 장차 올 지혜가 현존한다. 그는 인격 안에 있는 하나님의 나라이며 모든 사물들이 새 창조의 시작이다. 그는 세계의 희망의 담지자이다. 그 안에서 신자들은 메시아적 인간을 인식한다.

(2) 예수가 하나님의 그리스도로 고백된다면 그는 자기의 신학적 인격 속에서 인지된다. 그는 자기가 아빠, 사랑하는 아버지라고 부른 하나님의 자녀이다. 그는 하나님의 자녀로서 하나님 안에서 살며 하나님이 온전히 그 안에서 산다. 하나님과의 이 유일한 관계를 그는 그를 믿고 하나님의 자녀로서 자기와 같이 "아빠"라고 부르는 모든 사람들에게 개방한다. 그들은 예수의 기쁨에 참여한다. 신자들은 그 안에서 아이와 같은 인간을 인식한다.

(3) 예수가 하나님의 그리스도로 고백된다면 그는 자기의 사회적 인격 안에서도 인지된다. 그는 가난한 사람들의 형제요 민중들의 동지이며 버림받은 사람들의 친구이며 병든 사람들과 함께 고난당하는 자이다. 그는 연대성을 통하여 치유하며 사귐을 통하여 그의 자유와

치유의 능력을 전한다. 해당하는 사람들은 그 안에서 형제자매와 같은 인간을 인식한다.[17]

새롭고 참되고 온전한 인간 예수

이 세상에 존재하는 모든 인간은 어떤 의미에서 덜된 인간이고, 안된 인간이고, 못된 인간이다. 하이데거의 용어로 표현하면 본래적인 인간이 아닌 비본래적인 인간이다. 모든 인간이 참으로 인간답지 못한 인간인 것이다.

그러나 예수는 다르다. 예수는 인간성의 참된 본성을 구현하신 분이다. 본래적인 인간성을 그대로 이루신 분이다. 예수는 참으로 인간다운 인간이고 인격적인 인간이었다. 인격이란 무엇인가? 세 가지 의미로 설명할 수 있다. 지정의(知情意)를 겸비한 인간을 말하는 것이다.

첫째, 예수는 전무후무한 새로운 인간이다. 바울은 그리스도 안에서 새사람이 된다고 하였다. 그러나 그리스도 안에서 옛 사람이 죽은 새사람이 태어나는 것은 그리스도 자신이 새사람이요 새로운 존재(new Being)이기 때문이다.

둘째, 예수는 지정의의 조화와 완성을 이룬 인간다운 인격적인 인간이다. 어리석고 맹목적인 사람을 인격자라 하지 않는다. 어느 정도 지식이 있어 경우 바르고 지혜롭게 살아가는 사람을 인격자로 부르는 것이다. 몰인정하고 냉정한 사람을 인격자라 하지 않는다. 인정이 많고 다정다감한 사람을 인격자라 하는 것이다. 거짓되고 사악한 사람을 인격자라 하지 않는다. 선하고 양심적인 사람을 가리켜 인격자라고 한다. 예수는 이런 점에서 인격자 중에 참 인격자이다.

셋째, 예수의 인격의 완성은 그의 말과 행위를 통해 나타나고 언행일치를 통해 증명된다. 이런 의미에서 예수는 언행일치의 참 인격자이며 참 사람이었다. 예수는 "그가 말한 그대로 사셨고 사신 그대로 가르쳤"기 때문이다.[18] "친구를 위해 목숨을 버리는 것보다 더 큰 사랑은 없다."(요 15:13)는 말은 누구나 할 수 있다. 그러나 예수는 그렇게 말했을 뿐 아니라 그 말 그대로 사셨다.

예수는 그가 만난 모든 사람에게 그가 말한 모든 것을 그대로 철저하게 실천한 것이다. 예수는 언행일치의 극치를 이룬 것이다. 예수는 그래서 유대 지도자들의 언행불일치의 위선과 기만에 대해 "그들은 말만하고 실행하지 않는다."(마 23:3)고 신랄하게 비난하였다. 또한 예수는 "아버지의 뜻대로 행하는 자."(마 7:21)가 천국에 들어간다고 하였다. 그리고 십자가의 죽음을 앞두고 "내 뜻대로 마옵시고 아버지의 뜻대로 하옵소서."(마 26:39)라고 기도하였다. 예수 자신이 하나님의 뜻에 철저히 복종한 것이다. 하나님의 말씀 그대로 살았고 사신 그대로의 하나님의 말씀을 가르친 것이다.

사람이 어떻게 그렇게 할 수 있을까? 어떻게 하면 사람이 하나님의 뜻과 한 치도 오차 없이 온전히 순종할 수 있을까? 어떻게 사람으로서 저런 완전한 언행일치의 삶이 가능할까? 예수를 가까이에서 만난 모든 제자들이 경악할 수밖에 없었을 것이다.

이처럼 예수는 새롭고 온전하고 참된 인간성의 그 극에 도달한 것이다. 인간성이 그 극치에 이른 곳, 그 지정의의 인격이 통합되어 온전히 이루진 그곳, 그리고 언행일치의 완성이 이루어진 곳 바로 그곳이 하나님의 신성과 일치하는 곳이 아닐까?

예수는 전무후무한 새로운 인간이요, 언행일치의 온전한 인간이요, 지정의의 인격의 완성에 이른 참된 인간이요, 너무나 인간다운 둘도 없는 유일한 인간이다. 그런 의미에서 예수야 말로 유일한 새롭고 참되고 온전한 인간으로 인성의 궁극(窮極)에 이른 참 인간인 것이다.

참 하나님이요 동시에 참 인간이라는 칼케돈 신조의 역설적 정식은 예수가 참 하나님이기 때문에 동시에 참 인간이요, 참 인간이기 때문에 동시에 참 하나님이라고 볼 수 있을 것이다. 그렇다면 앞서 말한 것처럼 예수는 둘도 없는 유일한 참 인간이기 때문에 참 하나님이라고 말할 수도 있지 않는가?

물론 대부분의 전통적인 기독교인들은 이런 논리적 사색을 거치지 않고서도 예수가 '참 인간이요 참 하나님'이라는 역설을 받아들일 수 있을 것이다. 혹시 예수는 어떤 의미에서 참 하나님이고 참 인간인가 하는 문제를 고민하는 이들을 위해 "참 인간인 예수가 참 하나님일 수밖에 없는 사실"을 설명할 수 있는 가능성을 모색해 본 것이다.

_04

예수는 어떤 의미에서 참 하나님인가?

부활 이전에는 하나님의 아들이 아니었는가?

비판적인 학자들은 로마서가 "부활하심으로 권능으로 하나님의 아들로 확정"(롬 1:4)되었다고 한 것에 근거하여 예수가 하나님의 아들로 칭함을 받은 것은 부활절 이후라고 주장한다. 최초의 복음서 마가복음에 의하면 예수가 세례받을 때, 마태복음과 누가복음은 예수가 수태하였을 때, 요한복음은 태초로부터 하나님의 아들이었다고 한 것을 보아 신약성서 안에서의 교리적 발전 과정을 살펴볼 수 있다고 하였다.[19]

그러나 예수가 세례를 통해 하나님을 아버지로 체험한 것은 자신은 하나님의 아들로 의식한 것과 동전의 양면을 이루고 있는 것이다. 신약성서의 여러 기록의 정황으로 보아 예수가 하나님 아버지 체험에서 출발하여 하나님의 아들 의식을 가지고 공생애를 시작한 것은 의심한 여지없이 명확한 사실이 아닐 수 없다.

예수의 세례와 예수의 시험 사건은 무엇보다도 예수의 하나님 아들됨의 역사적 근거가 되는 중요한 사건이었음이 분명하다. 예수의 이러한 자의식은 그의 여러 가르침을 통해 분명하게 드러난다.

(1) 무엇보다도 이 책 1권 6장 1절 "하나님 아버지에 대한 가르침"에서 살펴본 것처럼 예수는 '하나님을 나의 아버지'라고 호칭한 최초의 인물이다. 예수는 세례와 시험을 통해 하나님을 아버지로 체험한 것이며, 이는 자신을 하나님의 아들로 소명받은 것을 드러낸다. 예수는 공생애 동안 하나님 아버지와 자신의 관계를 분명히 발언한 것은 아주 놀라운 전승이 아닐 수 없다.[20]

> 내 아버지께서 모든 것을 내게 주셨으니
> 아버지 외에는 아들을 아는 자가 없고
> 아들과 또 아들의 소원대로 계시를 받은 자 외에는
> 아버지를 아는 자가 없느니라.(마 11:27, 눅 10:20)

그리고 제자들에게 '나의 아버지가 바로 너희의 아버지'이므로 너희가 기도할 때 "하늘에 계신 우리 아버지"에게 기도하라고 가르쳤다. 이 가르침은 제자들에게 아주 강한 인상을 주었기 때문에 예수가 제자들에게 "사람들은 나를 누구라 하느냐?", "너희는 나를 누구라 하느냐?"고 물었을 때, 저 유명한 베드로의 고백은 자연스럽게 "당신은 그리스도요 살아 계신 하나님의 아들입니다."(마 16:16 병행)라고 단언할 수 있었던 것이다.

비교적 후대에 기록된 요한복음은 한 걸음 더 나아가서 예수가 스스로 "나와 아버지는 하나"(요 10:30)이며 "나를 본 자는 하나님을 본 자"(요 14:9)라고 하였다. "하나님을 믿고 또 나를 믿으라."(요 14:1)는 예수의 선포는 이런 맥락에서 받아들여진 것이다.

(2) 예수가 열두 제자를 선택한 것도 역사적 사실로 확인되었다.[21] 열두 제자 집단에 대한 강조(막 3:13-19 병행)는 예수 자신이 이스라엘

열두 지파에 보냄을 받았다는 소명에 기초를 두고 있다. 열둘이란 수는 이스라엘의 열두 부족을 상징한다(마 19:28, 눅 22:30). 예수가 12사도를 임명한 것은 그가 이스라엘 열두 지파의 종말론적 회복을 기대했다는 표시이다.[22] 예수의 제자가 되는 것은 종말 시의 새로운 하나님의 백성이 되는 것으로 이해된다.[23]

워더링턴(Ben Witherrington)은 예수와 12제자의 관계는 하나님과 이스라엘 12지파의 관계처럼 하나님이 12지파 속하지 않았듯이 예수도 12제자에 속할 수 없는 양자의 절대적 구분과 질적 차이를 드러낸다는 점을 강조한다.

> 만약 열두 제자가 새로운 이스라엘을 대표한다면 예수님은 어디에 속해야 할까요? 그는 단지 이스라엘의 한 부분에 속하신 분도 아니시고, 구속받은 무리에 속하신 분도 아닙니다. 예수님은 구속받은 사람들의 모임을 만드셨습니다. 마치 구약에 하나님께서 그의 백성들을 부르셔서 이스라엘 열두 지파로 만드신 것처럼 말입니다. 이것이 '예수님께서는 자신을 어떻게' 인식하셨는가?에 대한 단서입니다.[24]

이처럼 예수가 12제자와의 특수한 관계에서 자신의 지위를 하나님과 같은 위치에 두었다는 사실에서 예수는 하나님과 같은 권위를 주장한 한 측면을 엿볼 수 있다.

(3) 예수는 하나님과 같은 권위를 가지고 가르쳤다. 그가 가르치는 내용에는 하나님만이 선포할 수 있는 내용이 포함되었다. 예수는 많은 병자를 치유하면서 "네 죄가 사해졌다."고 사죄 선언을 하여 유대 지도자들을 분노케 하고 유대인들을 경악케 하였다. 유대인들은 지금도 그러하지만 당시에도 죄를 사하는 권세는 오직 하나님에게만 있는 것

으로 확신하였다. “이 사람이 어찌 이렇게 말하는가. 신성 모독이로다. 오직 하나님 한 분 외에는 누가 능히 죄를 사하겠느냐?”(막 2:7)는 유대인의 반응은 당연한 것이었다. 예수는 사죄 선언을 시비하는 유대인들에게 “인자는 땅에서 죄 사하게 하는 권세를 가지고 있다.”(막 2:10, 눅 5:24)는 사실을 스스로 확인시켜 주었다. 예수 역시 죄의 용서는 하나님의 고유 권한에 속한다는 유대교의 전통에서 자랐음에도 불구하고 하나님과 동등하게 죄 사함의 권세를 가졌다고 주장한 것이다. 이에 대해 유대인들은 예수가 마치 하나님처럼 발언하고 행동한다고 경악했던 것이다. 이 일로 예수는 신성 모독자로 고발되었고 실제로(de facto) 신성 모독자로 처형당한 것이다.[25]

(4) 예수가 하나님과 같은 권위를 주장한 것은 그가 사용한 언설 양식에서 찾아볼 수 있다. 예수는 그의 말의 권위를 드러내기 위해 “옛 사람은 이렇게 말했으나… 진실로 내가 네게 말한다.”는 어구를 여러 번 사용하였다. 이는 예수의 본래의 말(ipsissima vox)로서 유대문학 전체나 신약성서 이외에 다른 유비가 없는 새로운 언설 양식임이 널리 주장되고 있다.[26]

- 이 어구에 상응하는 정확한 히브리어 어구는 아직 발견되지 않는다.
- 이 문구는 오직 복음서에, 그리고 사복음서 모두에서 발견된다.
- 이 문구는 예수가 자신의 말씀을 도입하고 보증할 때만 사용했다.
- 다른 사람의 말을 확인하는 응답으로는 결코 사용하지 않는다.

‘진실로’라는 말의 원어가 ‘Amen’은 이어서 이 독특한 언설 양식을 ‘아멘 양식’(Amen Formular)이라 한다. 이는 예언자들의 ‘메신저 양식’(Messenger Formular), 즉 “야웨가 이렇게 말했다.”와 유비되는 양식으로서 예외 없이 예수 자신의 말씀을 소개하거나 보증하는 데 사용되었다.[27] 예언자들은 하나님의 말씀의 대언자로서 "야웨가 이렇게 말했다."거나 "이는 야웨의 말씀이다."는 사실을 밝히는 간접적인 언설 양식을 통해 하나님의 권위에 의존하여 대언하였지만 예수는 전적으로 달랐다. 예수는 스스로 하나님과 같은 권위를 가지고 하나님이 말씀하시듯이 "나는 너희에게 말한다."는 직접적인 언설 양식을 사용한 것이기 때문이다.

예를 들면 예언자 미가야는 "여호와께서 내게 말씀하시는 것 곧 그것을 내가 말하리라."(왕상 22:14)는 말로 예언의 권위 근거를 하나님께 두었다. 단지 하나님의 사자로서 하나님이 말씀해 주신 것만을 전한다는 뜻이다. 그러나 예수는 하나님과 같은 권위를 가지고 "나는 너희에게 말한다."는 언설을 사용하였다. 그래서 예수는 "예언자 보다 큰 이"(마 12:41-42, 눅 11:31-32)이며 "솔로몬의 지혜보다 큰 이"라고 하였다.[28]

(5) 예수는 하나님의 아들로서 하나님과 같은 권위를 가지고 율법을 새롭게 해석하였다. 예수는 옛 율법을 폐기하거나 강화하여 새로운 율법을 가르쳤는데(마 5:21-48), 이를 구약의 율법에 대한 6반제(anti-these)라고 한다.[29]

① 살인하지 말라.(출 20:13 제5계명) → 형제에게 노하거나 욕하지 말라.(마 5:22)

② 간음하지 말라.(출 20:14 제6계명) → 여자를 보고 음욕을 품는 자마다 마음에 이미 간음하였느니라.(마 5:28)

③ 아내를 버리려거든 이혼증서를 주라.(신 24:1) → 음행한 연고 없이 아내를 버리지 말라.(마 5:32)

④ 헛맹세를 하지 말라.(레 19:12) → 도무지 맹세하지 말라.(마 5:34)

⑤ 눈은 눈으로 이는 이로 갚아라.(출 21:24, 레 24:20, 신 19:21) → 오른편 뺨을 치거든 왼편도 돌려대라.(마 5:40)

⑥ 이웃을 사랑하고 네 원수는 미워하라.(레 19:18) → 원수를 사랑하고 핍박하는 자를 위해 기도하라.(마 5:44)

하나님께서 모세에게 준 십계명을 포함한 율법을 폐기하거나 강화하여 새롭게 제시하는 것은 모세 이상의 권위(마 11:27, 17:5, 28:18 참조) 즉, 하나님과 같은 권위를 암시하는 것으로서 사람들에게 놀라움을 자아내게 하였다. 그래서 스타인(R. Stein)은 예수가 이런 선언을 할 수 있었던 것은 그분이 하나님의 아들로서의 정체성 때문이었다고 한다.[30] 케제만(E. Käsemann)도 "하나님의 계명을 폐지시킬 수 있는 분은 하나님과 동일한 단 한 분이다."[31]고 하였다.

(6) 예수는 놀랍게도 하나님과 같은 권위를 가지고 "인자는 안식일의 주인"(마 2:28 병행)이라고 선언한다. 타이쎈은 예수의 안식일 논쟁 배후에는 예수가 다윗과 비견될 만한 권능을 과시하는(막 2:25-26) 메시아적 모티브가 있다고 하였다. 예수는 종말론적 메시아의 권위를 가지고 하나님이 창조하시고 시내산 계약을 통해 제정하신 안식일의 실제 주인이 자기 자신이라고 주장했다. 안식일은 '하나님의 안식'에 참여하는 것인데, 예수가 안식일의 주인이라고 선언한 것이다. 이 역시 예수가 생전의 자신의 신적인 권위를 드러내는 또 다른 증거로 보아야 할 것이다.

(7) 예수가 자신을 "성전 보다 큰 이"라고 선언하고 "성전을 헐라."고 주장하고 "성전이 무너질 것이다."고 예고한 것은 예수가 체포되어 산헤드린의 재판을 받을 때 가장 중요한 죄목(막 14:58, 마 25:61)으로 지목되었다. 성전은 '하나님의 전'(눅 6:4)으로 의심 없이 이해되어 왔

으므로 성전 모독은 신성 모독과 같은 범죄에 해당하였다. 그래서 십자가 처형 시 예수는 "성전을 헐고 사흘에 짓는 자"로 불렸고, "네가 만일 하나님의 아들이어든 자기를 구원하고 십자가에서 내려오라."(막 15:29, 마 27:40)는 조롱을 받았다.

예수 당시에는 그 누구도 감히 하나님의 성전의 멸망을 예고할 수 없었으므로 예수가 '하나님의 성전의 멸망'을 선언한 것으로 보아 예수는 하나님과 동등한 권위를 자각하고 있었음을 확인할 수 있다.

(8) 예수의 마지막 만찬은 성전 제사를 대체하는 새로운 제의를 창시하는 행위였다. 타이쎈과 메르츠는 예수가 성전 제의의 종말론적 변혁을 추구하였으며 옛 성전 제의를 종식시키고 새로운 제의를 창시하였는데 그것이 바로 세례와 성찬이라고 하였다.[32] 세례는 최후 심판을, 성만찬은 종말론적 만찬을 미리 맛보는 것이다. 타이쎈은 이런 점에서 "세례는 사실상 성전 제의에 도전하는 경쟁적 의미의 예식이다. 성만찬은 사실상 '희생 제의'를 대체하는 예식이다."[33]고 한 것이다.

그리고 예수는 최후의 만찬에서 자신의 죽음을 '새 계약의 표식'(눅 22:20)으로 선언하였다. 시내산에서의 옛 계약을 새 계약으로 전환시킨 것이다. 하나님이 이스라엘 백성과 맺은 옛 계약을 새로운 계약으로 대체하는 것 역시 하나님과 동등한 권위를 가지지 않고서는 불가능한 행위라고 보아야 할 것이다.

(9) 예수가 공생애를 통해서 행하신 여러 치유 기적이나 무화과나무의 저주나 열두 제자의 선택과 성전 정화 같은 행위를 구약의 예언자적 행위에 유비되는 '예언자의 상징적 행위'로 이해되어 왔다.[34] 그러나 예수의 치유, 축사(逐邪), 자연기적은 모두 예언자의 전례를 따른 것이 아니며, 그의 행위는 단순히 하나님에 의해 미래에 일어날 일들을 예언적으로 상징적으로 극화된 것이 아니다. 그의 치유와 축사와

자연기적이 모두 그의 직접적인 말씀을 통해 이뤄진 사건이다. '일어나 걸어라' 명하니 앉은뱅이가 일어나 걷게 되고, '귀신아 물러가라' 명하니 말씀이 그대로 이루어진 것이다. 그래서 예수는 '요나보다 큰 이'(마 12:41), '솔로몬의 지혜보다 큰 이'(눅 11:31)로 고백되었다.

이는 하나님께서 태초에 말씀으로 천지만물을 창조하던 상황을 반영한다. 예수의 말씀 역시 하나님의 말씀과 같은 창조적인 능력을 발휘하는 것이다. 예수의 모든 말씀이 그대로 이루어진 것이야말로 예수의 신적 권위의 한 표상으로 이해될 수밖에 없다.

(10) 요한복음에는 예수가 자신을 가르쳐 "나는… 이다."라는 양식의 말씀을 일곱 번 한 것으로 기록하고 있다.

- 나는 생명의 떡이다.(6:35, 41, 51)
- 나는 세상의 빛이다.(8:12, 9:5)
- 나는 양의 문이다.(10:7, 9)
- 나는 선한 목자이다.(10:11, 14)
- 나는 부활이고, 생명이다.(11:25)
- 나는 길이요, 진리요, 생명이다.(14:6)
- 나는 생명나무이다.(15:1, 5)

예수는 하나님의 신적 이름, 곧 하나님의 권위적인 임재를 자신에게 공개적으로 적용한다. 이스라엘 역사상 어떤 예언자나 제사장도 이렇게 하지 않았기 때문에 이러한 언설 역시 복음서의 청중들이 예수를 하나님과 동등한 권위자로 믿게 하든지 아니면 그를 신성모독으로 비난하게 하는 원인이 되었다.

(11) 로마의 황제, 그리고 기적을 행하는 사람들처럼 신적인 힘을

지닌 사람들도 당시에는 '하나님의 아들'로 불렸다. 오스카 쿨만(O. Cullmann)에 따르면 신약성서에 나오는 하나님의 아들이라는 칭호는 "예수가 아버지와 맺는 관계의 유일무이함과 일회성"을 표현한다고 했다. 예수는 우리 모든 인간이 하나님의 자녀들이라는 보편적인 의미에서의 하나님의 아들이 아니라 유일무이한 단 하나의 아들이다. "예수는 자신의 사명에 순종하며 이를 온전히 성취한 하나님의 아들이며, 아버지와 뜻에 철저히 일치한 하나님의 아들"[35]이다. 예수는 다른 모든 인간들과 달리 어떤 식으로든 하나님과 완전히 하나를 이룬 분이다.

그래서 쾰만은 예수를 단지 인간만으로 볼 수 없는 이유를 명확히 하였다.

> 예수는 단지 인간에 불과하지 않은 그 이상의 존재였다. 만약 신약성서를 볼 때 이 점을 빠뜨린다면, 휴머니스트들의 예수상은 그 정당한 의도에도 불구하고 안목이 너무 좁아지게 되는 것이다.[36]

예수를 하나님으로 고백하다

예수는 자기 자신을 '하나님의 아들'로 자각하였고 제자들도 예수를 '하나님의 아들'로 고백하였다. 그러나 예수가 하나님 아버지에게 버림을 받고 십자가에 처형되었으나, 하나님께서 그를 다시 살리셨고, 부활하신 예수는 열두 제자와 여러 추종자들에게 나타나셨다.

이 부활 사건 이후 예수를 하나님의 아들로 고백하던 신앙이 자연스럽게 "예수는 하나님이 인간이 되신 분"이라는 신앙으로 확장되었고, 마침내 예수 그분이 바로 "나의 주 나의 하나님"이라는 도마의 고백으로 이어졌다. 저자가 조사한 바로는 신약성서는 적어도 네 번에 걸쳐 명시적으로 예수를 하나님이라고 고백한다.

• 나의 주님이시요 나의 하나님이시니이다.(요 20:28)

• 그는 만물 위에 계셔서 세세에 찬양을 받으실 하나님이시니라.(롬 9:5)

• 우리 크신 하나님 구주 예수 그리스도의 영광이 나타나심(딛 2:13)

• 그는 참 하나님이요 영생이시라.(요일 5:20)

하나님은 한 분이신데, 성부도 하나님이고, 성자도 하나님이고 그리고 하나님의 영이요 그리스도의 영이신 성령도 하나님이라고 성서가 말하고 있기 때문에 소위 성부 성자 성령 삼위일체론이 자연스럽게 형성된 것이다. 성경의 증언에 따라 예수를 하나님이요 그리스도로 고백하지 않는 신앙은 기독교 신앙이라고 할 수 없다는 사실이 세계기독교교회협의회(WCC)의 선언을 통해 확인된 것이다.[37]

그럼에도 불구하고 예수가 위대한 인간인 것은 인정하지만 예수가 하나님이라는 사실은 인정할 수 없다는 사람들이 많다는 것이 사실이다. 특히 유대교와 이슬람교에서는 예수가 위대한 예언자인 것은 인정하지만 예수가 하나님인 것은 인정하지 않는다. 이것이 구약성서를 수용한 3대 종교라고 할 수 있는 유대교, 이슬람교, 기독교의 차이인 것이다.

물론 불트만이 지적한 것처럼 "신약성서는 예수의 신성 또는 신 됨에 관한 확인들이 실제로는 그의 본성이 아니라 그의 의미됨을 표현한 것"[38]인지 아니면 칼케돈 신조 등에서 주장한 것처럼 본체론적 의미인지는 논란이 될 수 있지만 어떤 의미로든지 예수의 신성을 명확히 고백하였다는 것은 부정할 수 없다.

_05

예수는 어떤 의미에서 우주적 그리스도인가?

현대 기독론의 새로운 과제

전통적인 그리스도론의 핵심적인 두 주제는 그리스도가 누구인가라는 그리스도의 인격(the person of Christ)에 대한 질문과 그리스도께서 무엇을 하셨는가라는 그리스도의 사역(the work of Christ)에 관한 질문이다. 전자는 성육신론과 양성론(two natures of Christ)으로 전개되어 왔고 후자는 다양한 속죄론 또는 구원론으로 전개되어 왔다.[39]

그리스도의 인격론은 니케야 회의(325년)와 칼케돈 회의(451년)를 거치면서 교리적으로 분명한 발전 단계를 밟아 왔다. 예수 그리스도는 참 인간이요 참 신이시며, 이 두 본성의 관계는 '혼합됨이 없으시며 변화됨이 없으시며 분리됨이 없으시며 분할됨이 없으시다.'는 교리에 도달하였다. 양성론에 대한 현대적 재검토가 있었지만 전통적인 양성론의 큰 틀을 벗어나지 못했다.

현대에 와서 구원론은 그 쟁점이 크게 부각되었다. 대속의 그리스도를 통한 개인 구원과 해방자 그리스도를 통한 사회 구원을 넘어서서 우주적 그리스도를 통한 생태적인 구원이 그리스도론과 구원론의 새로운 과제로 등장하였다.[40] 개인의 회심을 통해 복음을 받아들이게 하는 '복음화'와 사회 구조악을 일소하고 정의와 평화를 이루어 인간의 삶의 질을 높이는 '인간화' 못지않게, 파괴되어 가는 생태계를 회복하여 하나님이 창조하신 생태계를 잘 돌보고 관리하여 '창조의 보전'을 이루는 것이 중요한 신학적 과제로 등장하였다.[41] "정의 · 평화 · 창조의 보전"은 이러한 현대 신학의 흐름을 가장 명확하게 반영한 것이다.[42] 따라서 예수 그리스도의 구원 사역을 생태 구원으로 확장하고 예수의 존재를 우주적 차원으로 확장하는 '우주적 그리스도론'의 재검토를 불가피하게 한 것이다.

이러한 우주적 그리스도를 통한 생태학적 구원에의 열망은 성서에 특히 골로새서(1:15-17) 등에 나타나는 창조의 근거요 중재자 및 유지자요 그리고 창조의 궁극적인 목적으로서의 우주적 그리스도에 대한 재발견으로 이어진다.[43]

- 그분 안에서 창조되었다.
- 그분을 통해서 창조되었다.
- 그분을 위해서 창조되었다.

칼 바르트는 골로새서의 찬양과 관련하여 하나님 안에 있는 그리스도의 존재와 공동체 안에 있는 그의 존재 외에 우주 안에 존재하는 "예수 그리스도의 제3의 실존방식에 대하여 생각할 수 없는가?"라고 하였지만 논의를 더 이상의 진전시키지 않았다.[44]

본회퍼는 '나를 위한' 그리스도의 현존의 방식과 현존의 장소를 삼중적으로 설명하여[45] 그리스도의 삼중적 현존의 방식은 말씀, 성례, 교회이고, 그리스도의 삼중적 현존의 장소는 인간의 중심, 역사의 중심, 자연의 중심이라고 하였다. 오트(H. Ott)는 본회퍼가 제시한 그리스도의 세 가지 현존의 방식인 말씀, 성례, 교회와 그리스도의 현존의 장소인 인간의 중심, 역사의 중심, 자연의 중심에 해당된다고 하였다.[46] 에벨링(G. Ebeling) 역시 세계의 주로서 그리스도의 우주성을 삼직무론으로 해석하였다.[47] 하나님과의 관계에서 하나님의 말씀이 육신이 되신 예수는 예언자이며, 인간과의 관계에서는 인간의 형제인 예수는 제사장이며, 세계와의 관계에서는 세계의 주이신 예수는 왕이라고 하였다.

정치신학을 통해 구원의 정치적 · 세계사적 지평을 강조해 온 몰트만은 구원의 지평을 다시 확대하여 우주적 차원을 포함시켜 생태학적 관점에서 우주적 그리스도를 명시적으로 주장하였다. 따라서 예수는 '삼중적 실존방식'을 지닌 자로서 역사적 실존(인간)이며, 교회 공동체로 실존(하나님의 아들)이며, 그리고 우주적 실존(만유)이라고 설명하였다. 그러나 이를 전통적인 삼직무론이나 삼성론과 직접 관련시키지 않았다.

그러나 예수 그리스도가 인성과 신성을 지녔다는 전통정인 양성론(兩性論)에서 한 걸음 더 나아가 그리스도는 신성 및 인성과 더불어 우주성이라는 제3의 본성을 지녔다는 뜻에서 그리스도의 삼성론(三性論)을 명시적으로 주장한 이는 샤르뎅이다. 그는 "그리스도의 세 번째 본성(인간의 본성도 신성의 본성도 아닌 우주의 본성)은 신앙인들이나 신학자들이 별로 주목하지 않았다."[48]고 지적하였다. 그리스도의 삼성론에 대한 샤르뎅의 주장은 기독론의 역사에서 획기적인 사례로 평가된다.

최근 가톨릭 신학자 폭스(M. Fox) 역시 바울서신뿐 아니라 복음서의 역사적 예수에게서도 우주성이 발견된다고 주장한다.[49] 그리고 그리스도의 우주성을 배제한 현대 서구 문화는 갈등과 분열을 증폭시키지만 그리스도의 우주성은 총괄 갱신이 뜻하는 바와 같이 만물의 통일과 완성을 목표로 하는 '우주적 조화'를 표상한다. 그런 의미에서 우주적 그리스도는 조화의 조성자이다. 이런 관점에서 볼 때 샤르뎅이 말한 그리스도가 신성과 인성뿐 만 아니라 제3의 본성으로서 우주성을 지닌다는 '그리스도의 삼성론'은 그리스도 안에서 나타난 신성을 통한 하나님과의 관계, 인성을 통한 인간과의 관계, 그리고 우주성을 통한 자연(또는 물질)과의 관계를 개인 구원, 사회 구원, 생태 구원의 통전으로 해석하여온 천지인의 신학과 상응한다.

우주적 그리스도와 그리스도의 세 실존양식

최근에 와서 기독론의 아주 새로운 모색을 시도하고 있다. 예수 그리스도는 칼케돈 신조가 말한 거처럼 하나님과 동일본질이신 참 하나님이요, 죄가 없으신 것 외에는 인간과 동일하신 참 인간이라는 의미에서 신성과 인성을 지녔을 뿐 아니라 '만유의 만유이신 우주성'을 지닌 분으로 재인식하게 된 것이다.[50]

칼 바르트는 골로새서의 찬양과 관련하여 하나님 안에 있는 그리스도의 존재, 공동체 안에 있는 그의 존재, 그리고 우주 속에 있는 그의 존재로서 '예수 그리스도의 제3의 실존방식'에 대하여 생각할 수 없는가를 질문하였다.

> 그는 이미 지금 만유의 통치자로, 모든 것에 대한 머리로서, 처음으로 또 마지막으로 홀로 권능 있는 자로서 비록 우주 안에 은폐되어 있고, 그의 공동체가 그를 인식하는 것처럼 그를—아직!—인식하지 못하지만 우주 안에서, 또한 최고의 실재성 속에서 우주 안에서 실존하며 작용하며 창조하며 활동하지 않는가?[51]

몰트만에 의하면 '우주적 그리스도론'에 대한 최근의 신학적 토의는 생태학적 위기가 의식화되기 훨씬 이전 1961년 뉴델리의 세계교회대회에서 루터교회 신학자 요셉 지틀러(Joseph Sittler)를 통해 제시 되었다고 한다.[52] 그러나 지틀러는 문제가 진지하게 생각되지 않았으며, 구원에 비하여 창조가 너무 강조되었으며, 장차 올 하나님의 나라에 대한 종말론적 증언이 결여되어 있으며, 죄인의 칭의를 이해할 수 있는 여지를 남겨두지 않았으며, 그리고 폐쇄된 이레네우스의 우주론을 벗어나지 못했다고 비판한다.[53]

따라서 몰트만은 그리스도의 우주성을 삼중적 창조론과 그리스도의 삼중적 통치 그리고 삼중적 화해의 자리로써 그리스도의 삼중적 실존양식을 주장하였다.

창조의 지혜로서 그리스도는 우주 역사의 끝없는 창조의 근거이며. 동시에 창조의 중재자 일뿐만 아니라 창조의 유지자이다. 전통적 창조론은 창조의 이러한 다면성을 밝히지 못했다. 하나님의 창조를 단지 '태초의 창조'(creatio originalis)로만 이해하였을 뿐, 하나님의 섭리로 '계속되는 창조'(creatio continua)와 마지막 날에 이뤄질 모든 것을 '완성하는 창조'(nova creatio)로 이해하지 못하였기 때문이다. 이러한 전통적 견해에 따르면 창조와 구원은 분리된다. 창조가 구원의 준비로 격하되거나 아니면 구원이 태초의 창조를 회복하는 것으로 위축된다.

그러므로 창조를 그리스도론적으로 재조명할 때, 태초의 창조와 함께 시작하여 창조의 역사 속에서 계속되며 모든 것의 새 창조에서 완성되는 그리스도가 지닌 창조의 중재자 직을 세 단계로 설명할 수 있게 된다는 것이다.[54]

• 모든 것의 창조의 근거로서의 그리스도(creatio originalis)

• 창조의 진화의 원동력으로서의 그리스도(creatio continua)
• 창조의 모든 과정의 구원자로서의 그리스도(creatio nova)

몰트만은 나아가서 그리스도의 왕적 직분의 3중적 통치에 관한 개신교 정교주의 신학의 이론을 받아들여 오늘의 상황 속에서 새롭게 전개한다. 그리스도는 자연의 왕국(regnum naturae)과 은혜의 왕국(regnum gratiae)과 영광의 왕국(regnum gloriae)에서 다스린다. 이와 같이 통합적으로 생각할 때 우리는 지금까지 우주적 그리스도론이 지니고 있었던 일면성을 피할 수 있다는 주장이다.[55]

몰트만에 의하면 그리스도의 평화는 구원론적으로 다차원적인 성격을 지닌다. 그리스도의 평화는 인격적 신앙을 통하여 자신의 마음 깊은 데에서 인지된다. 하나님과 영혼의 내적 평화는 중요하다. 그러나 영혼의 평화는 모든 영혼이 그 자신을 넘어서서 우주의 모든 피조물들과의 사귐을 통해 완성된다.

> 그리스도께서 그의 십자가 죽음을 통하여 '적대관계'를 '죽였기' 때문이다. 인간이 자기 자신과의 적대관계, 인간 상호 간의 적대관계, 인간과 자연의 적대관계, 자연 자체의 힘들 사이의 적대관계. 그리스도의 평화는 우주적이며 모든 창조를 침투한다. 만일 그렇지 않다면 그리스도는 하나님의 그리스도가 아닐 것이다.[56]

인간과 하나님 그리고 인간 상호 간에 경험하는 화해는 인간과 그들의 세계를 넘어서 우주를 보게 한다. "하나님은… 하늘에 있는 것이든 땅에 있는 것이든 모든 것을 그분을 통해 자기와 화해하게 하셨습니다."(골 1:20) 모든 창조가 화해되지 않는다면, 그리스도는 하나님의 그리스도일 수 없을 것이며 모든 것의 근거일 수 없을 것이다. 만일 그가 하나님의 그리스도이고 모든 것의 근거라면, 그리스도인들은 다른 피조물들을 마치 다른 사람들을 대하듯이 대할 수 있는 것이다. 모든 피조물을 세계의 화해 속으로 이끌어 들이기 위하여 그리스도가 십자가에 달려 죽은 것이다. 이러한 우주의 화해를 통해 우주의 정의가 회복 되는 것이다.[57]

그런 의미에서 예수는 역사적 실존(인간)이며, 교회 공동체로 실존(하나님의 아들)하며, 우주로 실존(만유)한다고 하였다.

> 예수는 새로운 인류의 장자이다—예수는 백성들의 사람의 아들이다—예수는 화해된 우주의 머리이다: 그리스도의 몸은 십자가에 못 박혔고 부활한 예수의 몸이다—그리스도의 몸은 교회이다—그리스도의 몸은 온 우주이다. 첫째의 경우 그리스도는 나사렛 예수로 실존하였고, 둘째의 경우 그리스도는 공동체로서 실존하며, 셋째의 경우 그리스도는 우주로서 실존한다: 그리스도는 언제나 더 크시다.(Christus semper major)[58]

몰트만이 우주적 그리스도의 구원론적인 측면을 강조하고 그리스도의 우주적 실존을 '그리스도의 삼중적 실존양식'의 하나라는 사실을 구체적으로 주장하였으나, 이는 본회퍼와 오트(H. Ott)가 이미 제시했던 교회의 중심, 역사의 중심, 세계의 중심이신 그리스도를 '세 가지 실존양식'이라는 용어로 부연한 것이다.[59]

나아가서 몰트만은 전통적인 "두 본성의 구분은 그리스도 자신의 특별한 역사로부터 오는 것이 아니라, 그 당시 세계의 보편적 형이상학에서 온 것이다."[60]고 지적하였다. 그러나 그가 주장한 역사적 실존을 인성으로, 교회적 실존을 신성으로, 그리고 우주적 실존을 우주성으로 유비할 수는 있지만, 엄격한 의미에서 예수의 세 실존양식을 그리스도의 삼성론으로 주장하지는 않았다.

샤르뎅의 그리스도의 우주성과 그리스도의 삼성론

1961년 지틀러가 '우주적 그리스도'에 관한 강의를 하기 이전에 이미 그리스도의 우주성을 현대적 신학의 주제로 제시한 이는 떼이야르드 샤르뎅이다. 샤르뎅은 1955년 저술한『그리스도』라는 책에서 명시적으로 그리스도의 우주성을 그의 신성과 인성에 이어 제3의 본성이라고 주장하고 이를 '신-니케야 신조'에 상응하는 것으로 밝혔다.[61] 이는 기독론의 역사상 주목할 만한 사례가 아닐 수 없다.

(1) 샤르뎅은 말년에 쓴『물질의 심장』(1950)에서 여섯 살 내지 일곱 살 때 이미 "물질의 핵심 속에서 무언가 '빛나는 것'에 이끌리기 시작했다."고 회상하였다.[62] 물질과 정신은 결코 두 가지 다른 실체가 아니고, 같은 우주적 재료가 보는 방식에 따라 달리 나타나는 '두 상태 또는 두 측면'[63]이며, "엄밀히 말해서 무생명체에 비해 생명체가, 육체에 비해 정신이 절대적으로 우위에 있다고 말할 수는 없다."[64]는 확신에 이르게 되었다는 것이다. 그 시절 그는 기도하면 할수록 "하나님께서 정신-영적이며 동시에 만져지는 현실 속에 더욱 깊이 '물질화'하셨다."[65]는 사실과 "신이 어디든 파고들고 무엇으로나 변모할 수 있게 된 다음부터는 '보편화-우주화할 수 있는 특성'을 띠게 되었다."[66]는 사실을 깨달았다고 한다.

물질과 육체로 구체화되는 자연과 우주가 정신과 영혼처럼 신비한 까닭은 훗날 성육신의 새로운 해석을 통해 확인한다. 샤르뎅에 의하면 그리스도의 성육신은 단지 하나님이 '육신의 몸'으로 인간이 되신 사건에 제한되지 않는다. 성육신의 의미는 우주로 확장된다. 그리스도는 성육신을 통해 인류의 일부분만이 아니라 우주의 일부분이 되었다고 주장한다. 그러 의미에서 그리스도는 '우주의 몸'(a cosmic body)으로 성육신하신 것이다. 이 그리스도의 우주성은 '우주의 충만'(the plenitude of the Universe)이요, 전 우주를 채우는 '우주의 몸'으로 표현된다.[67] 그리스도가 우주의 몸이라는 주장은 샤르뎅의 초기 저서『우주적 그리스도론』(1920)과『범신론과 그리스도교』(1923)에서도 등장한다.[68]

우주가 그리스도의 몸이라면 우리 인간도 우주의 일부로서 그리스도의 몸이라고 할 수 있다. 폭스는 샤르뎅의 사상에 의하면 우주만이 거대한 신비이고 따라서 신비의 원천인 것이 아니라 우리의 몸도 그러하다고 한다.[69] 이런 의미에서 샤르뎅은 인간의 몸은 제3의 무한 즉 무한복잡의 세계라고 하였다. 우주가 무한대의 세계라면 미립자는 무한소의 세계이고 인체는 무한복잡의 세계라 하였다. 그러므로 우주와 마찬가지로 육체는 경외심의 근원이며 따라서 신비주의의 근원이다.

(2) 우주에 충만한 우주의 몸인 그리스도는 우주에 편재하는 우주성을 지니는 우주적 존재이다. 만물을 하나로 연결시키는 우주적 존재로서 그리스도는 우주 속에 편재하는 존재이다. 하나님의 편재는 만물의 힘을 하나로 엮는 그리스도로 표현된다.[70] 하나님의 편재(遍在)는 바로 그리스도의 편재라는 정식(定式)에 도달한다.[71]

그리스도의 우주적 힘이 만물에게 미친다는 개념은 샤르뎅이 초기에 쓴 논문에도 나타나 있다. 그가『신의 영역』을 쓰기 수년 전부터 그는 이 우주적 힘을 그리스도의 편재(a universal presence)라고 표현하여 왔다. "강생된 말씀은 마치 우주의 구성요소처럼 만물 안에 깊숙이 현존하고 있다. 그것은 우주의 구성을 속속들이 비추고 있다." 이 '범그리스도 사상'(pan-christism)은 만물이 신과 동일하고 신과 융합되어 그 본질을 상실한다는 그릇된 범신론과는 전혀 다르다. 그리스도의 우주적 힘은 "사물을 분리하기는커녕 결속하고 사물을 혼동하기는커녕 개별화한다."[72]고 주장한다. 그리스도의 편재라는 신앙은 모든 것이 '그리스도 안으로 수렴'된다는 우주적 원리가 된다.[73]

샤르뎅은 그리스도 몸의 우주적 편재의 원리를 성찬의 신학적 의미에서 새롭게 발견한다.[74] 『물질세계의 그리스도』에서 '성체'(聖體)는 널리 전 우주를 포용하고 변화시키며 생동하게 한다고 묘사되어 있다.[75] 「사제」는 전선(戰線)에서 쓴 것인데 묵상 기도의 형식으로 표현하였다.

> 주여, 당신의 사제인 나에게는 지금 면병(麪餠)도 포도주도 제단도 없나이다. 그러므로 나는 내 손을 이 넓은 우주에 펴서 이것을 송두리째 당신께 제물로 바치나이다. 당신이 변화시키고자 하시는 최후의 면병은 무한한 조물계가 아니나이까?[76]

이와 같이 샤르뎅은 전 우주를 제물로 삼는다. 전 우주는 성체의 힘으로 그리스도의 몸과 피가 된다. 성찬에서 그리스도의 축성은 '우주적 축성'(the universal consecration)으로 그리고 그 "우주의 축성(祝聖)은 끊임 없는 우주의 성찬 의식"[77]으로 조명된다. 샤르뎅은 『신의 영역』(1917)에서 다음과 같이 말하고 있다.

> 주여! 당신은 '이는 내 몸이니라'라고 하였으므로 제대상(祭臺床) 위의 빵만이 아니라 어느 정도 영성 생활 및 은총 생활을 위해 영혼을 길러 주는 우주의 만물도 당신의 것이 되고 거룩해졌나이다. 다시 말하면 우주 만물이 신화되고 신화하며 신화할 수 있는 것이니이다.[78]

넓은 의미로 그러나 실제적인 의미로 말하면 "그리스도가 속속들이 침투하여 활기를 불어 넣는 우주가 바로 하나의 성체"[79]라는 것이다. 샤르뎅은 그리스도의 구속 활동과 통일 활동이 성찬을 통하여 연장된 것으로 생각하고, 또 "그리스도의 우주적 힘도 바로 성찬을 통하여 인간에게 도달되고" 이에 따라 성찬은 우주적 능력과 실제성을 지니고 있다고 생각한다. '우주의 축성' 대상은 정적인 우주가 아니라 진화하고 발전하는 동적인 우주다. 그러므로 인간의 활동도 우주의 축성과 함께 성화된다고 주장한 것이다.[80]

(3) 샤르뎅은 그리스도가 우주의 몸일 뿐 아니라 '우주의 머리'라는 사실을 강조한다. 그리스도는 성육신과 부활을 통해 우주의 일부분만이 아니라 바로 우주의 지배 원리가 되었다는 것이다. "강생(성육신)은 우주의 모든 물리력과 정신력을 갱신하고 복구하는"[81] 능력이요 "부활의 힘으로 그리스도에게 우주의 중심적인 능력"이 주어진 것이다.[82] 샤르뎅은 우주적 그리스도에 관한 요한과 특히 바울의 가르침을 요약하면, 두 가지를 긍정할 수 있다고 한다. 즉 "만물은 그분(그리스도)으로 말미암아 존재한다."(골로 1:17)라는 긍정과 "그분 안에서 만물은 완성된다."(골로 2:10, 에페 4:9)는 긍정이다. 따라서 이 두 긍정은 "그리스도는 모든 것이며, 모든 것 위에 군림한다."(골로 3:11)라는 말로 줄일 수도 있다고 하였다.[83] 그러므로 "그리스도는 만물의 으뜸이요 머리다. 만물은 그분 안에서 시작되고, 통일되고 마침내 완성된다."[84] 따라서 우주의 머리요 우주의 중심이신 그리스도에 관한 자신의 견해는 '그리스도의 물리적인 우주에 대한 통치권'을 가르친 바울의 증언에 근거해 있음을 밝혔다.

우주는 그리스도에 의해 창조되었을 뿐만 아니라 그리스도 안에서 계속 창조된다. 그리스도는 만물을 갱신하고 복구하고, 활기차게 하며 성화하고, 통일하고 완성하신다. 만물의 근원인 그리스도 안에서 만물이 창조되었고, 만물의 통치자인 그리스도 안에서 만물이 계속 창조되고, 만물의 완성자인 그리스도 안에서 만물이 완성되는 것이다. 따라서 샤르뎅의 우주적 그리스도론은 창조의 세 측면 즉 태초의 원 창조(creato originalis), 역사적 지속적인 창조(creato contiua), 종말의 새 창조의 완성(creato nova)을 포함하는 하나의 체계를 형성하게 된 것이다.

샤르뎅의 창조론은 태초의 원 창조라는 창조의 일면만을 강조해 온 전통적인 창조론의 폐쇄적인 구조가 '계속적인 창조'의 개방적인 구조로 바뀌어 창조적 진화론의 근거를 마련하였다. 그리고 '종말의 새 창조의 완성'이라는 가르침을 통해 우주적 구원론의 확충과 오메가 포인트를 향한 종말론적 지향점을 신학적으로 확보할 수 있게 된 것이다.

(4) 샤르뎅의 삼중적 창조론은 그의 창조적 진화론의 근거가 되었다. 그리스도는 원 창조의 근원이면서 동시에 만물을 다스리는 그리스도는 계속적인 창조의 머리가 되는 것이다. 따라서 우주를 창조하시고, 다스리시고, 완성하시는 그리스도는 우주의 통치자로서 '우주의 알파와 오메가'가 되신다. 샤르뎅은 그리스도를 '알파와 오메가'(계 1:8)로 표상한 성서의 가르침을 근거로 하여 그리스도는 만물의 시작인 우주 창조의 근원인 동시에 만물의 마지막인 우주 진화의 궁극적인 목표이자 완성자가 된다고 하였다. 우주적 그리스도는 창조의 근원인 동시에 진화의 오메가 포인트(Omega Point)가 된다는 주장은 창조와 진화를 불연속적 연속으로 보는 '창조적 진화론'이라 할 수 있다.

샤르뎅의 창조적 진화론에 따르면 무기체인 물질현상이 생기고, 물질현상의 임계점에서 유기체인 생명현상이 생기고, 생명현상의 임계점에서 인간의 정신현상이 생긴 것은 창조의 단계로 설명된다.[85] 그리고 한 걸음 더 나아가서 인간이 그 정점인 정신현상의 임계점에서 다음 단계로 창조적으로 이행하는 공동 정신현상(co-reflection)이라는 독특한 창조적 진화의 목표를 제시하였다. 인간의 정신은 자아 중심성을 벗어나지 못했기 때문에 그 임계점에서 예수 그리스도의 정신, 즉 온 인류를 한 형제로 사랑하는 자기 초월적 공동정신을 지닌 존재가 창조되었다고 하였다. 따라서 예수 그리스도는 전적으로 새로운 인간이며 진화의 궁극적 정점(omega point)이라는 점에서 그리스도는 우주적 의미(cosmic Christ)를 지닌다고 하였다.

이러한 그리스도와 오메가의 동일성은 사실상 샤르뎅 사상의 초석이 되고 있다. 샤르뎅의 진화물리학에서 말하는 오메가와 그리스도교 계시에서 말하는 그리스도는 동일한 존재다. 우주에 의미가 있고, 인간이 목적을 가지고 노력하는 것은 바로 이 때문(오메가=그리스도)이라는 것이다.[86]

이런 의미에서 성육신은 "그리스도 예수께서 (육체적 탄생을 통해) 진화의 과정 속에 역사적으로 끼어 들어오심"[87]으로 이해된다. 성육신을 통해 단지 그리스도와 물질 사이에 놀라운 합치가 이루어지는 것만이 아니다. '진화자'로 파악된 그리스도와 진화가 실제 이루어지는 우주의 궁극적 초점 사이에도 그런 합치가 이루어지게 될 것이었다. 우주화한 그리스도의 심장과 사랑화한 세계의 심장은 마침내 하나로 합해질 것으로 본 것이다.[88]

진화가 의식의 상승을 의미하는 만큼 반성의식을 지닌 인간은 우주 진화에서 중추 역할을 한다. 하나님은 창조 마지막에 인간을 만든다. 인간을 자연의 정상에 세우고, 만물의 영장으로서 피조계를 담당하게 한다(창 1:28). 인간을 천사보다 조금 못하게 창조되고, 지상 만물을 감당하게 한다(시 8:1-8). 하나님이 인간에게 우주를 위탁했다면 인간은 하나님 앞에서, 자신에게 맡겨진 과업을 위해 역량을 발휘하여 세계 완성이라는 과업도 요청받는다.

인간은 사회적 존재이다. 따라서 타인과 유기적 · 인격적 관계없이는 효과적 과업 수행을 할 수 없다(창 1:27). 개인의 발전은 인격적 친교로 보완되고, 사회 발전은 개체의 인격 성장과 상호 섬김으로 보완된다. 모든 피조물은 인간을 위해, 인간은 그리스도를 위해, 그리스도는 하나님을 위해 존재한다. 우주는 진화의 걸작이자 절정이며, 하나님께 가장 가까운 존재인 인간을 향해 진화해 오다 인간 출현 이후 그것은 인간 안에서 인간을 통해 계속된다. 샤르뎅은 "그리스도는 그의 신비한 몸 외에도 우주 전체로 펴져 가는 우주적인 몸을 가지고 있다. 그리고 신비의 그리스도가 아직도 완전을 위해 더 성장해야 하듯이 우주 그리스도도 그렇다."[89]고 믿었다. 그리고 그리스도께서 당신의 몸이신 교회 안에서 우주적인 당신의 몸 안에서 계속 커져갈 뿐 아니라, "당신이 오실 때까지 우주가 하나님 성삼위의 완전무결 안에서 그리스도화를 향해 계속 진행한다."[90]고 하였다. 성육신의 우주적 그리스도론을 우주적 진화론으로 전개한 것이다.

(5) 샤르뎅은 성육신과 성찬의 우주적 축성을 통해 우주의 몸으로서 우주에 편재해 있으면서 알파와 오메가로서 만물을 창조하시고 다스리고 완성하시는 우주적 그리스도(Cosmic Christ)의 우주성을 마침내 그리스도의 '세 번째 본성'이라고 부른다. 그가 죽기 직전 쓴 마지막 책인 『그리스도』(1955)에서 그는 그의 우주적 그리스도론의 최종적인 체계로서 그리스도의 삼성론을 주장한 것이다. 그것은 우주적 그리스도가 4세기 때 공의회에서 정의된 인간이며 신인 그리스도의 본성을 초월하여 인간도 아니고 신도 아닌 우주의 제3의 영역으로 넘어가게 해준다는 의미이다.[91] 이 제3의 영역을 그는 그리스도의 제3의 본성이라고 주장하였다.

전체 그리스도 안에는 (이 점에 관해 그리스도교 전통은 견해를 같이하는데) 인간과 하느님만 있는 것이 아니다. 거기에는 그 '신인(神人)적' 존재 속에 창조계 전체를 끌어 모으는 분이 또 있다. 'in quo omnia constant'(만물은 그분으로 말미암아 존속한다. 골 1:17). 바울 사도가 자기 세계관 속에서 그리스도의 이 제3측면 혹은 기능—혹은 한술 더 떠서 어떤 의미로는 제3의 본성(인간성도 아니고 신성도 아니라 '우주적'인 본성인데)이라고까지 말할 수도 있겠다—에 아주 지배적인 위치를 배정하고 있음에도 불구하고 지금까지는 신자들이나 신학자들이 이 점에 별 다른 관심을 기울이지 않았다.[92]

샤르뎅은 죽기 사흘 전에 남긴 일기에서 명시적으로 우주적 그리스도를 통해 니케야(Nicea) 신조의 양성론에서 '신-그리스도교는 니케야 신조의 삼성론'으로 나아가야 할 것을 믿고 있었다.

내가 믿는 것

1) 중심을 지니고 거기로 향하고 있는 우주 - 제3의 무한 속에서 → 新-인간주의(越-인간)

2) 그리스도는 우주의 중심이다(정신발생 = 그리스도발생) → 新-그리스도교(新-니케야).[93]

무엇보다도 샤르뎅이 삼성론을 주장한 것은 예수를 신과 인간 사이에 위치시킨 양성론이 현대인들에게 신에 대한 경배의 욕구를 더 이상 충족시키지 못하며 오히려 감퇴시키고 있다는 현실에서 출발한다고 밝혔다.

예수를 인간과 신 사이에 위치시킴으로써 신 관념이 더 이상 발전을 하지 못하고 정지되었을 뿐 아니라 말하자면 위축되고 말았다는 것이 비신자들로부터 그리스도인들에게 던져지는 가장 흔한 비판이었다. 이런 면에서 그리스도교는 현대인들에게 신 경배의 욕구를 더 이상 충족시켜 주지 못하고 오히려 감퇴시킨다는 것이다. 그런데 나 자신이 얼마나 자주 똑같이 생각했던가. 그리고 사람들이 얼마나 자주 내게 그렇게 말했던가.[94]

샤르뎅은 우주적 그리스도론이 지니는 구원론적인 차원을 재발견한 것이다. 우주적 그리스도를 통해 모든 대립이 사라지는 구원의 새 차원이 드러난다고 보았다.

참으로 묘하고 놀라운 지점이다. 우주 – 인간 – 그리스도, 이 셋이 만나 '중심'이라는 새로운 영역이 나타나고, 거기에서는 우리 실존의 불행이나 고뇌의 원인이 되었던 온갖 대립들이 사라져 간다.[95]

그리하여 샤르뎅에 있어서 그리스도에 대한 사랑은 이웃에 대한 사랑에서 만물에 대한 사랑으로 확장된다. 그의 고백에서 하나님 사랑과 이웃 사랑과 자연 사랑의 일치를 발견할 수 있다. "그리스도 예수께 대한 나의 사랑과 만물에 대한 나의 사랑, 이 둘을 연결하여 다리를 놓아 줄 수 있는 이 그리스도교적인 자세에 대해서 처음에는 별 뚜렷한 의식이 없었다. 그러나 수도생활 초기부터 나는 우주를 가로질러 하느님과 일치한다고 하는 이 적극적 감정에 전적으로 몸을 맡겼다."[96]

그러나 샤르뎅이 지적한 것처럼 "그리스도의 세 번째 본성(인간의 본성도 신성의 본성도 아닌 우주의 본성)은 신앙인들이나 신학자들이 별로 주목하지 않았다."[97] 그뿐만 아니라 샤르뎅이 주장한 그리스도의 삼성론은 니케아 신조 이상으로 기독론의 역사상 아주 중요한 교리적 주장이요 새로운 전환점이 분명하지만, 이 역시 신학적으로 큰 주목을 받지 못한 것 같다.

_06

구원론의
통전적 이해

구원의 세 차원 - 개인 구원, 사회 구원, 생태 구원

죄와 구원에 대한 이해는 시대를 달리하면서 다양하게 전개되어 왔다. 속죄론과 관련하여 구원의 내용과 구원의 방식에 관해서도 여러 설명이 제시되어 왔다. 죄와 구원의 내용에 관해서 고대 사회는 죽음과 불사의 문제로, 중세와 근세는 죄책감의 문제로, 현대 서구 사회는 실존적으로는 인간의 소외의 문제로 그리고 정치적으로는 고난으로부터의 해방의 문제로 파악하여 왔다.

구원의 방식에 관한 고전적인 속전설이나 전통적인 충족설의 가르침은 신화론적인 세계관을 반영하고 있다는 비판이 현대에 와서 여러 형태로 제기되었다. 특히 불트만은 '그리스도의 죽음이 이른바 영지주의적 신화의 규범들로 해석'되었다는 전제에서 전통적인 속죄론을 비신화화하여 그 실존론적 의미를 찾으려고 하였다.[98] 초대 교회는 유대교의 속죄 제물의 범주와 희랍의 보상법의 개념과 그리고 밀의 종교 및 영지주의의 종말론적 구원 신화를 도입하여 예수의 죽음의 의미를 다양하게 해석하였다.[99] 그러나 요한과 바울은 예수의 죽음에 대한 신화적 표상을 비신화화하여 그 실존적 의미를 케리그마로 선포하였다.

바울은 예수의 죽음을 죄에 대하여 죽고 하나님에 대하여 사는 것(롬 6:10)이라 하였다. 죄와 죽음과 율법과 사탄의 세력으로부터의 해방이라는 신화적 표상의 실존적인 의미는 옛 사람을 벗어 버리고 그리스도 안에서 새사람이 되는 것이라 하였다.[100] 예수 그리스도의 십자가의 구원론적 의미는 예수 그리스도를 통해서 계시된 새로운 삶의 실존적 가능성으로 이해되었다. 이러한 논리에 따라 죄와 구원을 실존의 비본래성과 본래성의 개념으로 설명하였다. 그러나 이러한 십자가의 실존론적 해석은 구원의 방식에 대한 신화적인 세계관을 비신화화한 것이긴 하지만 구원의 내용에 있어서는 전통적인 속죄론처럼 여전히 개인적이고 내면적인 차원만을 부각시킬 뿐이라는 비판도 만만치 않았다.

현대의 구원론 역시 예수께서 십자가에서 이루신 구원 방식과 구원 내용 그리고 우리가 그러한 구원에 참여하는 방식에 관한 논의로 모아진다. 전통적인 속죄론은 구원의 내용을 죄와 죽음, 사탄의 세력과 율법의 저주로부터의 해방이라고 이해했으나, 현대 화해론 또는 해방론은 인간과 세계의 전적 변혁이나 각종 사회적 · 정치적 고난의 악순환으로부터의 해방을 구원의 현대적인 개념으로 설정하고 있다. 특히 구원을 이루신 방식에 대해 바르트는 화해하시는 하나님이 화해된 인간이 되신 계시의 사건을 통해 구원을 이루셨다고 하였으나, 몰트만은 그리스도가 구원을 이루신 방식을 하나님 자신의 죽음으로 설명하였다. 그리고 우리가 이러한 구원에 참여하는 방식으로 그리스도의 남은 고난에 동참하듯이 고난의 현장에서 사회적 · 정치적 실천을 다하는 것이라고 강조하고 있다.

구원론에 관한 가장 큰 쟁점은 개인 구원과 사회 구원에 관한 논쟁이다. 전통적인 속죄론의 입장에서 회심을 통해 개인의 영혼을 구원하고 세계 복음화를 이루는 것이 교회의 지상과제라고 생각하는 기독교인들과 사회의 구조적인 모순을 변혁하는 정치적인 실천을 통해 인간화를 이루는 사회 구원이 그리스도를 따르는 과제라고 생각하는 사람들 사이의 대립은 세계 교회의 일반적인 현상이며, 한국 교회도 예외는 아니다. 그러므로 구원의 내용에 대한 양자의 통전적 이해가 요청된다.

그러나 최근에 와서는 개인 구원과 사회 구원을 넘어서는 생태적인 구원이 구원의 새로운 요소로 등장하였다.[101] 개인의 회심을 통해 복음을 받아들이게 하는 복음화와 사회 구조악을 일소하여 '정의와 평화'를 이루어 인간의 삶의 질을 높이는 인간화 못지않게, 수질오염 · 대기오염 · 토양오염 · 방사능 오염 등으로 파괴되어 가는 생태계를 회복하여 하나님이 창조하신 생태계를 잘 돌보고 관리하여 '창조의 보전'을 이루는 것이 중요한 신학적 과제로 등장한 것이다.[102] '정의 · 평화 · 창조의 보전'은 이러한 현대 신학의 흐름을 가장 명확하게 반영한 것이다.[103]

그러므로 현대 신학적인 관점에서 구원의 내용을 포괄적으로 이해하기 위해서는 구원의 내용을 이루는 이러한 세 요소인 하나님과의 화해로서의 개인 구원, 이웃과의 화해로서 사회 구원, 자연과의 화해로서 생태 구원의 삼중적인 화해를 통전적으로 설정하여야 할 과제가 제시된다. 따라서 수직적인 개인 구원, 수평적인 사회 구원, 순환적인 생태학적 구원의 삼중적 삼중관계의 통전적 구원론은 예수의 인성과 신성과 우주성에 상응하는 것이다.

(1) 예수 그리스도는 참 인간으로서 인간의 인간화의 준거이다. 인간을 억압하는 '비인도적인 인간들'과 인간에게 억압당하는 '비인간화된 인간들'을 모두 구원하여 인간화하기 위하여 예수가 참 인간이 되신 것으로 이해할 수 있다. 몰트만은 이 점을 분명히 하였다.

억압이란 항상 두 측면을 지닌다. 즉 한 면에는 주인이 있고, 다른 면에서는 노예가 있다. 한 측면에 착취자가 있는가 하는 다른 면에는 희생자가 있다. 억압하는 자는 비인간적(unmenschilch)이지만 억압당하는 자는 반인간적(entmenschlich)이 된다. 억압은 양 측면 모두의 인간성을 파괴시킨다. 그러나 그 양식에는 차이가 난다. 즉 한 측면에는 악으로 인하여 한 측면에서는 고통으로 인하여 파괴된다.[104]

따라서 예수의 참된 인성은 억압하는 인간과 억압당하는 인간을 그 가해의 죄와 피해의 고통에서 벗어나 모두가 참으로 인간답게 살도록 삶의 질을 높이는 '인간화의 실현으로서 사회 구원'의 준거가 되는 것이다.

(2) 예수 그리스도는 참 하나님으로서 우리와 함께하시는 하나님이시다. 예수의 신성이 지닌 신적 불사(不死)는 인간적 가사(可死)를 그 자신 안에 결합하여 영육 간에 불사성을 달성하고 육신의 신성화(Vergottung des Fleisches)를 이룬 것으로 믿었다.[105] 예수를 하나님으로 영접하는 모든 개개인을 하나님에게로 인도하고 그들에게 하나님만이 줄 수 있는 영적 구원과 영원한 구원을 제공하는 개인 구원의 준거가 되는 것이다.

그래서 일찍이 아타나시우스도 '왜 하나님이 인간이 되었는가'라는 질문에 대해 "우리 인간이 신이 되도록 하기 위하여, 다시 말하면 신의 삶에 참여케 하기 위하여 하나님은 인간이 되셨다."고 결론지었다.[106]

(3) 예수 그리스도는 만유의 만유로 만유를 화해케 하는 만유의 구주이시다. 따라서 예수 그리스도를 통한 구원의 힘은 인간의 개인적인 심령과 사회적인 구조와 역사의 질곡뿐 아니라 자연을 포괄한다. 인간과 마찬가지로 자연도 "은혜의 무대이며 구원의 영역"이다. 개인 구원

과 사회 구원을 포월(抱越)하는 우주 생태 구원을 이룬 그리스도를 고백하는 것이다.

하나님과의 수직적 바른 관계로서의 개인 구원, 인간과의 수평적인 바른 관계로서의 사회 구원, 자연(또는 물질)과의 순환적 바른 관계의 조화를 지향하는 생태 구원을 통합하는 삼중적 구원론은 영육 이원론적 구조에 기초한 서구 중심의 인류 문명이 안고 있는 심각한 현안들의 대안적인 사상이 될 수 있다. 전통적인 서구의 이원론적 실체론으로 인해 신과 인간, 자연과 인간, 몸과 마음, 정신과 물질이 대립적인 실체로 분열하여 신성(神聖)의 포기와 자연의 파괴와 인격의 파탄이라는 인류 문명의 생존과 관련되는 심각한 결과를 초래하였다.

이러한 수직적 대신관계, 수평적 대인관계, 순환적 대물관계라는 삼중적 관계의 구원론을 회복하는 것만이 그 대안이 될 수 있다. 왜냐하면 신과 인간의 바른 관계를 회복하고 마음과 몸의 바른 관계와 나아가서 물질과 정신의 균형적인 발전을 지향하는 영성신학, 사람과 사람 사이의 바른 관계를 지향하는 정의와 평화의 상생신학, 남성과 여성의 바른 관계를 지향하는 여성신학, 그리고 자연과 인간의 바른 관계를 지향하는 창조의 보전과 생태학적 신학을 모두 아우르는 해석학적 원리로서 천지인의 신학을 전개할 필요가 있는 것이다.

구원의 세 계기 – 과거 · 현재 · 미래의 구원

이제까지의 구원론이 간과한 것은 구원의 시간적인 차원이다. 1900여 년 전 예수께서 골고다 십자가에서 이루신 구원 사건을 통해 죄와 죽음과 사탄의 세력 율법의 저주 및 온갖 사회적 · 정치적 고난의 악순환(구조악)이 완전히 해결되었는가 하는 문제이다. 예수 그리스도께서 십자가에서 이루신 구원의 은총을 믿음으로 받아 누리는 우리에게 여전히 개인적으로 그리고 정치적으로 죄와 악의 문제는 남아 있기 때문이다. 이미 우리가 얻어 누리는 구원과 현재 우리가 이루어야 할 구원과 장차 완전히 이루어질 구원에 대한 우리의 소망에 관한 논의는 전통적인 속죄론에서 충분히 다루어지지 않았다.

바르트는 그의 화해론에서 화해 사건의 세 차원을 언급하여, 칭의와 성화와 소명이라고 하였다. 그러나 이 화해의 세 사건의 시간성을 분명히 설정한 것은 아니다. 우리는 바울에게서 구원의 시간적인 차원들이 분명히 언급되어 있는 것을 살펴볼 수 있다.

첫째로 과거에 이미 얻은 구원이다. 이는 하나님의 택한 백성이 믿음으로 얻은 구원이다. 바울은 "하나님께서 그를 죽은 자 가운데서 살리신 것을 네 마음에 믿으면 구원을 얻으리니"(롬 10:9)라고 했으며 아주 분명하게 "너희가 그 은혜를 인하여 믿음으로 말미암아 구원을 얻었나니"(엡 2:8)라고 선언하였다. 그리스도의 십자가를 믿음으로써 우리는 이미 구원을 얻은 것이다. 고전적 속전설과 전통적인 충족설과 칭의론은 이미 얻은 구원만을 강조하였으며, 이미 얻은 구원의 확신에 이르는 방법에만 초점을 두었다. 한국 교회의 '구원파' 역시 이미 얻은 구원의 주관적인 확신의 계기만을 강조한 것으로 평가된다.

둘째는 현재 이루어야 할 구원이다. 바울 "항상 복종하여 두렵고 떨림으로 너희 구원을 이루라."(빌 2:12)고 하였다. 그리스도께서는 자기 십자가를 지고 나를 따르라고 하였다. 전통적인 도덕감화설이나 현대의 해방론은 그리스도의 모범에 따라 그리스도인이 현세에서 이루어야 할 수덕과 고난만을 강조하고 있다. 그러나 십자가를 믿음으로써 이미 구원을 얻은 신자가 아니고서는 그리스도의 남은 고난에 동참하기 위해 자기 십자가를 지고 그리스도를 따르는 일이 용이하지 않다. 현재 이루어야 할 구원은 값없는 은총(Gabe)으로 이미 구원을 얻은 자의 과제(Aufgabe)라고 할 수 있다.

셋째, 장차 이루어질 것으로 바라야 할 구원이다. 바울은 "우리의 몸이 구속을 기다리며, 우리가 소망으로 구원을 얻었으며"(롬 8:23-24), "우리의 구원이 처음 믿을 때보다 가까웠음이니라."(롬 13:11)고 하였다. 우리가 이미 구원을 얻었고, 그 구원의 은총에 보답하기 위해 구원을 이루어 나간다 할지라도, 우리가 이 땅에서 이룰 수 있는 구원은 미미한 것이다. 구원받은 자들이고 져야 할 십자가의 짐은 여전히 무거운 채로 남아 있는 것이다. 그러나 '현재의 고난은 장차의 영광'과 족히 비교할 수 없다. 장차 이루어질 영광의 십자가를 바라봄으로써 우리는 자기의 십자가를 질 수 있는 것이다. 이러한 그리스도의 최후의 승리와 구원의 미래적 종말론적인 차원은 몰트만의 『희망의 신학』을 통해 새롭게 제시되었다.

이처럼 그리스도의 십자가의 구원 사건은 시간적으로 세 차원을 가진다. 우리는 그리스도의 십자가에서 세 개의 서로 다른 십자가를 보아야 한다. 첫째는 '우리가 믿어야 할 구원의 십자가'이며, 둘째는 '우리가 져야 할 고난의 십자가'이며, 셋째는 '우리가 바라보아야 할 영광의 십자가'이다. 이는 각각 구원의 세 차원인 칭의, 성화, 영화에 상응한다. 그러나 전통적인 속죄론이나 현대의 해방론은 구원의 시간적 차원을 통전적으로 해명하지 못한 것으로 평가된다.

따라서 구원을 통전적으로 이해하기 위해서는 개인 구원 · 사회 구원 · 생태학적 구원의 세 요소와 이미 얻은 구원(justification), 이루어야 할 구원(sanctification), 바라야 할 구원(glorification)의 세 차원을 조화롭게 이해해야 할 것이다.

예수 그리스도의 명령 세 가지

예수는 그의 제자들에게 세 가지 자신과 관련하여 중요한 명령을 남겼다. 이 세 가지 명령은 예수가 누구이며 예수에 대한 우리의 신앙이 어떠해야 하는지를 명확하게 제시해 준다.

첫째는 '나를 따르라'는 것이다. "자기를 부인하고 자기 십자가를 지고 나를 따르라."(막 8:34)고 하였다. 예수는 우리 인간이 따르고 본받아야 할 참 인간이다. 예수는 우리가 그의 가르침과 삶을 본받아야 할 '따름의 대상'이 되는 것이다. 이런 점에서 우리도 작은 예수가 될 수 있으므로 예수와 우리 사이에는 무한한 질적 차이가 없는 것이다. 또한 이는 우리가 두렵고 떨리는 마음으로 날마다 '사랑의 수고'(살전 1:3)를 통해 이루어야 할 구원(sanctification)이다.

둘째는 '나를 믿으라.'는 것이다. "너희는 마음에 근심하지 말라 하나님을 믿으니 또 나를 믿으라."(요 14:1)고 하였다. 예수는 우리가 믿고 의지해야 할 참 하나님이다. 예수는 그를 믿는 자에게만 구원과 축복을 가져다주는 '믿음의 대상'이 되는 것이다. 이런 점에서 예수는 우리와 무한한 질적 차이가 있는 것이다. 또는 이는 오직 예수 그리스도를 말미암은 '믿음의 역사'(살전 1:3) 를 통해 이미 얻은 구원(justification)이다.

셋째로 '나를 기다리라.'고 하였다. "예루살렘을 떠나지 말고 내게 들은 바 아버지의 약속하는 것을 기다리라."(행 1:4)고 하였다. 우리 인간뿐 아니라 '함께 탄식하고 함께 고통당하는 모든 피조물들'(롬 8:22)도 자연과 생태의 온전한 구원의 기다라고 있다고 하였다. 그리고 예수께서는 "내가 진실로 속히 오리라."(계 20:7, 12, 20)고 약속하였다. 또한 이는 '소망 중에 인내'(살전 1:3)하면서 영광 중에 바라야 할 구원(glorification)이다.

그래서 초대 기독교인들은 우리 주 예수 그리스도가 다시 올 것을 고대하였다. 예수의 재림으로 새 하늘과 새 땅과 새 인간, 즉 천지인 온 우주가 궁극적으로 질적으로 새로워지기를 희망한 것이다. 그래서 그 간절함이 그들의 인사가 되었다.

"마라나 타!(marana ta; 주여 어서 오시옵소서!)"[107]

바르트는 예수의 오심(parusia)을 삼중적으로 해석한다. 그는 육신으로 이미 오셨고, 영으로 지금도 항상 오시며, 영광 중에 다시 오실 것이다.[108]

예수는 '신앙의 대상'인가 아니면 '따름 대상'인가 하는 주제는 신학사를 통해 끊임없이 극단적으로 주장되어 왔고, 20세기에 와서 종말론의 재발견으로 통해 예수는 '오실 그분'(ho erchomenos, 마 11:3, 눅 7:19)으로 고백되었다.[109] 예수가 '다시 오실 그분'으로 기대된 사실이 확인되었으므로 다시 오실 우주적 종말론적 그리스도가 새롭게 주장되고 있다. 이처럼 신약성서를 통해 예수의 가르침을 통전으로 이해할 때 예수는 나를 믿고, 나를 따르고, 나를 기다리라고 선포하였기 때문에 예수는 '신앙의 대상'이요 '따름의 대상'일 뿐 아니라 '기다림의 대상'인 것이다.

부록

'예수 그리스도 삐뚤게 보기'에 반박한다

_01

오강남 교수의『예수는 없다』를 반박한다

오강남 교수가 지은『예수는 없다 - 기독교 뒤집어 읽기』(현암사, 2001)[1]를 읽은 이들이 더러 있어, 얼마 전 사석에서 이 책에 대한 얘기를 처음 듣게 되었다. 한 분의 얘기로는 그 책을 읽은 자기 교회의 평신도들의 반응이 찬반양론으로 상반되었다고 한다. 한편으로는 종교적인 입장에서 기독교를 객관적으로 바라볼 수 있는 시야의 폭을 넓혀 주고 문자주의적 해석의 한계를 잘 지적하였다는 쪽이고, 다른 한편은 예수에 대한 이해가 편협하며 상술에 편승한 교묘한 반기독교적인 책이라는 주장이었다고 전해 주었다.

오강남 교수를 만난 적도 있고 이름을 익히 알고 있는 터라 도대체 어떤 내용을 쓰셨을까 궁금하던 차에, 책방에 가서 그 자리에 서서 대충 읽어 보았다. 20년 가까이 기독론을 연구하고 가르쳐 온 필자로서는 이것이 전부가 아닌데 하는 강렬한 충동을 느꼈다. 그러던 차에 이 책에 대한 서평을 부탁 받고 망설이던 끝에, 신학의 일차적인 임무가 변증(Apology)이라는 평소의 신념에 따라 이 글을 쓰게 되었다. 이 서평이 도발적이라고 느껴지더라도 오강남 교수의 책 제목 자체가 도발적인 데서 유발한 것임을 독자들이 널리 양해해 주시길 바란다.

오강남 교수를 진지한 학자로서 존경하여 왔다. 그의 글을 더러 읽은 기억이 있다. 그의 어떤 글에서 읽은 '빈 배 이야기'는 큰 깨달음이 되었다. 캄캄한 밤중에 나룻배를 저어 가던 사공이 마주 오는 배와 충돌하는 순간 큰 소리로 화를 내며 삿대질을 하고 보니, 그 배는 사공이 없는 빈 배(empty boat)였다는 그런 얘기이다. 빈 배에 부딪치고 나서 화를 내는 것은 어리석은 짓이다. 그러나 오강남 교수는 '예수는 없다'는 도발적이고 상업적인 표제의 깃발을 앞세우고 좌충우돌로 돌진하는 것이니, 그래서 점잖게 따지려는 것이다.

이 글을 쓰기 위해 책을 다시 꼼꼼히 정독하였다. 그런데 처음 읽을 때는 눈에 들어오지 않았던 표지의 그림과 글자들이 시야에 몰려오면서 어떤 전율 같은 것이 느껴졌다.

우선 표지의 그림은 하늘을 향해 부활한 예수의 모습을 땅으로 향하게 뒤집어 놓은 것이었다. 『예수는 없다』는 제목 아래에 "기독교 뒤집어 읽기"라는 부제를 보니 그 이유를 알 것 같았다. 제목 위에는 "원로 종교학자가 필생의 연구 끝에 찍은 마침표"라는 설명을 달았다. "원로 종교학자가 평생을 연구해 보니 예수는 없다"는 이미지가 한 눈에 들어오도록 교묘히 만들어 놓은 듯한 감을 떨칠 수 없었다.

그러나 기독론을 연구하고 가르치는 신학자가 이 책을 꼼꼼히 읽어 보고 참고문헌을 따져 본다면, '예수'에 대한 오 교수의 연구는 원로 교수의 필생의 연구치고는 너무 피상적이고 편협하며 주제를 포괄적으로 다루지도 못했고, 이미 20세기 학자들 사이에는 반론을 통해 극복된 19세기의 낡은 주장들을 나열하고 있다는 점을 금방 느낄 수 있을 것이다.

이러한 비판이 심하다고 느껴지는 분이 있으면, 연륜이 짧은 젊은 학도가 학문의 길에 접어들면서 습작으로 쓴, 예수는 누구며, 어떻게 사셨는가를 다룬 책(『그리스도의 삼직무론』, 한국장로교출판사, 1999)과 비교하여 보길 바란다. 그래도 믿어지지 않으면 시카고 트리뷴 지의 신문 기자였던 리 스토로벨(Lee Strobel)이 쓴 『예수 사건』(두란노, 2000)을 꼭 읽어 보기를 권한다. 이를 재확인하고 싶으면, 아주 최근의 예수 연구의 결정판인 타이쎈과 메르츠의 공저 『역사적 예수』(다산글방, 2001)도 정독하길 바란다.

원로 교수의 필생의 역작인 『예수는 없다』와 일개의 저널리스트가 21개월 동안 13명의 각 분야의 최고의 학자를 직접 인터뷰하여 저술한 『예수 사건』과 비교해 본다면, 예수에 관한 오 교수의 연구가 피상적이며 진지하지도 않다는 비판에 고개를 끄덕일 것이다.

이 책 1장에 "어린아이의 일을 버렸노라"라는 제목으로 믿음도 유아적인 문자주의의 유치한 상태에서 벗어나 성숙하여야 한다는 것을 그토록 강조하였는데, 앞서 소개한 책을 한 권만이라도 읽어 본다면, 오 교수 자신의 예수 이해가 얼마나 제한적이며, 유치하고 미숙한 것인지를 비교할 수 있을 것이다.

이 책의 문제점은 목차에 그대로 드러난다. 예수를 표제로 다룬 책에서 실제로 예수에 관한 부분은 전체의 5분의 1밖에 되지 않는다. 전체 335쪽 중 67쪽에 불과하다. 더군다나 예수에 관해 다룬 작은 부분마저도 낡은 자료에 근거하여 편협하게 다루어졌다. 예수에 관한 논의 중에서 최근 역사적 예수 연구를 통해서 활발하게 진행되어 온 중요한 주제들, 즉 예수의 생애와 교훈의 특징, 하나님 나라의 선포, 예수의 율법에 대한 전향적인 가르침, 병자와 약자를 치유하고 죄인과 더불어 먹고 마신 삶의 행태(life style), 성전 정화 및 십자가 사건과 그 의미, 그리고 부활의 역사성에 관한 논쟁과 부활신앙 같은 주제들은 전혀 다루지 않았다. 성실한 학자라면 무시해 버릴 '예수의 성생활'이나 '예수는 동성애자인가?' 하는 진지한 결론도 없는 주제를 다루느라 아까운 지면을 할애하였다. 그리고 '예수는 없다'는 명제가 지닌 의미도 전체 내용과 어울리지 않게 너무나 간단하고 피상적으로 설명되었다.

한마디로 예수를 학문적으로 제대로 다루지 못한 것이라고 평가할 수 있다. 원로 종교학자의 필생의 연구라는 표제만 없었더라도 필자의 이 같은 비판은 면할 수 있었으리라는 아쉬움이 남는다. 그래서 역설적이게도 이런 생각을 했다. 붕어빵에는 붕어가 없듯이 『예수는 없다』라는 책에도 제대론 된 예수 이해는 없는 것이 아닌가? 어느 코미디언이 한 손으로 눈만 가리고 "영구 없다!"고 외치는 우스개가 연상되었다.

예수에 대한 곡해와 왜곡은 어제 오늘의 일이 아니다. 2세기에 켈수스라는 희랍 철학자는 예수의 처녀 탄생을 부정하고 예수는 로마 군인 판테라(Pantera)의 사생아라고 주장하였다. 그리고 예수의 부활은 제자들이 예수의 시체를 훔친 것이라는 주장은 이미 마태복음(27:64)에도 기록되어 있다.

오 교수가 예수에 관해 그나마 다룬 것이 있다면 동정녀 탄생에 관한 것인데, 이 역시 대중적이고 상업적인 관심에서 비롯된 것으로 여겨진다. 오 교수는 동정녀 탄생을 종교사적으로 보편적으로 등장하는 비범한 탄생 이야기에 속하는 영웅 신화라고 주장한다. 그런데 이런 주장은 이미 18세기 서양에서부터 시작된 것으로 새삼스러울 것도 없다. 그리고 그동안 예수 연구를 통해 이미 비판적으로 극복된 내용들이 대부분이라는 데에 문제의 심각성이 있다.

20세기에 들어와서 역사적 예수 이해는 "역사의 본질"에 대한 이해와 해석 방법에 따라 적어도 4-5단계에 걸쳐 발전하여 왔다. 그러나 오 교수는 2-3단계에 즉 슈바이처나 불트만의 역사적 예수에 대한 회의론에 멈추어 있는 것 같다(『역사적 예수』, 44쪽). 불트만의 제자들이 스승을 비판하고 역사적 예수에 관한 새로운 질문을 제기했고, 최근에는 역사적 예수 연구의 제3의 방식과 고고학적 성과로 역사적 예수에 관한 많은 새로운 사실을 알게 되었다는 것이 역사적 예수 연구의 상식이라는 점을 모르는 것 같다.

그 단적인 예가 예수를 여전히 신과 인간 사이에 태어난 영웅 신화의 일례로 본다는 점이다. 알렉산더 대왕은 제우스 신과 모친 사이의 성 관계를 통해 태어난 영웅으로 기록되어 있다. 그의 전기는 그가 죽은 지 400년 이상이 지나서 플루타르크에 의해 기록된 것으로 역사적 신빙성이 결여된 전설일 가능성이 크다. 오 교수가 사례로 들지 않은 것으로 제우스가 알렉산더뿐 아니라 헤라클레스, 페르세우스를 낳은 이야기와 아폴로가 아스크레피우스, 피타고라스, 플라톤, 아우구스티누스를 낳은 이야기 등은 모두 영웅적인 인물의 출생의 특수성을 신과 인간의 성관계를 통해 이뤄진 것으로 주장하는 다신론적 혼음신화의 사례이다. 그러나 성서에는 이미 창세기에서부터 다신론적 혼음신화는 철저히 거부되었다.

그리고 예수의 탄생 설화를 모친의 오른쪽 옆구리에서 태어났다는 부처의 신묘한 탄생신화와 유사한 것으로 보았지만, 부처의 경우 출생년도조차 기원전 563?-483?년경 사이의 여러 설이 존재할 정도로 그 역사적 정확성이 떨어지며, 그러나 그에 관한 최초의 전기는 700년이 지난 주후 1세기에 기록된 것이므로 꾸며낸 전설일 가능성이 많다.

또한 예수의 탄생을 박혁거세의 난생설화와 유사한 특별한 출생의 영웅 신화라 했지만, 기원전 69년에 태어난 박혁거세에 대한 역사적 기록도 역시 11세기가 지나서『삼국유사』와『삼국사기』에 의해 이루어진 것이다.

그러나 20세기에 들어와서 칼 바르트 이후 동정녀 탄생론은 성령의 잉태론으로 주장되고 있다. 사도신경에서도 성령으로 잉태되어 동정녀 마리아에게 나신 것으로 고백하고 있다. 그리고 하나님의 명령에 따라 성령의 능력으로 인한 처녀 잉태는 예수의 경우에만 해당하는 유일무이한 사례라는 것을 이미 정설로 받아들이고 있다. 따라서 예수의 경우 처녀 마리아가 어쩌다 아이를 낳은 것이 아니라 하나님이 인간이 되시기 위하여 성령에 의한 잉태가 나타났고 처녀 마리아조차도 이 놀라운 신비를 어쩔 수 없이 믿음으로 순종하여 예수를 낳게 된 것이다.

그리고 예수에 관한 최초의 전기는 그가 죽은 지 30년쯤 되어서 마가복음으로 기록되었다. 예수의 성령 잉태에 관해서는 예수가 죽은 지 50년도 못되어 마태와 누가에 의해 공개적인 공식 문서로 기록되었다. 그것보다 더 논쟁이 된 예수의 부활에 대한 최초의 기록은 예수가 죽은 지 24년 만에 기록된 것(고전 15장)이므로 그 속보성과 정확성은 다른 고대 문서와 비견할 수 없다는 것이다. 말하자면 13세기가 지난 다음에 기록한 것과 30-50년이 못 되어서 기록한 것 사이의 역사적 진정성을 질문해야 할 것이다.

이처럼 부활 사건이 있은 지 24년 만에 이를 공식적인 문서로 작성할 수 있었다는 것은, 이때에는 예수에 대해 들었거나 친히 만난 많은 사람들이 생존해 있었을 시기이므로, 적대적 목격자의 반론이 가능한 시기에 이런 기록을 공개한 것 그 자체가 예수 부활의 역사적 검증이 되기에 충분한 요소 중의 하나라고 할 수 있다는 것이 최근의 역사가들의 주장이다. 그러나 오 교수는 예수의 십자가나 부활 사건은 전혀 언급하지 않았다. 사실상 부활의 역사성에 관한 문제(부활에 관한 다섯 가지 역사적 정황 증거에 관한 최근의 연구는『예수 사건』, 326-341쪽을 참고 바람)가 동정녀 탄생의 역사성보다 더 큰 문제로 다루어져야 하기 때문이다. 유대인들이 십자가에 처형한 예수를 하나님이 다시 살리셨다(행 2:36)고 믿는다면, 그 하나님께서 성령의 잉태로 처녀의 몸에서 그 아들을 태어나게 하셨다는 것을 믿는 것이 그리 큰 문제가 되지 않기 때문이다.

무엇보다도 오 교수가 동정녀 탄생과 관련하여 제기한 문제들이 지니고 있는 방법론적 약점을 지적하려고 한다. 예수의 베들레헴 탄생과 베들레헴 유아들의 학살과 나사렛에서의 성장을 구약성서(렘 23:5, 미 5:2, 호 11:1, 렘 31:15, 삿 13:5)에 근거한 전설로 보느냐 아니면 구약성서의 성취로 보느냐는 문제이다. 1835년 슈트라우스가『예수의 생애』에서 처음으로 신앙의 그리스도와 역사의 예수를 구분하고, 마태복음 2장의 이 구절은 제자들이 예수의 생애를 전설로 꾸며내기 위해 구약에서 그 근거를 찾아 낸 역사적 신화의 사례들이라고 보았다.

그러나 최근에 와서 대부분의 학자들은 그 반대로 생각한다. 타이쎈과 메르츠도 이 점을 분명히 지적하고 있다. "최초의 그리스도인들은 구약에 비추어 예수에 대한 기억을 해석했을 뿐만 아니라 경전을 근거로 그 기억을 만든 것"(171쪽)이라는 19세기 이래의 주장을 반박한다. 아주 최근의 역사적 예수 연구의 경향인 역사적 예수에 대한 제3의 탐구 방법론에 의하면 "최초의 그리스도인들은 구약성서를 창조적으로 활용했다. 그렇게 함으로써 기존의 (불유쾌한) 사실들—예수의 처형, 제자의 도주, 성전 정화 사건, 예수의 갈릴리 출신—에 어떤 의미를 부여할 수 있었기 때문이다. 이때 구약성서적 해석은 그 해석의 대상이 될 만한 사건을 전제로 한다."(172쪽)는 것이다.

꾸며낸 전설의 경우에는 과장과 미화가 따르며, 불리하고 불유쾌하고 상호 모순되는 내용은 의도적으로 배제하는 것이 통례이다. 많은 성서 역사학자들의 주장처럼 이 점에서 성서는 예외에 속한다는 것이다. 오 교수가 제기한 동정녀 탄생의 문제도 여기에 해당한다. 예수는 처녀 잉태로 베들레헴에서 탄생했고, 나사렛에서 자랐으며, 그의 출생으로 인해 베들레헴의 동년배 아이들이 무참히 죽는 등, 이 비상식적이고 불유쾌하고 모순적인 사실이 역사적 실체적 진실이지만, 이 모든 사건을 복음서의 독자들로서는 다 이해하기 어렵다고 여겼기에 구약성서를 인용하고 기록된 약속의 성취라고 주장함으로써 역사적 검증을 확보하려고 했던 것이다. 이처럼 오늘날 역사적 사건을 검증하는 방법과 2000여 년 전 성서기자가 역사적 사건을 검증하는 방식이 달랐다는 것을 비판적인 서양 역사학자나 성서학자들이 이해하는 데에도 거의 200년이라는 시간이 필요했던 것을 상기할 필요가 있다.

그리고 18세기 이후로 성서의 상호 모순된 기록을 역사적 비진정성의 근거로 주장하였지만, 최근에는 오히려 성서의 경우처럼 그 세부적인 모순이야말로 그 사건 자체를 여러 사람이 서로 다른 관점에서 기술한 것이므로 그 역사적 진정성이 더욱 확실한 근거로 해석하게 되었다. 날조된 역사일수록 그 내용이 일사불란하다는 문서비평의 결과인 것이다.

구체적인 내용에서 오 교수는 처녀 잉태는 이사야서 7장 14절의 '알마'(almah, 젊은 여자)라는 히브리어가 70인역 희랍어 '파르테노스'(parthenos, 처녀)로 오역된 것에 근거하여 꾸며낸 전설이라는 주장을 폈는데, 사실 이 역시 1835년 슈트라우스라는 독일 학자에 의해 처음으로 제시된 낡은 주장이다. 슈트라우스의 주장에 따라 남자를 경험하지 못한 동정녀(virgin)를 뜻하는 희랍어 '파르테노스'(parthenos)는 히브리어 '베툴라'(betulah)에 해당하고, 아이를 낳은 여자도 포함하는 '젊은 여자'를 뜻하는 히브리어 알마(almah)는 희랍어 '베아니스'(veanis)에 해당한다는 후속적인 비판이 이어졌다.

그러나 19세기의 하르낙(A. Harnack)에 이어 20세기의 바르트(K. Barth)도 이에 대해 반박하였다. '알마'의 경우 '젊은 여자'(young girl)를 의미하지만, 그 사용 문맥에서는 분명히 결혼하지 아니한 여자를 가리키는 사례가 아주 많다(창 24:43, 출 2:8, 시 68:25, 잠 30:19, 아 1:3, 6:8)는 반론이 제기되었다. '베툴라' 역시 '처녀'를 의미하지만 때로는 남편 없는 과부(욜 1:8)를 의미하기도 한다. 고대어 특히 히브리어의 경우 각 단어의 의미는 단정적이기보다는 문맥에 따라서 다분히 포용성을 지니고 있는 것이다. 따라서 이사야 7장 14절의 '알마'를 '파르테노스'라 번역하는 것은 충분히 가능하며 동시에 마태가 인용한 단어는 전후 문맥에 비추어 '처녀'의 뜻임이 분명해진다(마 1:18, 25, 눅 1:34). 따라서 저 슈트라우스의 오역설 역시 이미 반박된 낡은 주장인 것이다.

그리고 마태가 이사야를 인용하였지만, 누가의 기록에 보면 이 인용도 없으며 이 인용과 상관없이 처녀 탄생을 당황스러운 현실로 기록하고 있다. 처녀로서 아이를 잉태한 마리아 자신이 가장 큰 충격을 받았다. "나는 사내를 알지 못하니 어찌 이런 일이 있을 수 있습니까"(눅 1:34)라고 한 것으로 보아, 이 엄청난 현실을 받아들이는 일이 가장 어려웠던 이는 당사자 마리아였다는 점을 누가는 놓치지 않았다. 남자를 받아들인 적인 없는데 배가 점점 불러오는 이 현실을 어떻게 받아들일 수 있겠는가? 그럼에도 불구하고 마리아는 이 현실을 수용하고 믿음으로 순종하였다는 것이다. 그리고 이를 기록한 누가의 직업이 의사였다는 사실을 상기해야 할 것이다. 합리적인 의사로서 동정녀 탄생과 같은 상식적으로 도전받을 이야기를 생략하고도 얼마든지 유리하게 예수를 증거할 수도 있었을 것이다. 그럼에도 불구하고 이를 데오빌로라는 관원에게 보낸 공식적인 문서로 기록하는 모험을 강행했다는 사실이 그 역사성의 한 증거이기도 하다.

더군다나 누가가 누가복음과 사도행전에서 언급한 32개 나라, 54개 도시, 9개 섬을 면밀히 조사한 고고학적 연구 결과, 하나도 틀림이 없다는 사실이 밝혀졌다(『예수 사건』, 125-127쪽). 반면에 몰몬경의 경우 그 책에 나오는 어떤 인명, 국가명, 지명도 밝혀지지 않았다. 따라서 성령의 잉태와 동정녀 탄생을 기록한 누가는 당대의 지성인이요, 합리적 의사이면서 사실을 정확히 다룬 역사가였음으로 그 진술의 신뢰도를 더욱 높이 평가할 수 있게 되었다.

칼 바르트와 같은 지성적이고 비판적인 신학자도 동정녀 탄생은 생물학적으로 설명할 수 없는 유일회적이고 비연속적이고 돌발적인 궁극적으로 새로운 사건이므로 신앙의 유비(analogia fidei)로만 믿어질 수 있는 것이라고 전제하고, 그 역사적 신앙적 의미를 자세히 제시하였다. 적어도 현대에 와서 동정녀 탄생의 문제를 거론하려면 칼 바르트의 견해(*Church Dogmatics*, I-2권 15항) 정도는 언급하여야 하는 것이 신학계의 상식임을 종교학자들은 모르는 것 같다.

오 교수는 서론에서 "21세기의 역사적 과학적 문헌학적 정보 시대의 새로운 예수를 구체적으로 제시하려고"(20쪽) 이 책을 쓴다고 하였다. 그러나 결과적으로 오 교수의 역사적 예수에 대한 이해가 19세기의 낡은 틀에서 벗어나지 못했음을 스스로 드러내 보인 셈이 되고 말았다. 그 구체적인 증거를 더 알고 싶으면, 인구조사와 베들레헴 탄생, 베들레헴 영아 학살과 나사렛의 존재에 대한 오 교수의 낡은 견해 대한 최근의 역사적 연구의 통쾌한 반박이 『예수 사건』 130-136쪽에서 자세히 다루고 있으니 참고하길 바란다.

지면 관계상 이 책에서 다룬 구약과 관련된 창세기 이야기, 부족(部族) 신관, 율법주의 신관 등에 관한 문제를 일일이 다 비판할 수 없지만, 이에 관해서는 『성서의 앞선 생각 I』(한국장로출판사, 1998년)의 창조의 하나님, 조상들의 하나님, 히브리의 하나님, 계약의 하나님을 주제로 다룬 최근의 신학적 연구 결과들을 참고하길 바란다.

마지막으로 『예수는 없다』는 표제 아래에 "예수를 안 믿는 것보다 훨씬 더 문제인 것이 그릇 믿는 것이다. 예수를 바로 믿지 않는다면 차라리 믿지 않는 게 낫다."라는 김진홍 목사의 글을 구호처럼 내걸었다. 표지만 보면 의도적으로 "예수는 없으니, 차라리 믿지 않는 게 낫다."라는 무의식적인 암시를 주는 듯하다. 정말 오랫동안 필자는 곰곰이 이 말의 숨은 뜻을 생각했다. "예수를 바로 믿지 않는다면 차라리 믿지 않는 게 낫는가?" "정말 그런가?" 엄격하게 따지면 그 누가 "나는 예수를 제대로 바로 믿는다."고 주장할 수 있는가? 그런 말을 한 김진홍 목사도 그렇게는 장담하지 못할 것이다.

이 주장을 일반 명제로 환원하면 "바로 하지 않을 바에는 안 하는 게 낫다."는 논리가 되는데, 정말로 타당한 논리인가? 전부 아니면 전무의 미숙한 논리가 아닌가? 이것이야말로 흑백논리의 선봉이요, 궤변의 극치요, 오만과 편견의 발로가 아닌가? 적어도 불교에 심취한 바 있으며, 종교다원주의를 주장하는 종교학자가 내세울 논리인가?

이는 기독교인들에게 신앙의 성숙을 질타하는 오 교수의 자신의 논리와도 배치된다. 교육학적으로도 맞지 않는 말이다. 처음부터 누가 바르게 잘할 수 있는가? 배워 가면서 고쳐 가면서 잘해지는 것이고, 그 누구도 절대 완벽하게 잘할 수는 없는 것이 아닌가? 그래서 점수(漸修)와 성화(聖化)의 과정이 필요하지 않는가?

오 교수가 책 앞면과 뒷면의 표지에 인용한 김진홍 목사의 논리가 맞는 말이라면, 그 논리대로 오강남 교수가 쓴 『예수는 없다』는 책에 대해서도 이렇게 말하는 것도 맞는 말이 될 것이다.

> "책을 안 쓰는 것보다 훨씬 더 문제인 것이 그릇 쓰는 것이다. 책을 바로 쓰지 않는다면 차라리 쓰지 않는 게 낫다."

_02

디모시 프리크의 『예수는 신화다』를 다시 반박한다

디모시 프리크와 피터 갠디의 공저이며 1999년 영국에서 간행된 『예수는 신화다』(The Jesus Mysteries)라는 논쟁적인 책을 승영조 씨가 번역하여 2002년 공신력이 있는 동아일보사에서 출판하여 대대적인 광고를 통해 판매에 열을 올리는 것을 보고 "디모시 프리크의 『예수는 신화다』를 반박한다."는 제목의 글을 동일일보사 편집부에 보냈고 그 반박이 타당하다 여겨 판매 중지를 결의한 바 있는 것으로 알고 있다.[2]

그런데 이 책의 한글 번역자는 최근 "보수 교단의 압력으로 2개월 만에 절판된 것"으로 주장하면서 출판사를 '미지북스'로 바꾸고 "기독교의 신은 이교도의 신인가"라는 도발적 부제와 함께 "인류 역사의 가장 위대한 거짓말"이라는 띠지를 붙여 다시 출판하였다. 따라서 기독교를 마치 '인류 역사의 가장 위대한 거짓말'로 연상하게 만드는 이 책의 문제점을 다시 한 번 반박한다.

1) 예수에 대한 왜곡 어제 오늘 일이 아니다

예수에 대한 왜곡은 어제 오늘의 일이 아니다. 역사학적 · 종교학적 검증 없이 예수와 기독교에 대하여 왜곡하여 온 저술들이 무수하다. 『예수는 신화다』도 그중에 하나인데 그 핵심은 예수가 역사적 인물이 아니라 신화적인 인물이라는 것이다. 이집트의 오시리스 신화와 희랍의 디오니시우스 신화가 결합되어 미스테리아 신앙이 유행하였는데, 4세기 가톨릭교회가 오시리스-디우니시우스 신화를 말살하고 예수 신화를 만들었다는 것이다. 이를 주장하기 위해 예수와 관련된 여러 사실들이 미스테리아 종교와 얼마나 유사한지 장황하게 늘어놓았다. 그런데 미스테리아는 밀교(密教)를 뜻하며 밀교라 번역되어 왔는데, 이를 '미스테리아'로 직역하여 무슨 미스터리가 있는 것 같은 암시를 주고 있다. 따라서 필자는 '미스테리아'를 밀교로 표현하려고 한다.

그런데 『예수는 신화다』가 아니라는 반대 주장을 펴는 저서가 있다는 사실이 흥미롭다. 미국 조지 메이슨 대학의 리처드 루벤슈타인 교수가 쓴 『예수는 어떻게 하나님이 되셨는가』(한인철 역, 한국기독교연구소, 2004)라는 책이다. 이 책은 『예수는 신화다』라는 책의 주장과 반대로 예수는 유대인이고 역사적 인물이었는데 4세기의 가톨릭교회가 나사렛 예수를 신적 존재 즉 신화적 인물로 만들었다는 사실을 역사적으로 장황하게 늘어놓고 있다. 서로 반대 주장을 하니 어느 한쪽이 틀린 것이 분명하다. 그러나 둘 다 틀렸다고 보아야 할 것이다.

초대 교회에도 이러한 논쟁이 있었다. 유대교 입장에서 기독교를 수용한 에비온파는 예수가 유대인인데 세례 이후 '하나님의 아들'이 되었다는 양자설(養子說)을 주장하였고, 그 반대로 영지주의 입장에서 기독교를 수용한 마르키온은 예수는 신적 존재였는데 30세쯤 인간의 육체로 가장하고 갈릴리에 나타났다는 가현설(假現說)을 주장하였다. 그래서 이러한 양 극단적이 신앙의 왜곡을 바로 잡기 위해 니케아 회의(325년)가 소집되었던 것이다.

이러한 양 극단적인 주장은 기독교와 관련된 역사적 사실을 현저하게 왜곡하고 기독교 신앙을 호도하는 것으로 그 문제점을 지적하지 않을 수 없다.

2) 예수 사건과 미스테리아(밀교)는 유사성보다 차이점이 훨씬 많다

저자는 예수와 관련된 일련의 사건들 탄생, 세례, 성찬, 십자가, 부활 등이 고대 이집트의 신화적인 인물 오시리스와 희랍의 디오니소스를 종합하여 놓은 오시리스-디오니시우스 신화와 여러 면에서 유사하다는 사실(96-99쪽)을 장황하게 늘어놓는다. 그 수가 하도 많아서 일반 독자들이 쉽게 착각할 정도이다.

종교 간의 보편적 유사성이 있는 것은 이미 공인된 사실로 새로울 것도 없다. 불교의 5계에도 "살생하지 말라, 도둑질하지 말라, 음행하지 말라"는 계율이 있고 기독교의 십계명에도 같은 내용이 있다. 심지어 석가의 비유 말씀이나 예수의 비유 말씀이 줄거리는 다르지만 핵심 주제가 유사한 것도 적지 않다. 그래서 석가가 먼저 태어났기 때문에 예수를 석가의 제자라고 주장하는 사람들도 있는 것이다. 그러나 건전한 상식을 가진 사람이라면 두 종교가 같은 종교라고 주장하는 사람은 없다. 두 종교의 형태적 유사성보다 본질적인 차이점이 훨씬 많기 때문이다.

무엇보다도 이 책의 기본 논지는 '예수는 오시리스와 같은 신화적인 인물'이라는 주장이다. 이것은 형태적 유사성만 부각하여 본질적인 차이를 완전히 무시하는 궤변이다. 이 책을 읽다 보면 저자들이 밀교와 기독교의 유사성을 찾기 위해 수고한 흔적을 살펴볼 수 있지만, 그 결론은 마치 "중국의 황제도 '천자'(天子)이고 예수도 '하나님의 아들'이기 때문에 둘 다 같은 인물이다."는 단순논리를 대단한 진리처럼 주장하는 어리석음의 극치로 느껴진다.

이는 방법론적으로 보아 치명적인 오류일 뿐만 아니라, 예수의 역사적 생애를 왜곡하려는 불순한 전제와 의도에서 비롯된 것임을 살펴볼 수 있다. 객관적 지식을 추구하는 양식 있는 역사학자라면 이들 사이의 유사성과 함께 본질적인 차이도 공평하게 다루어야 하기 때문이다. 이 책에는 예수 사건에서 아주 중요한 핵심이 되는 다음 사건들에 대한 언급이 전혀 없다.

- 가난한 자들에게 모든 소유가 평등하게 재편되는 '희년'의 기쁜 소식을 선포한 것.
- 예수께서 육체적 고통과 정신적 절망과 사회적 배척과 종교적 죄인 취급을 받는 4중적인 고통을 당하는 무수한 병자들을 애간장이 타는 마음으로 치유하신 것.
- 세리와 창녀 같은 소외되고 죄인 취급 받는 사람들과 어울려 먹고 마시며 모든 사회적 인종적 종교적 차별을 철폐한 것.
- 로마 식민지의 폭압적인 통치하에서 하나님 나라의 섬김의 통치를 선포한 것.
- 유대교의 율법과 안식의 정신을 새롭게 해석하고 성전 정화를 통해 제도적인 성전 종교체제 붕괴를 예고한 것.
- 산헤드린과 빌라도의 재판을 받고 십자가 처형을 받았으나 삼일 만에

죽은 자 가운데서 다시 살아난 것.

이처럼 밀교의 나사렛 예수의 구체적인 삶의 행태는 오시리스-디오니소스의 밀교와는 본질적이 차이가 더 많다는 것은 종교학계의 정설이라는 사실을 유념했으면 한다.

3) 예수의 역사적 생애는 오시리스-디오니시우스 신화와 본질적으로 다르다

플루타르코스의『영웅전』에 의하면 오시리스는 땅의 신 게브(Geb)와 하늘의 신 누트(Nut)의 아들로 누이동생 이시스(Isis)와 결혼하였는데, 후에 형의 지위를 노린 아우 세트(Seth)에게 살해되고 그의 시신은 14조각으로 토막 내서 온 나라에 흩어져 버린다. 이시스는 그 시체 조각을 모두 다시 찾아 맞추어 최초의 미라를 만들고 그의 성기(性器)를 살려내어 관계하여 아들 호루소(Horuso)를 낳았다. 그리고 오시리스의 소생을 위한 의식을 거행한 결과 그가 소생하여 죽은 자들의 사후세계의 왕이 되고, 호루소는 산 자들을 통치하는 이집트 최초의 왕이 되었다고 한다.

죽은 신을 애도하고 그 재생을 기원하는 오시리스 신앙은 농경문화와 결합되어 해마다 춘분이 되면 겨울에 죽었던 식물들이 되살아나는 것과 관련시키는 재생의식으로 지켜졌다. 이러한 자연 종교의 재생신앙이 영적 각성이라는 의미에서 영적 재생 신앙으로 밀교와 영지주의에 의해 재해석되어 널리 유포되었다. 저자는 '미스테리아 신화든 예수 이야기든 부활은 재생'을 뜻한다(95쪽)고 하였다. 그러나 예수의 몸의 단일회적 부활과 오시리스 신화의 반복되는 재생은 본질적으로 다르다.

종교학자 내쉬(R. Nash)는 오시리스 재생 신화와 예수의 부활신앙을 비교해 보면 다음과 같은 분명한 차이점이 드러난다고 하였다.

- 다른 사람을 대신해서 죽는다는 점.
- 자신에게 속한 사람들을 위해 죽는다는 점.
- 단 한 번의 죽음이지 반복된 죽음이 아니라는 점.
- 역사적 실제 사건으로 처형당해 죽는다는 점.
- 자발적인 죽음이었다는 점.
- 그의 죽음은 패배가 아니라 승리였다는 점.

따라서 1세기의 유대 땅 나사렛 사람 예수와 기원전 4500년경의 이집트의 신화적 인물 오시리스를 동일한 신화적인 인물로 여기는 것은 복음서와 고대 역사가들의 예수에 대한 기록과 오시리스의 신화를 이중 왜곡하는 것이므로 현혹되지 말아야 할 것이다.

4) 기독교가 신화적 예수를 역사적 예수로 각색한 것이 아니라, 영지주의가 역사적 예수를 신화적 인물로 각색한 것이다

바울마저도 예수를 역사적인 인물이 아니라 신화적인 인물로 보았는데, 악명 높은 콘스탄틴 황제가 기독교를 공인한 후 그의 신하였던 유세비우스(『교회사』, 성요셉출판사, 1985)라는 역사가를 시켜 오시리스-디오니시우스 신앙을 말살하고 신화적인 인물인 예수를 역사적 인물로 각색한 것은 '거대한 음모의 결과'였다고 주장한다(35쪽). 그러나 이러한 주장이야말로 바울의 생애와 유세비우스 시대의 역사를 저자들이 마음대로 각색한 '웃기는 음모의 결과'이다.

바울은 로마서 서론에서 예수를 가리켜 "육신으로는 다윗의 혈통에서 태어나신(generatio) 분이며, 영으로는 죽은 자 가운데서 부활하신(ressurectio) 분"(롬 1:3-4)이라고 하였다. 예수는 오시리스 신화처럼 '인간의 탈'을 쓴 가현적인 인간이 아니라 역사적 실존 인물이었다. 그리고 오시리스처럼 해마다 반복하여 재생하는 존재가 아니라, 죽은 자 가운데서 단 한 번 부활하신 분임을 분명히 하였다.

더군다나 4세기의 기독교 역사가 유세비우스가 신화적 인물 예수를 역사적 인물로 각색했다는 주장은 한심하기 짝이 없다. 유세비우스보다 200년 전에 이미 예수는 역사적 인물로 기록되었다는 것은 역사적 상식이기 때문이다.

주후 70년을 전후하여 예수의 역사적 생애를 기록한 4복음서 외에도 유대 역사가 요세푸스가 주후 76-79년 사이에 쓴 『유대고대사』와 『유대전쟁사』나, 로마의 역사가 타키투스(P. Cornelius Thakitus, 주후. 55/56-120년경)가 쓴 『연대기』(15.14. 3.)에서도 유대 총독 빌라도에 의해 나사렛 사람 예수가 십자가에 처형당한 것이 기록되어 있다. 주후 170년경 헬라의 풍자 작가인 루시안(Lucian)도 예수가 "십자가에 달려 죽은 현자"(賢者)라고 기록하고 있다. 이러한 역사적 기록을 부정하고 예수를 신화적 인물로 주장하는 만용에 통탄할 일이다.

역사적으로 보면 기독교가 신화적 예수를 역사적 예수로 각색한 것이 아니라, 그 반대로 영지주의가 역사적 예수를 신화적 인물로 각색한 것이라는 사실은 종교학자들에게는 상식으로 통하는 견해이다. 이 책은 이러한 종교학적 상식조차 결여한 것으로 비판받아 마땅하다.

5) 예수의 부활은 죽은 자의 부활이며, 산 자의 영적 부활(해탈)이 아니다

이 책은 1945년 이집트의 나그함마디에서 발굴된 4세기의 사본으로 확인된 영지주의자들의 문서 총 52권 중 일부를 인용하면서 예수는 고통을 겪지도, 피를 흘리지도, 죽지도 않았으며, 따라서 "죽음으로부터 부활한 것"이 아니라고 적고 있다. 특히 영지주의 문서인 「빌립복음서」에 기록된 "먼저 죽고 난 다음에 다시 살아난다고 말하는 사람들은 틀렸다. … 죽고 나서 부활하는 것이 아니라, 그들이 살아 있는 동안 부활해야만 한다."는 영적 부활론을 기독교의 본래적인 가르침이라고 주장한다. 이러한 영적 각성을 통한 영적 재생은 미스테리아 신앙의 핵심이며, 득도나 해탈과 같은 선불교적 특징과 유사성이 있기 때문에 동서양의 가장 보편적인 신앙이라는 것이다.

그러나 바울은 고린도교회 내에도 이러한 영적 부활론자들이 존재하여 부활신앙에 대한 혼란을 가중시킨 것을 질책하였다. "어찌하여 여러분 가운데 더러는 죽은 사람의 부활이 없다고 합니까? 죽은 사람의 부활이 없다면, 그리스도께서도 살아나지 못하였을 것입니다."(고전 15:12-13)라고 하였다. 그렇다면 "우리의 선포도 헛되고 우리의 믿음도 헛될 것"이라고 하였다. 바울은 영적 부활이나 영혼불멸설을 주장하지 않고, 죽은 자의 몸의 부활을 가르쳤다. 바울이 영지주의자였다는 저자들의 주장이 틀렸음을 증거하는 것이다.

저명한 신학자인 몰트만은 『십자가에 달리신 하나님』(한국신학연구소, 1979)이라는 책에서 희랍의 미스테리아 신앙과 영지주의의 신관과 성서의 하나님 신관 사이의 결정적인 차이점을 명쾌하게 제시하였다.

고대 희랍 신화에 나타나는 신은 고난과 죽음을 겪지 않는 '무감정의 신'(God of Apathos)이다. 고난을 당하거나 죽는 신은 육체의 굴레에 얽매여 있는 가멸적(可滅的) 존재이므로 더 이상 신일 수 없다.

그러나 성서에 의하면 하나님이 육체를 지닌 인간으로 태어나서 많은 고난을 당하고 마침내 십자가에 달려 죽으셨다고 가르친다. 이는 희랍인들에게 너무나도 낯선 신앙이다. 히브리의 하나님은 이스라엘 백성의 고난을 하감하시고 그 부르짖음을 들으시고 고난당하는 백성과 함께하시는 '인정이 많으신 하나님'(God of Pathos)이다.

사랑의 하나님이기 때문에 사랑하는 자의 고난과 죽음에 동참하시므로 그 고난과 죽음을 극복하시는 하나님이다. 하나님께서 십자가에 달리신 사건은 바로 고난받으심으로 고난을 극복하시는 하나님의 구원사역의 결정적인 계시이다. 우리를 위하여 고난받으심으로 우리의 모든 현실적인 고난에 항거하시고 고난을 극복하시고 승리하신 것이다. 그래서 몰트만은 "부활신앙이 아닌 기독교 신앙은 기독교적인 것도 아니고 신앙이라고 일컬을 수 없다."고 단언하였다.

20세기 대표적인 신학자 칼 바르트도 『죽은 자의 부활』(한국신학대학출판부, 1989)이라는 책에서 기독교의 부활신앙은 산자의 영적 부활이나 영혼불멸이 아니라, '죽은 자의 부활'인 것을 분명히 하였다.

그러나 영지주의자들은 고난당하는 신을 받아들일 수 없었기 때문에 예수의 육체적인 죽음과 죽은 자의 부활을 거부함으로써 기독교 신앙을 크게 왜곡한 것이다. 그래서 하르낙은 2세기에 기독교가 영지주의적 왜곡을 극복하지 못하였다면 세계적인 종교가 되지 못하였을 것으로 단언하였다.

6) 영지주의는 본래적 기독교가 아니라, 역사적 기독교를 영적 기독교로 왜곡한 적(敵) 그리스도(Anti-christ)이다

이 책은 '미스테리아' 신앙을 받아들인 영지주의 기독교가 본래적인 기독교라고 거듭 주장한다. '밀교 신앙'이 고대 유럽의 민중들 사이에 널리 퍼진 것은 사실이다. 역사적으로 보면 이러한 신앙이 기독교인들에게도 큰 영향을 주어 역사적 예수의 죽음과 부활에 대한 기독교 신앙을 밀교 신앙과 혼합하여 영지주의 기독교가 등장한 것이다.

그러나 영지주의가 역사적 기독교를 영적 기독교로 왜곡한 것이지, 기독교(저자들의 용어로는 문자주의자들)가 영지주의를 문자주의로 왜곡한 것이 아니다. 영지주의의 주장을 조금만 살펴보면 저자들의 가설이 전도된 것임을 알 수 있다.

145년경 영지주의자 마르키온(Marcion)은 구약의 천지(물질)와 인간(육체)을 창조한 여호와는 열등한 신이며, 신약의 영혼의 아버지 하나님과는 다른 신이라고 주장하고 예수가 육신으로 태어나 고난받고 죽은 것을 부정하였다.

2세기 기록으로 보이는 영지주의 문서인 「도마복음서」 25절에는 예수가 "형제를 여러분 자신의 영혼처럼 사랑하라."고 가르쳤다고 한다. 영지주의에 의하면 육체로 말미암아 고통과 죽음이 유래된 것이기 때문에 육체를 사랑해서는 안 된다. 그래서 "이웃을 네 몸같이 사랑하라."(마태복음 19장 19절 병행)는 예수의 가르침을 영지주의식으로 왜곡한 것이다.

심지어 일부 영지주의자들은 예수가 십자가에 달려서 외친 "엘리 엘리 라마 사박다니(나의 하나님, 나의 하나님, 어찌하여 나를 버리셨나이까?)"라는 구절을 영지주의적으로 해석한다. 아람어 엘(El)은 보통명사로서

신(神)이라는 뜻일 뿐만 아니라 영(靈)을 뜻한다고 보았다. 그러므로 예수의 영(神)이 인간의 육체를 빌려 마치 유령처럼 이 땅에 나타났다가, 예수가 십자가에 달렸을 때 인간의 육체적 가면을 벗어 버리고 다시금 영적 존재로 되돌아가려고 하자, 예수의 가현적인 육신이 "나의 영이시여, 나의 영이시여 어찌하여 나(육체)를 버리셨나이까?"라고 외친 것이라고 한다. 그래서 로마 교회에서는 사도신경을 통해 영지주의를 반박하기 위해 전능하사 천지를 창조하신 하나님이 바로 아버지 하나님과 같은 하나님이시며, 예수는 동정녀 마리아에게서 나시고 빌라도의 고난을 받으시고 십자가에 달려 죽으신 것으로 고백한 것이다.

그리고 신약성서 요한2서 1장 7절에는 "예수 그리스도께서 육체로 임하심을 부인하는 자들" 즉, 영지주의자들을 가리켜 "미혹하는 자요 적그리스도"(anti-Christ)라고 하였다. 이처럼 영지주의자들은 그리스도는 육체로 오신 분이 아니기 때문에 고난도 죽음과 함께 당하지 않는다고 왜곡한 것을 바울은 "다른 예수, 다른 영, 다른 교훈"(고후 11:4)을 가르치는 것으로 분명히 거부하였다.

그래서 예수의 생애를 역사 비판적으로 접근하는 '예수 세미나'의 대표적인 신학자 펑크(R. Funk, 『예수에게 솔직히』, 1999, 120-130쪽)조차도 나그함마디 문서 중 「도마복음서」만이 예수의 말씀이 40%의 정도로 병행하여 나타나지만, 「구세주와의 대화」에는 요한복음에 나오는 대화와 병행을 이루고 있으나, 예수의 말씀은 실제로 단지 한 구절(11:4) 뿐이라고 한다. 그 외에 「야고보의 비밀복음」, 「진리복음」, 「빌립보 복음」, 「이집트인들의 복음」에는 예수가 한 말씀과 유사한 것은 있지만 예수의 말씀으로 역사적 진정성이 있는 것은 하나도 없다고 단언하였다. 영지주의자들이 이처럼 예수의 역사적 가르침과 본래적 신앙을 완전히 왜곡한 것이다.

7) 기독교 신앙은 영지주의자들의 은밀한 밀교(미스테리아)가 아니라, 공개적인 복음으로 선포된 사도전승이다

영지주의자들의 신앙의 핵심은 영육이원론이다. 인간은 육체를 가지고 있기 때문에 온갖 고난을 당하고 마침내 죽게 된다는 것이다. 따라서 인간은 육신의 감옥 속에 갇힌 영혼을 해방시킴으로써 구원에 이른다고 하였다. 구원의 구체적인 방식이 비밀스러운 영적 지식(gnosis)을 깨닫는 것이며, 이 영적 지혜는 소수의 선택된 영지주의자들에 의해 비밀스럽게 전승되기도 하였다.

이러한 미스테리아 신앙은 밀교의 전형적인 형태이다. 종교학자들은 종교를 밀교(密教)와 현교(顯教)로 나눈다. 밀교는 교리와 제도와 의식이 이중적이다. 공개되는 부분과 비공개적인 부분이 있다. 통일교가 이러한 밀교의 성격을 지니고 있어 핵심적인 교리와 제도와 의식은 핵심 내부인들에게만 은밀히 알려져 있다. 외부의 직접적인 비난이나 공격을 피하기 위한 수단일 것이다. 『예수는 신화다』의 저자도 이 점은 인정하였다.

그러나 예수께서는 "내가 드러내 놓고 세상에 말하였노라. 모든 유대인들이 모이는 회당과 성전에서 항상 가르쳤고 은밀하게는 아무것도 말하지 아니하였다."고 하였다. 기독교는 처음부터 예루살렘 성전과 회당에서 공개적으로 유대인들에게 "너희가 못 박아 죽인 이 예수를 하나님이 다시 살려서 우리의 주와 그리스도가 되었다."(행 2: 23-24, 36)고 선포하였다. 바울도 예수가 "십자가에 달려 죽으시고 장사 지내시고 부활하시고 다시 살아나셨다."(고전 15: 3-4)고 하였다. 기독교 신앙의 핵심적인 신앙에 대한 최초의 기록에 해당하는 이 내용은 "내가 전해 받은 것을 너희에게 전하는 것"(고전 15: 1)이라고 하였다. 그래서 초대 교회 이레네우스는 「이단반박」이라는 방대한 저술을 통해 예수 그리스도의 복음은 '공개적인 사도전승'이지만, 영지주의의 영지(gnosis)는 '은밀한 비밀전승'이라는 점에서 결정적인 차이가 있다고 주장하였다.

밀교는 그 은밀한 비공개성 때문에 황당무계한 신앙을 저마다 제멋대로 전수하였고, 이러한 모순된 신앙에 대한 객관적 이성적 비판과 검증의 과정을 거치지 못했기 때문에 역사에서 사라진 것이다.

그러나 기독교는 적대적인 정부와 종교가 지배하는 체제에서도 자신들의 신앙의 진리성을 공개적으로 선포하였기 때문에 엄청난 철학적 비판과 종교적 도전과 정치적 박해를 당하였다. 그럼에도 불구하고 그 신앙의 진리성을 수호하기 위하여 무수한 신실한 신자들이 목숨을 건 순교 끝에 역사적인 종교로 세계화의 기틀을 마련할 수 있었던 것이다.

그리고 은밀한 밀교는 불교처럼 엘리트적인 소수만의 득도를 통해 영적 각성에 이르는 것을 우월한 것으로 여겼다는 점도, 예수가 가난하고 무지하고 병들고 사회적으로 소외된 자들의 구원을 위한 대중적인 신앙을 표방한 것과 결정적으로 다른 측면이라고 할 수 있다.

8) 저자들의 주장은 명확성과 일관성이 부족하고 상호모순투성이다

『예수는 신화다』의 저자들의 주장을 자세히 읽어 보면 논리적 일관성이나 명확성이 부족하며, 자체 모순이 가득 차 있음을 알 수 있다. 그 구체적인 사례 하나만을 들어보자.

주후 3세기의 한 부적의 그림을 근거로 "십자가에 못 박힌 사람은 예수로 착각하기 쉽지만 사실은 이교도 신인 오시리스-디오니소스였다."(85쪽)고 했다가, 그 다음 페이지에서는 "최초의 십자가상에 나타난 예수는 곧 오르페우스였다."고 하였다. 그리고 다른 곳에서는 영지주의 문서인 『옹호자 도마의 책』을 인용하면서 예수와 모든 점에서 닮은 도마라는 "예수의 쌍둥이 형제가 대신 십자가에 못 박혀 죽었다."(185-186쪽)고 주장한다. 그리고 몇 페이지 뒤에는 영지주의 문서인 『위대한 세트 신의 두 번째 이야기』를 인용하면서 "십자가에 매달려 죽은 것은 (예수의 십자가를 대신 지고 간) 구레뇨 사람 시몬이다."(189쪽)고 하였다. 그렇다면 진짜로 십자가에 죽은 자는 누구인가? 오르페우스인가, 도마인가, 구레뇨 시몬인가? 예수 시대에 십자가에 처형된 사람이 수만 명이지만 오직 예수의 십자가만이 결정적이고 차별적인 의미를 지닌다는 사실을 저자는 아는지 모르겠다.

이 책의 핵심적인 내용이 예수가 십자가에 달려 죽었다가 문자 그대로 죽은 자가 부활한 것이 아니라는 사실을 주장하려는 것임에도 불구하고, 실제로 십자가에 달려 죽은 자에 대해 이처럼 오락가락하는 주장을 내세우는 것을 보면 저자들의 지적 수준이 의심스럽지 않을 수 없다.

이런 정도의 한심한 책을 처음 출판한 동아일보사는 이 책의 문제점을 인정하고 절판을 결정하였는데, 번역자는 일반인들의 호기심을 자극시키는 "왜 한국 교회는 이 책을 그처럼 두려워하는가?"라는 문구를 띠지에 적어 다시 출판한 것은 심히 유감스러운 일이 아닐 수 없다.

_03

루벤슈타인의 『예수는 어떻게 하나님이 되셨는가』를 반박한다

1) 예수의 신성 부정은 유대교의 전형적인 주장이다

미국 조지 메이슨 대학의 리처드 루벤슈타인 교수가 쓴 『예수는 언제 하나님이 되셨는가』라는 책이 『예수는 어떻게 하나님이 되었는가 - 로마제국 말기의 참된 기독교를 정의하기 위한 투쟁』(한인철 역, 한국기독교연구소, 2004)이라는 제목으로 번역 출판되었다.[3]

저자는 사회학과 법학을 전공한 유대인으로서 어린 시절 유대인과 천주교 교인이 뒤섞여 있는 동네에서 자라면서 유대인이라는 이유로 동네 아이들에게 난폭하게 맞은 '예수 이름으로 받은 상처'를 기억하면서 이 갈등을 해소하는 길로써 아타나시우스와 아리우스의 양성론 논쟁에 관한 연구를 착수하였다고 한다.

저자의 기본 논지는 '예수는 결코 무시될 수 없는 존재'이지만, '예수는 하나님의 아들이 아니라 하나의 인간일 뿐'이라는 주장이다. 예수가 하나님으로 믿어지게 된 '때'가 콘스탄틴의 기독교 공인 이후 저 유명한 아타나시우스와 아리우스 논쟁의 전후라는 것이다. 따라서 저자는 기독교가 예수는 '하나님에 가까운 위대한 인간'이라는 아리우스의 입장 대신 예수는 '하나님과 동일본질'이라는 아타나시우스의 입장을 수용함으로써 예수가 하나님이 되었다는 것이다. 이로 인해 유대인과 기독교의 종교적 갈등이 증폭되었으므로 이러한 갈등 해소를 위해서라도 예수는 단지 위대한 인간이라는 아리우스의 입장을 다시 복권시켜야 한다는 주장이다. 저자는 갈등분석과 해결책 연구소 소장답게 예수의 신성과 인성을 유대교와 기독교의 '종교적 갈등의 원천'으로 규명하고 그 해결을 위해 기독교가 예수의 신성을 포기할 것을 요구한다.

저자가 예수의 신성에 대한 기독교의 신앙을 포기하라는 것은 기독교의 정체성을 포기하라는 주장이다. 세계기독교회협의회(WCC)는 1961년 뉴델리 선언을 통해 "성경이 증거하는 바대로 주 예수께서 하나님과 구세주이심을 고백하며, 따라서 성부 성자 성령 한 하나님의 영광으로 부르심을 받은 공동의 소명을 함께 성취하고자 노력하는 교회들의 협력체"라고 선언하였다. 가장 진보적이고 개방적인 WCC조차 예수를 하나님으로 고백하여야 기독교라고 단언한 것이다.

따라서 기독교와 유대교의 갈등을 해소하기 위해 기독교인들이 먼저 예수의 신성을 포기해야 한다는 주장은 유대교가 먼저 예수의 신성을 인정해야 한다는 기독교인들의 주장처럼 일방적인 논리이다. 역사적으로 보아도 기독교와 유대교의 갈등은 기독교가 예수의 신성을 주장한 데에만 있는 것이 아니다. 훨씬 복잡한 요인들이 즐비하다. 그리고 종교다원주의 시대를 맞이하여 예수의 신성을 상호 인정하면서도 얼마든지 갈등을 해소할 수 방법을 찾아야지 일방적으로 예수의 신성 포기만을 요청하는 것은 시대착오적인 발상이다.

2) 예수는 하나님의 아들이라 하여 유대교에 의해 신성모독자로 처형되었다

저자의 뼈아픈 체험에는 동감한다. 역사적으로 기독교 득세하면서 유대교를 박해한 과오에 대해서 기독교가 철저히 회개하여야 한다. 특히 2차 세계대전 동안의 히틀러의 만행에 대해서는 할 말이 없다. 이런 의미에서 저자의 종교적 갈등 해소에 대한 열정은 충분히 공감하고 기독교인들 역시 타 종교에 대해 열린 자세를 가져야 할 것이다.

그러나 역사란 늘 양면성이 있는 것이다. 예수와 그의 추종자들은 사실 유대교에 의해 희생된 자들이다. 예수가 체포되어 유대인의 법정에서 신성 모독자로 정죄되고 결국 처형되었고, 예수를 그리스도라고 고백하는 예수의 추종자들은 모두 회당에서 추방되었다. 스데반의 순교 이후에는 더 많은 예수의 추종자들이 멀리 다메섹으로 도피하여야 했다. 네로 이후 로마의 정치적 박해가 있기 이전에 기독교는 유대교의 일파이기를 거부하였기 때문에 유대교의 박해의 대상이 되었던 것이다. 그리고 기독교가 득세하자 유대교에 의해 박해받은 기독교인들은 유대인들을 박해하기 시작하였고, 마침내 독일의 히틀러에 의해 유대인들이 엄청나게 학살되었으나 박해의 악순환이 계속되고 있는 것이다.

예수는 대제사장 서기관 장로가 파송한 무리에게 체포되었다. 대제사장과 온 공회(公會)가 예수가 자신을 '찬송받을 이(하나님의 은유적 표현)의 아들 그리스도'라고 주장한 것은 참람(僭濫)한, 즉 신성모독의 범죄에 해당한다고 보았기 때문이다. 당시의 후기 유대교의 입장에서는 예수가 성전을 모독하고 율법을 모독하는 것보다 스스로 하나님의 아들이라 자처하며 하나님과 같은 신적 권위와 신적 권능을 가지고 가르치고 행동하는 것은 그들이 믿어 온 '유일신 하나님'을 모독하는 심각한 신성모독의 죄에 해당되었다.

본서의 저자뿐 아니라 예수 시대의 유대인들도 예수의 신성을 용납할 수 없었던 것이다. 신성 모독자로 정죄된 것이 예수의 십자가 처형의 역사적 외적 원인이었다. 그러나 예수가 하나님처럼 말하고 행동하여 신성모독으로 처형되었다는 것이야 말로 역사적 예수의 언행이 하나님과 같았다는 부정할 수 없는 역설적 증거가 되는 것이다.

3) 4세기가 아니라 서기 50년대 초에 예수는 하나님으로 고백되었다

저자가 4세기 아타나시우스 등에 의해 예수가 하나님이 되었다고 주장하는 것은 역사적으로도 명백한 오류이다. 예수는 자기 자신을 '하나님의 아들'로 자각하였고 베드로를 비롯한 제자들도 예수를 '하나님의 아들'로 고백하였다. 예수가 하나님 아버지의 버림을 받고 십자가에 처형되었으나, 하나님께서 그를 다시 살리셨고, 부활하신 예수는 12제자와 여러 추종자들에게 나타나 보이셨다.

이 부활 사건 이후는 예수를 하나님의 아들로 고백하던 신앙이 자연스럽게 "예수는 하나님이 인간이 되신 분"이라는 신앙을 확장되었고, 마침내 예수 바로 그분이 "나의 주 나의 하나님"(요 20:28)이라는 도마의 고백으로 이어졌다. 베드로가 예수에 대해 '당신은 그리스도요 하나님의 아들'이라는 고백한 것과 달리 도마는 예수를 '나의 하나님'으로 고백하였다는 것은 매우 중요하다. 필자가 조사한 바로는 신약성서는 적어도 네 번에 걸쳐 명시적으로 '예수를 하나님'이라고 고백한다.

• 나의 주님이시오 나의 하나님이시니이다.(요 20:28)

• 그는 만물 위에 계셔서 세세에 찬양을 받으실 하나님이시니라.(롬 9:5)

• 우리 크신 하나님 구주 예수 그리스도의 영광이 나타나심이라.(딛 2:13)

• 그는 참 하나님이요 영생이시라.(요일 5:20)

요한문서는 1세기 전후의 기록이지만 로마서(56년경)와 디도(51-53년경)는 서기 60년대의 기록이기 때문이다. 적어도 서기 50년대 이후부터 기독교인들은 예수를 하나님이며 동시에 위대한 인간으로 고백하였던 것이다. 따라서 유대인 사회학자인 저자는 성서에서 이미 예수를 하나님으로 고백하고 있다는 사실을 알지 못하는 것이 분명하다.

물론 4세기에 예수가 어떤 의미에서 하나님인가 하는 예수의 신성에 관한 오랜 논쟁 과정에서 희랍 철학의 본체론에 입각하여 예수의 신성에 대한 아타나시우스와 아리우스 사이의 동일본질론과 유사본질론이 논쟁이 된 것이 사실이다. 그러나 예수가 하나님으로 고백된 것은 예수 부활 직후인 것만은 분명하다. 칼케돈 신조 1500주년이 되는 1951년을 기해 영국과 독일학자들이 광범위하게 4세기의 신조들을 재해석하면서 지적한 것처럼 4세기의 논쟁은 성서적 실천적 기독론이 아니라 철학적 사변적 기독론으로 흐른 것이라는 비판이 없지 않았다. 예수의 신성에 대한 희랍철학의 본체론적 설명을 보완하여 아리우스처럼 비본체론적으로 설명할 수는 있겠지만 아리우스조차도 예수 그리스도의 신성 그 자체를 완전히 부정한 것은 아니다.

4) 예수가 하나님과 같은 권위와 권능을 행사한 증거들

저자의 주장은 4세기의 아타나시우스나 아리우스의 논쟁을 반영하는 칼케돈 신조 1500주년 이후 최근 신학자들이 "역사적 예수가 어떻게 하나님의 아들로 등장하고 하나님으로 고백되었는가?" 하는 문제를 다룬다는 사실을 알지 못하고 있다. 역사적 예수에 대한 연구 결과 예수는 하나님 아들로서 소명을 받고 하나님처럼 말하고 행동하였고 그 결과 신성모독으로 죽임 당한 사실들이 더욱 분명해졌다.

(1) 아바(Abba) 아버지와 하나님의 아들 예수

예수는 공생애를 시작하면서 세례와 시험을 통해 성령 체험과 동시에 하나님을 아버지로 체험한 것이며, 이는 자신이 하나님의 아들로 소명받은 것을 드러낸다. 이를 계기로 예수는 신적 권위와 권능을 가지고 가르치고 복음을 선포하고 병자를 치유하였다. 예수는 자신과 하나님 사이의 특수한 관계를 "아버지 외에는 아들을 아는 자가 없고 아들과 또 아들의 소원대로 계시를 받은 자 외에는 아버지를 아는 자가 없느니라."(마 11:27, 눅 10:20)고 하였다.

예레미아스 등 많은 학자들의 주장처럼 예수는 "하나님을 나의 아버지"라고 선포한 최초의 인물이다. 물론 신을 아버지로 상징한 표현은 고대 종교에서도 등장하지만 하나님을 아버지로 그것도 유아적인 표현인 '아바'(Abba)로 기도 중에 호칭한 것은 유대교 전통에도 없는 예수에 의한 전무후무한 사례였다. 예수는 제자들에게 '나의 아버지가 바로 너희의 아버지'이므로 너희가 기도할 때 "하늘에 계신 우리 아버지"에게 기도하라고 가르쳤다.

하나님을 아버지로 부르며 스스로 하나님의 아들이라 칭하고 하나님 아버지의 나라를 선포한 하나님의 사람 나사렛 예수는 제자들에게 아주 강한 인상을 주었기 때문에 베드로는 자연스럽게 "당신은 그리스도요 살아 계신 하나님의 아들입니다."(마 16:16 병행)라고 고백할 수 있었던 것이다.

(2) 죄사함의 권세

예수는 하나님과 같은 권위와 권능을 가지고 가르쳤다. 그의 가르침 가운데는 하나님만이 선포할 수 있는 내용이 포함되었다. 예수는 많은 병자를 치유하면서 "네 죄가 사해졌다."고 사죄 선언을 하여 유대 지도자들을 분노케 하고 유대인들을 경악케 하였다. 심지어 사죄 선언을 시비하는 유대인들에게 "인자는 땅에서 죄를 사하는 권세를 가지고 있다."(막 2:10, 눅 5:24)는 사실을 스스로 확인하여 주었다.

지금도 그러하지만 당시의 유대인들은 죄를 사하는 권세는 오직 하나님에게만 있는 것으로 확신하였다. 예수 역시 유대교의 이러한 전통 안에서 자랐음에도 불구하고, 하나님과 동등하게 죄 사함의 권세를 가졌다고 주장하였고, 동시에 그의 추종자들도 그렇게 믿었던 것이다. 이 일로 예수는 신성 모독자로 고발되었고 실제로(de facto) 신성 모독자로 처형당한 것이다.

(3) "진실로 진실로 내가 네게 말한다."는 언설의 사용

예수가 하나님과 같은 권위를 주장한 것은 사용한 언설 양식에서 찾아볼 수 있다. 예수는 그의 말의 권위를 드러내기 위해 "진실로 진실로 내가 네게 말한다."는 어구를 여러 번 사용하였으며 그 역사적 진정성도 확인되었다. '진실로'라는 말의 원어가 'Amen'이며 이어서 이 독특한 언설 양식을 '아멘 양식'(Amen Formular)이라 한다. 이는 예언자들의 '메센저 양식'(Messenger Formular), 즉 "야웨가 이렇게 말했다."와 유비되는 양식으로서 예외 없이 예수 자신의 말씀을 소개하거나 보증하는데 사용되었다. 예언자들은 하나님의 말씀의 대언자로서 "야웨가 이렇게 말했다."거나 "이는 야웨의 말씀이다."는 사실을 밝히는 언설 양식을 통해 하나님의 권위에 의존하여 대언하였지만 예수는 전적으로 달랐다. 예수는 스스로 하나님과 같은 권위를 가지고 하나님이 말씀하시듯이 "나는 너희에게 말한다."는 언설 양식을 사용한 것이기 때문이다.

(4) 율법의 폐기와 새로운 해석

예수는 하나님의 아들로서 하나님과 같은 권위를 가지고 율법을 새롭게 해석하였다. 또한 예수는 옛 율법을 폐기하거나 강화하여 새로운 율법을 가르쳤는데(마 5:21-48), 이를 구약의 율법에 대한 6반제(anti-these)라고 한다. 하나님께서 모세에게 준 십계명을 포함한 율법을 폐기하거나 강화하여 새롭게 제시하는 것은 모세 이상의 권위 즉, 하나님과 같은 권위를 암시하는 것으로써 사람들에게 놀라움을 자아내게 하였다. 케제만(E. Kasemann)도 "하나님의 계명을 폐지시킬 수 있는 분은 하나님과 동일한 단 한 분이다."고 하였다.

(5) 안식일의 주인

예수는 놀랍게도 하나님과 같은 권위를 가지고 "인자는 안식일의 주인"(마 2:28 병행)이라고 선언한다. 예수가 종말론적 메시아의 권위를 가지고 하나님이 창조 시 만드시고 시내산 계약조문을 통해 제정하신 안식일의 실제 주인이 자기 자신이라고 주장했다면, 이 역시 예수가 생전에 자신의 신적인 권위를 드러내는 또 다른 증거라는 것이 타이쎈의 주장이다. 안식일을 지키면 안식일이 우리를 지켜준다고 믿었던 후기 유대교인들에게 예수가 안식일에 병자를 고치는 등 안식일 규범을 과감히 범하는 것은 하나님을 모독하는 일로 여겨진 것이다. 이 역시 하나님과 같은 권위와 권능을 주장하지 않고는 행할 수 없는 일이었다.

(6) 성전을 멸망의 예고

예수가 "성전을 헐라"고 주장하고 "성전이 무너질 것이다."고 예고한 것은 예수가 체포되어 산헤드린의 재판을 받을 때 가장 중요한 죄목으로 지목되었다(막 14:58, 마 25:61). 유대인들은 성전을 하나님의 전으로 의심 없이 이해해 왔으므로, 성전 모독은 하나님 모독과 같은 범죄에 해당하였다. 그래서 십자가 처형 시 예수는 "성전을 헐고 사흘에 짓는 자"로 불리고, "네가 만일 하나님의 아들이어든 자기를 구원하고 십자가에서 내려오라."(막 15:29, 마 27:40)는 조롱을 받는 빌미가 되었다. 예수 당시에는 그 누구도 감히 하나님의 성전의 멸망을 예고할 수 없었다. 그런데 예수가 '하나님의 성전의 멸망'을 선언한 것으로 보아 예수는 하나님과 동등한 권위를 자각하고 있었음을 확인할 수 있다.

(7) 성만찬의 제정

예수의 마지막 만찬은 성전 제사를 대체하는 새로운 제의를 창시하는 행위였다. 타이쎈과 메르츠는 예수가 성전 제의의 종말론적 변혁을 추구하였으며 옛 성전 제의를 종식시키고 새로운 제의를 창시하였는데, 그것이 바로 세례와 성찬이라고 하였다. 세례는 최후 심판을, 성만찬은 종말론적 만찬을 미리 맛보는 것이다. 타이쎈은 이런 점에서 "세례는 사실상 (유대교의) 성전 제의에 도전하는 경쟁적 의미의 예식이다. 성만찬은 사실상 '희생제의'를 대체하는 예식이다."고 한 것이다. 예수는 최후의 만찬에서 자신의 죽음을 새 계약의 표식(눅 22:20)으로 선언하였다. 하나님이 이스라엘 백성과 맺은 옛 계약을 새로운 계약으로 대체하는 것 역시 하나님과 동등한 권위를 가지지 않고서는 불가능한 행위이다.

이처럼 4세기가 아니라 1세기 중엽 이후부터 기독교인들은 예수를 위대한 인간 이상의 존재로, 하나님이 아니면 할 수 없는 말과 행동을 한 하나님의 아들로, 그리고 하나님으로 고백한 것이다. 그러므로 1세기에 유대교 입장에서 기독교를 수용한 에비온파 이래로 '하나님은 한 분'이라는 유일신 신앙에 충실한 유대교는 예수의 신성과 삼위일체론을 부정할 수밖에 없었으니 저자의 주장은 새삼스러울 것도 없다. 그런데 유대인 학자의 반기독교적인 서적이 명문 기독교대학의 교목에 의해 번역되어 한 기독교연구소에서 출판되었다는 것이 단지 놀라울 뿐이다.

참 고 문 헌

Anderson, H.(1988), "Jesus: Aspects of the Question of Authority," *The Social World of Formative Christianity and Judaism, in Tribute to H. C. Kee*, ed. J. Neusner, H. Clark and R. Horsley, Philadelphia: Fortress.

Arndt, W.(1968), 지원상 역,『신약의 역사』, 서울: 컨콜디아사.

Augustine(1993), 김종흡 역,『삼위일체론』, 서울: 크리스챤다이제스트.

Aulen, G.(1976), 전경연 역,『속죄론 연구』, 서울: 종로서적.

Baigent, M & Leight, R. & Lincoln, H.(1981), 강혜령 역,『성혈과 성배』, 서울: 행림출판.

Barcley, W.(1987), 문동학 · 이규민 역,『팔복 주기도문 강해』, 서울: 크리스챤다이제스트.

Barcley, W.(1988), 이희숙 옮김,『산상수훈 강해: 팔복과 주기도문』, 서울: 종로서적.

Barth, K.(1789), 전경연 역,『죽은 자의 부활 - 고린도 전서 15장 연구』, 서울: 한국신학대학 출판부.

______(1961), *Church Dogmatics*, Edinburgh: T. & T. Clark.

Barton, Stephen C.(1994), *Discipleship and Family Ties in Mark and Matthew*, Cambridge: Cambridge University Press.

Beasley-Murray, G. R(1986), *Jesus and the Kingdom of God*, Grand Rapids, Mich.: W. B. Eerdmans.

Beinert, W.(1980), 심상태 역,『마리아 - 오늘을 위한 마리아론 입문』, 서울: 성바오로출판사.

Bela, F.(1990), "1세기의 팔레스틴",『예수 시대의 민중운동』, 천안: 한국신학연구소.

Belo, F & Horsley, R. A.(1990),『예수 시대의 민중운동』, 서울: 한국신학연구소.

Boers, H. W.(1996), 박익수 역,『예수는 누구였는가?』, 서울: 대한기독교서회.

Boff, L.(1978), *Jesus Christ Liberator*, tr. Patrick Hughes, Maryknoll, New York: Orbis.

______(1987), *The Maternal Face of God*, tr. R. R. Bar & J. W. Direcksmeier, New York: Happer & Row Publisher.
______(1988), *Way of the Cross: Way of Justice*, tr. John Druny, New York: Orbis.
______(1996), 김항섭 역, 『생태신학』, 서울: 가톨릭출판사.
Bonhöffer, D.(1966), 이종성 역, 『그리스도론』, 서울: 대한기독교서회.
______(1970), 고범서 역, 『옥중서간』, 서울: 대한기독교서회.
______(1990), 『나를 따르라』, 서울: 대한기독교서회.
Bonino J., 『해방의 정치윤리』, 서울: 한국신학연구소.
Borg, Marcus J. & Wright, N. T.(2001), 김준우 역, 『예수의 의미』, 서울: 한국기독교연구소.
Borg, Marcus J.(1998), 김기석 역, 『예수 새로 보기』, 천안: 한국신학연구소.
______(2003), 남정우 역, 『예수 2000년』, 서울: 대한기독교서회.
Bornkamm, G.(1973), 강한표 역, 『나사렛 예수』, 서울: 대한기독교서회.
Borsch, E. H.(1975), "Jesus, The Wandering Preacher?," *What about the New Testament*, Essays in Honour of Christopher Evans, ed. M. Hooker and C. Hickling, London: SCM.
Bösen, W.(1998), 황현숙 역, 『예수 시대의 갈릴레아』, 서울: 한국신학연구소.
Braun, H.(1981), 김광식 역, 『예수와 그의 시대』, 서울: 대한기독교서회.
Brown, R. E.(1977), *The Birth of Messiah*, New York: Dubleday.
______(1984), "동정녀 탄생", 『기독교대백과사전』 4권, 서울: 기독교문사.
Bruce, F. F.(1961), *Second Thoughts on the Dead Sea Scroll*, Wm. B. Edermans.
______(1980), 진연섭 역, 『성서 밖에서 본 예수와 기독교의 기원』, 서울: 컨콜디아사.
Brunner, E.(1952), *The Christian Doctrine of Creation and Redemption*, tr. O. Wyen, Philadelphia: Westminster.
______(1956), *The Mediator*, tr. O. Wyon, Philadelphia: Westminster.
______(1964), *Truth as Encounter*, Philadelphia: Westminster, 1964.
Buchanan, G. W.(1984), *Jesus: the King and his Kingdom*, Mercer Univ. Pr.
Bultmann, R.(1951), *Jesus*, Tübingen: J. C. B. Mohr.
Bultmann, R.(1964), *Die Geschichte der Synoptischen Tradition*, Göttingen: Vandenhoek & Ruprecht; 허혁 역(1973), 『공관복음전승사』, 서울: 대한기독교서회.
______(1965), *Theologie des Neuen Testaments*, Tübingen: J. C. B. Mohr; 허혁 역(1976), 『신약성서신학』, 서울: 성광문화사.
Buri, F.(1974), "생태학적 신학의 시도", 「기독교사상」, 4월호.
Calvin, J.(1967), *Institutes of Christian Religion*, Vols. 2, tr. F. L. Balles, Philadelphia: Westminster Pr.

Calvin, J.(1995), 김종흡 외 공역, 『기독교강요 상』, 서울: 생명의 말씀사.
Chardin, P. Teilhard de(1965), *The Divine Milieu*, New York: Harper & Row.
______(2002), 최영인 역, 『떼이야르 신부가 장따 여사에게』, 왜관: 분도출판사.
______(2003/1), 이병호 역, 『그리스도』, 왜관: 분도출판사.
______(2003/2), 이병호 역, 『물질의 심장』, 왜관: 분도출판사.
Charlesworth, James H.(1988), *Jesus within Judaism - New light from exiting Archaeological Discoveries*, New York: Doubleday.
______(1990), *John and the Dead Sea Scrolls*, Crossroad.
Cheung, A. T. M.(1986), "The Priest as the Redeemed Man: A Biblical Theological Study of Priesthood," *JEvanTH* 29.
Chilton, B.(1984), *The Kingdom of God in the Theaching of Jesus*, Philadelphia: Fortress.
______(1987), *Jesus and the Ethics of Kingdom*, London: SPCK.
Clark, J. B.(1989), *The Distribution of Wealth: A Theory of Wages, Interest and Profits*, New York: The Macmillan Company.
Clévenot, Michel(1985), *Materialist Approaches to the Bible*, tr. by William J. Nottingham, Maryknoll: Orbis Books.
Cobb, J.(1992), 『종교다원주의와 오직 예수: 이야기 기독론』, 서울: 조명문화사.
Conzelmann, H.(1973), *Jesus: the Classic Article from RGG*, expanded and updated, tr. J. L. Load, Philadelphia: Fortress.
Cooper, J.(1984), "예수의 어머니 마리아", 『기독교대백과사전 5권』, 서울: 기독교문사.
Costad, O. E.(1987), 김승환 역, 『성문 밖의 그리스도』, 서울: 한국신학연구소.
Cox, H.(1967), 『세속도시』, 서울: 대한기독교서회.
Crossan, J. D.(1998), 한인철 역, 『예수는 누구인가?』, 서울: 한국기독교연구소.
______(2000), 김준우 역, 『역사적 예수』, 서울: 한국기독교연구소.
______(2001), 김기철 역, 『예수: 사회적 혁명가의 전기』, 서울: 한국기독교연구소.
Culllmann, O.(1959), *The Christology of New Testament*, tr. S. C. Guthrie and C. Hall, Philadelphia: Westminster.
______(1989), 『신약의 기독론』, 서울: 나단.
Dale Moody(1962), "Virgin Birth," *The Interpreter's Dictionary of the Bible*, vol.4.
Danell, G. A.(1951), "Did St. Paul Know the Tradition About the Virgin Birth?" *Studia Theologica* 4/1.
Davies, P. E(1979), "Jesus and the Role of the Prophet," *JBL* 64: 241-254.
Deshner, J.(1985), *Wesley's Christology: An Interpretation*, Dallas: SMU Pr.
Dibelius, M.(1939), *Jesus*, Berlin: Walter de Grutyter; 김용옥 역(1958), 『예수』, 서울: 대한기독교서회.

Dodd, C. H.(1961), *The Parable of Kingdom*, New York: Scribner.

Donald, J.(1988), *Messiah Exegesis: Chrsitological Interpretation of the Old Testament in Early Christianity*, Philadelphia: Fortress.

Dostoevski(1999), 김학서 역, 『까라마조프가의 형제들 I』, 서울: 하서.

Duchesne-Guillemin, Jacques(1984), "조로아스터교", 『기독교대백과사전』 13권, 서울: 기독교문사.

Dunn, J. D. G.(1975), *Jesus and the Spirit: A Study of the Religious Charismatic Experience of Jesus and the First Christians as Related in the New Testament*, London: SCM.

_______(1980), *Christology in the Making: a New Testament Inquiring into the Origin of the Doctrine of the Incarnation*, Philadelphia: Westminster.

_______(1988), 김득중 · 이광훈 역, 『신약성서의 통일성과 다양성』, 서울: 나단출판사.

Dupont-Sommer, Andre(1954), *The Jewish sect of Qumran and the Qumran: new studies on the Dead Sea scrolls*, Vallentine, Mitchell.

_______(1962), *Essenes writings from: Qumran*, World Pub. co.

Ebeling, G.(1960), "Jesus und Glauben," *Wort und Glauben I*, Tübingen: Mohr.

_______(1975), *Wort und Glauben III*, Tübingen: Mohr.

Eliade, M.(1996), 『성과 속』, 서울: 학민사.

Ellul, J.(1992), 양명수 역, 『하나님이냐 돈이냐』, 서울: 대장간.

Ericksion, M. J.(1991), 『기독론』, 서울: 기독교문서선교회.

Eusebius, 임성옥 역(2001), 『교회사』, 서울: 은성.

Fabella, V.(1985), *Doing Theology in a divided World*, New York: Orbis.

Farmer, William Reuben(1956), *Maccabees. Zealots and Josephus: an inquiry into Jewish Nationalism in the Greco-Roman period*, Columbia University Press.

Ferguson, A.(1993), 박경범 역, 『초대교회 배경사』, 서울: 은성.

Filgrim, W. E.(1981), *Good News for the Poor: Wealth and Poverty in Luke-Acts*, Mineapolis: Augsburg Pub.

Finegan, J.(1999), 남대극 역, 『신약성서고고학』, 서울: 민음사.

Finegan, Jack(1992), *The Archeology of New Testament*, Princeton: Princeton Univ, Press.

Fitzmeyer, J. A. & Brown, R. E. ed.(1968), "The New Testament and Topical Articles," *The Jerom Biblica Bible*, vol. II.

Förster, W.(1979), 문희석 역, 『신구약 중간사』, 서울: 컨콜디아사.

Fox, M.(2001), 황종렬 역, 『원복』, 서울: 분도출판사.

_______(2002), 송형만 역, 『우주 그리스도의 도래』, 왜관: 분도.

Freke, T. & Gandy, P.(2002), 승영조 역, 『예수는 신화다』, 서울: 동아출판사.

Friedrich, G.(1985), *Die Verkuendigung des Todes Jesu in Neuen Testament*, Neukrichener Verlag, 박영옥 역(1988), 『예수의 죽음』, 서울: 한국신학연구회.

Freire, Paulo(1997), 『페다고지 - 억눌린 자를 위한교육』, 서울: 한마당.

_______(2000), 교육문화연구회 역, 『프레이리의 교사론』, 서울: 아침이슬.

Fuchs, E.(1964), *Studies of the Historical Jesus*, London: CM Press.

_______(1964), "New Testament and Hermeneutic Problem," *The New Hermeneutic*, ed. J. M. Bobinson & J. B. Cobb, New York: Harper & Row.

Fuller, R. H.(1966), *A Critical Introduction to the New Testament*, London: Gerald Duckworth.

Funk, R. W.(1999), 김준우 역, 『예수에게 솔직히』, 서울: 한국기독교연구소.

_______(1966), *Language, Hermeneutic and Word of God: Problem of Language in the New Testament*, Contemporary Theology, New York: Harper & Row.

Funk, R. W. & Hoover, Roy W. & The Jesus Seminar(1993), *The Five Gospels: the Search for the Authentic Words of Jesus*, San Francisco: Harper San Francisco.

Furguson, E.(1993), 박경범 역, 『초대교회 배경사』, 서울: 은성.

Geisler, N. L.(1988), 『성경무오: 도전과 응전』, 서울: 엠마오.

Gibbon, E., 강석승 역(2007), 『로마제국쇠망사』, 서울: 동서문화사,.

Gnilka, J.(1992), 『마르코복음 1』, 서울: 한국신학연구소.

_______(2002), 정한교 역, 『나자렛 예수』, 왜관: 분도.

Gowler, D. B.(2007), 김병모 역, 『최근 역사적 예수 연구 동향』, 서울: CLE.

Goodman, M.(1999), "A Note on Josephus: the Pharisees and ancestral tradition," *Journal of Jewish Studies*, 50, 17-20.

Gottwald, N. K.(1979), *The Tribes of Yahweh*, New York: Obris.

Gray, J.(1979), *The Biblical Doctrine of Kingdom of God*, Edinburgh: T. & T. Clark.

Green, J. B. & McKnight, S. & Mashall, I. H.(2003), 『예수 복음서 사전』, 서울: 요단.

Gromacki, R. G.(1994), 임태우 역, 『동정녀 탄생』, 서울: 요나출판사.

Groningen, G. von(1997), 유재원 · 류호준 역, 『구약의 메시아 사상』, 서울: 기독교문서선교회.

Gruber E. R. & Kersten, H.(2001), 홍은진 역, 『예수는 십자가에 죽지 않았다 - 토리노 성의가 밝히는 부활론의 음모』, 서울: 아침이슬.

Gutierrez, G.(1989), *A Theology of Liberation,* tr. S. C. Inda & J. Eagleson, New York: Orbis.

Hagner, D. A.(1999), 채천석 역, 『마태복음 1-13』, 서울: 솔로몬.

Hahn, F.(1969), *The Titles of Jesus in Christology: Their History in Early Christianity*, London: Lutterworth Pr.

Hamilton, N. Q.(1969), *Jesus for No-God World*, Philadelphia: Westminster Pr.
Hand, A. R.(1968), *Charities and Social Aid in Greece and Rome*, London: Thames & Hudson.
Harri, M. H.(1995), 서인선 역, 『신약에 나타난 부활』, 서울: 기독교문서선교회.
Hasel, G. H.(1982), 장상 역, 『현대신약신학의 동향』, 서울: 대한기독교출판사.
Hayford, J.(1994), 임성옥 역, 『마리아의 기적』, 서울: 은성.
Hengel, M.(1981), 이정희 역, 『초대교회의 사회경제사상』, 서울: 대한기독교서회.
______(1970), *War Jesus Revolutinär?*, Stütgart.
______(1981), *Atonement: A Study of the Origin of the Doctrine in the New Testament*, tr. Bowden, London: SCM.
______(1982), 김명수 역, 『십자가 처형』, 서울: 대한기독교서회.
Henstenberg, E. W.(1997), 『구약의 기독론』, 서울: 크리스챤다이제스트.
Heppe, H.(1984), *Reformed Dogmatics*, tr.C. T. Thomson, Grand Rapids. Mich.: Baker.
Hill, T.(1979), *New Testament Prophecy*, London: Marshall, Morgan & Scott.
Hollenbach, P. W.(1983), "Recent Historical Jesus Studies and the Social Science," *JBL* 1983 Seminar Paper.
Horsley, R. A.(1984), "Popular Messianic Movement around the Time of Jesus," *CBQ* 466, 471-495.
______(1985), " 'Like One of the Prophets of Old': Two Type of Popular Prophets at the Time of Jesus," *CBQ* 47, 435-463.
______(1986/1), "Popular Prophetic Movements at the Time of Jesus: Their Principal Features and Social Origin," *JSNT* 26, 3-27.
______(1986/2), "Prophetic Movements at the Time of Jesus: Their Principal Features and Social Origin", *JSN* 26,
______(1993), 이준모 역, 『예수운동 - 사회학적 접근』, 서울: 한국신학연구소.
______(1998), 손성현 역, 『크리스마스의 해방』, 서울: 다산글방.
______(2004). 『예수와 제국: 하느님 나라와 신세계 무질서』, 서울: 한국기독교연구소, 2004.
Horsley, R. A. & Hanson, J. S.(1988), *Bandits, Prophets, and Messiahs: Popular Movements at the Time of Jesus*, San Francisco: Harper & Row Pub.
Icenogle, Gareth W.(1994), 안영권 · 김성일 역, 『왜 소그룹으로 모여야 하는가』, 서울: 옥토.
Jagersma, H.(1993), 배용덕 역, 『신약배경사』, 서울: 솔로몬출판사.
Jeremias, J.(1954), *The Parable of Jesus*, London: SCM Press.

______(1967), *The Prayer of Jesus*, London: SCM.
______(1987), 김경신 역, 『신약성서의 중심 메세지』, 서울: 은성.
______(1988), 『예수 시대의 예루살렘』, 서울: 한국신학연구소.
______(1990), 정충하 역, 『신약신학』, 서울: 새순출판사.
______(2001), 김경희 역, 『예수의 선포』, 서울: 분도출판사.
Jong, M. De(1960), "The Use of the Word 'Anointed' in the Time of Jesus," *NTS* 8.
Josephus, 「유대고대사」, 성서자료연구원역, 『요세푸스』 III-V, 서울: 달만, 2001.
______, 「유대전쟁사」, 성서자료연구원역, 『요세푸스』 I-II, 서울: 달만, 2001.
Kähler, M.(1964), *The so-Called Historical Jesus and Historic Biblical Christ*, tr. C. E. Braaten, Philadelphia: Fortress.
Käsemann, E.(1954), "Das Problem des historischen Jesus," *ZTK* 51,
______(1964), 강한표 역, 『역사적 예수 연구』, 서울: 대한기독교서회.
Kasper, W.(1983) 박상래 역, 『예수 그리스도』, 왜관: 분도출판사.
Kee, H.(1984), 서중석 · 김명수 역, 『기독교의 기원에 관한 사회학적 연구』, 서울: 대한기독교출판사.
______(1990), 서중석 역, 『신약성서의 이해』, 천안: 한국신학연구소.
Kelber, W. H.(1987), 서중석 역, 『마가의 예수 이야기』, 서울: 한국신학연구소.
Kennard, S.(1950), *Render to Caesar*, New York: Charles Scribner & Sons.
Kersten, Holger(1987), 장성규 역, 『인도에서의 예수의 생애』, 서울: 고려원.
Kingsberry, J. D.(1994), 『마가의 기독론』, 서울: 나단.
Knitter, P. F.(1986), 변선환 역, 『오직 예수 이름으로만?』, 서울: 한국신학연구소.
Kuligin, V.(2009), 이명화 역, 『누가 예수를 믿으면 잘 산다고 했는가』, 서울: 넥서스.
Kümmel, W. G.(1957), "Promise and Fulfilment: the Eschatological Message of Jesus," tr. D. M. Barton, *SBT* 23.
Küng, H.(1982), 정한교 역, 『왜 그리스도인가』, 왜관: 분도.
______(2002), 정한교 역, 『그리스도교』, 왜관: 분도.
Ladd, G. E.(1978), "The Kingdom of God: Reign or Realm", *SBL* 81.
Lampe, G. H.(1977), *God as Spirit*, London: SCM.
Latourette, K. S.(1986), 허호익 역, 『기독교의 역사』, 서울: 대한기독교서회.
Lawlor, George L.(1973), *Almah: Virgin or Young Woman?*, Des Plains, Ill: Regular Baptist Press.
Leicke, Bo.(1986), 『신약성서시대사』, 서울: 한국신학연구소.
Lochmann, J. M.(1986), 주재용 역, 『화해와 해방』, 서울: 대한기독교서회.
Macquarrie, J.(1977), *Principles of Christian Theology*, London: SCM.

Malina, Bruce(1992), *Social Science Commentary on the Synoptic Gospels*, Minneapolis: Philadelphia: Fortress Press.

Manson, T. W.(1935), *The Teaching of Jesus*, London: Cambridge.

Marshall, I. H.(1980), 신성수 역, 『신약성서의 기독론의 기원』, 서울: 한국기독교교육연구원.

Marxsen, W.(1964), *Die Auferstehung Jesu als historisches und als theologisches Problem*, Guetersloher Verlag: Gerd Mohn.

______(1979), *The Beginning of Christology*, tr. P. R. Achtemeier and L. Nieting, Philadelphia: Fortress.

______(1970), *The resurrection of Jesus of Nazareth*, London: SCM.

Mason, S.(2002), 유태엽 역, 『요세푸스와 신약성서』, 서울: 대한기독교서회.

Martinez, F. G. & TigchelaarE. J. C.(ed)/강성렬 역(2008), 『사해문서』 전4권, 서울: 나남.

Matera, F. J.(1982), *The Kingship of Jesus*, Scholars Pr.

McDowel, J. & Wilson, B.(1991), 『예수님은 실존인물인가』, 서울: 생명의 말씀사.

McRay, J.(1991), *Achaeology and New Testament*, Grand Rapids, Mi.: Baker.

Melanchton, P.(1998), 한인수 역, 『신학의 주요개념들』, 서울: 경건, 210.

Miranda, J. P.(1987), 김쾌상 역, 『마르크스와 성서』, 서울: 일월서각.

Moltmann, J.(1973), 전경연 · 김균진 역, 『신학의 미래 I』, 서울: 대한기독교서회.

______(1975/1), 전경연 편, 『신학의 미래 II』, 서울: 향린사.

______(1975/2), 전경연 · 박봉랑 역, 『희망의 신학』, 서울: 현대사상사.

______(1974/1), *The Crucified God*, tr. R. A. Wilson and J. Bowden, London: SCM.

______(1974/2), 전경연 역, 『인간』, 서울: 향린사.

______(1976), 전경연 역, 『정치신학』, 서울: 종로서적.

______(1977/1), 전경연 역, 『희망의 실험과 정치』, 서울: 종로서적.

______(1977/2), *The Church in Power of Spirit*, tr. M. Kohl, New York: Harper & Row.

______(1978), 김균진 역, 『십자가에 달리신 하나님』, 서울: 한국신학연구소.

______(1981), *The Trinity and the Kingdom*, tr. M. Kohl, New York: Harper & Row.

______(1982), 전경연 편역, 『하나님 체험』, 서울: 한국신학연구소.

______(1986), 김균진 역, 『삼위일체와 하나님의 나라』, 서울: 대한기독교출판사.

______(1989), 차옥수 역, 『오늘의 신학은 무엇인가』, 서울: 한국신학연구소.

______(1991), 김균진 · 김명용 역, 『예수 그리스도의 길』, 서울: 대한기독교서회.

Moody, D.(1973), *The Virginal Conception and Bodily Resurrection of Jesus*, New York: Paulist.

Newman, P. W.(1987), *A Spirit Christology*, New York: University Press of America.

Nissen, R.(1980), "The Virginity of the Almah in Isaiah 7:14," *Bibliotheca Sacra* 137, 133-150.

Nitter, P. F.(1986), 변선환 역, 『오직 예수 이름으로』, 서울: 한국신학연구소.

Nolan, A.(1987), *Jesus before Christianity*, New York: Orbis.

______(1980), 『그리스도교 이전의 예수』, 왜관: 분도.

Nolland, J.(2005), 김경진 역, 『누가복음 중』, 서울: 솔로몬.

Norris, R. A.(1998), 『기독론 논쟁』, 서울: 은성.

Noss, J. B.(1997), 윤이흠 역, 『세계종교사 상』, 서울: 현암사.

O'Collins, G.(1987), *Jesus Reisen*, New York: Paulist.

Ogden, S. M.(1973), *The Point of Christology*, New York: Harper & Row.

______(1979), *Christ without Myth: A Study Based on the Theology of Rudolf Bultmann*, SMU Pr.

Origen, "Against Celsus I," *The Ante-Nicene Fathers*, vol. IV tr. A. Roberts & J. Donaldson, Grand Rapids, Mich.: Wm. B. Eerdmans.

Osborne, G. R.(1984), *The Resurrection Narratives-A Redactional Study*, Grand Rapids, Mich.: Baker Book House.

Ott, H.(1976), 김광식 역, 『신학해제』, 서울: 한국신학연구소.

Pagels, E.(1984), 방건웅 · 박희순 역, 『성서 밖의 예수』, 서울: 정신세계사.

Pannenberg, W.(1952), *Theology and the Kingdon of God*, Philadelphia: Westminster.

______(1968), *Jesus: God and Man*, tr. L. L. Wikius and P. A. Priebe, London: SCM.

Perrin, N.(1962), *Jesus and Language of Kingdom: Symbol and Metarphor in New Testament Interpretation*, Philadelphia: Fortress.

______(1963), *The Kingdom of God in the Teaching of Jesus*, Zodervan.

______(1974), *Rediscovering the Teaching of Jesus*, New York: Harper & Row.

Pfeiffer, Charles F.(1978), *The Dead Sea Scrolls and the Bible*, Grand Rapids, Mi.: Baker Book House.

Ploutarkos(1997), 김병철 역, 『플루타코스의 영웅전 1권』, 서울: 범우사.

Pöhlmann, H. G. (1992), 모명숙 역, 『나사렛 예수, 그는 누구인가』, 서울: 삼민사.

Prophet, E. C.(1987), 황보석 역, 『예수의 잃어버린 세월: 예수는 13세부터 29세까지 어디에 있었나』, 서울: 동국출판사.

Rank, Otto(1959), *Myth of the Birth of the Hero*, New York: Vintage.

Rastow, A.(1960), "ἐντὸς ὑμῶν ἐστιν zur Deutung von Lukas 17: 20-21," *ZNW* 51, 197-224.

Reicke, B. I.(1986), 『신약성서시대사』, 서울: 한국신학연구소.

Rewis, J. F.(1995), 임성옥 · 박경환 역, 『세계의 종교와 관습』, 서울: 은성.

Richardson, A.(1973), *The Politic Christ*, Philadelphia, Pa.: Westminster Press.
Richmond, L. J.(1982), *A Kenotic Christology*, New York: Univ. Press of America.
Riesner, R.(1984), *Jesus also Leher*, Tübingen, J. C. B. Mohr.
Robbins, V. K.(1984), *Jesus the Teacher: Socio-rhetorical Interpretation of mark*, Philadelphia: Fortress.
Robertson, A. T.(1978), 도한호 역, 『복음서 대조표』, 서울: 요단출판사.
Robinson, J. M.(1983), *A New Question of the Historical Jesus*, Philadelphia: Fortress.
Rose, E.(1984), 박창건 역, 『신약성경배경사』, 서울: 대한기독교서회.
Runia, K.(1986), 김호남 역, 『현대기독론 연구』, 서울: 기독교문서선교회.
Sanders, E. F.(1985), *Jesus and Judaism*, Philadelphia: Fortress.
______(1994), 이정희 역, 『예수 운동과 하나님의 나라』, 서울: 한국신학연구소.
Sayre, Farrand(1948), *The Greek Cynics*, Baltimore: Furst.
Schiffman, Lawrence H.(1989), *The Eschatological community of the Dead Sea scrolls: a study of he Rule of the congregation*, Scholars Press.
______(2000), *Enyclopedia of the Dead Sea scrolls*, Oxford University Press.
Schillebeeckx, E.(1987), *Jesus: An Experiment in Christ*, New York: Cossroad, 14.
______(1988), *Christ: The Experience of Jesus as the Load*, New York: Cossroad.
Schimidt, H.(1983), *Die Dogmatik der evangelisch-lutherischen Kirche*, Gerd Mohn: Gütersloher Verlagshaus.
Schleiermacher, F.(1948), *Christian Faith*, tr. H. R. Machintosh, Edinburgh: T. & T. Clark.
Schmaus, M.(1968), *Dogma 2*, London: Seed and Ward.
Schmidt, T. E.(1987), "Hostility to Wealth in the Synoptic Gospel," *Journals for the Study of the New Testament Supplement* 15.
Schnackenberg, R.(2009), 이병학 역, 『복음서의 예수 그리스도』, 서울: 분도출판사.
Schoonenberg, P. J. A. M.(1977), "Spirit Christology and Logos Christology," *Bijdragon*, 38(4).
Schottroff, L.(1987), "마리아 찬가와 나자렛 예수에 관한 가장 옛 전승," 「신학사상」 58, 610-631.
Schottroff, L. & Stegemann, W.(1986), *Jesus and the Hope of the Poor*, New York: Orbis.
Schrage, W.(1986), "Heil und Heilung im Neuen Testament," *EvTh* 46.
Schweitzer, A.(1951), *Geschichte der Leben Jesu Forschung*, Tübingen, J. C. B. Mohr.
______(1982), 허혁 역, 『예수의 생애 연구사』, 서울: 대한기독교서회.
Schweitzer, E.(1978), *The Good News according Mathew*, tr. D. E. Green, London: SPCK.
Scoot, W. A.(1988), 김쾌상 역, 『개신교 신학 사상사』, 서울: 대한기독교출판사.

Segundo, J. L.(1985), *The Historical Jesus of Synoptics*. tr. Drury, New York: Orbis.
Shemesh, A.(2001), "King Manasseh and the Halakhah of the Sadducees," *Journal of Jewish Studies*, 52, 27-39.
Simkhovich, V. G.(1980), 허호익 역, 『예수의 사상과 역사적 배경』, 서울: 대한기독교서회.
Sittler, J.(1970), "생태학의 신학", 「기독교사상」 10월호.
Smith, D. E.(1987), "Table Fellowship as Literary Motif," *JBL* 106-4: 633-638.
_______(1989), "The historical Jesus at Table," *SBL 1989 Seminar Paper*, 466-486.
Smith, M.(1959), "What is implied by the variety of messianic Figures?," *JBL* 78: 66-72.
_______(1973), *The Secret Gospel*, New York: Harper & Row.
Spon, J. S.(2007), 이계준 역, 『만들어진 예수, 참 사람 예수』, 서울: 한국기독교연구소.
Stafford, Tim(2009), 이장렬 역, 『유대인의 옷을 입은 예수』, 서울: 스탭스톤.
Stegemann, E. W. & Stegemann, W., 손성현 · 김판임 역(2008), 『초기 그리스도교의 사회사』, 서울: 동연.
Stegemann, Hartmut(1999), *The Library of Qumran On the Essenes, Qumran, John the Baptist, and Jesus*, Wm. B. Eerdmans Publishing Co.
Stein, R. H.(1978), *The Method of Message of Jesus's Teachings*, Philadelphia: Westminster.
_______(1988), 이희숙 역, 『예수의 비유 연구』, 서울: 컨콜디아사.
_______(2001), 황영철 역, 『메시야 예수: 예수의 생애 연구』, 서울: 한국기독교학출판사.
Stott, J. R. W.(1994), 황을호 역, 『기독교의 기본진리』, 서울: 생명의 말씀사.
Strobel, L.(1998), 윤관희 · 박중렬 역, 『예수 사건』, 서울: 두란노.
Tabor, J. D. (2007), 『예수 왕조』, 서울: 현대문학.
Theissen, G.(1984), 조성호 역, 『예수 운동의 사회학』, 서울: 종로사적.
_______(1994), 김명수 역, 『원시그리스도교에 대한 사회학적 연구』, 서울: 대한기독교출판사.
Theissen, G. & Merz, A.(2001), 손성현 역, 『역사적 예수』, 서울: 다산글방.
Tillich, P.(1971), 송기득 역, 『그리스도교 사상사』, 서울: 한국신학연구소.
Twelftree. G. H.(2003), "귀신, 마귀, 사탄", 『예수복음서사전』, 서울: 요단.
Vaux, Roland de(1973), *Archaeology and the Dead Sea scrolls*, the Oxford University Press.
Vermes, G.(1973), *Jesus the Jew: Historian's Reading of the Gospel*, London: Colins.
_______(1983), *Jesus and the World of Judaism*, Philadelphia: Fortress.
_______(1981), *The Dead Sea Scroll: Qumran in Perspective*, Philadelphia: Fortress Press.

Viviano, B. T.(1988), *The Kingdom of God in History*, Wilmington, Delaware: Mickael Glarzer.
Voorst, R. E. Van(2000), *Jesus outside the New Testament*, Grand Rapids, Mich.: W. B. Eerdmans.
Vorg, M. J.(1997), 김기석 역,『예수 새로 보기』, 서울: 한국신학연구소.
Waetjen, Herman C.(1983), 강요섭 역,『사람됨의 기원과 운명』, 서울: 대한기독교출판사.
Warfield, B.(1950), *The Person and Work of Christ*, S. G. Craig(ed), Philadelphia: Presbyterian and Reformed Pub. Co.
Wcela, E. A.(1964), "The Messiah(s) of Qumran," *CBQ*, 26.
Weber, H. R.(1978), 강한표 역,『십자가』, 서울: 한신대학교출판부.
Weiss, J.(1971), *Jesus' Proclamation of the Kingdom of God*, tr. R. H. Hiers & D. L. Holland, Philadelphia: Fortress.
Wilber, Ken(1981), *Up From Eden: A Transpersonal View Of Human Evolution*, New York: Anchor Press.
Wietenhart, H.(1983), "사탄",「기독교사상」302, 243-256.
Wilckens, U.(1985), 박창건 역,『부활』, 서울: 성광문화사.
Wilkens, M. J.(1988), *The Concept of Disciple in Mattew's Gospel*, Leiden: E. J. Brill.
Williams, S. K.(1982), *Jesus' Death as Saving Event: the Background Origin of A Concept*, Missoular, Motana: Scholar Pr.
Willis, Garry(2000), 권혁 역,『예수의 네 가지 얼굴』, 서울: 돋을새김.
Wills, W.(ed)(1987), *The Kingdom of God in 20 Century Interpretation*, Peabady, Mass.: Hendrickson Pubs.
Wrede, W.(1971), *The Messianic Secret*, tr. J. C. G. Grieg, London: Jamnei Clarke.
Wright, N. T.(2004),『예수와 하나님의 승리』, 서울: 크리스챤다이제스트.
______(2009),『마침내 드러난 하나님의 나라』, 서울: IVP.
Yoder, J. H.(1972), *The Politics of Jesus*, Grand Rapid, Mich.: W. B. Eerdmanns.
Young, B. H.(2009), 전용란 · 조영모 역,『유대인 신학자 예수』, 서울: 성광문화사.
Young, F. W.(1949), "Jesus the Prophet: A Re-Examination," *JBL* 68, 285-299.
Young, N. H.(1983), "Jesus and the Sinners: Some Inquries," *JSNT* 19, 73-75.
Ziegler, Jean(2007), 유영미 역,『왜 세계의 절반은 굶주리는가』, 서울: 갈라파고스.

"'선부론' 폐기 '균부론' 채택…중국 경제정책 대수술",「중앙일보」2005. 10. 12.
"아까운 음식물 마구 버려서야",「세계일보」2008. 12. 10.
"FAO 기아인구 4천만명 추가 9억6천300만명",「매일경제」2008. 12. 9.

『외경위경전서』, 서울: 성인사, 1980.
구준환(2001), 『성경엔 없다』, 서울: 불지사.
길선주(1969), 『길선주 목사 설교 및 약전집』 한국신앙저작집 1, 서울: 혜문사.
길진경(1980), 『영계 길선주』, 서울: 종로서적.
김 진(2002), 『정신분열증에 대해 나누고 싶은 이야기』, 서울: 뜨인돌.
_______(2006), 『정신병인가 귀신들림인가』, 서울: 생명의 말씀사.
김경희(1983), "그리스도의 칭호의 유래와 그 원래의 의미", 「신학사상」 41, 288-323.
_______(1985) "예수의 죽음에 대한 구원론적 해석의 기원", 「신학사상」 49, 280-308.
김광식(1975), 『선교와 토착화 - 언행일치의 신학』, 서울: 한국신학연구소.
_______(1988), "그리스도의 삼직분설에 관한 연구", 「현대와 신학」 12, 58-60.
김광식(1998), 『조직신학 II』, 서울: 대한기독교출판사.
김균진(1984-1987), 『기독교조직신학 II』, 서울: 연세대학교출판부.
_______(1991), 『생태학의 위기와 신학』, 서울: 대한기독교서회.
_______(1994), 『역사의 예수와 하나님의 나라』, 서울: 연세대학교출판부.
_______(1999), "영혼불멸설과 죽은 자들의 부활 신앙 (1)", 「신학논단」 27, 131-156.
김남두(1997), "플라톤과 유토피아", 「외국문학」 13.
김득중(1981), 『마가복음의 부활 신학』, 서울: 컨콜디아사.
_______(1987), "선한 사마리아인의 비유 연구", 「신학과 세계」 15.
_______(1998), "신약성서의 경제윤리", 『신약성서의 경제윤리』, 서울: 한들.
김명수(1991), "섬기는 지도자 - 마태복음 23장 10절을 중심으로", 「기독교사상」 6월호.
_______(2001), 『원시 그리스도교의 예수』, 서울: 한국신학연구소.
_______(2009), 『큐복음서의 민중신학』, 서울: 통나무.
김명용(1995), "가톨릭교회의 마리아론과 성서제도, 무엇이 문제인가?" 「목회와 신학」 70.
김상일(2003), "켄 윌버의 초인격심리학과 한국무속", 「한국무속학」 6, 233-252.
김용옥(2007), 『요한복음강해』, 서울: 통나무.
김윤동(1998), "플라톤의 국가편에 나타난 정의 개념", 「철학연구」 68(1998. 11), 111-112.
김이태(1985), 『판넨베르크의 기독론의 방법론적 구조비판』, 서울: 장로회신학대학출판부.
김인서(1931), "영계선생소전 상", 「신학지남」 11월호, 40-41.
김진호(1996), 『예수 르네상스 - 역사의 예수 연구의 새로운 지평』, 서울: 한국신학연구소.
_______(2000), 『예수 역사학』, 서울: 다산글방.
김창선(2002), 『쿰란 문서의 유대교』, 서울: 한국성서학연구소.
김판임(2007), "선한 사마리아인의 비유(눅 10:30-35) 연구", 「신약논단」 14/4, 1015-1052.
김회권(2004), "구약성서의 희년사상과 사회윤리적 함의(含意)", 「신학사상」 127, 131-

166.
무라야마 지쥰(1993), 김희경 역, 『조선의 귀신』, 서울: 동문선.
문상희(1974), "예수의 재판사 연구 - 산헤드린 재판을 중심으로", 연세대학교 대학원 박사 학위 논문.
민희식(1999), 『법화경과 신약성서』, 서울: 가이아.
박수암(1981), "선한 사마리아 삶 비유 해석에 대한 재고", 「기독교사상」 279.
박순경(1984), "제3세계 신학과 방법론에 대한 고찰", 「신학사상」 46, 567-591.
_______(1993), "교회의 어머니 성모 마리아의 민족사적 의의", 「기독교사상」 5월호.
박영호 풀이(1995), 『다석 유영모의 기독교사상』, 서울: 문화일보사.
박창범(2003), 『하늘에 새긴 우리 역사』, 서울: 김영사.
박형룡(1973), 『교의신학: 기독론』, 서울: 은성문화사.
박홍규(2005), "플라톤 「국가」를 읽고", 「인물과 사상」 86, 204-217.
서남동(1970), "생태학적 신학서설", 「기독교사상」 10월호.
_______(1972), "생태학적 윤리를 지향하여", 「기독교사상」 5월호.
_______(1983), 『민중신학의 탐구』, 서울: 한국신학연구소.
서인석(1979), 『성서의 가난한 사람들』, 왜관: 분도.
서중석(1989) "메시야 비밀이냐 비밀공동체의 자기 이해냐 - W. 브레데의 메시야 비밀 가설 비판", 「신학사상」 56.
_______(1991), 『복음서 해석』, 서울: 대한기독교서회.
_______(1995), "마리아의 찬양과 성탄의 의미", 「기독교사상」 12월호, 251-256.
_______(2001), "로버트 펑크의 역사적 예수 가설 비판", 「신학논단」 26집.
성서교재간행사 편(1992), 『그랜드종합주석』 12권, 서울: 성서교재간행사.
성서와 함께 편집부(1993), 『어서 가라: 출애굽기 해설서』, 왜관: 분도.
세계개혁교회연맹편(1989), 『정의 · 평화 · 창조의 보전 - WARC 서울대회 보고서』, 서울: 대한기독교서회.
소기천(2003), "생명의 선교를 향한 예수의 시험이야기 새로 읽기: 통전신학을 제안하며", 「한국기독교신학논총」 30, 183-207.
손규태(1991), "루터에 있어서 율법의 제3용법", 「성공회대학논총」 5, 7-52.
신현우, "토지 반 이상 1%가 소유, 예수님은 뭐라 하실까", 「기독교연합신문」 2008. 12. 10.
_______(2005), 『역사적 예수 연구의 규칙』, 서울: 웨스트민스터출판부.
심상태(2004), "에큐메니칼 마리아론의 기본 입장", 「신학연구」 45, 137-171.
오강남(2001), 『예수는 없다』, 서울: 현암사.
원용국(1984), 『성서고고학 신약편』, 서울: 지혜문화사.
유지미(2002), 『성전체제에 대한 마가공동체의 사회경제적 대응 전략』, 서울: 연세대대학원 박사학위 논문.

윤철호(1998),『예수 그리스도』, 서울: 한국장로교출판사.
이상성(1999), "생태신학: 동양사상을 통한 새로운 가능성의 모색",「신학사상」105(여름).
이상훈(1993),『성서주적 요한복음』, 서울: 대한기독교서회.
이장식(1958), "서평 - 동정녀 마리아",「기독교사상」7월호.
이종성(1984),『그리스도론』, 서울: 대한기독교출판사.
장도곤(2002),『예수 중심의 생태신학』, 서울: 대한기독교서회.
장영란(2005), "오르페우스교와 피타고라스학파의 영혼윤회설",「철학과 현상학 연구」26, 131-158.
전경연(1994),『예수의 부활 - 그 역사성과 진실성』, 서울: 대한기독교서회.
전재옥(1996), "이슬람교의 기독론 - 꾸란의 예수 이해를 중심으로",『무슬림은 예수를 누구라 하는가』, 서울: 예영커뮤니케이션.
정운용(1999), "「三國史記」를 통해 본 三國時代의 天文觀",『史學硏究』58-59, 127-156.
조 순(2004), "예수의 죽음의 본질",「신학연구」46, 187-210.
조용기(1979/1),『삼박자 구원』, 서울: 영산출판사.
______(1979/2),『순복음의 진리』, 서울: 영산출판사.
조용훈(2002),『동서양의 자연관과 기독교 환경윤리』, 서울: 대한기독교서회.
조철수(2002),『유대교와 예수』, 서울: 길.
______(2010),『예수 평전』, 서울: 김영사.
조태연(1998), "갈릴리 경제학 - 예수운동의 해석학을 위한 사회계층론 이해",「신약성서의 경제윤리; 신약논단」4.
______(2002/1),『예수이야기 마가 1: 복음의 시작』, 서울: 대한기독교서회.
______(2002/2),『예수이야기 마가 2: 하나님 나라의 여행』, 서울: 대한기독교서회.
차정식(2007),『예수의 신학과 그 파문』, 서울: 대한기독교서회.
최갑종(2002), "예수의 소명의식(召命意識)에 관한 소고(小考)",「기독신학저널」2, 9-28.
최근영 편(2001),『한국고대사의 재조명』, 서울: 신서원.
최영실(1996), "막달라 마리아와 예수",「기독교사상」451, 98-112.
한국기독교사회문제연구원 편(1990),『정의 · 평화 · 창조질서의 보전 세계대회 자료집』, 서울: 민중사.
한태동(1985), "기독교의 역사", 종교교재편찬위원회 편,『성서와 기독교』, 서울: 연세대학교출판부.
______(2003),『성서로 본 신학』, 서울: 연세대학교출판부.
허호익(1992), "현대 그리스도론의 과제",「신학논단」제20집.
______(1993/1) "구원론의 통전적 이해",「신학논단」제21집.
______(1993/2), "예수는 누구며 어떻게 사셨는가? 1-2",「기독교사상」3-4월.

______(1994/1), "루터신학의 성서적 구원론적 동기", 『성산이재완목사회갑기념논문집』.
______(1994/2), "영계 길선주 목사의 영성신학", 『솔내 민경배 교수 화갑기념 한국교회사 논총』, 서울: 솔내 민경배 교수 화갑기념 한국교회사논총 간행위원회, 125-151.
______(1998), 『성서의 앞선 생각 1』, 서울: 한국장로교출판사.
______(1999), 『그리스도의 삼직무론』, 서울: 한국장로교출판사.
______(2002), "선한 사마리아인의 비유해석", 「Sitz im Leben」 창간호.
______(2003/1), 『단국신화와 기독교』, 서울: 대한기독교서회.
______(2003/2), 『현대조직신학의 이해』, 서울: 대한기독교서회.
______(2005), "떼이야르 드 샤르뎅의 그리스도의 우주성과 삼성론", 「한국기독교신학논총」 38, 65-90.
______(2010), 『통일을 위한 기독교신학의 모색』, 서울: 동연.
荒井獻(1979), 서남동 역, 『예수의 행태』, 서울: 대한기독교서회.

미 주

머리말

1) Ken Wilber(1981), *Up From Eden: A Transpersonal View Of Human Evolution,* New York: Anchor Press, 319-328; 김상일(2003), "켄 윌버의 초인격심리학과 한국무속", 「한국무속학」 6, 237.

9장

1) W. Bösen(1998), 황현숙 역, 『예수 시대의 갈릴레아』(서울: 한국신학연구소), 304.
2) 유지미(2002), 『성전체제에 대한 마가공동체의 사회경제적 대응 전략』, 연세대대학원 박사학위 논문, 96.
3) Josephus, 「유대고대사」 17.11:2. "그가 왕이 된 후로는 귀족들을 잡아 죽이고 그들의 재산을 착취하여 황폐하게 되었습니다. 생명을 살려준다는 조건으로 재산을 많이 가지고 있는 사람들의 재산을 빼앗기도 했습니다. 또한 매년 내는 세금 외에도 그의 가족과 친구를, 세금을 징수하는 그의 하인들에게까지도 세금을 물렸습니다."
4) 김명수(2001), 『원시 그리스도교 예수 연구』(서울: 한국신학연구소), 17-18.
5) 준 아시아적이라는 것은 아시아적 생산양식의 중요한 특징인 관개수리제도가 결여되어 있기 때문이라고 한다.
6) 조태연(1998), "갈릴리 경제학 - 예수운동의 해석학을 위한 사회계층론 이해", 「신약성서의 경제윤리; 신약논단」 4, 82.
7) W. Bösen(1998), 330, 336; J. Jeremias(1988), 『예수 시대의 예루살렘』(서울: 한국신학연구소), 135-163.
8) 조태연(1998), 80.
9) J. Jeremias(1988), 135-136.
10) 막 12:1-12 병행, 막 13:33-37, 마 24:45-51, 마 25:14-30.
11) 막 12:2, 4:13, 13:34, 마 24:45-46, 25:14, 19.
12) G. Theissen & A. Merz(2001), 손성현 역, 『역사적 예수』(서울: 다산글방), 258.
13) J. Jeremias(1988), 135-136.
14) Josephus, 「유대고대사」 2.4:2. 이하.

15) Josephus,「유대전쟁사」2.12:2.
16) Josephus,「유대전쟁사」2.4:4.
17) W. Bösen(1998), 302.
18) J. Jeremias(1988), 83.
19) J. Jeremias(1988), 391.
20) J. Jeremias(1988), 135-139.
21) 荒井獻(1979), 서남동 역,『예수의 행태』(서울: 대한기독교서회), 42.
22) W. Bösen(1998), 307
23) W. Bösen(1998), 332-333.
24) 농부(소작농) 라는 말은 신약성서에서 모두 19회 등장한다.
25) 조태연(1998), 77.
26) Josephus,「유대고대사」, 2. 219-220.
27) 눅 15:17, 19, 21.
28) W. Bösen(1998), 315; 조태연(1998), 77-78.
29) 막 13:33-37, 막 13:33-37, 마 13:24-30, 18:23-35, 22:1-14.
30) 마카베오상 10:29-31, 11:34-35, 13:37-39.
31) Josephus,「유대고대사」14.4:5.
32) M. J. Borg(1998), 김기석 역,『예수 새로 보기』(천안: 한국신학연구소), 120; W. Bösen(1998), 332 .
33) F. Bello & R. A. Horsley(1990),『예수시대의 민중운동』(서울: 한국신학연구소), 15.
34) Josepus,「유대고대사」16.5:4.
35) Josepus,「유대전쟁사」5.9:4.
36) 조태연(1998), 72-74.
37) D. Crossan(2000), 83.
38) Josephus,「유대전쟁사」I. 220;「유대고대사」, 14.11.2.
39) F. Bela(1990), "1세기의 팔레스틴",『예수시대의 민중운동』(천안: 한국신학연구소), 15.
40) J. Jeremias(1988), 51-52.
41) M. J. Borg(1998), 120.
42) S. Kennard(1950), *Render to Caesar* (New York: Charles Scribner & Sons), 31.
43) W. E. Filgrim(1981), *Good News for the Poor: Wealth and Perverty in Luke-Acts* (Mineapolis: Augsburg Pub.): L. Schottroff & W. Stegemann(1986), *Jesus and the Hope of the Poor* (New York: Orbis Bk.).
44) 개역성경은 '하나님'이지만 공동번역에는 '하느님'으로 되어 있다.
45) 이 유명한 구절을 마태복음(5:3)에는 '심령에 있어서(to pneumati) 가난한 자'로 정신

화하였으나, 영적으로 갈급한 자로 해석하면 하나님 앞에서 구걸하면서 전적으로 하나님을 의지하는 자로 해석된다.

46) J. Moltmann(1991), 『예수 그리스도의 길』, 149. "가난한 사람들"이란 집합개념은 배고픈 사람들, 실직자들, 병자들, 낙심한 자들, 고난을 당하는 자들을 포괄한다. 그것은 예속되었고, 억압받으며 굴욕을 당하는 백성(ochlos)을 말한다. 가난한 사람들은 많은 경우 병들었고 불구가 되었으며 거할 곳이 없다(눅 14:21-23). 그들은 골목과 도로변에 있는 거지들을 말한다(마 11:2-5). 그들은 슬퍼하는 사람들이다(눅 6:21). 그들의 외적인 상황은 다음과 같이 충분하게 묘사된다. 사람들은 그들의 속옷까지 저당 잡고자 한다(마 5:40.) 그들은 그들 자신과 그들의 가족을 자주 종으로, 창녀로, 다시 말하여 철저한 인권상실에로 넘겨 줄 수밖에 없다. "가난한 사람들"은 "비인격"이요 "인간 이하의 존재들"이요, 비인간화된 자들, "인간 재료들"이다. 가난한 자들의 반대개념은 구약성서에 의하면 "폭력을 행하는 자"인데 이 사람은 가난한 자를 가난하게 만들고 그를 희생하여 자기의 부를 꾀한다.

47) 눅 1:51-53, 4:18-19, 6:20-26, 7:22, 12:13-34, 14:25-35, 16:1-31.

48) 눅 1:51-53, 4:18-19, 6:20-26, 7:22, 16:1-31.

49) 마태의 경우는 악한 자와 선한 자로 구분한다(마 22:10).

50) 「이디오피아 에녹서」 102:9, 103:9.

51) M. Hengel(1981), 39.

52) M. Hengel(1981), 33.

53) M. Hengel(1981), 40.

54) M. J. Borg(1998), 192.

55) 김득중(1998), "신약성서의 경제윤리", 『신약성서의 경제윤리』(서울: 한들), 15.

56) 따르다(akoloutheu)는 말은 그 자체가 제자 됨을 의미하는 전문용어이다.

57) T. E. Schmidt(1987), "Hostility to Wealth in the Synoptic Gospel", *Journals for the Study of the New Testament Suppliment* 15, 136.

58) J. Ellul(1992), 양명수 역, 『하나님이냐 돈이냐』(서울: 대장간), 136.

59) 막 10:25, 눅 6:24 이하.

60) G. Theissen(1984), 조성호 역, 『예수운동의 사회학 』(서울: 종로사적), 48. "불의의 재물로 친구를 사귀라"(눅 16:9)가 슬로건도 이런 배경에서 이해되어야 한다고 주장한다. 그리고 이러한 양면 가치는 예수 운동에 있어서의 '원칙의 결여'를 드러내는 것이라고 하였다.

61) 막 2:15, 14:3, 눅 7:36f.

62) J. Jeremias(1988), 172.

63) Jerusalem Talmud, *Pea I.* 15b; J. Jeremias(1988), 173.

64) M. Hengel(1981), 39.

65) A. R. Hand(1968), *Charities and Social Aid in Greece and Rome* (London: Thames &

Hudson), 43, 48.

66) J. Jeremias(1954), *The Parable of Jesus* (London: SCM Press), 138-139.

67) "김신조와 탈레반의 딜레마",「일간 NTN」 2010. 11. 6.

68) J. B. Clark(1989), *The Distribution of Wealth: A Theory of Wages, Interest and Profits* (New York: The Macmillan Company), 30.

69) Michel Clévenot(1985), *Materialist Approaches to the Bible*, tr. by William J. Nottingham(Maryknoll: Orbis Books), 44.

70) 라틴어로 "TI CAESAR DIVI AVG F AVGVSTVS"로 쓰여 있었다.

71) Everett Ferguson(1993), 98-99.

72) A. Richardson(1973), *The Politic Christ* (Philadelphia, Pa.: Westminster Press), 47. 이 주화에는 '시온의 해방을 위하여'와 '시온의 자유'라는 말을 새겨 놓았다.

73) 김철현(1999),『예수연구』 제1권(대전: 목원대학교), 377.

74) G. Bornkamm(1973), 강한표 역,『나사렛 예수』(서울: 대한기독교서회), 123 .

75) J. P. Miranda(1987), 김쾌상 역,『마르크스와 성서』(서울: 일월서각), 35-36.

76) J. P. Miranda(1987), 37에서 재인용

77) J. P. Miranda(1987), 33, 39.

78) J. P. Miranda(1987), 213.

79) 허호익(1998),『성서의 앞선 생각 I』(서울: 한국장로교출판사), 234-236. 백성들에게 토지를 균등하게 분배하였으니 이러한 경제적으로 평등한 사회를 유지하기 위하여 다양한 제도적 장치들이 율법으로 규정되었다. 시내산 계약법전, 신명기법전, 성결법전에는 가난한 자를 없애기 위한 구체적인 시행령이 등장한다.

80) 사 3:13-15, 5:8-10, 암 2:6f, 4:1, 5:10-12, 8:4-8, 렘 5:26-29.

81) 김지하(1984),『밥』(왜관: 분도출판사).

82) "아까운 음식물 마구 버려서야",「세계일보」 2008. 12. 10.

83) 그러므로 수입의 나머지로 옷이나 농기구 또는 가제 도구 등 꼭 필요한 것들을 구입하기는 불가능하였다. 세금과 부채 외에도 갑작스러운 질병이나 흉년과 전쟁 등이 닥치면 자신의 땅을 파는 길밖에 다른 대책이 없었다.

84) 출 22:24, 레 25:35-37 신 23:20.

85) J. D. Crossan(2000), 김준우 역,『역사적 예수』(서울: 한국기독교연구소), 367. "유대 광야에서 발견된 문서에 나타난 벌금은 20%의 이자에 해당하는 것이었다."

86) 조태연(1998), 76.

87) J. D. Crossan(2000), 367.

88) M. Hengel(1981), 이정희 역,『초대교회의 사회경제사상』(서울: 대한기독교서회), 31.

89) J. D. Crossan(2000), 474.

90) 허호익(2010),『통일을 위한 기독교 신학의 모색』(서울: 동연), 66 이하 참고

91) A. Smith(1992), 최호진 · 정호동 역, 『국부론』(서울: 범우사), 21-22. 스미스는 분업의 생산 효율성에 대한 구체적인 예로 핀 제조의 18공정을 한 사람 모두 수행하면 하루 20개 정도 생산하지만, 이 공정을 10명이 분업할 경우 "10명의 직공은 하루 48,000개 이상의 핀을 생산할 수 있다."고 하였다. 그러나 이 혼자서는 "하루에 20개의 핀은커녕 단 1개의 핀도 제조할 수 없을 것"이라고 하였다.
92) "蘇, 생산수단 私有化 허용의 배경과 의미", 「동아일보」 1990. 3. 7.
93) 삼개대표론은 다음과 같다. 1) 항상 중국의 선진 사회 생산력의 발전 요구를 대표한다. 2) 항상 중국의 선진 문화의 전진 방향을 대표한다. 3) 항상 중국 대부분의 인민의 근본 이익을 대표한다.
94) "중국 개혁 개방 30년, 국민소득 무려 55배 '폭발적 성장' ", 「서울경제」 2008. 8. 3.
95) 이동훈, "중국 지역 간 경제격차와 강택민 정권의 대응정책에 대한 연구", 고려대 대학원 석사학위논문, 2001.
96) "中 선부론 지고 균부론 뜨나", 「서울신문」 2009. 11. 20.
97) 허호익, "좌파와 우파를 넘어서 '모두가 잘 사는 사회' ", 「목회자신문」 2005. 7. 27.
98) 이신건, 『칼 바르트와 이데올로기』(서울: 성지출판사, 1989), 160.
99) 「연합뉴스」 2005. 7. 16.
100) 「대전일보」 2007. 3. 16.
101) 송자, "가난의 해결사는 누구인가", 「국민일보」 1999. 7. 23.
102) Jean Ziegler(2007), 유영미 역, 『왜 세계의 절반은 굶주리는가』(서울: 갈라파고스), 31-36.
103) 「매일경제」 2008. 12. 9.
104) 「크리스챤투데이」 2006. 3. 20.
105) 신현우, "토지 반 이상 1%가 소유, 예수님은 뭐라 하실까", 「기독교연합신문」 2008. 12. 10.

10장

1) 예수 가르침의 중요한 내용과 특징에 대해서는 6장에서, 예수 생애의 주요 사건 중 동정녀에 관해서는 3장에서 다루었고 재판과 십자가 사건에 대해서는 11장에서 그리고 부활에 관해서는 12장에서 별도로 다루었다.
2) 문상희(1987), "예수의 생애와 선교", 연세대 신과대학 편, 『하기목회자신학세미나 강의집』, 23-33.
3) 荒井獻(1979), 서남동 역, 『예수의 행태』(서울: 대한기독교서회), 12. 아라이 사사구(荒井獻)는 行態에 해당하는 일본어 '후루마이'를 영어로는 behavior로 번역하지만 여기서는 life style의 개념으로 정의하려고 한다.

4) W. Kasper(1977), 박상래 역, 『예수 그리스도』(왜관: 분도), 107.

5) G. Theissen & A. Merz(2001), 손성현 역, 『역사적 예수』(서울: 다산글방), 618.

6) "열두 (제자)"라 부르는 예수를 따르는 특수한 집단이 있었다는 전승에 관한 가장 초기의 증거는 고린도전서 15장 5절이다. "그는 게바에게, 다음에는 열두 (제자)에게 나타나셨습니다."

7) "Disciple," *NBD* (Leicester: IVP, 1982), 285-286. 제자(mathetes)는 스승에 대응되는 말로서, 교사의 훈육을 받는 자를 가리킨다. 그러나 랍비 문헌에서의 제자(talmid)는 랍비에게서 학문의 전승을 배우는 제자로서 친숙한 표현이다(대상 25:8). 헬라 세계의 철학자들 역시 제자들에 의해 둘러싸여 있었다. 열두 제자라는 말은 신약성서에 16번 등장한다(마 10:1, 마 11:1, 마 20:17, 마 20:24, 마 26:20, 막 4:10, 막 6:7, 막 9:35, 막 10:32, 눅 8:1, 눅 9:1, 눅 18:31, 요 6:67, 요 20:24, 행 6:2, 고전 15:5).

8) 마 10:2, 눅 9:12, 행 6:2, 계 21:14.

9) G. Bornkamm(1973), 강한표 역, 『나사렛 예수』(서울: 대한기독교서회), 152.

10) J. Jeremias(2001), 김경희 역, 『예수의 선포』(서울: 분도출판사), 320.

11) 마 26:25, 요 6:64, 70-71, 13:11, 27, 17:12.

12) J. Jeremias(2001), 321.

13) 차정식(2007), 『예수의 신학과 그 파문』(서울: 대한기독교서회), 65-66.

14) 막 2:14, 요 1:35-50, 막 5:18 이하, 요 10:17 이하, 눅 9:57 이하.

15) R. A. Horsley(1993), 이준모 역, 『예수운동 - 사회학적 접근』(서울: 한국신학연구소), 29.

16) 김진호(2000), 『예수 역사학』(서울: 다산글방), 147. 예수 운동에서 종자들의 운동 참여의 역할을 세 가지로 분류할 수 있다고 본다. 하나는 '제자 유형'으로, 예수와 더불어 떠돌아다니며 예수의 하느님 나라 운동을 주도해 나간 집단이다. 둘째로, '지역 협조자 유형'을 들 수 있는데, 이들은 각 지역에서 다양한 형태로 예수 운동에 관여한 부류다. 마지막으로, '주변의 대중 유형'이 있는데, 이들은 예수 운동이 펼친 여러 집회에 몰려든 지지자 대중을 말한다. 여기서 첫 번째 유형은 '가족으로부터의 자발적인 이탈'의 특징을 갖는다면, 둘째 유형은 대체로 가족적 유대 안에 머물러 있었다. 셋째 유형은 가족유대에 머물러 있는 경우와, 비자발적인 가족의 해체를 체험한 집단을 포함한다.

17) 눅 9:58, 9:3, 10:4.

18) 눅 19:8, 8:3, 10:38, 23:52-53.

19) 예수의 소그룹을 제자(mathetes)라고 하는데 복음서와 사도행전에 260번 언급되어 있다.

20) M. J. Wilkens(1988), *The Concept of Disciple in Mathew's Gospel* (Leiden: E. J. Brill); J. B. Green & S. McKnight & I. H. Mashall(2003), 『예수 복음서 사전』(서울: 요단), 262.

21) 막 1:16-18, 19-20, 2:13-14.

22) 막 1:16 이하, 2:14, 눅 5:1 이하, 요 1:35 이하; G. Bornkamm(1973), 강한표 역, 『나사렛 예수』(서울: 기독교서회), 147.
23) G. Bornkamm(1973), 146.
24) 이그나티우스(Ignatius, 35년경-107/17)는 '제자'라는 말을 순교자와 동의어로 사용하였다. 그래서 그는 순교를 통해 그리스도의 참 제자 됨을 증명했던 것이다.
25) G. Theissen & A. Merz(2001), 534. 예언자적 상징 행위는 종종 율법과 관습에 저촉된다. 예컨대, 이사야는 삼 년 동안 벌거벗고 다녔고(이사 20,1-5), 호세아는 음란한 창녀와 결혼했다(호세 1,2; 3, 1-5). 호세아도 이사야도 원래부터 율법과 관례를 무시하려 했던 것이 아니라 그런 도발적이 행동을 통해서 메시지를 인상적으로 전파하려고 했던 것이다.
26) 눅 9:59-62, 마 8:19-22.
27) G. Bornkamm(1973), 153.
28) 배운다는 뜻의 '만다노'는 신약성경에서 25회 나타나는데, 마가복음에서는 한 번(13:28), 그리고 마태복음에서는 세 번 사용되고 있다(마9:13, 11:29, 24:32).
29) G. Bornkamm(1973), 146.
30) R. Bultmann(1981), 허혁 역, 『공관복음전승사』(서울: 기독교서회), 68.
31) Robert Stein(2001), 황영철 역, 『메시아 예수: 예수의 생애 연구』(서울: 한국기독교학출판사), 138.
32) J. B. Green & S. McKnight & I. H. Mashall(2003), 551.
33) R. Bultmann(1981), 68 이하. 눅 12:13-14, 13:1-5, 막 10:35, 9:38 등
34) J. B. Green & S. McKnight & I. H. Mashall(2003), 206.
35) 6장에서 살펴본 예수의 가르침과 교훈은 모두 예수가 그의 제자들에게 가르친 내용이 전승되고 기록된 것이다.
36) 마가(10:30-31)는 "현세에서 박해도 받겠지만 집과 형제와 자매와 어머니와 자녀와 토지의 축복도 백 배나 받을 것이며 내세에서는 영원한 생명을 얻을 것이다."고 하였다.
37) "Apostle," *NBD*, 59-60. 열두 사도 외에도 예를 들면, 바울, 맛디아(행 1:26), 바나바(행 14:4, 14), 주님의 형제 야고보(갈 1:19, 2:9), 안드로니고와 유니아(롬 16:7), 실라(살전 2:6), 심지어 바울의 적대자들인 거짓 사도(고후 11:13) 등을 열거할 수 있을 것이다. 하나님에 의해 파송을 받은 선지자들도 사도로 불리고 있으며(눅 11.49), 교회의 파송을 받은 자들 역시 사도로 명명되어 있다(고후 8:23, 빌 2:25).
38) J. B. Green & S. McKnight & I. H. Mashall(2003), 490-500. 두 번의 파송의 상호 관련성에 대한 쟁점들을 참고할 것,
39) 기독교문사 편(1991), 『기독교대백과사전』 제8권(서울: 기독교문사), 304.
40) J. Jeremias(2001), 322.
41) J. D. Crossan(2000), 165-169.
42) G. Theissen(1994), 김명수 역, 『원시그리스도교에 대한 사회학적 연구』(서울: 대한

기독교출판사), 134-171.

43) G. Theissen & A. Merz(2001), 319.

44) Farrand Sayre(1948), *The Greek Cynics* (Baltimore: Furst), 7, 18; J. D. Crossan(2000), 김준우 역, 『역사적 예수』(서울: 한국기독교연구소), 175.

45) R. A. Horsley(2009), 박경미 역, 『갈릴리: 예수와 랍비들의 사회적 맥락』(서울: 이대출판사), 274-275.

46) Gareth W. Icenogle(1994), 안영권 · 김성일 역, 『왜 소그룹으로 모여야 하는가』(서울: 옥토), 158-159.

47) Gareth W. Icenogle(1994), 159.

48) 기독교문사 편(1991), 『기독교대백과사전』 제14권, 1148-1149.

49) 기독교문사 편(1991), 1173.

50) 은준관(1999), 『신학적 교회론』(서울: 대한기독교서회), 92-98.

51) G. Theissen & A. Merz(2001), 손성현 역, 『역사적 예수』(서울: 다산글방), 317.

52) Stephen C. Barton(1994), *Discipleship and Family Ties in Mark and Matthew* (Cambridge: Cambridge University Press), 82.

53) Gareth W. Icenogle(1994), 165-166.

54) A. Nolan(1987), *Jesus before Christ* (New York: Orbis), 24.

55) J. D. Crossan(2000), 511.

56) J. D. Crossan(2001), 129-130.

57) J. D. Crossan(2000), 537.

58) N. T. Wright(2004), 『예수와 하나님의 승리』(서울: 크리스챤다이제스트), 305.

59) G. Theissen(1984), 45. 막 10:46 이하, 눅 14:16 이하, 미쉬나 Peah 8:7-9

60) J. Jeremias(1988), 『예수 시대의 예루살렘』(서울: 한국신학연구소), 93.

61) A. Nolan(1987), 25.

62) J. Moltmann(1981),156.

63) J. Gnilka(1992), 『마르코복음 1』(서울: 한국신학연구소), 115-116

64) A. Nolan(1987), 26.

65) W. H. Kelber(1987), 서중석 역, 『마가의 예수 이야기』(서울: 한국신학연구소), 24.

66) R. Bultmann(1964), 허혁 역, 『공관복음전승사』(서울: 대한기독교서회), 260-267.

67) A. T. M. Cheung(1986), "The Priest as the Redeemed Man: A Biblical Theological Study of Priesthood", *JEvanTH* 29:3, 270.

68) R. Bultmann(1973), 278. "이적행위는 예수의 성품을 증거하는 것이 아니라, 메시아적 능력 내지 신적 권능을 증거한다. 그러므로 일반적으로 예수의 동기 개념은 동정심이나 신앙을 깨우치려는 의도 같은 것은 묘사되지 않는다."

69) A. Nolan(1987), 35-36.

70) 막 1:41, 마 14:14, 참조 막 6:34 병행, 9:22, 눅 7:13, 10:33.

71) 막 5:19, 10:48, 마 9:27, 17:15, 20:31-32, 눅 18:38.
72) 마 20:34, 막 1:41, 참조 마 9:36
73) A. Nolan(1987), 28.
74) 막 6:34, 마 9:36, 요 10:11, 참조 민 27:17, 겔 3:4, 5, 23, 렘 23:4.
75) 백부장의 하인 치유(마 8:5-13, 눅 7:1-10, 요 4:46-54), 수로보니게 여인의 딸의 치유(막 7:24-30, 마 15:21-28/ 왕의 아들: 요 4:46-54)
76) A. Nolan(1987), 40.
77) 서중석(1991), 43-47.
78) W. Schrage(1986), "Heil und Heilung im Neuen Testament," *EvTh* 46, 210.
79) 혈루증(막 5:34 병행), 소경 바디메오(막 10:52 병행), 열두 문둥이(눅 17:19).
80) 마 8:5-13=눅 7:10, 마 9:22, 9:29, 15:28; A. Nolan(1987), 56-57.
81) A. Nolan(1987), 58.
82) A. Nolan(1987), 57.
83) 막 5:34-36b, 4:40, 9:23f, 마 8:10 병행, 눅 7:9(Q), 17:19.
84) W. Kasper(1988), 박상래 역, 『예수 그리스도』(왜관: 분도), 160-161
85) 막 5:34, 마 8:10 병행, 눅 7:9, 막 10:52.
86) 서중석(1991), 『복음서 해석』(서울: 대한기독교서회). 34.
87) 허호익(2003), 『그리스도의 삼직무론』(서울: 한국장로교출판사), 5장 2절 "예수 시대의 메시아 전승과 예수의 메시아 선교" 참고할 것.
88) J. Gnilka(2002), 정한교 역, 『나자렛 예수』(왜관: 분도), 160.
89) 신약성서에는 daimon(5회)에서 파생된 단어로서 명사 daimonion(60회), 동사 daimonizomai(5회), 형용사 daimoniodes(5회) 등이 등장한다.
90) 마 9:34, 12:24, 막 3:22, 눅 11:15
91) 눅 8:29, 행 5:16, 8:7 등.
92) 눅 7:21, 행 23:9.
93) 신약성서에 13회 등장한다.
94) 마 4:24, 8:16,28, 9:32, 12:22, 막 9:18, 눅 11:14, 13:11
95) 마 11:18, 눅 4:33, 요 10:19-21.
96) 기독교교문사 편(1994), 『기독교대백과사전』 제2권, 523.
97) Josephus, 『유대전쟁사』 7.6:3.
98) 막 3:22-27, 마 9:34, 12:24, 눅 11:17-19.
99) J. Gnilka(2002), 166.
100) *t. hul.* 2:22-23; *y. Sabb.* 14.4.14d.
101) J. D. Crossan(2000), 506.
102) J. D. Crossan(2000), 507.
103) R. A. Horsley(2004), 『예수와 제국 - 하느님 나라와 신세계 무질서』(서울: 한국기

독교연구소), 169.

104) J. D. Crossan(2000), 509. 바알세블 논쟁은 귀신(악령)이 곧 사탄과 동일시된다. 그리고 귀신 들린 자를 축출한 예수 역시 적대자들로부터 귀신 들린 자로 정죄된다. 크로산은 강자가 약자를 통제하기 위해 귀신 들린 자로 규정하는 것과 약자가 강자에 억압당하여 저항하는 것으로서 귀신 들림과 귀신 축출은 공생의 관계가 있다고 하였다.

105) J. Jeremias(2001), 김경희 역, 『예수의 선포』(서울: 분도출판사), 138

106) 24a절, 두 개의 질문으로 읽어야 한다.

107) J. Jeremias(2001), 139.

108) 촌산지순(1993), 김희경 역, 『조선의 귀신』(서울: 동문선), 211-469. 촌산지순은 양귀법으로 구타법, 경압법, 화기법, 자상법, 봉박법, 공물법, 공순법, 부적법, 차력법, 음식법, 고묘법, 오감법, 접촉법, 차단법, 음양법, 광병법, 매배법, 십자법 등이 있었다고 조사 보고하였다.

109) Josephus, 「유대고대사」 6.166. "사울에게는 이상하고 마귀 들린 혼란이 찾아와 그를 괴롭히고 질식시켰다. 이에 의사들도 별다른 치료법을 찾지 못하고 다만 노래나 하프를 연주해 줌으로써 그런 마귀 들린 격정을 가라앉게 해줄 수 있을 것"이라고 하였다.

110) Josepus, 『유대전쟁사』 7.6:3. 당시에 바아라스(Baaras)라는 식물 뿌리로 갖다 대기만 하여도 소위 귀신(demon)이라고 부르는 사악 영들을 즉시 쫓아낼 수 있었다고 한다.

111) 「희년서」 10:10,12.

112) Josephus, 「유대고대사」 8.2:5. 요세푸스는 솔로몬의 처방한 식물 뿌리들을 담은 봉지를 악령 들린 자의 코를 갖다 대고, 그 사람이 그것의 냄새를 맡게 하여 악령을 그의 콧구멍을 통해 끌어내고, 그가 갑자기 쓰러질 때 솔로몬의 이름을 말하고 솔로몬이 주문을 암송하면서 악령으로 하여금 다시는 그에게 들어가지 않겠다고 맹세하여 악령 들린 자를 치유하는 것을 목격하였다고 한다.

113) M. Smith(1978), *Jesus the Magician* (San Francisco: Harper & Row).

114) G. H. Twelftree(2003), "귀신, 마귀, 사탄", 『예수복음서사전』(서울: 요단), 10-104.

115) 막 1:21-28, 막 5:7, 9:25.

116) J. Jeremias(2001), 153

117) J. Jeremias(1988), 109.

118) *1Q28a*(*1QSa*) 제2열 6-9; 『사해사본』 1, 152.

119) W. Barcley(1988), 이희숙 옮김, 『산상수훈 강해: 팔복과 주기도문』(서울: 종로서적), 79.

120) Seneca, *On Anger*, I.15:2. Mad dogs we knock on the head; the fierce and

savage ox we slay; sickly sheep we put to the knife to keep them from infecting the flock; unnatural progeny we destroy; we drown even children who at birth are weakly and abnormal. Yet it is not anger but reason that separates the harmful from the sound.

121) 마태의 '하나님의 성령'을 누가는 '하나님의 손'으로 표현하였다.

122) J. Moltmann(1981), *Der Weg Jesu Christ-Christologie in Messianische Dimensionen* (München: Chr. Kaiser), 127. 독일어 'Heil'은 치유를 뜻하며 동시에 구원을 의미한다.

123) J. D. Crossan(2000), 527.

124) Marcus J. Borg & N. T. Wright(2001), 117

125) 막 6:7, 마 10:1, 눅 9:1

126) J. Moltmann(1991), 김균진 · 김명용, 『예수 그리스도의 길』(서울: 대한기독교서회), 160.

127) E. Kaesemann, "Wunder im NT," *RGG* 3, 1835-1837 참조

128) J. Moltmann(1991), 162.

129) J. Jeremias(2001), 140.

130) J. Moltmann(1991), 449.

131) 막 3:1-6, 마 12:9-14, 눅 6:6-11.

132) 호메로스는 그가 인간이며 의사라고 되어 있으나 훗날의 전설에서는 아폴론의 아들이라고 전해지고 있다.

133) 터키 지역의 큰 도시인 버가모는 2세기의 의사 갈레노스(Galenus)의 출생지이며, 아스클레피오스(Asclepius)의 거대한 신전과 약학교에는 각지로부터의 내방자가 끊일 사이 없었다고 한다. 지금도 그 유적지가 남아 있다.

134) G. Theissen(1984), 107.

135) J. D. Crossan(2000), 667.

136) J. D. Crossan(2001), 549.

137) J. Jeremias(2001), 131. 주 14. 참조 가나의 혼인 잔치에서의 물이 포도주 변한 기적을 포함하여 여덟 개라고 한다.

138) 이상훈(1993), 『성서주적 요한복음』(서울: 대한기독교서회), 55-56.

139) Herman C. Waetjen(1983), 강요섭 역, 『사람됨의 기원과 운명』(서울: 대한기독교출판사), 112.

140) R. Bultmann(1981), 290-299.

141) 「도마에 의한 예수의 어린 시절 이야기」 2:3-4; 『위경외경전서』 8권(서울: 성인사, 1980), 105.

142) 「베드로행전」 13장; 『위경외경전서』 9권, 48.

143) G. Theissen & A. Merz(2001), 446.

144) 김진(2002), 『정신분열증에 대해 나누고 싶은 이야기』(서울: 뜨인돌), 149-161을 주로 참조하여 요약한 것임.
145) 김진(2002), 180-187을 참조하여 요약한 것임; 김진(2006), 『정신병인가 귀신들림인가』(서울: 생명의 말씀사).
146) 「한겨레신문」 2008. 8. 25. 대법원 1부(주심 김지형 대법관)는 상해와 폭행 혐의로 기소된 A(45. 여)씨에게 고통을 주는 안수기도는 피해자 측이 승낙했다고 하더라도 불법이라 판정하였다.
147) J. Jeremias(1988), 342.
148) J. Jeremias(1988), 181
149) E. Fuchs(1964), *Studies of the Historical Jesus* (London: CM Press), 61.
150) J. Jeremias(1988), 391.
151) M. Toharot 7:6
152) Bruce Malina(1992), *Social Science Commentary on the Synoptic Gospels* (Minneapolis: Fortress Press), 189-190.
153) J. D. Crossan(2000), 425; J. Jeremias(2001), 166. "이러한 보도들이 역사적이라는 사실을 적나라하게 보여 주는 것이 마 11:19 평행, 눅 7:34에 나오는 조롱 경구인데, 이 경구는 예수의 활동 시기에 기원을 두었음이 확실하다."
154) J. Jeremias(2001), 169.
155) J. Jeremias(1990), 정충하 역, 『신약신학』 (서울: 새순출판사), 110; K. H. Rengstroff, "Ηαμαλτολοs, αναμαλτηεos," *THWNT* I, 320-339.
156) J. D. Crossan(2001), 김기철 역, 『예수: 사회적 혁명가의 전기』(서울: 한국기독교연구소), 101-104.
157) R. Funk(1999), 김준우 역, 『예수에게 솔직히』(서울: 한국기독교연구소), 295.
158) J. D. Crossan(2001), 89.
159) A. Nolan(1987), 59-67 특히 62; G. Bornkamm(1960), *Jesus of Nazareth*, 57; E. Fuchs(1964), *Studies of Historical Jesus*, 36. 푹스는 "죄인들과 식탁 교제를 통해 나타난 예수의 행동은 그들의 죄를 용서하는 표시였다. 따라서 암시적으로 예수는 하나님을 대신하여 행동하고 있었다."고 하였다.
160) A. Nolan(1987), 39.
161) A. Nolan(1987), 65.
162) J. Jeremias(2001), 166.
163 Marcus J. Borg & N. T. Wright(2001), 83.
164) Tos. Megh, II 7; J. Jeremias(1988), 178.
165) J. Jeremias(2001), 167.
166) 유지미(2002), 『성전체제에 대한 마가공동체의 사회경제적 대응 전략』(서울: 연세대 대학원 박사학위 논문), 169.

167) J. Jeremias(2001), 167.

168) A. Nolan(1987), 103.

169) M. Fox(2001), 황종렬 역, 『원복』(서울: 분도출판사), 183. 예수와 관련하여 주목할 만한 점은 그가 중류 계급 출신이며 이렇다 할 불리한 조건이 없는데도 불구하고 하류 중에서도 최하류의 사람들과 어울려 사귀고 또 그들과 자기 자신을 동일시하게 되었다는 사실이다. 예수는 스스로의 선택에 의해 버림받은 자가 되었다

170) 박홍규, "플라톤 『국가』를 읽고", 「인물과 사상」 86(2005. 6), 212.

171) 김남두, "플라톤과 유토피아", 「외국문학」 13(1987 가을호), 179.

172) 아리스토텔레스(1995), 나종일 · 천병일 역, 『정치학 · 시학』(서울: 삼성출판사), 82.

173) J. D. Crossan(2000), 428.

174) J. Moltmann(1977), *The Church in the Power of Spirit*, tr. R. N. Wilson & M. Kohl(New York: Happer & Row), 132.

175) J. D. Crossan(2000), 667.

176) J. Jeremias(2001), 167.

177) 박순경(1984), "제3세계 신학과 방법론에 대한 고찰", 「신학사상」 46, 567-591. 이 협의회의 제6차 신학회의(1983.1.5-13)의 주제는 "Doing Theology in a divided World"이었다.; V. Fabella(1985), *Doing Theology in a divided World* (New York: Orbis).

11장

1) 김철현(1999), 『예수연구』 1권(대전: 목원대학교), 497-498. 마지막 주간의 수난 일정에 관하여서는 W. Grundman, W. Schmithal과 R. Pesh의 견해를 종합한 것을 참고할 것; J. B. Green & S. McKnight & I. H. Mashall(2003), 『예수 복음서 사전』(서울: 요단), 782.

2) G. Theissen & A. Merz(2001), 손성현 역, 『역사적 예수』(서울: 종로서적), 233. 성전 정화에 관하여 요한복음은 공생애 앞부분에(요 2:13 이하), 공관복음서는 끝부분에 배치한다.

3) G. Bornkamm(1973), 강한표 역, 『나사렛 예수』(서울: 기독교서회), 157-158.

4) R. Funk(1999), 김준우 역, 『예수에게 솔직히』(서울: 한국기독교연구소), 342.

5) R. Funk(1999), 345.

6) W. Kasper(1977), 박상래 역, 『예수 그리스도』(왜관: 분도), 201. 불트만은 예수의 죽음은 로마 당국의 정치적 오해에서 비롯된 것이라고 하였다. 그러므로 "가장 곤란한 것은… 예수가 자기의 죽음을 어떻게 이해하였는지 우리로서는 알 길이 없다는 사실이다."고 하였다. 그러나 카이퍼는 "불트만을 따르다 보면, 우리는 예수가 끝에 가서 완전히

자지러지고 말았을지도 모른다는 가능성을 은폐조차 할 수 없게 된다."고 비판하였다.

7) G. Theissen & A. Merz(2001), 612.

8) W. Kasper(1977), 203. "수난 예고란 종말에 있을 재난을 예시하는 것으로서 하느님 나라의 가까움에 관한 설교의 일환을 이룬다. 그렇기 때문에 예수는 처음부터 '주의 기도문'이 보여 주는 바와 같이, 유혹의 위험에 관해서 언급하였는데(마 6:13, 눅 11:4), 그것은 다름 아닌 종말론적 재난이라는 뜻이었으며 그것은 예수가 당신의 추종자들에게 이미 처음부터 예고한 것이었다(마 10:34 이하)고 하였다.

9) M. Borg & N. T. Wright((2001),『예수의 의미』(서울: 한국기독교연구소), 162-163.

10) G. Theissen & A. Merz(2001), 614.

11) G. Theissen & A. Merz(2001), 612.

12) J. B. Green & S. McKnight & I. H. Mashall(2003), 784-788.

13) J. Jeremias(1987), 김경신 역,『신약성서의 중심 메세지』(서울: 은성), 73-75. 이 사실은 신약성서, 예언자들에 관한 당대의 전설들, 그리고 선지자 살해에 대한 속죄행위로서 그들의 무덤에 기념비를 세워 기리는 관습 등에 의해 확증된다.

14) G. Theissen & A. Merz(2001), 614.

15(J. Jeremias(2001), 김경희 역,『예수의 선포』(서울: 분도출판사), 382; R. Stein (2001), 황영철 역,『메시아 예수』(서울: 한국기독교학출판사), 179.

16) R. Schnackenberg(2009), 이병학 역,『복음서의 예수 그리스도』(서울: 분도출판사), 110.

17) R. Schnackenberg(2009), 109-110.

18) J. B. Green & S. McKnight & I. H. Mashall(2003), 789.

19) J. Jeremias(2001), 385.

20) J. Jeremias(2001), 387.

21) G. Bornkamm(1973), 강한표 역,『나사렛 예수』(서울: 기독교서회), 157.

22) A. Nolan(1980), 정한교 역,『그리스도교 이전의 예수』(왜관: 분도), 114 이하. "만일 설교를 하기 위해 은신처에서 나온다면, 그는 언젠가는 결국 붙잡혀서 침묵당하고 말 것이었다. 그렇다면 그의 죽음 자체가 그 나라에 대한 믿음을 일깨우는 길이 될 수 있을 뿐이었다."

23) 마태(23:37-39)는 다른 문맥에서 예루살렘에 대한 예수의 탄식을 기록하고 있다.

24) G. Bornkamm(1973), 156.

25) G. Theissen & A. Merz(2001), 615-616. 타이쎈과 메르츠도 "이 비유는 부활 이후의 알레고리임에도 불구하고 부활 이전의 특징을 지고 있다."는 데 동의한다.

26) 요한복음 11장 1-2절은 나사로의 누이 마리아라고 한다.

27) G. Bornkamm(1973), 163. 예수는 자기의 죽음에 대한 확신을 가지고 제자들과 같이 마지막 만찬을 거행한다. 우리는 이미 이 만찬의 사실적인 절차를 확실히 밝힐 수 없다. 그 까닭은 현존 형태의 본문이 후대 교회의 만찬 거행과 예배의식문의 반영이

기 때문이다.

28) G. Theissen & A. Merz(2001), 616-617.

29) G. Bornkamm(1973), 164-165. 제자들과 같이 거행한 예수의 최후의 만찬 다음에는 겟세마네 동선에서의 고독한 밤중 기도의 투쟁이 뒤따르고 있다(막 14:32-42). 이 설화도 그대로 사실적인 보도로 읽혀서는 안 될 것이다. 예수의 이 고투에 목격자가 된 사람은 한 사람도 없다는 사실이 이것을 입증한다. 그러나 이 경우에도 다시금 이 설화는 보다 높은 의미의 역사 증언이다.

30) G. Bornkamm(1973), 165.

31) J. B. Green & S. McKnight & I. H. Mashall(2003), 24.

32) G. Bornkamm(1973), 165.

33) G. Theissen & A. Merz(2001), 613

34) J. Moltmann(1974/2), *The Crucified God*, tr. A. Wilson and J. Bowden(London: SCM), 145-146.

35) J. Moltmann(1979), 146. 주 53 참조

36) J. Moltmann(1977), 128-153; 서강대학교신학연구소 · 한국신학구소 편(1988), 『하나인 믿음』(왜관: 분도), 173. 예수의 십자가상의 폭력적 최후는 예수의 메시지와 행동 자체에 내재한 논리의 필연적 귀결이므로 '십자가의 걸림돌' 이전에 이미 '나사렛 예수의 걸림돌'이 선행하고 있었던 것이다.

37) 마 26:59-68 평행구, 막 14:55-65; J. B. Green & S. McKnight & I. H. Mashall (2003), 829.

38) 문상희(1974), "예수의 재판사 연구 - 산헤드린 재판을 중심으로", 연세대학교 대학원 박사학위 논문.

39) G. Theissen & A. Merz(2001), 662. 예수의 죽음은 시골 출신의 카리스마적 지도자와 도시의 엘리트, 유대교 갱신 운동과 로마의 지배체제, 성전마저 새로 세워지는 우주적 변혁의 선포자와 기존 질서(status quo)의 대변자들 사이의 긴장 관계가 빚어 낸 결과다. 종교적 요인과 정치적 요인은 서로 분리될 수 없다.

40) J. B. Green & S. McKnight & I. H. Mashall(2003), 836. 이 재판은 유대법전을 27군데나 어긴 것으로 주장되기도 하였지만, 최근에는 미쉬나 법전 위반 사항이 다섯 가지로 제한한다.

41) E. Lohse(1991), 전연섭 역, 『예수 그리스도의 수난사』(서울: 대한기독교서회), 119-120; G. Theissen & A. Merz(2001), 658.

42) G. Theissen & A. Merz(2001). 658-659.

43) E. Lohse(1991), 121.

44) G. Theissen & A. Merz(2001), 641.

45) 재판 시간에 관해서 마가는 새벽이었다고 하고(막 15:1), 누가는 다음날 아침이었다고 한다(눅 22:66).

46) 누가는 예수가 하나님의 아들이라고 주장한 것(눅 22:70)으로 정죄받았다고 기록한다. 반면에 마태(26:65)와 마가(14:64)는 예수가 신성모독으로 유죄 판결을 받았다고 한다.
47) J. B. Green & S. McKnight & I. H. Mashall(2003), 580.
48) 마 27:63-64, 요 7:11-12; 47; Justin, *Dial.* 69:7; 108:2.
49) G. Theissen & A. Merz(2001), 622.
50) Josephus, 「유대고대사」 13.3:4. "반대파 연설자 사바이우스와 데오도시우스 그리고 그 무리를 처형하였다."
51) *1QpHab* 제1열 11; F. G. Martinez & E. J. C. Tigchelaar(2008), 강성렬 역, 『사해문서』, 1권(서울: 나남), 56.
52) *1QpHab* 제12열 8 ; 『사해문서』, 65.
53) *1QpHab* 제11열 7; 『사해문서』, 66. "속죄일 축제의 마지막 때에 그를 쓰러뜨리고자 했다."
54) G. Theissen & A. Merz(2001), 660.
55) G. Theissen & A. Merz(2001), 660.
56) G. Theissen & A. Merz(2001), 660. 그러나 빌라도에게 성전은 그다지 중요한 것이 아니었다. 빌라도는 성전에 대한 예언을 유대교 내부의 문제로 치부할 수 있었다. 빌라도는 성전의 거룩함을 지키기 위해 "열심인 사람"은 분명 아니었다.
57) H. W. Boers(1996), 박익수 역, 『예수는 누구였는가?』(서울: 대한기독교서회), 177.
58) J. Moltmann(1979), 김균진 역, 『십자가에 달리신 하나님』(서울: 한국신학연구소), 136.
59) J. Moltmann(1979), 140-141.
60) J. Moltmann(1979), 141.
61) G. Theissen & A. Merz(2001). 190.
62) G. Theissen & A. Merz(2001), 653. 예수를 본디오 빌라도 앞에 세운 재판 절차는 법률적으로 coercitio, 혹은 cognitio로 평가될 수 있다. "coercitio"(="처벌", "제조치")는 공공의 질서 유지하기 위해 필요한 모든 강제 조치를 행할 수 있는 로마 총독의 권한이다. 반대로 "cognitio"는 법 규정에 따른 공식적인 절차를 가리킨다. 이것은 고소, 심문, 자백(침묵은 자백으로 간주한다), 판결(자백이 있으면 판결은 부가적인 것이다)로 구성된다. 판결은 전부터 전해 오는 법률에 의거하여 이루어졌다.
63) 마 27:14, 막 15:5, 요 19:10.
64) J. B. Green & S. McKnight & I. H. Mashall(2003), 839.
65) 누가는 예수를 가리켜 "백성을 소동케 하나이다"(눅 25:3), "백성을 미혹하는 자"(눅 23:14)이라고 하였다.
66) B. I. Reicke(1986), 125-125.
67) Josephus, 「유대전쟁사」, 2.8.1.

68) Josephus, 「유대고대사」 20.5:2.

69) Josephus, 「유대전쟁사」, 5.11:1; 성서자료연구원 역(2001), 『요세푸스』 II(서울: 달만), 211. "한편 티투스는 전쟁 포로들을 그냥 풀어 주는 것이 위험한 것이며, 이 많은 포로들을 수용하는 것은 그만큼 관리자들이 필요함을 깨달았다. 그러나 티투스가 십자가 처형을 중단시키지 않은 주된 이유는 아마 이 광경을 본 유대인들이 계속적으로 저항하다가는 십자가 처형을 당하리라는 두려움에서 항복할 할 것을 기대하고 있었기 때문이다."

70) Josephus, 「유대전쟁사」 1권 4:6; 「유대고대사」 13권 14:2; 11QTemple 64:6-13.: J. B. Green & S. McKnight & I. H. Mashall(2003), 841.

71) H. W. Boers(1996), 184-185.

72) H. W. Boers(1996), 185.

73) G. Theissen & A. Merz(2001). 171.

74) G. Theissen & A. Merz(2001). 190.

75) Josephus, 「유대고대사」 20.9:1. "그리스도라 불린 예수의 형제, 즉 야고보와 몇몇 사람들을 불러들였다. 그는 그들에게 법률을 위반했다고 고발하였고 돌로 쳐 죽이도록 넘겨주었다."

76) G. Theissen & A. Merz(2001), 651. 요세푸스는 유대의 초대 총독인 코포니우스(주후 6-9년)가 최종 심판권(ius gladii)을 포함한 모든 권력을 부여받았다는 것을 강조한다(『유대전쟁사』 2,8:1). 그러나 탈무드 전승에 의하면 성전이 파괴된 40년 전 유대인들은 사형 집행을 할 수 있는 권리를 빼앗겼다고 한다(jSanh 1,18a; 7,24b). '40년'이라는 수는 불확실한 수다. 아마도 이것은 주후 6년 유다[지역]에 대한 로마의 직접 통치가 시작된 때를 의미하는 것 같다. 원시 그리스도교의 문헌 가운데서는 요한복음이 역사적인 정황을 정확하게 견지한다. 요한복음에서는 "유대 사람들"이 이렇게 말한다. "우리는 사람을 죽일 권한이 없습니다."(요 18:31 공동번역).

77) D. B. Gowler(2007), 김병모 역, 『최근 역사적 예수 연구 동향』(서울: CLE), 97.

78) J. Moltmann(1979), 144.

79) J. Moltmann(1979), 153.

80) J. Moltmann(1979), 333.

81) J. Moltmann(1979), 154.

82) G. Theissen & A. Merz(2001), 631.

83) 아스클레피오스는 의료의 신으로서 죽은 자를 소생시켰다고 하여 제우스에 의해 벼락을 맞아 죽었다. 아스클레피오스 신전에서는 수탉을 제물로 바쳤는데, 이는 사람이 중병으로부터 치유되었을 때만 하는 일이었다.

84) *Diogenes Laertius* 10.124-125. 어리석은 사람은 죽음이 두렵다고 말한다. 그런데 그 이유는 죽음이 올 때 그것이 그를 고통스럽게 할 것이기 때문이 아니라 그것이 미리 고통스럽게 하기 때문이다. … 우리가 살아 있을 때 죽음은 아직 오지 않은 상태이며,

죽음이 올 때 우리는 존재하지 않는다. 하여 죽음이 살아 있는 자에게나 죽은 자에게 아무것도 아닌 것은, 산 자에게 그것은 아직 이르지 않았고 죽은 자에게 그것은 더 이상 존재하지 않기 때문이다.

85) J. Moltmann(1979), 155.

86) J. Moltmann(1991), 김균진 · 김명용 역, 『예수 그리스도의 길』(서울: 대한기독교서회), 158.

87) *Inst. II.* xvi. 10, 12.

88) J. R. W. Stott(1994), 황을호 역, 『기독교의 기본진리』(서울: 생명의 말씀사), 95.

89) 길선주, "십자가 상의 주의 7언(제4) 엘리 엘리 라마 사박다니", 『길선주 목사 설교 및 약전집: 한국신앙저작집 1』(서울: 혜문사, 1969), 137.

90) 길선주, "육신상 수난(肉身上受難)", 『길선주 목사 설교 및 약전집: 한국신앙저작집 1』, 154.

91) 길선주, "심령상 수난(心靈上 受難)", 『길선주 목사 설교 및 약전집: 한국신앙저작집 1』, 153.

92) 길선주, "십자가 상의 주의 7언(제4) 엘리 엘리 라마 사박다니", 『길선주 목사 설교 및 약전집: 한국신앙저작집 1』, 139.

93) 겔 23:32-34, 사 1:17-22, 시 75:8, 렘 25:15-29, 49:12, 계 14:10, 16:1.

94) M. Hengel(1981), *Atonement: A Study of Origin of the Doctrine in the New Testament*, tr. Bowden(London: SCM), 35 ff.

95) '파라디도미'(παραδίδωμι)는 '내어주사'(롬 4:25, 8:32, 엡 5:25) 또는 '버리사'(갈 2:20, 엡 5:2)로 번역되었다.

96) R. Schnackenberg(2009), 이병학 역, 『복음서의 예수 그리스도』(서울: 분도출판사), 110.

97) J. Moltmann(1991), 241.

98) J. Moltmann(1977), *The Church in the Power of Spirit*, tr. M. Kohl(New Yark: Harper Row), 96

99) J. Moltmann(1991), 257.

100) 김명용(1992), "칼 바르트 신학에 있어서 예정론의 발전", 「기독교사상」 398, 102-115.

101) 허호익(1998), 『성서의 앞선 생각 I』(서울: 한국장로교출판사), 133-134. 키에르케고르가 가정한 것처럼 만약에 아브라함이 모리아 산으로 가서 제단을 쌓고 나무를 벌여 놓은 다음, 칼을 들고 "하나님, 사랑하는 아들 대신 이 늙은 몸을 드립니다. 아들로 청춘을 즐기게 하시고, 흡족하지 않으시더라도 이 제물을 물리치지 마옵소서."라고 외치며 자신의 가슴에 칼을 꽂았다면, 아브라함은 세상 사람들에게 감동을 주는 비극적인 자기희생의 영웅으로 길이 칭송되었을 것이다

102) J. Calvin, *Inst.*, 2.16.10.

103) 조순(2004), "예수의 죽음의 본질", 「신학연구」 46, 206.
104) W. Kasper(1977), 박상래 역, 『예수 그리스도』(왜관: 분도), 202. "예수의 죽음에 구원론적 성격을 부여한 것은 바울로의 이론이었다는 이 주장은 교황 비오 9세의 유명한 이설 요목(Syllabus)에서 단죄를 받았다."
105) 2마카 7:18. 38 이하, 4마카 1:11, 6:29, 9:23 이하, 17:22.
106) W. Kasper(1977), 202-203.
107) M. Borg & N. T. Wright((2001), 『예수의 의미』(서울: 한국기독교연구소), 163.
108) "이것은 많은 사람을 위하여 흘리는 나의 피 곧 언약의 피니라"(막 14:24). "이것은 죄사함을 얻게 하려고 많은 사람을 위하여 흘리는바 나의 피 곧 언약의 피니라"(마 26:28).
109) G. Bornkamm(1973), 강한표 역, 『나사렛 예수』(서울: 기독교서회), 163.
110) J. Moltmann(1974/1), *The Crucified God*, 143-153; J. Moltmann(1986), 김균진 역, 『삼위일체와 하나님의 나라』(서울: 대한기독교서회), 98-99.
111) J. Moltmann(1977/2), *The Church in the Power of Spirit*, tr. M. Kohl(New Yark: Harper Row), 96
112) J. Moltmann(1991), 김균진 · 김명용, 『예수 그리스도의 길』(서울: 대한기독교서회), 257.
113) J. Moltmann(1974/1), *The Crucified God*, 243.
114) J. Moltmann(1974/2), 전경연 역, 『인간』(서울: 향린사), 37 참조.
115) J. Moltmann(1974/1), 245. "버림받은 인간들에게 사랑을 선사하는 성령은 죽은 것을 살게 하는 성령이라 이해할 수밖에 없다. 이것은 아버지의 아픔과 아들의 죽음으로부터 생성되며 버림받은 인간에게 와서 새로운 삶의 가능성과 힘을 그들에게 선사하는 절대적이며 무제한적인 사랑이다."
116) J. Moltmann(1991), 『예수 그리스도의 길』, 258.
117) J. Moltmann(1974/1), 247.
118) J. Moltmann(1974/1), 241.
119) J. Moltmann(1974/1), 239, 245.
120) J. Moltmann(1974/1), 267. 몰트만은 여기서 Apathetic theology와 Pathetic Theology을 구분한다.
121) J. Moltmann(1976), 전경연 역, 『정치신학』(서울: 대한기독교서회), 124.
122) J. Moltmann(1974/1), *The Crucified God*, 204.
123) J. Moltmann(1974/1), 201. 십자가를 대리 희생 제물로 해석하면 부활을 설명하기 어려워진다. 왜냐하면 희생 제물은 죽은 채로 있어야 그 효험을 발휘하기 때문이라 주장하는 몰트만은 십자가와 부활을 희망의 빛에서 종말론적으로 서술한다.
124) J. Moltmann(1976), 『정치신학』, 51. 헤겔(Hegel)이 "죽음의 죽음"이요, "부정의 부정"이라고 본 변증법의 힘을 성령의 힘이라고 했듯이, 몰트만은 자기 포기를 통해

사랑을 창조하는 사랑의 힘을 성령의 힘으로 이해한다. 고난과 죽음과 포기(자기 버림)를 통해 고난과 죽음을 극복하고 사랑과 생(生)을 창조하는 영이 성령이다.

125) J. Moltmann(1991), 241.

126) J. Moltmann(1991),『예수 그리스도의 길』, 262.

127) J. Moltmann(1974/1), 275 참조.

128) J. Moltmann(1974/1), 32-81.

129) J. Moltmann(1973), "복음의 정치적 해석학",『신학의 미래 I』(서울: 대한기독교서회), 157.

130) J. Moltmann(1976),『정치신학』, 181.

131) J. Moltmann(1977/1), 전경연 역,『희망의 실험과 정치』(서울: 대한기독교서회), 43. 양성론 논쟁에서 예수 그리스도가 참 신이며 동시에 참 인간이라면 십자가에 달리사 고난을 받으실 때 그의 신성도 함께 고난을 당했는가 하는 것이 주요한 쟁점이 되었다. 희랍의 신 개념에 의하면 참 신성의 소유자가 육체적 고난을 당하고 죽는다는 사실이 이해될 수 없었기 때문에 성부(신성)의 고난을 주장하는 이들을 이단시하였다.

132) J. Moltmann(1975/1), 전경연 편,『신학의 미래 II』(서울: 향린사), 17, 162. 여기서 불트만(R. Bultmann)의 비신화론이 비판된다. 악과 고통 때문에 하나님을 향해 묻는 질문은 더 이상 신화적인 표상이 아니므로 비신화화할 수 없다고 보기 때문이다.

133) J. Moltmann(1976),『정치신학』, 43.

134) J. Moltmann(1977/1),『희망의 실험과 정치』, 53.

135) J. Moltmann(1976), 41 재인용.

136) 실존주의 작가, 사르트르(페스트), 카뮈(이방인), 김은국(순교자) 등에게서 이러한 저항적 무신론이 나타난다.

137) J. Moltmann(1974/1), *The Crucified God*, 267.

138) J. Moltmann(1977/1),『희망의 실험과 정치』, 79.

12장

1) J. Motmann(1975/2), 전경연 · 박봉랑 역,『희망의 신학』(서울: 현대사상사), 222.

2) 전경연(1994),『예수의 부활』(서울: 대한기독교서회), 101.

3) J. Moltmann(1979), 김균진 역,『십자가에 달리신 하나님』(서울: 한국신학연구소), 180.

4) 사두개파의 부활신앙에 관해서는 이 책 13장 3절을 참고할 것.

5) 마 22:30, 막 12:25, 눅 20:34-36.

6) 눅 14:14, 요 11:25-26.

7) J. B. Green & S. McKnight & I. H. Mashall(2003),『예수 복음서 사전』(서울: 요단), 446.

8) G. Theissen & A. Merz(2001), 손성현 역,『역사적 예수』(서울: 다산글방), 703.

9)「베드로의 원복음서」8:32;『외경위경전서』8권(서울: 성인사, 1980), 73. 이 외경에는 빌라도가 백부장 페트로니우스에게 병사와 함께 무덤을 경계하도록 맡겼다고 한다.

10) 무덤을 찾은 여인들에 관하여 마태는 막달라 마리아와 다른 마리아라고 하였고, 요한은 마리아라고 하였다. 누가는 단지 여자들이라고만 기록하였다.

11) 여인들이 빈 무덤에서 만난 인물에 관해서 마가는 흰옷 입은 청년이라고 했으나 마태는 그가 바로 천사라고 하였다(마 28:5). 누가는 찬란한 옷을 입은 이는 두 사람이라고 기록하였고(눅 24:4), 요한은 그들이 바로 흰옷 입은 두 천사(요 20:12)라고 하였다.

12) 마태는 무덤을 방문한 여인들(막달라 마리아와 다른 마리아)에게 마가는 막달라 마리아에게 누가는 엠마오로 가는 두 제자에게 부활한 예수가 제일 먼저 나타났다고 한다.

13) W. Kasper(1977), 박상래 역,『예수 그리스도』(왜관: 분도), 219.

14) 이를 증명하는 다음과 같은 랍비의 격언들이 있다. "율법의 말씀을 여자들에게 전해 줄 바에는 차라리 불태워 버려라." "아들들을 자녀로 가진 사람은 복이 있느니라. 그러나 화 있을진저, 딸을 자녀로 둔 자들이여."

15) Lee Strobel(1998), 윤관희 · 박중렬 역,『예수 사건』(서울: 두란노), 288.

16) J. McDowel & B. Wilson(1991),『예수님은 실존인물인가』(서울: 생명의 말씀사), 440. 노먼 엔더슨의 다음 말을 참고하라 "전설을 만들어낸 사람들은 하필이면 왜 부활한 그리스도와 최초로 대화한 사람을 교회에서 그다지 걸출한 위치를 차지하지 못한 여인이 막달라 마리아로 했는가? 그러한 영예를 수제자 베드로 또는 '예수가 사랑한 제자 요한' 또는—더 큰 가능성이 있으리라 여겨지는—우리 주님의 모친 마리아에게 돌리려 하지 않았는가?"

17) 마 28:1-8, 막 16:1-8, 눅 24:1-12, 요 20:1-10.

18) G. Theissen & A. Merz(2001), 698-699.

19) 보다 자세한 내용은 이 책 12장 4절 7항을 참고할 것.

20) G. Theissen & A. Merz(2001), 708-713.

21) 콘스탄틴 황제 시절에 발견된 예루살렘의 성묘 교회에 있는 무덤에 대한 고고학적 증거는 뜻밖에도 문헌상의 증거와 일치한다고 한다.

22) G. Theissen & A. Merz(2001), 713.

23) W. Kasper(1977), 박상래 역,『예수 그리스도』(왜관: 분도), 225. "신앙인에게 빈 무덤은 결코 증명이 아니다. 그러나 그것은 하나의 징표임에 틀림없다."

24) 고전 15:3-8, 눅 24:34, 행 9:17, 13:31, 26:16,

25) 갈 1:12,15-16, 고후 2:4, 6 등

26) 창 12:17, 17:1, 18:1, 26:2.

27) 부활신앙에 대한 선포와 신앙고백은 이 외에도 다양한 형대로 전승되었다(행 2:32,

3:15, 5:31, 10:40, 딤전 3:16, 롬 1:3, 10:5, 9, 빌 2:6-11, 엡 4:7-12, 벧전 3:18-22, 4:6).

28) W. Kasper(1977), 220.

29) 눅 16:12, 눅 24:13-35.

30) 눅 24:38 이하, 요 20:26 이하.

31) W. Kasper(1977), 249.

32) W. Kasper(1983), 250.

33) Hans von Campenhausen(1962), *Ostergeschehen und Osterberichte* (Göttingen), 173-186, 233-249.

34) W. Kasper(1977), 231.

35) N. T. Wright(2005), 박문재 역,『하나님 아들의 부활』(서울: 크리스챤다이제스트), 1068.

36) N. T. Wright(2005), 1064.

37) N. T. Wright(2005), 1063.

38) N. T. Wright(2005), 1060.

39) N. T. Wright(2005), 1069.

40) N. T. Wright(2005), 1089-1090.

41) G. Theissen & A. Merz(2001), 685.

42) 김균진(1999), "영혼불멸설과 죽은 자들의 부활신앙 (1)",「신학논단」27, 131-156.

43) 왕하 2:1-12,막 9:2-8 병행, 계 11:3-12.

44) Irenaeus, *Against Heresis*, I. xxi. 5.

45) Irenaeus, *Against Heresis*, I. xxiv. 5-6.

46) 장영란(2005), "오르페우스교와 피타고라스학파의 영혼윤회설",「철학과 현상학 연구」26, 131-158.

47) Herodotus, *Historia II*, 123; 장영란(2005), 151 재인용.

48) 장영란(2005), 153.

49) 장영란(2005), 155.

50) 존귀한 인물들의 승천이라는 주제는 구약성서와 유대교에서도 널리 알려져 있다.

51) K. Barth(1789), 전경연 역,『죽은 자의 부활 - 고린도 전서 15장 연구』(서울: 한국신학대학 출판부).

52) J. Moltmann(1975/2), 전경연 · 박봉랑 역,『희망의 신학』(서울: 현대사상사), 222.

53) G. Theissen & A. Merz(2001), 679.

54) Josephus,「유대고대사」, 2.5:2.

55) Josephus,「유대전쟁사」, 5.11:1; 성서자료연구원역,『요세푸스』II(서울: 달만, 2001), 211. "한편 티투스는 전쟁 포로들을 그냥 풀어 주는 것이 위험한 것이며, 이 많은 포로들을 수용하는 것은 그만큼 관리자들을 필요로 하는 것임을 깨달았다. 그러나

티투스가 십자가 처형을 중단시키지 않은 주된 이유는 아마 이 광경을 본 유대인들이 계속적으로 저항하다가는 십자가 처형을 당하리라는 두려움에서 항복할 것을 기대하고 있었기 때문이다."

56) J. D. Crossan(2000), 김준우 역,『역사적 예수』(서울: 한국기독교연구소), 621-622.
57) J. D. Crossan(2000), 620-621.
58) Lee Strobel(1998), 278.
59) Lee Storobel(1998), 280-281.
60) J. D. Douglas & F. F. Bruce, *New Bible Dictionary*, 871.
61) A. Ferguson(1993), 박경범 역,『초대교회 배경사』(서울: 은성), 581.
62) 전경연(1994),『예수의 부활 -그 역사성과 진실성』(서울: 대한기독교서회), 168.
63) 전경연(1994), 168.
64) J. McDowel & B. Wilson(1991),『예수님은 실존인물인가』(서울: 생명의 말씀사), 183에서 재인용.
65) E. Gibbon/강석승 역,『로마제국쇠망사』(서울: 동서문화사, 2007), 244.
66) G. Theissen & A. Merz(2001), 680.
67) J. McDowel & B. Wilson(1991), 93.
68) H. von Campenhausen(1977), *Ablauf der Osterereignisse* (Heidelgerg: Carl Winter), 42.
69) J. McDowel & B. Wilson(1991), 443.
70) N. L. Geisler(1988),『성경무오: 도전과 응전』(서울: 엠마오), 36-37. 예수의 승천에 관해서는 "예수가 (십자가의 곤욕을 당한 후) 신병 때문에 높은 산으로 휴양 가셨는데 그때 짙은 안개가 그를 가려 제자들의 눈에 보이지 않게 된 것이라고 설명했다."
71) A. Schweitzer(1968), *The Quest of the Historical Jesus*, tr. by J. M. Robinson (New York: Macmillan), 15.
72) G. Theissen & A. Merz(2001), 679.
73) 전재옥(1996), "이슬람교의 기독론 - 꾸란의 예수 이해를 중심으로",『무슬림을 예수를 누구라 하는가』(서울: 예영커뮤니케이션), 43.
74) Lee Strobel(1998), 255. 1929년에 D. H. 로렌스는 이 주제로 단편 소설을 썼다. 그 소설 속에서 로렌스는 예수가 이집트로 도망갔으며 거기에서 여사제인 이시스와 사랑에 빠졌다고 말한다. 휴즈 숀필드의 베스트셀러『유월절의 음모(*Passover Plot*)』(1972)나 오스트리아 여류학자 바바라 씨어링의『예수와 사해사본의 수수께끼』(1992)도 예수의 가사설을 주장한다.
75) E. R. Gruber & H. Kersten(2001), 홍은진 역,『예수는 십자가에 죽지 않았다 - 토리노 성의가 밝히는 부활론의 음모』(서울: 아침이슬), 94.
76) E. R. Gruber & H. Kersten(2001), 124.
77) E. R. Gruber & H. Kersten(2001), 106.

78) 황희영, "예수님의 십자가 사인 의학적 증거 (1)," 「워싱턴 중앙일보」 2010. 3. 23. 70년경에 로마에 대항한 반란이 일어났다. 그런데 1968년 예루살렘에서 고고학자들이 그때 희생된 36명 정도 되는 유대인들의 유골을 발견했다. 그중에 요하난이라는 이름의 인물이 십자가 처형을 당했다. 고고학자들이 그의 발에 그때까지도 꽂혀 있던 7인치 크기의 못을 발견했는데, 거기에는 십자가로부터 떨어진 올리브나무 조각들이 붙어 있었다. 이것은 십자가형에 대한 복음서의 묘사를 결정적으로 뒷받침해 주는 훌륭한 고고학적 증거이다.

79) Lee Strobel(1998), 259.

80) Lee Strobel(1998), 261.

81) Lee Strobel(1998), 256, 262. "의학적으로 혈한증(hematidrosis)이 흔히 일어나는 일은 아니지만, 정신적 스트레스를 아주 심하게 받을 때 일어나는 일입니다. 사람이 심하게 고민하면 땀샘에 있는 모세혈관을 파괴하는 화학 성분이 몸에서 나옵니다. 그 결과로 땀샘으로 소량의 피가 들어오게 됩니다. 그리고 땀을 흘릴 때 피가 섞여서 나오는 겁니다. 많은 피가 나온다는 말은 아닙니다. 아주 적은 양입니다."

82) J. Jeremias(1988), 『예수 시대의 예루살렘』(서울: 한국신학연구소), 290.

83) N. T. Wright(2005), 박문재 역, 『하나님 아들의 부활』(서울: 크리스챤다이제스트), 1094.

84) Lee Strobel(1998), 265.

85) Lee Strobel(1998), 266.

86) T. Freke & P. Gandy(2002), 211. "나의 형제 도마여, 네가 이 세상에 사는 동안 내 말에 귀를 기울여라. 그리하면 네가 마음에 둔 것들을 너에게 나타내 보리이라. 너는 나의 쌍둥이며 참된 동반자라고 전해져 왔으니, 네 자신을 살펴서 네가 누구이며 어떻게 살아서 어떤 자가 될 것인지를 배워라. 너는 나의 형제라고 불리 울 것이니, 네가 자신을 모른다는 것은 온당치 않다."

87) T. Freke & P. Gandy(2002), 승영조 역, 『예수는 신화다』(서울: 동아출판사), 211-212.

88) 달마(Bodhidharma, 達磨 ?-528?)는 중국 선종(禪宗)의 창시자로서 남인도(일설에는 페르시아) 향지국(香至國)의 셋째 왕자로 520년경 중국에 들어와 소림사(少林寺)에서 9년간 면벽좌선(面壁坐禪)하고 나서, 사람의 마음은 본래 청정하다는 이(理)를 깨달아야 한다고 주장하였다. 시대적으로 예수의 제자 도마와는 불일치한다.

89) Irenaeus, *Against Heresies book* 5, 73

90) T. Freke & P. Gandy(2002), 215.

91) T. Freke & P. Gandy(2002), 214-215.

92) 전재옥(1996), 41-42.

93) 전재옥(1996), 42.

94) 그러나 앞서 "가사소생설"에서 살펴본 것처럼 같은 무슬림 중에서도 아흐마디야파는

이 구절을 가사소생설로 해석한다. 예수가 십자가에 달렸지만 죽지 않고 무덤에서 소생했다는 것이다. 무슬림은 예수의 십자가처형과 부활을 부정하다 보니 서로 모순되는 주장을 하고 있는 것이다.

95) 『꾸란』(한국어) 4:157; H. R. Weber(1978), 강한표 역, 『십자가』(서울: 한신대 출판부). 22.

96) Josephus, 「유대고대사」, 18.63-64. 플라비우스 요세푸스의 이름에 따라 "플라비우스 증거"(Testimonium Flavianum)라 불리는 이 구절에 대하여 후대의 가필 여부가 논쟁이 되었지만 빌라도에 의한 예수의 처형을 요세푸스의 기록으로 진정성이 있는 것으로 재구성되고 있다. 이에 대하여 다음을 참고할 것. G. Theissen & A. Merz(2001), 113-126; J. McDowel & B. Wilson(1991), 55-63.

97) Babylonia Tamud, *Sanhedrin* 43a(RS), 이에 관해서는 G. Theissen & A. Merz (2001), 127-128; J. McDowel & B. Wilson(1991), 94 참조.

98) G. Theissen & A. Merz(2001), 137. "이 명칭(christiani)은 티베리우스 황제 치하의 행정관 본디오 빌라도에 의해 처형된 그리스도에게서 나온 것이다."

99) J. McDowel & B. Wilson(1991), 김진우 역, 『예수님은 실존 인물인가?』(서울: 생명의 말씀사), 76.

100) G. Theissen & A. Merz(2001), 129-132.

101) J. McDowel & B. Wilson(1991), 93. "결국 예수는 체포되어 유월절 전날에 양배추 줄기에 달려 죽었다고 한다. 그의 몸이 장사된 후, 한 정원지기가 그의 시체를 옮겨서 수로에 던져 버렸다."고 적고 있다.

102) 마 28:1-8, 막 16:1-8, 눅 24:1-12, 요 20:1-10.

103) G. Theissen & A. Merz(2001), 698-699.

104) Lee Strobel(1998), 285.

105) Lee Strobel(1998), 58.

106) Lee Strobel(1998), 59.

107) Lee Strobel(1998), 59.

108) 이를 증명하는 다음과 같은 랍비의 격언들이 있다. "율법의 말씀을 여자들에게 전해 줄 바에는 차라리 불태워 버려라." "아들들을 자녀로 가진 사람은 복이 있느니라. 그러나 화 있을 진저, 딸을 자녀로 둔 자들이여."

109) Lee Strobel(1998), 288.

110) Lee Strobel(1998), 288; J. McDowel & B. Wilson(1991), 440. 노먼 엔더슨의 다음 말을 참고하라 "전설을 만들어 낸 사람들은 하필이면 왜 부활한 그리스도와 최초로 대화한 사람을 교회에서 그다지 걸출한 위치를 차지하지 못한 여인이 막달라 마리아로 했는가? 그러한 영예를 수제자 베드로 또는 '예수가 사랑한 제자 요한' 또는—더 큰 가능성이 있으리라 여겨지는—우리 주님의 모친 마리아에게 돌리려 하지 않았는가?"

111) G. Theissen & A. Merz(2001), 694.

112) Lee Strobel(1998), 304.

113) J. McDowel & B. Wilson(1991), 436.

114) Lee Strobel(1998), 62.

115) Origen, *Contra Celsum* II, 63.

116) Origen, *Contra Celsum* II, 65.

117) G. Theissen & A. Merz(2001), 680-681.

118) G. Theissen & A. Merz(2001), 681-682.

119) G. Theissen & A. Merz(2001), 687. 뤼데만은 이 환상에서 신학적 진실 즉 죄의 용서, 현재 속에서의 삶의 경험, 종말신앙을 찾아내려고 하였다.

120) D. Crossan(2000), 199.

121) W. Marxsen(1964), *Die Auferstehung Jesu als historisches und als theologisches Problem* (Guetersloher Verlag: Gerd Mohn), 34.

122) John R. W. Stott(1986), *Basic Christianity* (Wm. B. Eerdmans Pub), 55.

123) 전경연(1994), 222-223.

124) 마 28:17, 막 16:8, 11, 14, 눅 24:11, 37, 요 20:24-25.

125) M. Dibelius(1958), 김용옥 역,『예수』(서울: 대한기독교서회), 182-183.

126) Justin, *Dial. c. Trypo,* LXIV 2,3. 저스틴은 희랍의 제우스와 세멜레(Semele) 사이에서 태어난 디오니소스(Dionusos)와 알크메네의 몸을 통해 제우스의 아들로 태어난 헤라클레스(Herakles)가 죽은 후에 하늘로 올라간 것과 그리고 에스큘라프(Äskulap)가 죽었다가 다시 살아나 다른 비참한 자들을 고쳤다는 내용을 알고 있었다.

127) J. McDowel & B. Wilson(1991), 284. 제5왕조(BC 2400?)부터는 파라오(왕)도 죽은 후에는 오시리스로 간주되었고, 또 사람이 죽은 후에는 모두 오시리스가 된다고 여겨졌다.

128) J. F. Rewis(1995), 임성옥 · 박경환 역,『세계의 종교와 관습』(서울: 은성), 84.

129) J. McDowel & B. Wilson(1991), 271.

130) J. McDowel & B. Wilson(1991), 285.

131) J. McDowel & B. Wilson(1991), 285.

132) J. McDowel & B. Wilson(1991), 288-289.

133) G. R. Osborne(1984), *The Resurrection Narratives - A Redactional Study* (Grand Rapids, Mich.: Baker Book House), 277

134) 김명수(2009),『큐복음서의 민중신학』(서울: 통나무), 40.

135)「바울과 고린도교회의 왕복 편지」1:11-14;『외경위경전서』7권(서울: 성인사, 1980), 190.

136)「베드로행전」24:7;『외경위경전서』9권, 67.

137) 「요한행전」 101:5-7; 『외경위경전서』 9권, 207.
138) "나의 하나님 나의 하나님 어찌하여 나를 버리셨나이까?"(마태 27:46 병행).
139) F. F. Bruce(1980), 진연섭 역, 『성서 밖에서 본 예수와 기독교의 기원』(서울: 컨콜디아사), 97.
140) T. Freke & P. Gandy(2002), 215. 저자들이 무슨 근거로 이런 주장을 하는지 모르지만, 이동진 편역의 「베드로의 계시록」에는 이런 내용이 없다.
141) E. Pagels(1984), 방건웅 · 박희순 역, 『성서 밖의 예수』(서울: 정신세계사). "예수의 부활은 영적 부활일뿐인가?" 하는 주제를 자세히 다루고 있다.
142) E. Pagels(1984), 55.
143) 「부활론」 9:3-4; E. Pagels(1984), 55.
144) E. Pagels(1984), 56.
145) 「바울과 고린도인간의 왕복편지」 2:24-25; 『외경위경전서』 7권, 192.
146) J. Moltmann(1976), *The Crucified God*, 267 이하.
147) D. von Bonhöffer(1970), 고범서 역, 『옥중서간』(서울: 대한기독교서회), 223; A. Nolan(1987), 『그리스도교 이전의 예수』(왜관: 분도), 113. 놀란도 "고통을 겪을 각오만이 십자가 상에서 고통을 정복할 수 있으며, 고통받는 사람들과 더불어 그리고 그들을 위하여 고통받음으로써 고통을 쳐부순다."고 하였다.
148) E. Tröltsch(1900), "Über historische und Dogmatische Method in Theologie," *Ges. Schr. II*, 729-753.
149) R. Bultmann(1981), 허혁 역, 『학문과 실존 II』(서울: 성광문화사), 235.
150) M. Kähler(1956), tr. O. E. Braaten(1964), *The so-called Historical Jesus and Historic Biblical Christ* (Philadephia: Fortress), 94. 이러한 역사의 개념의 차이를 인식한 마틴 퀼러는 "실사적 예수(der historische Jesu)와 역사적 예수(der geschichtilche Christus)와의 사이의 관계를 추적하려는 노력은 자료에 대한 개방적 귀납적 연구의 결과가 아니며 역사의 본질에 관한 철학적 전제들의 결과이다."고 하였다.
151) R. Bultmann(1973), 허혁 역, 『신약성서신학』(서울: 대한기독교서회), 308.
152) R. Bultmann(1981), 137.
153) M. Kähler(1964), 22.
154) P. Melanchton(1998), 한인수 역, 『신학의 주요 개념들』(서울: 경건), 20.
155) R. Bultmann(1981), 133.
156) R. Bultmann(1981), 97-98.
157) T. Wright(2009), 양혜원 역, 『마침내 드러난 하나님의 나라』(서울: IVP), 121.
158) Lee Strobel(1998), 326-340.
159) W. Kasper(1977), 박상래 역, 『예수 그리스도』(왜관: 분도), 219
160) Lee Strobel(1998), 326-327.
161) J. D. Crossan(2001), 한인철 역, 『예수는 누구인가: 역사적 예수에 관한 질문들에

대한 해답』(서울: 한국기독교연구소), 97.

162) E. P. Sanders(1985), *Jesus and Judaism* (London: SCM), 240; N. T. Wright (2004), 박문재 옮김, 『예수와 하나님의 승리』(서울: 크리스찬다이제스트). 187 재인용.

163) N. T. Wright(2004), 187-188.

164) 막 16:11, 13, 14, 눅 24:38-46, 요 20:25, 마 28:17.

165) 사도행전은 이 사건을 세 번이나 설명한다(9:3-19, 22:1-16, 26:9-19).

166) G. Theissen & A. Merz(2001), 622. 물론 예수는 앞으로 계속 지속될 제의의 창시를 의도한 것이 아니라, 다만 부패한 기존 성전 제의를 잠시 대신하는 대체적 제의를 제시한 것이라고 보았다.

167) G. Theissen & A. Merz(2001), 625.

168) T. Wright(2009), 『마침내 드러난 하나님의 나라』, 91-105.

169) G. O'Collins(1987), *Jesus Reisen* (New York: Paulist), 7.

170) 김득중(1981), 『마가복음의 부활 신학』(서울: 컨콜디아사), 39.

171) 김득중(1981), 40.

172) N. Hamilton(1969), *Jesus for No-God World* (Philadelphia: Westminster), 46-47.

173) U. Wilckens(1985), 박창건 역, 『부활』(서울: 성광문화사), 28.

174) 행 2:24, 3:15, 4:10, 5:30, 10:40, 13:30, 37.

175) 롬 6:4, 8:11, 34, 10:9, 고전 6:14, 엡 1:20, 딤후 2:8.

176) U. Wilkens(1985), 29-30.

177) G. Theissen & A. Merz(2001), 683.

178) 롬 10:9, 고전 6:14, 15:15.

179) 롬 4:24, 8:11, 고후 4:14, 갈 1:1, 골 2:12.

180) G. Theissen & A. Merz(2001), 688.

181) G. O'Collins(1987), *Jesus Reisen* (New York: Paulist), 7.

182) G. Bornkamm(1973), 강한표 역, 『나사렛 예수』(서울: 기독교서회), 190.

183) G. Theissen & A. Merz(2001), 677.

184) W. Kasper(1977), 250.

185) 서남동(1983), 『민중신학의 탐구』(서울: 한국신학연구소), 320-321.

186) J. Moltmann(1974/1), *The Crucified God,* tr. R. A. Wilson and J. Bowden(London: SCM), 181.

187) U. Wilckens(1985), 36.

188) U. Wilckens(1985), 33.

189) U. Wilckens(1985), 33.

190) G. Bornkamm(1973), 175.

191) M. Fox(2001), 황종렬 역, 『원복』(서울: 분도출판사), 179.

192) G. Theissen & A. Merz(2001), 686.

193) K. Barth(1961), *Church Dogmatics*, III/2, 354.

194) K. Barth(1979), 전경연 역,『죽은 자의 부활 - 고린도 전서 15장 연구』(서울: 한국신학대학 출판부), 100-102.

195) K. Barth(1979), 104-105.

196) K. Barth(1979), 115.

197) K. Barth(1979), 126.

198) K. Barth(1979), 130.

199) K. Barth(1980), *Church Dogmatics*, IV.2, 180.

200) J. Moltmann(1976), 전경연 역,『정치신학』(서울: 대한기독교서회), 171.

201) J. Moltmann(1977/1), 전경연 역,『희망의 실험과 정치』(서울: 종로서적), 19-20.

202) J. Moltmann(1974/1), *The Crucified God*, 179.

203) J. Moltmann(1989), *Der Weg Jesu Cristi: Christologie in messianischen Dimention* (München: Chr. Kaiser), 275-286.

204) J. Moltmann(1989), 281.

205) J. Moltmann(1974/1), 181.

206) J. Moltmann(1973), 전경연 · 김균진 역,『신학의 미래 I』(서울: 대한기독교서회), 157.

207) J. Moltmann(1977/2), *The Church in the Power of Spirit*, trans. M. Kohl(New York: Harper & Row), 178.

208) J. Moltmann(1974/1), *The Crucified God*, 166-167.

209) J. Moltmann(1977/2), 193. 부활은 언어의 선취(Verbalprolepse)인 약속이 선취의 사건으로 이루어진 사실적 선취(Realprolepse)로 증명된 것이다. "선취는 성취가 아니다. 그것은 이미 역사의 상황 속에서 이룩되는 미래의 현재이다. 그것은 오고 있는 전체의 한 단편이다. 그것은 성취에서 선불이며 오는 것을 미리 내다보는 것이다."

210) J. Moltmann(1977/2), *The Church in the Power of Spirit*, 190

211) J. Moltmann(1977/2), 192.

212) J. Moltmann(1977/2), 190

213) J. Moltmann(1977/2), 108-112

214) J. Moltmann(1977/2), 109.

13장

1) G. Vermes(1973), *Jesus the Jew: Historian's Reading of the Gospel* (London: Colins).

2 Josephus, 「유대전쟁사」 2.8:2-15. 요세푸스는 3대 종파를 에센파, 사두개파, 바리새파 순으로 소개한다. 「유대고대사」는 『요세푸스』 3-6(성서자료연구원 역, 서울: 달산, 2001)를 주로 참고 인용함.

3) Josephus, 「유대고대사」 13.5:9. 요세푸스는 바리새, 사두개, 에센파 순으로 소개한다. 「유대전쟁사」는 성서자료연구원 역의 『요세푸스』 1-2를 주로 참고 인용함.

4) M. Simon(1990), 박주익 역, 『예수시대의 유대교종파들』(서울: 대한기독교서회); H. Jargsma(1993), 배용덕 역, 『신약배경사』, 153-176; G. Theissen & A. Merz (2001), 손성현 역, 『역사적 예수』(서울: 다산글방), 197-228; 김창선(2002), 『쿰란문서와 유대교: 중요한 유대문헌을 중심으로 한 유대학 입문』(서울: 한국성서학 연구소); J. Jeremias(1988), 『예수 시대의 예루살렘』(서울: 한국신학연구소); B. I. Reick (1986), 『신약성서시대사』(서울: 한국신학연구소); E. Rose(1984), 박창건 역, 『신약성경배경사』(서울: 대한기독교서회); V. G. Simkhovich(1980), 허호익 역, 『예수의 사상과 역사적 배경』(서울: 대한기독교서회); S. Mason(2002), 유태엽 역, 『요세푸스와 신약성서』(서울: 대한기독교서회); W. Förster(1979), 문희석 역, 『신구약 중간사』 (서울: 컨콜디아사).

5) M. Simon(1990), 25-32.

6) M. J. Borg(1998), 김기석 역, 『예수 새로 보기』(천안: 한국신학연구소).

7) Ken Wilber(1983), *Up From Eden: A Transpersonal View Of Human Evolution,* Shambhala Publications, Inc.; 김상일(1988), 『한밝문명론』(서울: 지식산업사).

8) M. Simon(1990), 19-22.

9) Hartmut Stegemann(1998), *The library of Qumran, on the Essenes, Qumran. John the Baptist, and Jesus* (W. B. Eerdmans); Andre Dupont-Sommer(1954), *The Jewish sect of Qumran and the Qumran: new studies on the Dead Sea scrolls* (Vallentine, Mitchell); Andre Dupont-Sommer(1962), *Essenes writings from : Qumran* (World Pub. co).

10) 희랍어로 Essaioi 또는 Essenoi, 라틴으로 Esseni이다.

11) Lawrence H. Schiffman(2000), *Encyclopedia of the Dead Sea scrolls* (Oxford University Press).

12) Roland de Vaux(1973), *Archaeology and the Dead Sea scrolls* (the Oxford University Press).

13) G. Vermes(1981), *The Dead Sea Scroll: Qumran in Perspective* (Fortress Press)

14) F. F. Bruce(1961), *Second Thoughts on the Dead Sea Scroll* (Wm. B. Edermans).

15) Josephus, 「유대고대사」 18.1:5.

16) G. Vermes(1991), "사해두루마리", 『기독교대백과사전』 제9권, 649-650. 여기에 관한 여러 학설을 참고할 것.

17) E. W. Stegemann & W. Stegemann(2008), 손성현 · 김판임 역, 『초기 그리스도교의 사회사』(서울: 동연), 253.

18) Josephus, 「유대고대사」, 13.2:3

19) 김창선(2002), 84, 96-97.

20) 김창선(2002), 85.

21) M. Simon(1999), 30.

22) G. Theissen(1984), 49.

23) R. A. Horsley(1993), 201-202.

24) G. Theissen & A. Merz(2001), 216.

25) James H. Charlesworth(1990), *John and the Dead Sea Scrolls* (Crossroad).

26) J. A. T. Robinson(1957), "The Baptism of John and the Qumran Community," *HTR* 50: 175-192. 특히 세례 요한의 사역지가 쿰란 공동체의 주거지와 매우 가깝다는 것과 새 시대를 대비한 요한의 회개의 세례가 쿰란 공동체의 청결의식과 유사한 점, 세례 요한이 메시아의 길을 개척하고 그의 메시지가 임박한 새 시대를 대비한 종말론적 메시지라는 점에서 세례 요한과 쿰란 공동체와의 관련성이 있는 것으로 주장되기도 하였다.

27) Josephus, 「유대전쟁사」 2.8:2.

28) 김창선(2002), 97.

29) 김창선(2002), 94-95.

30) *1QpHap.* 제10열 (10); F. G. Martinez & E. J. C. Tigchelaar(2008), 『사해문서』, 1권(서울: 나남), 65. 이하 『사해문서』.

31) *1QpHap.* 제6열 (4); 『사해문서』, 61.

32) *1QpHap.* 제1열 (16); 『사해문서』, 57.

33) *1GS* 6.3,8

34) 김창선(2002), 102-109.

35) 『사해문서』, 124.

36) 『사해문서』, 62.

37) 『사해문서』, 57.

38) 『사해문서』, 62.

39) J. McDowel & B. Wilson(1991), 『예수님은 실존 인물인가』(서울: 생명의 말씀사), 387.

40) 김균진(1994), 『역사의 예수와 하나님의 나라』(서울: 연세대 출판부), 289.

41) Lawrence H. Schiffman(1989), *The eschatological community of the Dead Sea scrolls: a study of he Rule of the congregation* (Scholars Press); John Joseph Collins(2002), *Apocalypticism in the Dead Sea scrolls* (Rououtledge).

42) A. Nolan(1987), 『그리스도 이전의 예수』(왜관: 분도), 30.

43) M. Simon(1990), 76-77.

44) Josephus, 「유대전쟁사」 2.8:12.

45) G. Vermes(1973). 119.

46) 『사해문서』 4, 261; "아[홉] 번의 희년들에 뒤이은 희년의 첫 번째 주간에 [이루어질 것] 그리고 [속]죄 [의]날은 열 번째 [희]년[의 끝]에 해당한다."; 레위기 25:9 참조.

47) J. B. Green & S. McKnight & I. H. Mashall(2003), 『예수 복음서 사전』(서울: 요단), 515. 레 25:9-10, 신 15:2, 이 61:1등에 대한 주석을 통해 이러한 주장을 하였다.

48) Josephus, 「유대전쟁사」 2.8:12.

49) *1QH^a* 제15열 14-15; 『사해문서』 1, 230.

50) *1QH^a* 제19열 12-14; 『사해문서』 1, 242. "당신께서는 죽은 자들의 몸을 티끌로부터 일으켜서 [영원]한 공동체에 속하게 하고, 타락한 영으로 하여금 그로 하여금 하늘의 [지식]의 영들과 함께 당신 앞에 자리를 잡게 하셨습니다. 당신께서는 그를 새롭게 하셨습니다. 존재하는 모든 것들 을 통하여, 그리고 기쁨의 공동체 안에서 교제하는 무리들을 통하여 망입니다.

51) 김창선(2002), 129, 146.

52) J. Moltmann(1977/2), *The Church in Power of Spirit*, tr. M. Kohl(New Yark: Harper Row). 194.

53) James H. Charlesworth(1988), *Jesus within Judaism - New light from exiting Archaeological Discoveries* (New York: Doubleday), 60-61.

54) J. B. Green & S. McKnight & I. H. Mashall(2003), 517.

55) Josephus, 「유대전쟁사」 2.8:7. 10개의 맹세를 해야 하는데 에센파는 자신들이 따로 정한 십계명이라고 한다.

56) Josephus, 「유대전쟁사」 2.8:8.

57) G. Theissen & A. Merz(2001), 217.

58) *1QS* 제3열 17-19; 『사해문서』 1, 124. "그는 세계를 다스리도록 인간을 창조하셨으며, 인간 안에 두 영을 두심으로써 인간으로 하여금 하나님의 징계가 임할 때까지 그 두 영과 더불어 살게 하셨다. 그 두 영은 곧 진리의 영과 거짓의 영을 가리킨다.

59) Josephus, 「유대전쟁사」 2.8:11.

60) Josephus, 「유대전쟁사」 2.8:11. 이러한 사상은 선을 행하고 악을 피하기 위한 의도라고 하였다.

61) Josephus, 「유대전쟁사」 2.8:5; Charles F. Pfeiffer(1978), *The Dead Sea Scrolls and the Bible* (Grand Rapids, Mi.: Baker Book House), 94.

62) Josephus, 「유대전쟁사」 2.8:4

63) Josephus, 「유대전쟁사」 2.8:2.

64) Josephus, 「유대전쟁사」 2.8:3.

65) *1QS* 제 6열 13-23; 『사해문서』 1, 133-134.

66) Josephus, 「유대전쟁사」 2.8:3-4.

67) *CD* X.21: G. Theissen & A. Merz(2001), 531.

68) Josephus, 「유대전쟁사」 2.8:9. 평일에 용변을 볼 때도 구덩이를 파고 하나님의 영광을 가리지 않기 위해서 외투로 몸을 두르고 변을 보고는 흙으로 덮고 목욕을 하였다. 용변과 같은 생리현상도 부정한 것으로 본 것이다.

69) 이 책 1권 7장 3절의 "예수와 안식일 논쟁"을 참고할 것.

70) Josephus, 「유대전쟁사」 2.8:3.

71) *1QS* 제6열 24 이하; 『사해문서』 1, 134

72) *1QS* 제2열 19-23; 『사해문서』 1, 121-122. "누구도 자신의 지위 밑으로 내려가서는 안 되며, 자신에게 주어진 자리 위로 오르려고 해서도 안 된다."

73) Josephus, 「유대전쟁사」 2.8:7; *1QS* 제5열 23-25.

74) Josephus, 「유대전쟁사」 2.8:6. 타인에 아닌 친척에게 음식물을 나눠주는 것도 상급자의 허락을 받아야 하였다.

75) Josephus, 「유대전쟁사」 2.8:10.

76) R. A. Horsley(1993), 201-202.

77) 김균진(1994), 『역사의 예수와 하나님의 나라』(서울: 연세대 출판부), 289.

78) *1QS* 제 6열 24-제7열 25; 『사해사본』 1, 134-137.

79) 김균진(1994), 289.

80) R. A. Horsley(1993), 176-177.

81) Josephus, 「유대전쟁사」 2.8:2. 요세푸스는 에센파의 일부는 결혼을 피하면 머지않아 모든 사람이 죽어 사라지게 될 것이라고 생각하여 아내를 맞을 때 3년의 유예기간을 두었다고 한다(「유대전쟁사」 2.8:13 참조).

82) Philo, *Apologia pro Judaeis*, 14-17; Pliny, *Natural History*, 5.15.73. 요세푸스는 에센파가 독신으로 지내는 이유를 "남자에게 정절을 바치는 여자가 하나도 없다고 굳게 믿기"(「유대전쟁사」, 2.8:2) 때문이며 또한 "결혼이 가정불화를 일으킬 소지가 많다고 생각하기"(「유대고대사」, 18.1:5) 때문이라고 하였다. 그러나 그들이 결혼하지 않으면 인류가 멸망한다는 비난을 면하기 위해 월경을 3번 한 것을 확인한 후 결혼하고 그리고 아이를 낳으면 더 이상 아내와 동침하지 않음으로써 환락을 위해 결혼한 것이 아님을 증명하였다고 한다(「유대전쟁사」 2.8:13).

83) 1Q28a(*1QSa*) 제2열 6-9; 『사해사본』 1, 152.

84) 이 책 2권 10장 3절의 "예수의 병자 치유와 귀신 축출"을 참고할 것.

85) A. Shemesh(2001), "King Manasseh and the Halakhah of the Sadducees," *Journal of Jewish Studies*, 52, 27-39.

86) 대상 1:28-45, 5:30-41, 왕상 2:35.

87) A. C. Sundberg(1991), "사두개파", 『기독교대백과사전』 제8권, 373

88) 김창선(2002), 84, 96-97.

89) Josephus, 「유대고대사」, 13.10:6.

90) Josephus, 「유대고대사」, 15.1:2
91) 헤롯이 임명한 대제사장 '아리스토불루스'는 유일한 예외에 속한다.
92) H. Jargsma(1993), 157.
93) Josephus, 「유대고대사」 18.1:4.
94) Josephus, 「유대고대사」 13.10:6.
95) Josephus, 「유대전쟁사」 2.8:14. "사두개인들은 자기들끼리도 행동에 있어서 그리 예의를 지키지 않는다. 같은 동료들끼리 교제를 할 때도 이방인들을 대하듯이 거칠게 행동한다."고 하였다.
96) W. Foerster(1979), 235. 예수의 처형을 주장한 대제사장 가야바(요한 11:18)를 비롯한 산헤드린 공의회원 다수와 예수의 동생 야고보에게 사형선고를 내린 대제사장 아나니아는 모두 사두개파들로서 자신들의 정적이나 반대 세력에 대한 단호한 태도를 보여 준다.
97) M. Simon(1990), 37.
98) M. J. Borg(1998), 117.
99) Josephus, 「유대고대사」 13.10:6. "사두개인들은 오직(성경에) 기록되어 있는 규정들만이 정당하다고 주장하면서 선조들에 의해 만들어진 유전들은 지킬 필요가 없다고 하였다."
100) 마 22:23 병행; 행 23:8.
101) 마 22:30; 막 12:25; 눅 20:36.
102) Josephus, 「유대전쟁사」 2.8:14.
103) Josephus, 「유대고대사」 18.1:4.
104) Josephus, 「유대전쟁사」 2.8:14. 바리새파가 만사를 운명이나 하나님의 섭리로 돌린 것과는 대조된다고 하였다.
105) A. C. Sundberg(1991), 375.
106) M. Goodman(1999), "A Note on Josephus: the Pharisees and ancestral tradition," *Journal of Jewish Studies*, 50, 17-20.
107) M. Black(1991), "바리새파", 『기독교대백과사전』 제6권, 1108.
108) M. Simon(1990), 38. 맨슨(T. W. Manson)은 본래는 단순히 페르시아파(Persian)를 의미했다고 한다.
109) G. Theissen & A. Merz(2001), 210
110) Josephus, 「유대고대사」 13.13:5; 13.14:2. 요세푸스는 다른 3개 종파에 대해서는 설명을 하였지만 바리새파에 대해서는 특별한 언급을 하지 않았는데, 자신이 이 파에 속했기 때문으로 추정한다.
111) M. Simon(1990), 31.
112) E. Livkin(1991), "바리새파", 『기독교대백과사전』 제6권, 1118; Josephus, 「유대고대사」 18.16:2.

113) Josephus, 「유대고대사」 18.1:1,6; 「유대전쟁사」 2.17:3-4.
114) M. Simon(1990), 25.
115) H. Jargsma(1993), 161.
116) E. Livkin(1991), 1117.
117) M. Simon(1990), 44.
118) G. Theissen & A. Merz(2001), 217. 타이쎈은 바리새파가 예수와 가장 가까웠다고 한다. 예수에 대한 이들의 비판은 자기네 바리새파 입장에서 예수를 특별하게 생각했음을 보여 준다고 하였다.
119) 막 2:6, 16-18, 24, 3:2, 22, 7:1-5, 8:11.
120) 마 11:18, 27, 14:1, 43, 15:1.
121) R. A. Horsley(1993), 이준모 역, 『예수운동 - 사회학적 접근』(서울: 한국신학연구소), 199.
122) M. Eliade(1996), 『성과 속』(서울: 학민사), 43.
123) J. Jeremaias(1988), 113. 팔레스타인과 성전은 그 거룩함의 정도에 따라 10단계로 세분화되었다.
124) 이 책 7장 4절 3의 "후기 유대교의 성전체제의 특권"을 참조할 것.
125) 눅 7:36, 11:37 이하 참조.
126) 이 책 1권 393-395쪽 참조.
127) G. Theissen & A. Merz(2001), 336.
128) R. A. Horsley(1993), 198. 호슬리는 예수 운동과 바리새파 사이의 갈등은 두 종교적 갱신 운동 사이의 대립이 아니라 갈릴레아 지역공동체들과 중앙정부 당국 대표자들 사이의 대립으로 나타난다고 하였다. 예수는 '조상들의 전통'에 반대되는 '하느님의 계명'을 옹호하고(막 7,1-13), 또한 그는 공식적인 성서 해석에 대립하는 '민중 전통'에 호소한다(막 12,35-37). 그리고 중앙 통치 집단의 관심들(십일조의 엄격한 준수, 로마 공물의 기한 내 납부 등)에 대항하여 지역 주민의 관심들, 즉 정의와 사랑, 그리고 하느님의 권위에 직접적인 호소한다고 하였다.
129) Josephus, 「유대고대사」 18.1:3; 「유대전쟁사」 2.8:14.
130) G. Theissen(1984), 조성호 역, 『예수운동의 사회학』(서울: 종로서적), 97. 그 결과 그들은 주후 1세기에 두 학파로 나눠졌다. 보다 엄격한 샴마이(Shamami) 학파는 규범의 강화에 역점을 두었고, 보다 자유로운 힐렐(Hillel) 학파는 실천성에 관심을 나타냈다는 것이다.
131) Josephus, 「유대고대사」 13.10:6. 이점은 사두개파의 반대되는 입장이다.
132) 이 책 7장 2절 "예수와 안식일 논쟁"을 참조할 것.
133) 요한은 예수가 안식일에 나면서부터 소경된 자를 고침으로 바리새인들 사이에 "이 사람이 안식일을 지키지 아니하니 하나님께로서 온 자가 아니라 하며 혹은 말하되 죄인으로서 어떻게 이러한 표적을 행하겠느냐"며 논쟁이 일어난 것을 기록하고 있다

(9:16).

134) Josephus.「유대전쟁사」2.8:14;「유대고대사」18.1:3.

135) M. Black(1991), "바리새파", 1112.

136) M. Black(1991), 1110.

137) R. A. Horsley(1993), 196-197.

138) William Reuben Farmer(1956), *Maccabees. Zealots and Josephus : an inquiry into Jewish Nationalism in the Greco-Roman period* (Columbia University Press).

139) Josephus,「유대고대사」18.1:6.

140) G. Theissen & A. Merz(2001), 220. 갈릴리 유다는 인간은 하나님 외에 다른 통치자를 인정해서는 안 되며(하나님의 유일주권론), 인간은 하나님 한 분의 통치를 관철시키기 위하여 함께 일할 책임이 있다(혁명적 협력설)는 사상에 철저하였다고 한다.

141) G. Theissen & A. Merz(2001), 262-264.

142) Josephus,「유대전쟁사」2.13:3. "그들은 대낮에 시내 중심부의 대로에서 살인을 저질렀다. 특히 축제기간은 그들의 주된 활동시기로, 단도를 옷 속에 감추고 다니며 군중 속에 섞여 들어가 있다가 적을 찌르곤 했다."

143) Josephus,「유대전쟁사」2.17:6.

144) Josephus,「유대전쟁사」2.17:6-8.

145) Josephus,「유대전쟁사」4.3:1-14. 티투스의 군대에 의해 포위된 예루살렘 내부의 유대인들은 세파로 분열되었는데, 열심당의 지도자인 엘르아살파와 로마 군대가 철수하자 예루살렘에 모여든 강도 때의 두목인 기스칼라의 요한파 그리고 두 반란 파에 대항한 거라사 출신 시기오라의 아들의 시몬파였다.

146) J. D. Crossan(2000), 209.

147) J. Moltmann(1979),『십자가에 달리신 하나님』(서울: 한국신학연구소), 147.

148) J. Moltmann(1979), 147-154.

149) 마 19:28, 눅 22:28, 24:21, 행 1:6.

150) J. Moltmann(1979), 148.

151) R. A. Horsley(1993), 204. "우리는 적어도 예수 운동과 젤롯당 사이의 이러한 차이점이 지리-역사학적으로 설명될 수 있다는 것을 생각해 볼 수 있다. 즉 일부 유다 지방의 농민들은 사제의 통치라는 전통적 형태를 받아들였던 반면에, (성스런 전통을 받아들였다는 바로 그 이유 때문에) 억압적인 기존의 사제적 지배와 불법적인 (특히 비사독 계열) 가문의 지배를 모두 거부했다. 예수 운동의 발원지가 되었던 갈릴래아의 농민들은 성직자 정치를 받아들이려 하지 않았을 것이다."

152) J. Moltmann(1979), 148-149.

153) G. Theissen & A. Merz(2001), 150.

154) J. Moltmann(1979), 150.

155) G. Bornkamm(1973), 강한표 역,『나사렛 예수』(서울: 대한기독교서회), 65.

156) G. Theissen & A. Merz(2001), 193.

157) J. Moltmann(1991), 226

158) W. Bösen(1998), 황현숙 역, 『예수 시대의 갈릴레아』(서울: 한국신학연구소), 276-277; G. Theissen & A. Merz(2001), 214. 이 도표는 타이쎈과 메르츠의 도표와 뵈젠의 도표를 종합한 것이다.

159) H. Küng(2002), 정한교 역, 『그리스도교』(왜관: 분도), 69.

160) K. S. Latourette(1986), 허호익 역, 『기독교의 역사』(서울: 대한기독교서회), 44.

161) Ken Wilber(1981), *Up From Eden: A Transpersonal View Of Human Evolution* (New York: Anchor Press), 319-328; 김상일(2003), "켄 월버의 초인격심리학과 한국무속", 「한국무속학」 6, 237. 켄 월버는 인간의 의식을 시간에 축에 놓고 평균적 의식과 전향적 의식으로 나누었다.

162) H. Küng(2002), 70-71. 한스 큉의 두 도표도 참고할 것.

163) 요 1:29, 36.

14장

1) G. Ebeling(1960), "Jesus und Glauben," *Wort und Glauben* I (Tübingen: Mohr), 204. 에벨링은 기독론과 신앙의 과제를 해석학적 과제라고 하였다.

2) J. Macquarrie(1979), *Principle of christian Theology* (London: SCM), 1.

3) S. M. Ogden(1973), *The Point of Christology* (New York: Harper & Row). 옥덴은 그리스도론을 크게 신약성서의 증거 기독론, 정통교리의 반성 기독론, 현대의 재검토 기독론으로 구분하였다.

4) W. Kasper(1983), 박상래 역, 『예수 그리스도』(왜관: 분도), 245.

5) W. Pannenberg(1968), *Jesus-God and Man,* tr. L. L. Wilkins & D. A. Priebe (London: SCM), 33-37. 아래로부터의 기독론(christology from below)과 위로부터의 기독론(christology from above)은 판넨버그에 의해 사용되어 일반적인 용어로 통용되게 되었다.

6) 허호익(2003), 『현대조직신학의 이해』(서울: 대한기독교서회), 제10장 "구원의 통전적 이해"를 참조할 것.

7) 자세한 내용과 반박을 이 책 15장 "부록 3. 루벤슈타인의 『예수는 어떻게 하나님이 되셨는가?』의 예수 신성 부정론 반박한다"를 참고할 것.

8) 자세한 내용과 반박은 이 책 15장 "부록 2. 디모시 프리크의 『예수는 신화다』를 반박한다" 를 참고할 것.

9) J. S. Spon(2007), 이계준 역, 『만들어진 예수, 참 사람 예수』(서울: 한국기독교연구소), 98.

10) J. S. Spon(2007), 396-397.

11) 허호익(1999), 『그리스도의 삼직무론』(서울: 한국장로교출판사), 169.

12) A. Grillmeier & H. Bacht(1951-54), *Das Konzil von Chalcedon: Geschichte und Gegenwart*, Echterverlag, vols. 3.

13) M. Ogden(1973), *The Point of Christology* (New York: Harper & Row).

14) A. Schweitzer(1951), *Geschichte der Leben Jesu Forschung* (Tübingen, J. C. B. Mohr); 허혁 역(1986), 『예수의 생애 연구사』(서울: 대한기독교출판사).

15) D. B. Gowler(2007), 김병모 역, 『최근 역사적 예수 연구 동향』(서울: CLE), 70-71.

16) D. B. Gowler(2007), 107.

17) J. Moltmann(1991), 김균진 · 김명용, 『예수 그리스도의 길』(서울: 대한기독교서회), 219.

18) 김광식(1975), 『선교와 토착화 - 言行一致의 神學』(서울: 한국신학연구소), 126.

19) M. Borg(2003), 남정우 역, 『예수 2000년』(서울: 대한기독교서회), 35.

20) J. Jeremias(1990), 정충하 역, 『신약성서』(서울; 새순출판사), 99. 이 구절이 요한복음의 영향이라는 주장에 대해 예레미아스는 마태 11:27절의 역사적 진정성과 함께, 이 구절은 예수가 하나님을 아바(Abba)로 부른 것과 결정적으로 연결될 수 있다고 주장한다.

21) 이 책 10장 1절 "예수의 제자 선택, 양육, 파송" 참조.

22) D. B. Gowler(2007), 김병모 역, 『최근 역사적 예수 연구 동향』(서울: CLE), 106.

23) G. Bornkamm(1973), 강한표 역, 『나사렛 예수』(서울: 대한기독교서회), 182.

24) L. Strobel(1998), 윤관희 · 박중렬 역, 『예수 사건』(서울: 두란노), 175.

25) E. P. Sanders(1994), 이정희 역, 『예수운동과 하나님의 나라』(서울: 한국신학연구소), 82.

26) E. Brunner(1952), *The Christian Doctrine of Creation and Redemption*, tr. O. Wyen (Philadelphia: Westminster), 275; J. D. G. Dunn(1975), *Jesus and Spirit: A Study of the Religious and Charismatic Experience of Jesus and the Christians as Reflected in the New Testament* (London: SCM), 79. 이 양식은 복음서에만 모두 85회(마가 30회, 마태 30회, 누가 6회, 요한 25회) 등장하는데 예외 없이 예수 자신의 말을 소개하거나 보증하는 데 사용되었다.

27) J. Jeremias(1976), *The Prayer of Jesus* (Philadelphia: Fortress), 10; D. Hill(1979), *New Testament Prophecy* (London: Marshall, Morgan & Scott), 66; T. W. Manson (1935), *The Teaching of Jesus* (London: Cambridge), 227. 멘슨은 아멘 양식은 "주가 이렇게 말했다."는 구약의 예언양식에 대한 대안으로 사용되었다고 하였다.

28) J. B. Green & S. McKnight & I. H. Mashall(2003), 『예수 복음서 사전』(서울: 요단), 568-569. 요한은 마태와 달리 예수가 "내 교훈은 내 것이 아니요 나를 보내신 이의 것"(요 7:16의)이며, "내가 너희에게 이르는 말이 스스로 하는 것이 아니라."(요

14:10)고 하였다.

29) E. Käsemann(1982), 강한표 역,『역사적 예수 연구』(서울: 대한기독서회), 67-68. 케제만은 명제 중 1, 2, 4반제만 역사적 진정성이 있는 것으로써 인정하였다.

30) R. Stein(2001), 168.

31) H. G. Pöhlmann(1992), 모명숙 역,『나사렛 예수, 그는 누구인가』(서울: 삼민사), 30.

32) G. Theissen & A. Merz(2001), 손성현 역,『역사적 예수』(서울: 다산글방), 622. 물론 예수는 앞으로 계속 지속될 제의의 창시를 의도한 것이 아니라, 다만 부패한 기존 성전 제의를 잠시 대신하는 대체적 제의를 제시한 것이라고 보았다.

33) G. Theissen & A. Merz(2001), 625.

34) R. A. Horsley(1986), "Prophetic Movements at the Time of Jesus: Their Principal Features and Social Origin," *JSN* 26, 23.

35) H. G. Pöhlmann(1992), 68. 재인용.

36) H. G. Pöhlmann(1992), 68.

37 "a fellowship of churches which confess the Lord Jesus Christ as God and Saviour according to the scriptures, and therefore seek to fulfill together their common calling to the glory of the one God, Father, Son and Holy Spirit."

38) R. Bultmann,『신앙과 이해 III』, 185.

39) 허호익(1999),『그리스도의 삼직무론』(서울: 한국장로교출판사), 189-203.

40) 생태학적 구원에 관해서는 다음을 참고할 것. 서남동(1970), "생태학적 신학서설",「기독교사상」10월호; J. Sittler(1970), "생태학의 신학",「기독교사상」10월호; 서남동(1972), "생태학적 윤리를 지향하여",「기독교사상」5월호; F. Buri(1974), "생태학적 신학의 시도",「기독교사상」4월호.

41) 허호익(2003), "구원론의 통전적 이해",『현대조직신학의 이해』(서울: 대한기독교서회), 297-348.

42) 세계개혁교회연맹 편(1989),『정의 · 평화 · 창조 질서의 보전 - WARC 서울대회 보고서』(서울: 대한기독교서회); 한국기독교사회문제연구원 편(1990),『정의 · 평화 · 창조 질서의 보전 세계대회 자료집』(서울: 민중사).

43) 김균진(1991), 142-148.

44) J. Moltmann(1991), 김균진 · 김명용 역,『예수 그리스도의 길』(서울: 대한기독교서회), 390.

45) D. Bonhoeffer(1966), 이종성 역,『그리스도론』(서울: 대한기독교서회), 64-91.

46) H. Ott(1976), 김광식 역,『신학해제』(서울: 한국신학연구소), 265.

47) G. Ebeling(1975), *Wort und Glauben III,* (Tübingen: Mohr), 260ff. 특히 261.

48) M. Fox(2002), 송형만 역,『우주 그리스도의 도래』(서울: 분도출판사), 123 재인용.

49) M. Fox(2002), 156-171.

50) 허호익(2005), "떼이야르 드 샤르뎅의 그리스도의 우주성과 삼성론", 「한국기독교신학논총」 38, 65-90. 아래 내용은 이 논문의 요약이다.
51) J. Moltmann(1991), 390 재인용.
52) J. Moltmann(1991), 386-387.
53) J. Moltmann(1991), 388-389.
54) J. Moltmann(1986), 김균진 역, 『창조 안에 계시는 하나님』(서울: 대한기독교서회). 75, 250.
55) J. Moltmann(1991), 400.
56) J. Moltmann(1991), 426-427
57) J. Moltmann(1991), 427
58) J. Moltmann(1991), 385.
59) D. Bonhoeffer(1966), 64-91; H. Ott(1976), 265.
60) J. Moltmann(1991), 87.
61) P. Teilhard de Chardin(2003/1), 이병호 역, 『그리스도』(왜관: 분도출판사), 39, 60.
62) P. Teilhard de Chardin(2003/2), 이병호 역, 『물질의 심장』(왜관: 분도출판사), 27.
63) P. Teilhard de Chardin(2003/2), 44.
64) P. Teilhard de Chardin(2003/2), 45.
65) P. Teilhard de Chardin(2003/2), 84.
66) P. Teilhard de Chardin(2003/2), 85.
67) R. L. Faricy(1990), 이홍근 역, 『떼이야르 드 샤르뎅의 신학사상』(왜관: 분도출판사), 119.
68) R. L. Faricy(1990), 120.
69) M. Fox(2002), 67.
70) 이금만(2003), "떼이야르 드 샤르뎅의 영성과 통전의 영성교육 연구", 『한국기독교신학논총」 27, 333-334.
71) P. Teilhard de Chardin(1965), *The Divine Milieu* (New York: Harper & Row), 137.
72) R. L. Faricy(1990), 114. 떼이야르는 그리스도의 편재(omnipresence)와 신의 영역을 동일시하고 있다.
73) P. Teilhard de Chardin(1965), 137.
74) P. Teilhard de Chardin(1965), 138-139.
75) R. L. Faricy(1990), 124.
76) R. L. Faricy(1990), 124-125. 『세계에 드리는 미사』(*The Mass on the World*)에서 샤르뎅은 "주여! 비록 여기는 에느의 숲속이 아니고 아시아의 초원 지대입니다만, 이곳 역시

면병도 포도주도 제단도 없나이다. 나는 이제 이와 같은 상징적인 것을 떠나 실재 자체의 순수한 존엄성을 바라보나이다. 당신의 사제인 나는 온 세계를 제대로 삼아 그 위에서 현세의 모든 수고와 고통을 당신께 제물로 바치겠나이다."고 하였다.

77) R. L. Faricy(1990), 124.

78) R. L. Faricy(1990), 125

79) R. L. Faricy(1990), 127.

80) R. L. Faricy(1990), 127, 129. "인간과 물질이 동화하고 성체와 인간이 동화하기 때문에 성찬 의식은 제대상의 빵의 실체 변화를 초월하고 완성한다. 이리하여 성체 변화는 차츰차츰 온 우주에 침투하고 … 제2차적이고 보편화된 의미에서, 그러나 참된 의미에서 전 세계가 성사의 형상이 되고, 또한 창조의 지속은 우주를 성화하는 데 필요한 시간이 되고 있다."

81) R. L. Faricy(1990), 109.

82) P. Teilhard de Chardin(2003/1), 33.

83) R. L. Faricy(1990), 94.

84) R. L. Faricy(1990), 109.

85) 샤르댕의 창조론적 진화론은 진화론의 우연성을 비판하고, 창조적 진화의 궁극적 목표를 제시했다는 데 의미가 있다.

86) R. L. Faricy(1990), 90.

87) P. Teilhard de Chardin(2003/1), 33.

88) P. Teilhard de Chardin(2003/2), 93.

89) M. Fox(2002), 214.

90) P. Teilhard de Chardin(2002), 최영인 역, 『떼이야르 신부가 장따 여사에게』(왜관: 분도출판사), 96.

91) M. Fox(2002), 133.

92) P. Teilhard de Chardin(2003/1), 39.

93) P. Teilhard de Chardin(2003/1), 60.

94) P. Teilhard de Chardin(2003/1), 105

95) P. Teilhard de Chardin(2003/2), 96.

96) P. Teilhard de Chardin(2003/2), 91. 샤르댕은 "이것이 '범-그리스도적' 신비주의의 결정적 출현이고, 그것은 아시아와 전쟁의 거대한 숨결을 거치면서 결정적으로 성숙했다. 나는 그것을 각각 1924년과 1927년에 『세계 위에서 드리는 미사』 그리고 『신의 영역』을 통해 정리하고 표현하였다."고 고백한다.

97) M. Fox(2002), 123 재인용.

98) R. Bultmann(1976), 허혁 역, 『신약성서신학』(서울: 대한기독교서회), 301.

99) R. Bultmann(1976), 303.

100) R. Bultmann(1976), 300.

101) 생태학적 구원에 관해서는 다음을 참고할 것. 서남동(1970), "생태학적 신학서설", 「기독교사상」 10월호; J. Sittler(1970), "생태학의 신학", 「기독교사상」, 10월호; 서남동(1972), "생태학적 윤리를 지향하여", 「기독교사상」 5월호; F. Buri(1974), "생태학적 신학의 시도", 「기독교사상」 4월호; 김균진(1991), 『생태학의 위기와 신학』(서울: 대한기독교서회); Leonard Boff(1996), 김항섭 역, 『생태신학』(서울: 가톨릭출판사); 세계개혁교회연맹 편(1989), 『정의 · 평화 · 창조의 보전 - WARC 서울대회 보고서』(서울: 대한기독교서회); 한국기독교사회문제연구원 편(1990), 『정의 · 평화 · 창조질서의 보전 세계대회 자료집』(서울: 민중사); 이상성(1999), "생태신학: 동양사상을 통한 새로운 가능성의 모색", 「신학사상」 105(여름); 장도곤(2002), 『예수 중심의 생태신학』(서울: 대한기독교서회); 조용훈(2002), 『동서양의 자연관과 기독교 환경윤리』(서울: 대한기독교서회).
102) 허호익(1994), "구원론의 통전적 이해", 「신학논단」 21, 401-436.
103) 세계개혁교회연맹 편(1989), 『정의, 평화, 창조질서의 보전』(서울: 대한기독교서회; 한국기독교사회문제연구원 편(1990), 『정의 · 평화 · 창조질서의 보전 세계대회』(서울: 민중사).
104) J. Moltmann(1982), 전경연 편역, 『하나님 체험』(서울: 한국신학연구소), 127-129.
105) P. Tillich(1971), 송기득 역, 『그리스도교 사상사』(서울: 한국신학연구소), 97-100.
106) Athanasius, *De incarnatione Cap*. 54; J. Moltmann, *Der Weg Christi*, 66 재인용.
107) 고전 16:22, 참고 계 22:20
108) K. Barth, *Church Dogmatics*, IV/3, § 69.
109) 김명수(2009), 『큐복음서의 민중신학』(서울: 통나무), 177.

부록

1) 「한국교회언론」, 2001년 9 · 10월호, 12-17.
2) 이 글은 「국민일보」에 2회(2002년 10월 12일자 19일자) 게재된 바 있다.
3) 이 글은 「현대종교」 2007년 7월호에 발표한 글이다.